高等职业教育园林类专业"十三五"规划系列教材

园林企业营销实务 第2版

YUANLIN QIYE YINGXIAO SHIWU

主 编　陈大军

副主编　邓建平　张　霞　谭明权

主 审　文守逊

重庆大学出版社

内容提要

本书是高等职业教育园林类专业"十三五"规划系列教材之一,内容包括:市场与市场营销、市场营销环境、市场调研与预测、购买者行为分析、市场营销战略、市场细分和目标市场、产品策略、价格策略、分销渠道策略、促销策略、服务市场营销、网络营销、国际市场营销。

本教材在编写过程中,立足于培养学生市场营销综合职业能力和实践操作能力,搜集了园林花卉企业的营销实例,吸收了国内外市场营销实践的新成果、新材料,理论阐述深入浅出,安排了案例思考、问题解答和实践操作,体现了理论与实践相结合的教学要求。本书配有电子教案,可在重庆大学出版社教学资源网上下载,供教师教学参考。

本教材可作为园林花卉类高等职业院校非市场营销专业的教材,也可作为园林企业营销人员的培训用书。

图书在版编目(CIP)数据

园林企业营销实务 / 陈大军主编. -- 2版. -- 重庆:
重庆大学出版社,2019.8
高等职业教育园林类专业"十三五"规划系列教材
ISBN 978-7-5624-7780-8

Ⅰ. ①园… Ⅱ. ①陈… Ⅲ. ①园林—农业企业管理—
营销管理—高等职业教育—教材 Ⅳ. ①F326.13

中国版本图书馆 CIP 数据核字(2019)第 118415 号

高等职业教育园林类专业"十三五"规划系列教材
园林企业营销实务
(第2版)

主 编 陈大军
副主编 邓建平 张 霞 谭明权
主 审 文守逊

责任编辑:何 明 邓桂华 版式设计:莫 西 何 明
责任校对:刘雯娜 责任印制:张 策

*

重庆大学出版社出版发行
出版人:饶帮华
社址:重庆市沙坪坝区大学城西路 21 号
邮编:401331
电话:(023)88617190 88617185(中小学)
传真:(023)88617186 88617166
网址:http://www.cqup.com.cn
邮箱:fxk@cqup.com.cn(营销中心)
全国新华书店经销
重庆长虹印务有限公司印刷

*

开本:787mm×1092mm 1/16 印张:17.75 字数:443 千
2019 年 8 月第 2 版 2019 年 8 月第 3 次印刷
印数:4 001—6 000
ISBN 978-7-5624-7780-8 定价:41.00 元

编委会名单

编写人员名单

主 编　陈大军　国家林业局管理干部学院

副主编　邓建平　湖南生物机电职业技术学院

　　　　张　霞　杭州万向职业技术学院

　　　　谭明权　重庆工贸职业技术学院

参 编　张婷婷　重庆建筑工程职业学院

主 审　文守逊　重庆大学

总　序

　　改革开放以来,随着我国经济、社会的迅猛发展,对技能型人才特别是对高技能人才的需求在不断增加,促使我国高等教育的结构发生重大变化。据 2004 年统计数据显示,全国共有高校 2 236 所,在校生人数已经超过 2 000 万,其中高等职业院校 1 047 所,其数目已远远超过普通本科院校的 684 所;2004 年全国高校招生人数为 447.34 万,其中高等职业院校招生237.43万,占全国高校招生人数的 53% 左右。可见,高等职业教育已占据了我国高等教育的"半壁江山"。近年来,高等职业教育特别是其人才培养目标逐渐成为社会关注的热点。高等职业教育培养生产、建设、管理、服务第一线的高素质应用型技能人才和管理人才,强调以核心职业技能培养为中心,与普通高校的培养目标明显不同,这就要求高等职业教育要在教学内容和教学方法上进行大胆的探索和改革,在此基础上编写出版适合我国高等职业教育培养目标的系列配套教材已成为当务之急。

　　随着城市建设的发展,人们越来越重视环境,特别是环境的美化,园林建设已成为城市美化的一个重要组成部分。园林不仅在城市的景观方面发挥着重要功能,而且在生态和休闲方面也发挥着重要功能。城市园林的建设越来越受到人们重视,许多城市提出了要建设国际花园城市和生态园林城市的目标,加强了新城区的园林规划和老城区的绿地改造,促进了园林行业的蓬勃发展。与此相应,社会对园林类专业人才的需求也日益增加,特别是那些既懂得园林规划设计,又懂得园林工程施工,还能进行绿地养护的高技能人才成为园林行业的紧俏人才。为了满足各地城市建设发展对园林高技能人才的需要,全国的 1 000 多所高等职业院校中有相当一部分院校增设了园林类专业。而且,近几年的招生规模正在不断扩大,与园林行业的发展相呼应。但与此不相适应的是,适合高等职业教育特色的园林类教材建设速度相对缓慢,与高等职业园林教育的迅速发展形成明显反差。因此,编写出版高等职业教育园林类专业系列教材显得极为迫切和必要。

　　通过对部分高等职业院校教学和教材使用情况的了解,我们发现目前众多高等职业院校的园林类教材短缺,有些院校直接使用普通本科院校的教材,既不能满足高等职业教育培养目标的要求,也不能体现高等职业教育的特点。目前,高等职业教育园林类专业使用的教材较少,且就园林类专业而言,也只涉及部分课程,未能形成系列教材。重庆大学出版社在广泛调研的基础上,提出了出版一套高等职业教育园林类专业系列教材的计划,并得到了全国 20 多所高等职业院校的积极响应,60 多位园林专业的教师和行业代表出席了由重庆大学出版社组织的高等职业教育园林类专业教材编写研讨会。会议上代表们充分认识到出版高等职业教育园林类专业系列教材的必要性和迫切性,并对该套教材的定位、特色、编写思路和编写大纲进行了认真、深入的研讨,最后决定首批启动《园林植物》《园林植物栽培与养护》《园林植物病虫害防治》《园林规划设计》《园林工程》等20本教材的编写,分春、秋两季完成该套教材的出版工作。主编、副主编和参加编写的作者,由全国有关高等职业院校具有该门课程丰富教学经验的专家和一线教师,大多为"双师型"教师担任。

本套教材的编写是根据教育部对高等职业教育教材建设的要求,紧紧围绕以职业能力培养为核心设计的,包含了园林行业的基本技能、专业技能和综合技术应用能力三大能力模块所需要的各门课程。基本技能主要以专业基础课程作为支撑,包括8门课程,可作为园林类专业必修的专业基础公共平台课程;专业技能主要以专业课程作为支撑,包括12门课程,各校可根据各自的培养方向和重点选用;综合技术应用能力主要以综合实训作为支撑,其中综合实训教材将作为本套教材的第二批启动编写。

本套教材的特点是教材内容紧密结合生产实际,理论基础重点突出实际技能所需要的内容,并与实训项目密切配合,同时也注重对当今发展迅速的先进技术的介绍和训练,具有较强的实用性、技术性和可操作性三大特点,具有明显的高职特色,可供培养从事园林规划设计、园林工程施工与管理、园林植物生产与养护、园林植物应用,以及园林企业经营管理等高级应用型人才的高等职业院校的园林技术、园林工程技术、观赏园艺等园林类相关专业和专业方向的学生使用。

本套教材课程设置齐全、实训配套,并配有电子教案,十分适合目前高等职业教育"弹性教学"的要求,方便各院校及时根据园林行业发展动向和企业的需求调整培养方向,并根据岗位核心能力的需要灵活构建课程体系和选用教材。

本套教材是根据园林行业不同岗位的核心能力设计的,其内容能够满足高职学生根据自己的专业方向参加相关岗位资格证书考试的要求,如花卉工、绿化工、园林工程施工员、园林工程预算员、插花员等,也可作为这些工种的培训教材。

高等职业教育方兴未艾。作为与普通高等教育不同类型的高等职业教育,培养目标已基本明确,我们在人才培养模式、教学内容和课程体系、教学方法与手段等诸多方面还要不断进行探索和改革,本套教材也将随着高等职业教育教学改革的深入不断进行修订和完善。

编委会

2006 年 1 月

第2版前言

在商品经济社会中,任何商品都离不开市场。中国在市场经济体制下,园林企业成为商品经济的组成部分,各类园林企业为城镇和乡村绿化、美化做出了巨大贡献,改善了人们的生产和生活环境。为了使各类园林企业的决策者、管理者掌握营销实务的基本理论与方法,推动园林企业的发展,促进中国园林花卉产品市场化发展,我们编写了这本教材,作为园林花卉类专业和非市场营销专业的学生学习《市场营销》《营销实务》课程的教材,也可作为园林花卉企业员工培训的参考教材。

本教材吸收了编写者多年的企业营销实践经验和教学体会,汇集了《市场学》《市场营销》等多个版本的经典理论和精华内容,增加了新理论、新方法,做到理论与实践相结合,案例讨论与问题解答相结合,内容全面,深入浅出,具有较强的实践性和可操作性,力争满足高职高专教育的特色。教师在授课时,可以根据不同对象选择相关内容。

本教材介绍了园林企业营销实务的理论和方法,包括市场与市场营销、市场营销环境分析、市场调查与预测、购买者行为分析、市场营销战略、市场细分与目标市场、市场营销组合策略(产品策略、价格策略、分销策略、促销策略)、服务市场营销、网络营销、国际市场营销等内容。本教材创新特点体现在:一是内容全,在第1章增加了园林企业的定义、资质和经营范围,市场营销经理的权力、责任、职能和素质以及市场营销组织机构模式;第5章增加了常用的市场营销战略模式、营销战略执行与审计;第11章服务市场营销;第12章网络营销;第13章国际市场营销及国际贸易基本知识和应用。二是内容新,教材各章节内容不仅囊括了市场营销的经典理论和方法,更重要的是增加了新内容,如"顾客让渡价值""物流配送与管理"等。三是实践性强,具有可操作性,深入浅出,做到理论与实践相结合,各章节都有大量的实践例子,每章末尾都有"案例思考""问题解答"和"实践操作",有利于学习者理解理论、案例讨论和实践应用,加深理解,符合高职高专教育"理论够用,重在实践"的特点。

本书第 2 版在第 1 版基础上进行了修订。本教材由陈大军主编,并负责全书统稿。编写分工如下:陈大军编写第 1 章、第 3 章、第 5 章、第 9 章、第 10 章;陈大军、谭明权编写第 7 章、第 8 章;陈大军、张婷婷编写第 9 章、第 10 章;邓建平编写第 11 章、第 13 章;张霞编写第 2 章、第 4 章、第 6 章、第 12 章。本教材由重庆大学文守逊老师担任主审。

由于我们水平有限,不足和疏漏之处在所难免,恳望读者提出宝贵意见。

编　者

2019 年 6 月

目 录

1 市场与市场营销

【本章导读】

　　企业是市场的主体,市场营销是企业的基本管理职能。本章介绍了园林企业的类型、资质标准、经营范围,叙述了市场的含义、市场形成的条件和市场的功能,阐述了市场营销的定义、功能、发展,着重阐述了园林企业营销管理的任务、程序、指导思想和市场营销经理的职能、权利和素质,使学习者掌握市场、营销管理的基本概念和基本理论,为以后学习奠定基础。

【学习目标】

　　市场营销是企业的基本管理职能,也是最重要的管理职能之一。作为园林企业的决策者和管理者,首先要了解市场的概念、市场的功能、市场营销的基本理论和方法,才能在园林产品市场上游刃有余。

1.1　园林企业与市场营销

1.1.1　园林企业

　　园林企业是从事各类园林产品生产、流通和园林建设与管理服务等活动,为满足社会大众不断增长的物质和文化需要而进行自主经营、自负盈亏、独立核算,实现盈利目的的经济组织。园林企业的主要任务是:园林植物花卉生产销售、园林绿化工程设计施工、园林机械产品生产销售、园林绿化辅助品生产销售、园林建设与管理、园林技术服务等。

1)园林企业的分类

　　园林企业分为生产企业和商业企业两大类。

　　生产企业是主要从事园林物质产品生产的经济组织,如园林机械制造企业、花卉生产企业、园林绿化辅助产品生产企业等。

　　商业企业是主要从事园林花卉及其辅助产品流通和为社会提供各种有用服务的经济组织,如园林植物与花卉销售企业、园林机械器具销售企业、园林工程设计与施工企业、园林技术与信息服务企业等。

随着社会经济的不断发展,园林企业的职能也在不断发生变化,逐步向多元化经营发展。一些园林企业集团或大公司,既有园林产品生产,也有园林产品流通和各种技术服务活动等。

2)园林企业资质标准

中国把园林企业分成4个资质标准,即一级、二级、三级和非等级。

(1)一级企业资质标准

①具有8年以上园林绿化经营经历。

近5年承担过面积6万 m² 以上的园林绿化综合性工程,并完成栽植、铺植、整地、建筑及小品、花坛、园路、水体、水景、喷泉、驳岸、码头、园林设施及设备安装等工程,经验收,工程质量合格。

具有大规模园林绿化苗木、花卉、盆景、草坪的培育、生产、养护和经营能力。

具有高水平园林绿化技术咨询、培训和信息服务能力,在本省(自治区、直辖市)或周围地区有较强的技术优势、影响力和辐射力。

②企业经理具有8年以上从事园林绿化经营管理工作的资历,企业具有园林绿化专业高级技术职称的总工程师,中级以上专业职称的总会计师、经济师。

③企业有职称的工程、经济、会计、统计、计算机等专业技术人员,占企业年平均职工人数的10%以上,不少于20人;具有中级以上技术职称的园林工程师不少于7名,建筑师、结构工程师及水、电工程师都不少于1名。企业主要技术工程骨干全部持有中级以上岗位合格证书。

④企业专业技术工种除包括花卉园艺师、绿化工、花卉工、草坪工、苗圃工、养护工以外,还应包括瓦工、木工、假山工、石雕工、水景工、木雕工、花街工、电工、焊工、钳工等,三级以上专业技术工人占企业年平均工人数的25%以上。

⑤企业技术设备拥有高空修剪车、喷药车、洒水车、起重车、挖掘机、打坑机、各种工程模具、模板、绘图仪和信息处理系统等。

⑥企业固定资产现值和流动资金在1 000万元以上,企业年总产值在1 000万元以上,经济效益良好,利润率20%以上。

⑦企业所承担的工程、培育的植物品种或技术开发项目获得部级以上奖励或获得国际性奖励。

(2)二级企业资质标准

①具有6年以上园林绿化经营经历。

近4年承担过面积为3万 m² 以上的综合性工程施工,或具有园林绿化苗木、花卉、盆景、草坪的培育、生产、养护和经营能力。

具有园林绿化技术咨询、培训和信息服务能力。在本市具有较强的技术优势和影响力。

②企业经理具有6年以上从事园林绿化经营管理工作的资历;企业具有园林绿化专业中级以上技术职称的总工程师,具有助理会计师以上职称的财务负责人。

③企业有职称的工程、经济、会计、统计等专业技术人员,占企业年平均职工人数的10%以上,不少于15人;具有中级以上技术职称的园林工程师不少于5名,建筑师及水、电工程师各1名。企业主要技术工种全部持有中级岗位合格证书。

④企业专业技术工种应包括花卉园艺师、绿化工、花卉工、草坪工、养护工、瓦工、木工、假山工、石雕工、水景工、电工、焊工、钳工等,三级以上专业技术工人占企业年平均职工人数的15%以上。

⑤企业技术设备拥有高空修剪车、喷药车、挖掘机、打坑机、各种工程模具、模板、绘图仪、微机等。

⑥企业固定资产现值和流动资金在500万元以上,年总产值在500万元以上,利润率20%以上。

⑦企业所承担的工程、培育的品种或技术开发项目获得省级以上奖励。

(3)三级企业资质标准

①具有4年以上园林绿化经营经历。

近3年承担过面积为1万 m² 以上综合性工程施工,或具有园林绿化苗木、花卉、盆景、草坪培育、生产、养护和经营能力。

②企业经理具有4年以上园林绿化经营管理工作的资历,企业技术负责人具有园林绿化专业中级以上职称,财务负责人具有助理会计师以上职称。

③企业有职称的工程、经济、会计、统计等专业技术人员,占企业年平均职工人数的10%以上,不少于12人;具有中级技术职称以上的园林工程师不少于3名,建筑师1名,企业主要技术工种全部持有中级岗位合格证书。

④企业专业技术工种应包括花卉园艺师、绿化工、花卉工、草坪工、养护工、瓦工、木工、假山工、水景工、电工等,三级以上专业技术工人占企业年平均职工人数的10%以上。

⑤企业技术设备拥有修剪车、挖掘机、打坑机、各种工程模具、模板、绘图仪、计算机等。

⑥企业固定资产原值和流动资金在100万元以上,年总产值在100万元以上。

(4)非等级企业资质标准　三级以下的园林绿化企业称为非等级企业,其资质标准由各地园林绿化行政主管部门参照上述规定自行确定。

3) 园林绿化企业的经营范围

园林绿化企业的经营范围包括地域范围和业务范围。

(1)一级企业的经营范围　可在全国或国外承包各种规模及类型园林绿化工程设计与施工,可从事绿化苗木、花卉、盆景、草坪等植物材料和园林机械器具的生产经营,可兼营技术咨询、信息服务等业务。

(2)二级企业经营范围　可跨省区承包50公顷以下园林绿化工程设计与施工,可从事园林绿化植物材料和园林机械器具的生产经营、技术咨询、信息服务等业务。

(3)三级企业经营范围　可以在省内承包20公顷以下园林绿化工程设计与施工,可兼营园林绿化植物材料和园林机械器具的生产经营、园林绿化植物养护等业务。

(4)非等级企业经营范围　可以在企业所在的省辖市范围内承包1公顷以下园林绿化工程的施工,可兼营园林绿化植物材料销售与养护等业务。

4) 园林企业的基本要素

园林企业的目的是赚取利润,而且尽一切努力寻求利润的最大化。为此,园林企业必须具备一定的基本要素,才能建立、生存和发展。例如,一家花卉生产经营企业应具备以下基本要素:

①拥有一批懂技术、会管理的经营管理人员。他们必须了解花卉生产经营的有关技术知识,掌握花卉的营销方法与花卉应用艺术。

②拥有一定数量的流动资金,用于花卉的生产、采购、人员工资及场地使用等各种成本费用

的支出。

③拥有与经营规模相匹配的储运设备、销售及管理设备、经营场所等。

④拥有相对固定的商品或经营内容,如花卉生产销售、技术服务的内容等。

⑤拥有自主经营、自负盈亏和独立核算的权利。

5)园林企业的活动

现代园林企业的活动分为基本活动和辅助活动,如图1.1所示。基本活动是直接与园林产品的生产销售相联系的活动,辅助活动是为生产销售提供支持和保证的活动。

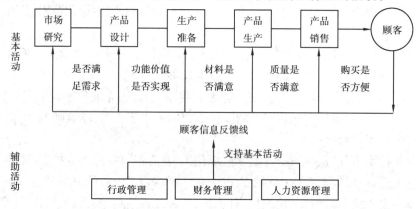

图1.1　企业活动分类

从图1.1可知,在园林企业的基本活动中,市场研究活动处于首位,它为园林企业的其他活动提供消费者的信息,使园林企业的产品设计、生产准备、产品质量与价格、销售方式等努力满足消费者和顾客的意愿。辅助活动就是为企业生产经营提供资金、人力和后勤等方面的支持。园林企业的全部活动必须被消费者认可,才能生存和发展。

1.1.2　市场

1)市场形成的条件

由于社会的分工,不同生产者生产的劳动产品不是为了自己消费,而是为了交换,使这些劳动产品互相变为商品。有商品生产就必然有市场,市场是一种以商品交换为内容的经济联系形式,是社会分工和商品生产的产物。

市场的基本关系是商品供求关系,市场的基本活动是商品交换活动。由于这种供求关系和交换活动,市场的形成就必须具有下列条件:

①存在着可供交换的劳动产品(有形产品和无形产品),如花卉、园林机械、园林技术服务等。

②存在着提供商品的卖方和具有购买欲望和购买能力的买方。如花卉生产者销售花卉,就必然存在着既有购买欲望又有购买能力的购买者,否则,交换就不成立,再漂亮的花也卖不出去。

③商品的价格符合买卖双方的利益要求。如某园林机械厂生产的割草机的价格必须是生产者和购买者都能满意地接受,交换关系才能成立。

　　形成市场的这些现实条件,就成为企业市场营销活动最基本的制约因素。

2) 市场的含义

　　随着商品经济的不断发展,市场的含义也在不断地丰富和发展。目前,人们对市场的含义有了较为全面的认识,而且有以下几种不同角度的理解:

　　(1)市场是商品交换的场所　这是市场的传统含义,这种认识将市场作为买卖双方交换商品的"场所"或"地域"。如玉泉营花卉批发市场、伊甸园鲜花店,这是花卉交换的具体场所。又如,兴城花卉公司生产的花卉主要销往北京,凯歌园林机器厂生产的草坪修剪机主要销往东南亚,这是交易发生的地域。很显然,企业必须考虑自己的产品在什么地点销售,销往哪些地域。

　　(2)市场是商品的现实买主和潜在买主的总和　人们说,中国的花卉市场很大,其意思显然不是指玉泉营花卉批发市场的建筑面积很大,也不是指中国所有花卉市场的建筑面积总和很大,而是指中国现实的和潜在的花卉产品买主很多。将买主(消费者)作为市场,是商品生产者营销战略和各项经营决策的基本出发点,对正确组织企业市场营销活动具有极其重要的意义。所谓企业要面向市场,就是指要面向消费者,给消费者提供满意的产品。

　　(3)市场是买主、卖主力量的结合　我们经常说某商品是卖方市场或买方市场,实质上反映了买、卖双方相互作用的力量强度。在卖方市场,商品的需求量大于供给量,卖方居于主导地位,商品的价格就会高于正常价格。在买方市场,商品的需求量小于供给量,社会上有大量的积压商品,买方居于主导地位,商品价格就会降低,购买者成为真正的"上帝"。显然,判断市场供求力量的相对强度和变化趋势,适时调整企业的位置和商品的价格,是企业市场营销管理的重要内容。

　　(4)市场是商品交换关系的总和　这是"社会整体市场"的概念,反映的是商品流通的全局。商品流通是以货币为媒介的交换过程。在这个过程中,商品交换包含着两个互相对立、互为补充的商品形态变化。第一形态变化过程是,企业将商品售出,实现了从商品形态到货币形态的变化;第二形态变化过程是,企业用货币购买生产必需的原材料、技术、人力资源等,再生产出商品,实现了从货币形态到商品形态的变化。在现实生活中,每种商品都存在着这两种形态变化。这两种形态变化所组成的循环,不可分割地交错连结在一起,就形成了许多并行发生和彼此连结的商品交换过程,形成了商品流通全局。因此,各种产品的市场也就不可分割地连结在一起,形成了有机的整体市场。这就是说,任何一个商品生产者的买卖活动必然与其他商品生产者的买卖活动发生联系,依赖整体市场,它才有生存和发展的空间及环境。例如一个生产鲜花的企业,它必须依赖生产种子、肥料、设备的企业,同时又要依赖买花的组织或个人。因此,它的运转与整个市场保持密切的输入、输出关系,它必须在整个市场上开展营销活动,才能求得生存和发展的机会。

　　以上4种对市场不同角度的理解,对企业市场营销实务都有实际意义。前3种是微观方面的意义,第4种则是宏观方面的意义。企业重点要研究本企业商品的需求状况、目标顾客、供求关系、竞争地位、销售地点(地域),同时也要面对整个市场,了解商品流通全局,才能高瞻远瞩,审时度势,有效地开展市场营销活动。然而,从一个企业的市场营销角度来研究市场,中心问题是要研究买主的需要、欲望和购买行为,才能有的放矢地开展市场营销活动,促进本企业产品的销售增长。因此,企业市场营销实务研究的"市场"是第二种含义的市场,即现实买主与潜在买主的总和,或称为消费者市场。

3）市场的功能

市场在商品经济中具有以下主要功能：

（1）经济结合功能　市场实现了不同商品生产者之间的经济联系和经济结合，这是市场的基本功能。由于社会分工，使商品生产者相互分开，市场则使生产者相互结合。例如，花卉生产者独立生产各自的花卉品种，无论花卉生产基地在何处，但由于有了市场，花卉就能销售出去，获得货币，补偿生产成本，取得利润。同时又通过市场的连结，与花卉生产设备供应商、劳动力供应商、其他所需商品的供应商建立了交换关系，各自实现了自己的经营目的。因此，商品生产的社会分工越细，市场的作用和地位就越重要。在商品经济环境中，市场已经成为社会经济的枢纽。

（2）制导商品生产面向消费需求的功能　商品生产者生产什么产品，生产多少，都要以市场需求为导向。对某种产品的市场需求总量，称为市场容量。即在一定时期内、一定价格水平上某种商品最可能的销售量。例如，全国有10家企业都生产玫瑰花，全年的总生产能力为250万扎，而市场需求总量是300万扎，那么50万扎的缺口就需要进口来满足。同时也为国内花卉生产企业提供了发展的机会，企业可以增加生产，或其他企业进入生产玫瑰花的行业。如果花卉企业盲目扩大生产规模，总产量超过300万扎，那么超出部分就销售不出去，企业就要遭受损失。由于市场对商品生产的制导作用，它便成为商品经济条件下国民经济的一面镜子，成为商品生产能否适应社会消费需求的指示器，成为商品供求比例关系的调节器。

（3）劳动比较功能　任何商品生产都要消耗一定的劳动量，即生产成本。由于各商品生产者的生产技术水平和经营管理水平不同，生产同种商品消耗的劳动量不同，即个别价值不同。假设甲、乙、丙3家企业都生产蝴蝶兰，各自的生产要素不同，生产成本也就高低不同。甲的生产成本为80元/株，乙为100元/株，丙为110元/株。然而，相同品种规格的蝴蝶兰进入市场后，只有一种价值，即市场价值为100元/株，并根据这个市场价值进行交换。显然，个别价值低于市场价值商品生产者就能获得利润，反之则亏损。可见，市场的劳动比较功能，可以推动商品生产者不断采用新技术、新材料、新方法，提升经营管理水平，提高劳动生产率，尽可能降低生产成本，获取更高的利润，使企业发展壮大。这样，市场就成了发展社会生产力、提高社会经济效益的推进器。

（4）引导社会资源合理配置和流动的功能　在商品经济环境中，商品生产者总是千方百计寻求利润最大化。由于不同行业、不同地区的经济发展不平衡，导致投资回报水平也不相同。例如，目前中国花卉行业发展迅速，市场容量大，利润率高，被称为"朝阳产业"。于是，很多企业或个人会自发地将资源投向花卉生产经营行业，期望获得高额利润，这种资源的转移是通过市场的作用来实现的。市场可以引导和推动社会资源向最有效发挥作用的领域流动和配置的功能，有利于社会资源产生更大的经济效益。

认识市场的含义和功能，对于企业的市场营销活动具有重要意义。在任何时候、任何行业，市场实际上都是由个人和组织构成的总体。他们需要某种产品或服务，而且具有购买欲望和购买能力。因此，市场可以表述为：

$$市场 = 人口 + 购买欲望 + 购买能力$$

根据这个公式，任何商品生产者都必须面对有购买欲望和购买能力的人，针对他们的情况开展营销活动，刺激他们购买本企业的商品。这就是企业营销实务的真正目的。

1.2　市场营销

1.2.1　市场营销的定义

"市场营销"一词是从英文"Marketing"翻译而来的,它起源于美国。作为一门学科,又被译成"市场营销学"。经过近百年的发展,市场营销学的内容更加丰富,理论体系也更加成熟。美国著名的市场营销学家菲力普·科特勒说,市场营销学已经发展成为一门建立在经济学、行为科学、现代管理理论基础之上的应用科学。

市场营销学阐述的企业营销活动的理论与方法,已经成为工商业界管理人员必备的专业知识。西方发达国家的企业家们普遍认为,如果不懂得市场营销学,就无法维护企业的生存和发展。当前,市场营销学已经成为许多国家培养高级管理人才的必修课。

从企业经营管理的内容出发,"Marketing"又被译成"市场营销"或"市场营销管理"。企业市场营销的中心思想是:面向市场,面向消费者,适应环境的变化,为消费者提供满意的商品或服务,最终实现企业的目标。

在现实生活中,市场是企业生产经营的出发点和落脚点,企业的全部活动都应围绕市场展开。为了满足消费者的需求,企业必须在商品生产开始之前,就要开展一系列的市场营销活动,如市场需求调查、顾客心理分析等,以明确消费者需要什么产品,然后结合企业自身的优势和具体情况,确定生产什么产品,生产多少,销售对象是谁。并以此为基础,组织技术力量开发、研制、设计、生产出消费者满意的产品。在产品投放市场之前,还要确定商品的商标、品牌、包装、价格、销售渠道以及促销手段,吸引买主。产品售出后,还必须开展售后服务,帮助消费者从产品中获得最大效用。同时还要收集消费者对产品使用的意见和建议,进一步改进产品的设计和功能,使产品在市场中有良好的形象,吸引更多的买主。这一系列活动是不断循环、不断升级的。因此,现代市场营销活动没有起点和终点,而是螺旋式地向前发展。

现在,我们可以给市场营销下一个确切的定义:市场营销是从卖方的立场出发,以消费者的需求为中心,通过交换程序,提供和引导商品到达消费者手中,满足消费者的需求和利益,从而获取利润的企业综合活动。

1.2.2　市场营销的功能

1)市场营销的功能

(1)交换功能　通过企业的市场营销活动,实现了生产者和消费者的销售与购买的统一,并且产品的占有权(所有权)发生了转移。交换过程离不开价格,因此订价也是交换功能的主要内容之一。

(2)供给功能　产品从生产场地转移到销售场所,最终到达消费者手中,包括运输与储存等活动。运输是为了实现产品在空间上的位置移动,储存是为了保存产品的使用价值,调节供求矛盾,并保证及时供应给消费者。

（3）便利功能 市场营销活动可以方便交换，包括信息沟通、风险承担、质量保证、支付手段等各个方面。

（4）示向功能 通过对市场的调查、研究、分析，描绘出消费者对产品的期望、同类产品的供求态势、竞争状况等，使企业正确地确定产品方向，选择目标市场和制订价格政策。

2）市场营销的效用

在社会经济生活中，生产与购买（消费）之间存在着诸多矛盾，市场营销就是要解决这些矛盾，极大地满足消费者的需求，即创造效用。市场营销创造的效用有：

（1）形态效用 企业生产活动创造形态效用，即把原材料变成有使用价值的产品。生产者与消费者之间存在着产品品种、规格、型号方面的矛盾，生产者必须通过市场调查研究，向市场供应不同品种、规格和型号的产品，满足消费者的不同需求。

（2）位置效用 从地理位置上讲，生产者与消费者一般不在同一个地点、同一个城市或同一个区域，生产者需要通过运输、储存等服务，才能消除商品的生产与购买之间在空间上分离的矛盾，使消费者能够方便、就近买到所需的产品。

（3）时间和数量效用 商品在生产和购买之间存在着时间的先后顺序。生产者什么时候向市场供应商品，供应多少，是由消费者决定的。但是，消费者何时需要某种商品，需要多少，是很难确定的。这就需要生产者进行科学的市场调查研究，去测定消费者的购买时间和购买数量，然后制订生产、运输、供货的时间表，解决时间和数量分离的矛盾。如果消费者在需要某种商品时就能方便、足量地买到，则这种商品就具有更大的价值。

（4）价格效用 生产者按成本费用和竞争价格来定价，消费者按经济效用和支付能力来定价。如果生产者定的价格太高，那么消费者就可能不购买而选择其他生产者的产品。因此，生产者必须通过市场营销活动，一方面要了解消费者对商品价格的期望，确定合理的价格，以满足消费者的利益要求；另一方面也促使生产者改善生产、加强管理、降低成本，以便获得更大的利益。

（5）信息效用 生产者和消费者之间的供需信息传递，需要通过广告、展销、订货会等市场营销活动来实现。如果消费者知道市场上存在某种自己需要的商品，而且也知道在什么地方以什么方式和价格能买到，那么这种产品的效用就大大增加。

（6）所有权的效用 生产者一旦把商品销售出去，商品的占有权也就转移到了消费者手中，即使商品本身仍放在原来的存放地点。显然，市场营销活动促进了交易的产生，也给所有权的转移提供了条件。

1.2.3 市场营销在企业中的地位

在一个企业里存在着多种重要职能，如市场营销、生产管理、财务管理、人力资源管理等。市场营销职能的地位如何呢？由于人们的思想观念不同，企业生产经营所处的阶段不同，市场环境不同，市场营销职能的重要性程度也不同，如图1.2所示。

最初，市场营销职能与其他职能处于同等重要的地位（图1.2a），这种认识基于企业的产品处于垄断地位，市场营销的任务就是销售产品，而产品生产、财务支持、人力资源保证是使企业生产出产品。

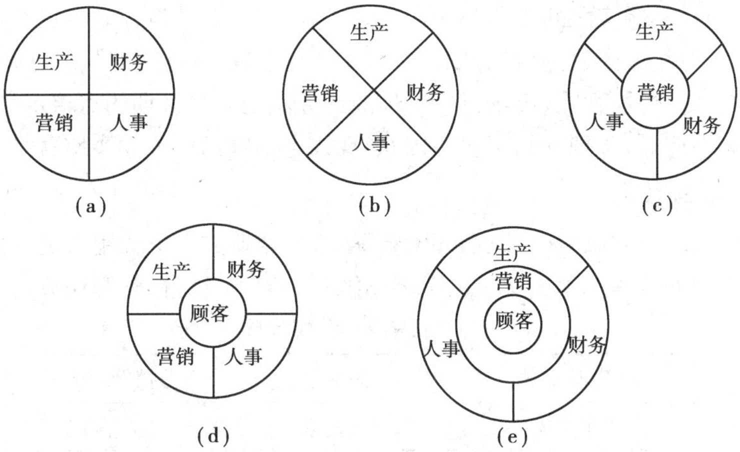

图 1.2　市场营销在企业中的地位

在市场竞争加剧、需求不足的情况下,企业管理者和市场营销人员则认为,企业应较多地注意开拓市场,寻找更多的买主。因此,市场营销职能比其他职能更加重要些(图 1.2b)。

市场竞争更加激烈,消费者的需求不断变化,企业要想生产出适销对路的产品,则必须通过市场调查、信息反馈来指导企业的产品生产,同时企业还必须开展强有力的促销活动,刺激消费者的购买欲望,吸引消费者购买本企业的产品。因此,激进的市场营销人员认为,市场营销活动主要是与顾客打交道,没有市场就没有企业。因此,市场营销职能应处于企业其他活动的中心位置(图 1.2c)。

顾客就是上帝,没有顾客就意味着企业的消亡。人们认为,顾客应处于企业一切活动的中心,企业的所有职能都处于同等重要的地位,都要面对顾客,衷心为顾客服务(图 1.2d)。

市场经济的进一步发展,企业面对的市场环境更加复杂,顾客就是上帝,必须处于中心位置不动摇。而市场营销主要面对顾客,仍应是企业的中心工作(图 1.2e)。

1.3　市场营销管理

在现代市场经济条件下,企业必须重视市场营销管理,根据行业发展的趋势、商品市场的需求和竞争现状,制订战略计划,合理配置资源,有效地供给产品,才能赢得竞争优势。

1.3.1　市场营销管理的任务

1)市场营销管理的实质

现代市场营销观念认为,企业所有的人员,都要树立面对市场的理念。有些人还要直接处理与市场相关的业务,如人力资源管理人员要接触劳动力市场,采购管理人员要面对物资供应市场,财务管理人员要熟悉金融市场,但习惯上并不把他们称为营销管理者,而只把处理消费者市场业务的人员称为市场营销人员。

菲利普·科特勒认为:市场营销管理就是通过分析、计划、实施和控制,谋求创造、建立及保持市场营销人员与目标顾客之间互利的交换关系,以实现企业的目标。市场营销人员的工作不仅仅是刺激顾客对本企业产品的需求,以便尽量增加销售量和提高市场占有率,同时还包括调整、缩减和抵制需求。简而言之,市场营销管理的任务就是调整市场的需求水平、需求时间和需求特点,使供求关系协调,实现互利交换。因此,现代市场营销管理的实质就是市场需求管理。

2)市场营销管理的任务

由于市场上存在不同的需求状况和环境状况,不同企业的市场营销人员就有不同的营销任务,因此也就有不同的营销管理类型。表1.1归纳了8种市场营销管理任务。

表1.1   营销管理类型与任务

营销管理类型	需求状况	营销管理任务
扭转性营销	负需求	扭转需求
刺激性营销	无需求	激发需求
开发性营销	潜在需求	实现需求
恢复性营销	需求衰退	恢复需求
同步性营销	不规则需求	调节需求
维护性营销	饱和需求	维持需求
限制性营销	过剩需求	限制需求
抵制性营销	有害需求	消除需求

(1)扭转需求   这是针对负需求进行的市场营销活动。负需求是指潜在消费者对某些产品或服务不仅没有需求,甚至存在抵触、厌恶、恐惧的心理,不仅自己不需求,还会影响周边其他人不需求。市场营销管理的任务就是扭转这些消费者的抵制态度,使负需求变为正需求。市场营销人员必须首先了解这种负需求产生的原因,然后采取适当的措施,说服、引导消费者消除片面的心理,积极购买这些产品和服务。

(2)激发需求   这是针对无需求进行的市场营销活动。无需求是指潜在消费者对某些产品不关心,没有兴趣,也不购买。其原因可能是消费者对这些产品不了解,或者没有听见、看见。市场营销管理的任务就是要广泛宣传,引起消费者的兴趣,刺激他们购买。

(3)实现需求   这是针对潜在消费者对某些还不存在的产品具有强烈的需求而开展的市场营销活动。市场营销管理的任务就是努力开发新产品,实现潜在消费者的需求,将潜在需求变为现实需求,以获得更大的市场优势和经济效益。

(4)恢复需求   这是希望把已经衰退的需求重新振兴而开展的市场营销活动。实施恢复性营销的前提是,衰退产品有出现新的生命周期的可能性,否则将劳而无功。

(5)调节需求   这是针对不规则需求而开展的市场营销活动。许多产品的需求会因为时间、季节、地点等不同出现需求的不均衡,因而导致生产和供给的不协调,给企业的生产经营带来困难。市场营销管理的任务就是要设法调节需求与供给的矛盾,使两者达到协调同步。

(6)维持需求   这是针对饱和需求进行的维持性营销活动。饱和需求是指当前市场需求在数量和时间上同预期需求已经达到一致。在这种情况下,市场营销管理的任务就是设法保持合理的价格,稳定销售渠道,适当地广告宣传,让消费者继续购买产品,维持现有的销售水平,防止出现下降趋势。

(7)限制需求　这是针对过剩需求开展的营销活动。当某些产品的需求大大超过供给,而满足这些需求会导致资源消耗过度,甚至产生破坏性后果,就要实施限制性营销,如提高产品的价格,减少服务项目和供应网点,劝导理智消费和厉行节约,积极寻求替代产品等有效的措施限制需求。需要说明的是,限制性营销只是限制过多的需求,而不是对产品本身的否定或消除。

(8)消除需求　这是针对有害需求进行的抵制性营销活动。有些产品对消费者、供应者或社会有害无益。市场营销管理的任务就是抵制和消除有害需求,实行抵制性营销或禁售,例如对赌博、毒品、假冒伪劣品等必须坚决抵制,彻底消除。

1.3.2　市场营销管理的程序

市场营销管理是指为了实现企业目标,创造和保持与目标市场之间的互利关系,影响和控制产品的设计、生产、储运、销售等活动。市场营销管理的程序包括:分析和寻找市场营销机会、选择目标市场、运用市场营销组合、对市场营销活动的控制和管理。

1)分析和寻找市场营销机会

分析和寻找市场营销机会是市场营销人员的主要任务,也是市场营销管理过程的首要步骤。市场营销人员可采取以下方法来分析和寻找市场营销机会:

(1)广泛搜集市场信息　市场营销人员通过阅读报纸和文件、网上浏览、参加展销会、研究竞争者的产品、召开献计献策会、调查研究消费者的需求等来发现或识别未满足的需求和新的市场机会。

(2)借助产品-市场矩阵　市场营销人员利用产品-市场矩阵(表1.2)来寻找、发现市场机会。花卉企业的市场营销人员可以考虑采取一些措施,在现有市场上扩大现有花卉产品的销售(市场渗透);也可以考虑采用一些措施,在国外市场扩大花卉产品的销售(市场开发);还可以考虑改变花卉产品的品种、花色、季节等,以满足市场需求,扩大销售(产品开发);甚至可以考虑跨行业经营多种业务,如增加技术培训等业务(多种经营)。经验证明,这是企业发现市场营销机会的一种很有用的方法。

表1.2　产品-市场矩阵

产品 市场	现有产品	新产品
现有市场	市场渗透	产品开发
新市场	市场开发	多种经营

(3)进行市场细分　市场营销人员可以通过市场细分来发现市场机会。不仅要善于发现有吸引力的市场机会,而且要善于对所发现的各种市场机会加以评价,决定哪些市场机会能成为本企业有利可图的机会。因为不是所有具有吸引力的市场机会都能成为本企业的企业机会。某种市场机会能否成为本企业的机会,关键取决于本企业的经营目标和任务、经营能力和优势,同时还要考虑是否比潜在竞争者能享有更大的"差别利益"。

市场营销人员还要进一步对每种有吸引力的企业机会进行评价,即要进一步调查研究:谁购买这些产品,他们愿意花多少钱,他们要买多少,消费者在何处,谁是竞争者,需要什么分销渠道等。通过调查研究这些问题,市场营销人员要分析市场营销环境、消费者市场、组织市场、中间商市场和政府市场。此外,企业的财务部门和生产部门还要估算成本,以便对各种机会作最后评价,看看它们能否成为赢利的企业机会。

当市场营销人员发现某个市场机会,而且有多家企业参与竞争,那就要分析哪家企业能享有最大的差别利益,或者说具备最有利条件或最大优势。当然,经营这个市场机会的业务必须具备 4 个条件:资金、场所、生产和经营管理技术、在消费者中有一定声誉。如果企业 4 个条件都具备,它就享有最大的差别利益,也就是它的企业机会。

2）选择目标市场

市场营销人员在选择目标市场的过程中,除了要广泛研究市场营销环境和了解消费者市场、组织市场、中间商市场和政府市场之外,还要对市场范围、市场容量和结构作进一步的深入分析,然后根据企业自身的实力和竞争状况,决定企业应当生产经营哪些新产品,决定企业应当以哪些消费者群体为目标市场,并尽力满足这个目标市场的需求。

3）运用市场营销组合

市场营销组合是现代市场营销理论的重要内容。美国市场营销学家麦卡西教授把这些变量概括为 4 个基本变量,即产品、价格、分销和促销(4P)。

"产品(Product)"代表提供给目标市场的货物和劳务的组合,包括产品质量、外观、买卖权(即在合同规定期限内按照规定的价格买卖某种货物的权力)、式样、品牌名称、包装、尺码或型号、服务、保证、退货等。

"价格(Price)"代表消费者购买商品的价格,包括价目表所列的价格、折扣、优惠、支付期限、信用条件等。

"分销(Place)"代表企业使其产品可进入和到达目标市场(或目标消费者)所进行的种种活动,包括渠道选择、仓储、运输等。

"促销(Promotion)"代表企业宣传介绍其产品的优点和说服目标消费者购买其产品所进行的种种活动,包括广告、销售促进、宣传、人员推销等。

市场营销组合因素对企业来说都是"可控制的因素"。即企业可以根据目标市场的需求,决定自己的产品结构,制订产品价格,选择分销渠道(地点)和促销方式等。对这些市场营销手段的运用和搭配,企业有自主权。但这种自主权是相对的,不能随心所欲。因为企业市场营销过程不但要受本身资源和目标的制约,还要受各种微观和宏观环境因素的影响和制约,这些是企业的"不可控制的因素"。因此,市场营销人员的任务就是适当安排市场营销组合,使之与不可控制的环境因素相适应,这是企业市场营销能否成功的关键。

市场营销组合是一个动态组合。每一个组合因素都是不断变化的,是一个变量,同时又相互影响。在 4 个变量中又各自包含若干小变量,每一个小变量的变动都会引起整个市场营销组合的变化,形成一个新的组合。

市场营销组合要受企业市场定位战略的制约,即根据市场定位战略,设计、安排相应的变量组合。

把企业的市场营销组合因素定义为可控因素并概括为"4P"的传统理论,在西方已有近 50

年。近年来,国际市场竞争激烈,许多国家的政府干预和贸易保护主义再度兴起,所以市场营销理论又有了新的发展。菲利普·科特勒从 1984 年以来提出了一个新理论,他认为企业应能影响自己所处的市场环境,而不应单纯地顺从和适应环境。市场营销组合的"4P"之外还应加上"权力(Power)"与"公共关系(Public Relation)",成为"6P"。这就是说,要运用政治力量和公共关系,打破国际或国内市场上的贸易壁垒,为企业的市场营销开辟道路。他把这种新的战略思想叫作"大市场营销"。

1.3.3　市场营销管理思想

任何企业的市场营销管理,都是在特定的市场营销管理思想或经营观念的指导下进行的。市场营销管理思想就是企业在开展市场营销活动的过程中,处理企业、消费者、社会三者利益时所持的态度、思想和价值观。从市场营销的兴起,市场营销管理思想已逐渐发展和演变成 5 种市场营销观念,即生产观念、产品观念、推销观念、市场营销观念和社会市场营销观念。

1) 生产观念

生产观念是在卖方市场条件下产生的。在这种情况下,物资短缺,产品供不应求,企业的中心问题是:提高生产率和产量,降低生产成本。企业的指导思想是:能生产什么就生产什么,能生产多少就生产多少。企业的主要任务是:多生产产品,多销售产品,多获取利润。

2) 产品观念

产品观念也是在卖方市场条件下产生的。它认为消费者总是喜欢质量高、功能多、有特色的产品。企业只要致力于生产高质量的产品,并不断加以改进,不需要费劲去开展市场营销,消费者就会找上门来,"酒好不怕巷子深"。

3) 推销观念

推销观念认为,消费者通常表现出一种购买惰性或抗衡心理,若任其自然,他们就不会购买或不足量购买本企业的商品。因此,企业十分注重运用推销术和广告术,引导、刺激、说服消费者购买,以期压倒竞争者,提高市场占有率,获取丰厚的利润。在现代市场经济条件下,当企业推销那些非紧俏商品或过剩商品时,往往奉行推销观念。

4) 市场营销观念

市场营销观念的基本思想是:消费者需要什么产品,企业就生产和销售什么产品。企业的主要目标不是单纯追求销售量的短期增长,而是着眼于长久占领市场,"顾客就是上帝"。在这种观念指导下,企业十分重视市场调查研究,运用现代科学技术方法预测和推断市场发展趋势,制订市场营销战略和营销计划,力争在消费需求的动态变化中不断发现那些尚未得到满足的现实需求和潜在需求,集中企业的一切资源,努力适应和满足这些需求。在当代,许多成功的企业都奉行市场营销观念,一切以消费者满意为基本准则。

5) 社会市场营销观

这种观念的基本内容是:企业提供产品和服务,不仅要满足消费者的需求与欲望,还要符合消费者和社会的长远利益,企业要关心、增进社会福利,承担社会责任。社会营销观念要求市场营销人员在制订市场营销政策时,要统筹研究企业、消费者和社会3方面的利益。

上述5种市场营销观念的产生与存在,各有其必然性和合理性,而且在时间延续过程中依次出现。但不能认为新的观念出现,旧的观念就消失。因为每种观念各自代表不同的生产力水平、商品供求状况、企业规模和消费者心理。即使在商品经济非常发达的时期,各个商品生产者之间仍然存在着极大的差异,有现代化大工业企业,也有手工作坊,各自的产品有不同的市场地位和不同的消费群体。因此,企业所奉行的市场营销观念也就不同。目前中国花卉生产企业更应注重的是产品质量、生产成本和生产规模,这些因素将会极大地影响消费者市场的发展。因此,生产观念和产品观念仍具有指导意义。如果这些问题不能尽快解决,将难以与国外大型花卉企业抗衡。

1.3.4　顾客让渡价值

顾客让渡价值是指顾客总价值与顾客总成本之差。

1) 顾客总价值

顾客总价值是指顾客购买某种产品或服务所期望获得的利益,包括产品价值、服务价值、人员价值和形象价值。

(1)产品价值　由产品的功能、特点、质量、品牌、式样等所产生的价值,是顾客需要的中心内容。

(2)服务价值　企业向顾客出售实体产品时,伴随提供的各种附加服务,包括产品说明、送货、安装、调试、维修、技术培训、质量保证等所产生的价值。服务价值是构成顾客总价值的重要因素之一。

(3)人员价值　企业员工的经营思想、知识水平、业务能力、工作效益与质量、经营作风、应变能力等产生的价值。人员价值对企业、对顾客的影响作用是巨大的,并且这种作用往往是潜移默化、不易度量的。因此,高度重视对企业人员素质与能力的培养,加强对员工日常工作的激励、监督与管理,使其始终保持较高的工作质量与水平就显得至关重要。

(4)形象价值　企业及其产品在社会公众中形成的总体形象所产生的价值,包括企业的产品、技术、质量、包装、商标、工作场所等所构成的有形形象所产生的价值和企业的价值观念、管理哲学等理论形象所产生的价值等。形象价值是企业宝贵的无形资产,良好的形象会对企业的产品产生巨大的支持作用,赋予产品较高的价值,从而带给顾客精神上和心理上的满足感、信任感,使顾客的需要获得更高层次和更大限度的满足,从而增加顾客购买的总价值。因此,企业应高度重视自身形象的塑造,给顾客带来更大的价值。

2) 顾客总成本

顾客总成本是指顾客在购买某种产品时所付出的货币成本、时间成本和精力成本的总和。

(1)货币成本　顾客购买某种商品时实际支付的货币量,它以产品的价格为标志。因此,企业在出售商品时,如何给商品定价有很深的玄机。价格合理,顾客就会满意地购买,所获得的让渡价值就大。

(2)时间成本　顾客购买某种商品时所花的时间。时间就是金钱,已被越来越多的人所接受。顾客购买某种商品所花费的时间越少,顾客总成本就低。因此,努力提高工作效率,在保证产品与服务质量的前提下,尽可能减少顾客的时间支出,降低顾客的购买成本,是为顾客创造更大的让渡价值,增强企业产品市场竞争能力的重要途径。

(3)精力成本　顾客购买产品时,在精神、体力方面的消耗。顾客为购买产品所支付精力成本越小,获得的让渡价值越大。

总之,企业应该采取有效措施,增加顾客购买的实际利益,降低购买的总成本,使顾客获得更大的让渡价值,这对提高企业经济效益具有十分重要的意义。

顾客总价值与总成本的各个构成因素的变化及影响作用是相互影响的。企业在制订市场营销决策时,应综合考虑构成顾客总价值与总成本的各项因素之间的相互关系,用较低的生产与市场营销费用为顾客提供更多的让渡价值产品。

企业为了争取顾客,战胜竞争对手,巩固或提高企业产品的市场占有率,往往追求顾客让渡价值最大化,其结果可能导致成本增加,利润减少,与企业经营目标相矛盾。因此,在市场营销实践中,不应片面追求顾客让渡价值最大化,而应以能实现企业经营目标的经济效益为原则。

1.4　市场营销经理

1.4.1　市场营销经理的职能

在商品经济条件下,企业的市场营销职能处于十分重要的地位。那么市场营销经理在企业中就必然是一个举足轻重的角色。

在一个企业中,市场营销经理就是这样的人,他使企业中的市场营销活动和任务通过别人去完成。因此,市场营销经理必须行使4个基本职能:计划、组织、指导、控制。

1)计划职能

计划是市场营销经理的首要职能。由于市场营销经理所领导的是企业的一个职能部门,从层次上说,属于中层经理。他在行使计划职能时,必然有两重意义。

(1)市场营销经理是企业战略计划的重要参与人　战略计划是描述整个企业最基本的长远规划,它着重强调一个企业为社会提供产品或服务所要达到的目标领域,以及达到目标所要采取的一系列行动。战略计划是企业最高层领导人来主持制订的。企业为社会提供什么产品,提供多少,卖给谁,如何使消费者满意是关系企业生死存亡的大事,必然是战略计划的重要内容。提供这些信息和参与制订战略计划的人很多,但市场营销经理最有发言权,能为企业最高决策层提供市场信息和建议。

(2)市场营销经理必须依据企业战略计划来制订市场营销计划　计划一般都强调两点:目标和行动。确定市场营销的目标,就是回答我们要做什么。例如,凯多花卉公司在今后5年的目标是销售额平均每年增长10%。行动就是回答我们要怎么做。凯多花卉公司的行动可以有:增加市场营销力量,改进促销手段,扩大销售网络,降低产品成本,降低产品价格,提高产品质量等。这些行动都可以实现增加销售额的目标。市场营销经理在制订计划时,可以采用下列步骤,如图1.3所示。

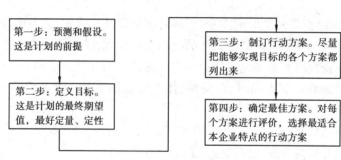

图1.3　制订计划的步骤

2）组织职能

组织是指按某种方式来安排企业的资源,使这个组织的一切活动都要有系统地实现企业的目标。市场营销经理实施组织职能的目的就是要分配给每个营销人员分离的、不相同的任务,而且保证这些任务经过协调能够顺利完成,以实现企业的市场营销目标。建立适合企业特点的市场营销组织机构是营销经理的重要职责。现代市场营销组织机构有许多种模式,下面介绍4种常见的模式。

（1）职能式组织机构　这是最常见的组织机构模式,如图1.4所示。这种模式的优点是简便易行、分工明确、管理方便。缺点是企业规模和经营范围扩大到一定程度时,又会因分工粗放,没有专人对某个具体的产品或地区市场承担完全责任,各职能经理之间,如广告经理与销售经理之间,可能会相互争夺业绩,推卸责任,发生摩擦,导致工作效率低下。

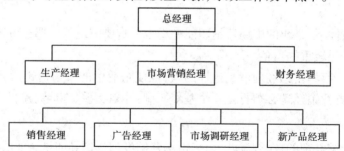

图1.4　职能式市场营销组织机构模式

（2）地区式组织机构　当企业的经营业务覆盖的地理区域很大,如全国甚至跨国经营时,采用地区式组织机构模式来组织市场营销力量更恰当,如图1.5所示。这些地区经理将负责本地区的市场营销活动,并制订和执行企业在本地区的市场营销计划。市场营销经理在按地区式组织机构模式来组建市场营销部门时,要恰当地划分区域,既要保证各个地区有足够的营销力度,又不能把区域划分得太小,设置的地区经理太多,以致增大市场营销经理的管理幅度,降低工作效率。

（3）产品式组织机构　即按产品类别或品牌来组建企业的市场营销部门,如图1.6所示。在产品管理经理下面设置多名产品经理,他们负责某一产品或某一类产品的市场营销工作。这种组织机构适用于那些经营多种产品或多种品牌的企业。每个产品经理负责一个(或一类)产品的市场调查、预测,制订计划、实施和控制的全过程,这就保证了各种产品的营销工作都有专人负责。

（4）顾客管理式组织机构　按照企业细分的目标市场组建的市场营销部门。这种模式对于那些拥有多个目标市场的企业十分有效,如图1.7所示。如果企业将这些目标市场分类管理,有专人和专门的机构来研究各个目标顾客的特点,有针对性地开展市场营销活动,效果将是显著的。

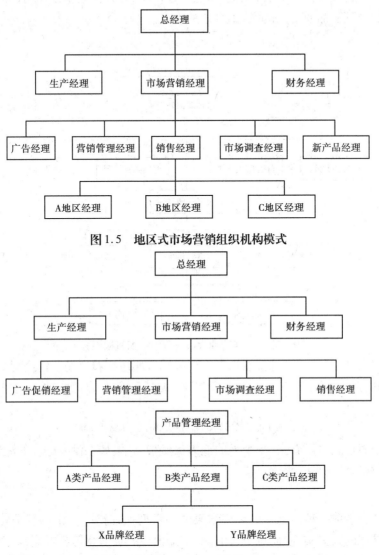

图1.5　地区式市场营销组织机构模式

图1.6　产品式市场营销组织机构模式

在实际工作中,市场营销经理可以根据本企业的行业特征、企业规模、产品数量、目标市场划分情况等多方面的因素综合考虑,或选择其中一种适合自己的模式,或综合各个模式的优点,建立一个更适合自己的新模式。然后将市场营销部门的组织机构绘制出来,把下级各部门经理的名字标在相应位置。这张组织机构图应该放在方便阅读的地方,使他能够随时了解各级经理的责任与权力范围,以及每个人之间的工作关系和信息、指令的传递路线。这样可避免越级指挥,互相扯皮,推诿责任,工作效率就会大大提高。

必须记住:一个人只有一个上司,才是最有效的组织模式。

3) 指导职能

市场营销经理实施指导职能的核心内容是选择恰当的人就任恰当的岗位。人力资源是企业最宝贵的资源,是决定企业成败的关键。要完成公司的营销任务,就必须选择合适的人就任市场营销部门内部的各个岗位。那么,市场营销经理就必须首先明确在每个工作岗位上的人要做什么,如何做,为什么要做。只有弄清了这些问题,才知道就任这个工作岗位的人需要具备的知识、能力、技巧、经验、品质等,才能选到合适的人。

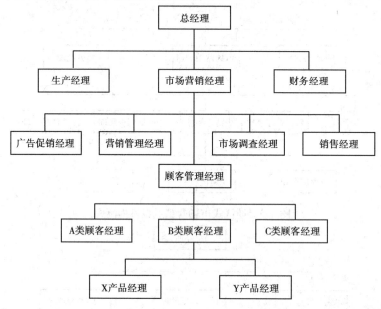

图1.7　顾客管理式市场营销组织机构模式

市场营销部内都是能人,是否就能把工作干好呢? 那还要看市场营销经理如何去激发每个人的积极性,如何把大家的聪明才智都发挥出来,提高每个人的工作效率和整个部门的工作效率。

$$个人的工作效率 = 个人的能力 × 激励$$

从上述这个表达式可以看出,一个人的能力虽然很高,但如果没有适度的激励,其工作效率也不会太高。所以,激励显得十分重要。

4)控制职能

控制就是使企业的各种活动达到期望结果的一系列保证措施。市场营销经理制订的营销计划总是要由具体的人去实施,而每个人的能力、知识、品质、理解等各方面都存在差异。因此,控制是市场营销经理一个非常重要的职能。放弃控制则是一种十分危险的管理方法。图1.8是一个市场营销经理的控制步骤。

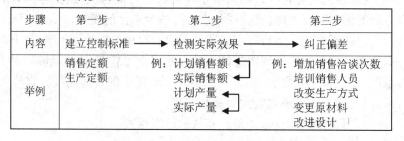

图1.8　市场营销经理的控制步骤

建立控制标准就是根据市场营销目标,把任务分解到各下级部门或个人,并尽量用数字表示出来。例如,每个推销员每月的销售额是100万元,每个市场营销人员每月要访问500位现实买主或潜在买主,生产部门每月应生产1万件产品等。

检测实际效果必须按既定的时间间隔,定期检测。如要控制推销员的实际效果,必须每天(或每周)进行检测,考核其工作进度是否与标准相一致。

纠正偏差就要先发现偏差,即实际效果与控制标准的差异。例如,推销员的月销售额是100万元,每周应是25万元。一周后的实际效果只完成了10万元,差异是很大的。那么就要帮助他找出原因,采取措施,提高销售额,保证月底完成既定的目标任务。

市场营销经理可以采用很多方法实施控制,如目标任务法、预算法等。

1.4.2　市场营销经理的权力和素质

1) 市场营销经理的权力

市场营销经理在实施4个基本职能时,必须客观上具有一定的权力。市场营销经理应该具有哪些权力呢?

(1) 对企业的市场营销工作拥有处理权　作为一位重要部门的主管,必须有独立安排和处理本部门工作的权力,其他人不得随意干涉,即使总经理也不例外。权力不完整,将大大影响工作的效率,甚至出现负效果。因为企业的市场营销工作具有多变性和时效性特点,如果市场营销经理不能独立安排本部门的工作,事事都要请示汇报,就必然会拖延时间,贻误战机,遭遇风险。

(2) 对企业制订战略计划拥有参与权　市场营销经理是研究市场发展变化的专家,他掌握了大量的外部信息,对环境条件的认识比其他人更透彻,对市场风险和市场机会更加敏感。这种参与权对市场营销经理从事企业的市场营销工作也是十分有利的。通过参与制订规划和战略,可以更加清晰地把握企业的经营思想,保证企业的市场营销工作有的放矢,使市场营销目标与企业总目标保持一致。

(3) 对企业行为拥有监督权　企业里每个职员、每个部门的行为都会极大地影响企业的整体形象。对市场营销经理来说,塑造一个良好的企业形象是他义不容辞的责任,同时也感到自豪,对外开展各种营销活动会更加顺利,效果也会更佳。如果企业行为不良,在社会上的形象就不佳,那么最先感觉到的人就是市场营销经理。因此,他是最佳的监督员。一旦发现企业中某人或某部门有影响企业形象的行为出现,他有权提出劝告、警告,令其改正,甚至向总经理报告,要求纠正不良的企业行为。

(4) 对企业营销资源拥有配置权　市场营销经理有权配置企业用于市场营销的资源,决定多少钱用于市场调查研究,多少钱用于广告和其他促销活动,多少钱用于维护和开辟销售渠道。

2) 市场营销经理的素质

市场营销工作关系到企业的生死存亡,市场营销经理的职能十分重要。那么,什么样的人可以胜任市场营销经理呢? 他应该具备什么性格、能力和知识呢? 企业在选聘市场营销经理时,要考查其整体素质。他应具备以下素质特征:

(1) 具有宽阔的胸怀和礼让精神　由于市场环境的变化越来越复杂,市场营销工作对企业也就越来越重要,市场营销经理在企业同僚中的地位也就日趋上升,很容易受到其他人的羡慕和妒嫉。因此,市场营销经理必须具有宽阔的胸怀,不居功自傲,不与他人"争宠",对其他部门的经理礼让谦和,减少同事之间不和而造成的内耗。同时,市场营销经理必须认识到,企业的成功是靠各部门经理和企业全体员工共同努力的结果,并不是某一个部门或某一个人的功劳,市场营销部门和经理本人只是做了自己应该做的工作。

(2)性格开朗,善于交往　市场营销经理要开展工作必然要与很多人打交道,如客户、批发商、零售商、广告商、政府官员、竞争者、社会组织成员和社会公众,还有企业内部的上层管理人员、其他部门经理和本部门下级经理及各个市场营销人员等。因此,他必须性格开朗、平易近人,而且懂得如何与他人交往、沟通思想、交流意见,这样才能更好地向消费者宣传本企业的产品功能和经营思想,并让他们接受。同时,从他们那里获取各种有用的信息,改进本部门或本企业的工作。一个不愿与他人交往、他人也不愿与之交往的人,是不能胜任市场营销经理这一角色的。

(3)情绪稳定,不急不躁　市场营销经理每天要应付各种紧急事件,如市场的突变、股市的狂跌、销售退货、出现用户事故等。当遇到这些情况时,他必须情绪稳定,处之泰然,冷静决策,方能应付自如。当一个人的情绪不稳、急躁、冲动时,行为往往会偏激,决策容易失误。

(4)保持乐观的心态　市场营销经理应该保持乐观的心态,这是产生信心的重要条件,即使遇到了挫折仍精神抖擞,有克服困难的信心,这是事业成功的保证。如果市场营销经理悲观失望、萎靡不振,不仅自己无法克服困难,还直接影响别人的信心,导致本部门甚至整个企业失去信心,精神垮了,事业还可能成功吗?

(5)不断开拓创新　市场营销经理不应该是那种思想僵化、固执己见、墨守成规的人。外部环境瞬息万变,新思想、新观念、新科技、新产品不断涌现,市场营销经理必须思维敏捷、视野开阔,不断接受新事物,善于听取他人的意见,及时调整本企业的市场营销战略,使企业及全体职员跟上新形势,适应新形势,永远立于不败之地。

(6)思维严谨,事业心和责任心强　市场营销工作既是科学,也是艺术。市场营销经理在制订企业营销战略和安排企业资源时,必须认真思考,严谨科学,不能想当然。否则将差之毫厘,失之千里,给企业带来重大损失甚至是灾难。另外,市场营销经理必须是一个高成就者,具有极强的事业心和责任感,兢兢业业地工作。

能力是指一个人在处理问题时所具有的技能和技巧。市场营销经理所具备的特征,要求他应具备较高的能力,即敏锐的观察能力、超凡的表达能力、杰出的组织领导能力、综合协调能力、随机应变能力、公共关系能力和情感控制能力等。

知识就是力量。市场营销经理面对不同的人,处理不同的问题,工作复杂,他必须具有扎实、渊博的知识。如语言文字知识、心理学知识、市场营销知识、财务会计知识、金融证券知识、企业管理知识、科学技术知识、计算机与网络知识等,并且还应不断学习新的知识。市场营销经理不仅要培训别人,也要培训自己,使自己的知识体系不断更新和充实。

［案例思考］

中国花卉营销面临 5 种现状

1. 花卉消费观念落后,阻碍消费行为。在许多人眼里,只有办大事时才消费花卉,比如结婚、丧葬和重要会议等。由于地区的差异性,不同地区的消费存在较大的差异。城市里的花卉消费明显高于农村,发达地区高于落后地区,知识分子群体高于文化程度低的群体。花卉消费被认为是奢侈消费,局限于这样的消费观念与心态难以促进花卉的发展。

2.花卉结构不合理。中国花卉结构不合理主要包括两个方面:花卉产销区域结构不合理和花卉产品结构不合理。由于发展的自发性和自然环境的影响,中国花卉产销区域发展不平衡、布局不合理。中国的花卉主要产于云南、广东、上海等地区,而且发展势头非常好,北方的花卉产品相对较少。同时,由于自主生产栽培,产品结构单一,地域性色彩比较浓。在同一区域产品雷同,使得产品结构同一化,上市时间同一化。花卉属于季节性产品,在旺季供过于求,价格不高,损伤花农的利益;在淡季花卉价格飙升,市场不稳定,影响花卉的销售。另外,品种雷同导致相同花卉生产者之间竞争加剧,利益受损,不利于花卉业的发展。

3.产品质量不高,缺乏市场竞争力。中国花卉业发展比较晚,仍然以传统小农种植方式为主,种植花卉的人基本是一些专业知识少、缺乏市场意识的农民,除了中国本土产的名花在国际市场上占有一定优势外,其他产品缺少技术含量,在国际市场销路不好。比如在一些地区,年宵时进口花卉销路很好,价格也比中国的要高出2~3倍,而中国自产的花卉却滞销。可见只有高品质的产品才会卖高价。

4.花卉消费渠道不流畅。中国的花卉销售主要存在两种渠道:一种是花卉市场,一种是零散的花店。花卉市场一般是批零兼营,绝大多数经营者规模小,经济实力弱,缺乏专门的经营知识。同时,由于宏观调控和行业管理不力,造成运输效率低,成本高。可以说,中国花卉业的流通渠道缺乏现代批发市场应有的规范与效率。实际上,中国花卉市场处于由传统市场向现代市场的过渡期,有待于进一步发育成熟。

5.花卉从业人员素质偏低。中国花卉业的发展基本上是传统方式,花农自产自销。花卉种植和营销人员的素质偏低、服务水平差、缺乏市场观念的弊病越来越暴露,与花卉业科技含量越来越高、市场竞争越来越激烈的发展方向不相适应。对此,我们必须培养具有现代花卉知识的种植人员和营销人员。

[问题解答]

1.如何理解市场研究活动是处于园林企业基本活动的首位?
2.市场形成的条件是什么?
3.正确理解市场的含义、市场的功能。
4.园林企业营销人员如何分析和寻找市场营销机会?
5.怎样才能成为一个合格的市场营销经理?

[实践操作]

1.选择一家熟悉的园林企业,绘出组织结构图,了解市场营销经理的工作。
目标:了解园林企业的运行,学会绘制组织结构图,认识市场营销经理的职能和作用。

结果:写一篇实践报告,介绍企业的资质、经营情况、组织机构形式、市场营销经理的工作,并给予评价。

2.这是谁的市场机会?

在一处新建的大型豪华社区,拟建立一家花卉销售企业兼营社区绿化养护业务,这是一个有吸引力的市场机会。现有3家企业:社区物业管理公司、社区大型超市、花卉生产经营公司都希望争取到这个市场机会。请分析:这究竟是哪家公司的市场机会?

2 市场营销环境分析

【本章导读】

园林企业必须了解所处的市场营销环境,才能审时度势、正确决策。本章详细阐述了市场营销宏观环境因素,包括人口、经济、政治法律、自然、社会文化、科学技术等,介绍了市场营销微观环境因素,包括企业、供应商、中介、市场、竞争者、社会公众等,使学习者了解宏观、微观因素对企业的影响,掌握应对的方法。

【学习目标】

了解市场营销环境,包括宏观环境和微观环境,掌握市场营销环境分析方法。

任何企业都是在不断变化的环境中运行的,都是在与其他企业、目标顾客和社会公众的相互联系中开展市场营销活动的。企业外部的各种力量,构成了企业的市场营销环境,包括宏观环境和微观环境。全面、正确地认识企业的营销环境,监测、把握各种环境力量的变化,对于企业审时度势、趋利避害地开展市场营销活动,具有重要意义。

2.1 企业宏观营销环境分析

宏观营销环境是由各种社会约束力量构成的。这些力量制约和影响企业及其所处的微观环境,它们的存在和发展既给企业带来机会,也给企业形成威胁。企业宏观营销环境的影响力量包括6个方面:人口环境、经济环境、政治法律环境、社会文化环境、自然环境和科学技术环境,如图2.1所示。

2.1.1 人口环境

市场是由人构成的,因此,一个国家或地区的人口规模和增长率、人口分布和流动、人口构成、家庭状况等特征,都会对企业营销战略和营销活动产生重要影响。正确认识与把握人口环境的发展变化,是企业根据自己的行业特点和资源条件正确选择目标市场、成功开展市场营销活动的重要决策依据之一。

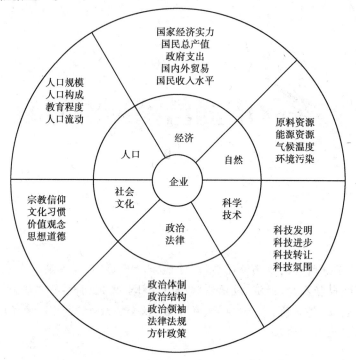

图2.1　企业宏观营销环境的主要影响力量

1）人口规模和增长率

人口规模指在一个国家(或一个地区)长期居住的总人数。人口越多,基本消费需求和派生的生产资料需求的绝对量就会越大。对于企业来说,现实消费和潜在消费的可能性就越大,企业的市场机会就越多,发展空间也就越大。

人口增长率是指在两个相同的时间段内,后一时期的人口数量与前一时期的人口数量之差,除以前一时期的人口数量。可以用下式计算:

$$人口增长率 = (Q_2 - Q_1) \div Q_1$$

式中　Q_1——前一时期人口数量;

　　　Q_2——后一时期人口数量。

人口规模和增长率给企业带来机会,但给国家和社会带来压力。中国是世界上人口最多的国家,居民的很多需求还远远没有得到满足。因此,中国市场发展的潜力大,企业的营销机会多,而且也吸引了众多外国企业进入中国,既带来了新的技术和管理,也加剧了市场的竞争。

2）人口分布和流动

人口地理分布和流动是影响企业营销的重要因素。人口地理分布与市场消费需求具有密切的关系。不同地区,人们的消费需求、消费习惯和购买行为存在较大的差异。人口流动也会影响企业的营销活动。近年来,人口流动的特点是,农村人口大量流向城市,经济欠发达地区的人口向经济发达地区流动,城市规模越来越大,导致商场、住宅、家用产品的需求量急剧增加,带动相关产业的发展;城市绿化美化进程加快,许多园林企业迅速发展壮大。

3）人口构成

人口构成对企业的营销活动更具有直接意义。人口构成包括自然构成和社会构成。前者如年龄结构、性别结构;后者如民族构成、职业构成、教育程度等。以性别、年龄、民族、职业、教育程度相区别的不同消费者,由于在收入、阅历、生理需求、生活方式、价值观念、社会活动、风俗习惯等方面存在差异,必然会产生不同的消费需求和消费方式,形成各具特色的消费群体。这对于企业在划分子市场和确定目标市场的营销活动时,具有重要的指导意义。

4)家庭状况

家庭是社会的细胞,也是消费品的主要采购单位。一个国家或地区家庭单位的多少,直接影响着许多消费品的市场需求量。随着经济的发展和家庭观念的更新,家庭规模趋于小型化,即家庭单位增加,家庭人口减少。小居室、小而全的家庭用具、小包装食品、家庭装饰品成为主要需求,这是企业必须考虑的因素之一。

2.1.2 经济环境

经济环境是指企业市场营销活动所面临的社会经济条件及其运行状况和发展趋势。经济环境对企业营销有更直接的影响力。对经济环境的研究主要包括社会购买力与其他经济因素的关系、经济制度与产业结构、消费者收入水平、居民储蓄状况以及消费结构等方面。

1)社会购买力

经济环境最主要的指标就是社会购买力。社会购买力是一系列经济因素的函数,它与国民经济发展水平以及居民的收入水平、消费模式、信贷和储蓄、物价指数等密切相关。经济发展快,居民收入水平高,社会购买力就大,企业的营销机会就多;反之,经济衰退,居民收入降低,市场规模缩小,企业的机会减少,被迫缩小经营规模,利益也就减少。

社会购买力的实现与市场供求状况密切相关。对于生产经营某种产品的企业来说,该产品在市场上的供求平衡程度,会给企业带来明显的影响。当这种产品在市场上处于供不应求的状况时,企业扩大生产和销售这种产品的可能性就大得多;相反,当这种产品在市场上处于供过于求的状况时,企业扩大生产和销售就会困难得多。

社会购买力与消费者的收入水平和支出模式密切相关。消费者收入指消费者从各种来源得到的货币收入,包括工资、奖金、退休金、助学金、红利、馈赠、出租收入等。消费者收入形成消费品购买力,并同时刺激派生的生产资料的需求增加。

社会购买力的实现与通货膨胀的状况密切相关。通货膨胀就是纸币贬值,物价上涨,货币的购买力下降。如果通货膨胀严重,就会恶化企业的营销环境。一方面,通货膨胀会引发居民的恐慌心理,出现抢购风潮,从而给企业输入大量混乱、虚假的市场需求信息,增加了企业预测市场、作出发展决策的风险度;另一方面,各种生产要素涨价,不仅提高产品成本,而且会对企业的资金周转、投资组合、营销组合等形成冲击,增加了营销活动的难度。从更广泛的意义看,持续的通货膨胀会引起价格体系、市场机制和经济秩序的错乱,破坏整个国民经济的正常运行,从而在整体的经济环境上给企业运行带来严重的困难。因此,企业为了有效地开展营销活动,就必须监测通货膨胀及其影响。

社会购买力与储蓄、有价证券等的变化有密切的关系。在一定时期内,居民用于消费或储蓄的比例,会影响消费品的销售。所以,储蓄利息率、有价证券的收益率的高低,会直接影响社会的近期或远期的消费水平。

2) 经济制度和产业结构

企业是市场的主体。企业必须自主地作出经营决策并独立承担决策与经营风险。中国经济制度的转变,深刻地影响着企业的行为,为企业营销带来了发展的机遇,同时也面临着挑战。因此,企业必须转变经营观念,调整营销管理方式和营销策略,才能在新的环境中生存和发展。

随着世界经济一体化的演进,产业结构也正在进行重大调整,第一产业、第二产业仍然是国民经济的主要支柱,但是,第三产业迅速发展,逐渐追上和超过第一、二产业。企业营销人员应该抓住产业调整的契机,及时调整企业的产品结构,不断开拓新的市场。

3) 消费者收入水平

消费者收入水平在很大程度上决定了市场规模和容量的大小。消费者收入可以区分为个人可支配收入和个人可任意支配收入。

(1) 个人可支配收入 它是指个人收入减去直接负担的各项税(所得税等)费(会费、保险等)之后的余额。消费者把个人可支配收入用于消费支出,或者用于储蓄或购买有价证券,对企业的营销活动产生极大的影响。

(2) 个人可任意支配收入 它是指个人可支配收入减去维持生活所必须的支出(食品、衣服、住房等)和其他固定支出所剩下的部分。个人可任意支配收入是消费者可以任意投向的收入,是影响消费需求构成的最活跃的因素。个人可任意支配收入越多,消费者的消费水平越高,企业的营销机会就越多。

4) 居民储蓄状况

居民的储蓄来源于货币收入,实质上是社会潜在的购买力。居民把有限的货币收入用于直接消费,消费品的销售量就会增加;如果居民把货币收入的大部分用于储蓄或购买有价证券,那么近期的消费品购买力就会下降。中国近年来居民储蓄存款余额迅速增加,这就要求企业开拓新的消费领域,如房地产、汽车、旅游、高档家具、花卉等企业应该具有很好的市场前景。

5) 居民消费结构

消费结构是指消费者的各种消费支出的比例关系。消费结构与国家经济发展水平、居民收入水平密切相关。恩格尔定律指出:一个家庭收入越少,其总支出中用于购买食物的比例就越大;随着家庭收入增加,用于购买食物的支出占总支出的比例会下降,而用于其他方面的开支(如通讯、交通工具、娱乐、教育、保健等)和储蓄所占的比例就会上升。当然,消费者的支出模式还会受到家庭生命周期、家庭所在地域以及家庭成员的价值观念等诸多因素的影响。

所以,企业不仅要研究消费者的收入状况、支出模式及其储蓄和信贷的变化,还要研究经济发展宏观指标,如工农业生产的增长、货币流通、就业、资源、能源等问题。实际上,市场规模的大小,归根到底取决于消费者购买力的大小。

2.1.3 政治法律环境

在任何社会制度下,企业营销活动必须受到国家政治与法律的规范和强制约束。企业总是在一定的政治法律环境下运行的,时刻都能感受到政治法律环境的影响。

1) 政治环境

（1）政治体制、经济管理体制、领袖人物

①政治体制必须适合经济体制的特征，必须能够促进经济的发展。如果政治体制与经济体制相矛盾，就会阻碍经济的发展，政治体制就必须改革。中国的经济体制已经进入市场经济的轨道，然而，政治体制的诸多因素仍然对经济的发展起着阻碍作用。因此，中国政治体制的改革是迫切的任务。

②经济管理体制的重点是实行政企分开，企业必须做到自主经营、自负盈亏、独立核算。政府的职能是为企业创造良好的发展环境。

③领袖人物的作用在一定时期对企业的影响是重要的。任何国家，虽然基本社会制度不变，但是新的领袖人物的产生，必然会有新的政治纲领和经济纲领，这将影响企业的发展。这些实例在世界各国都有发生。因此，企业必须要关注各个领袖人物的产生和他们的施政纲领和经济发展战略。

（2）政府的方针政策　　政府的方针政策可变性较大，它是随着政治经济形式的变化而变化。它规定了一定时期内国民经济的发展方向和速度，也关系到社会购买力的提高和市场消费需求的增长，还会影响社会供求关系的变化，促进或限制企业的投资规模和投资方向。

2) 法律环境

国家的法律法规，特别是经济领域的法律法规，不仅规范企业的行为，而且会使消费需求的数量、质量和结构发生变化，能鼓励或限制某些产品的生产或消费。经济立法旨在建立并维护社会经济秩序，保障商品的经营者和消费者各自的权利，维护有序竞争和保护社会的长远利益。每项新的法律法规的颁布，都会对企业的营销活动产生重要影响。因此，企业必须了解各项法律法规，自觉执行法律法规，才能健康成长。

3) 公众利益团体

公众利益团体主要是指为维护公众利益而形成的一些群众性组织，如中国消费者协会、中国质量管理协会用户委员会等。这些组织在接受和处理消费者投诉、企业产品质量跟踪及评议、影响政府政策和舆论等方面做了大量的工作。这些团体的活动，对企业的营销活动产生压力和影响，企业必须予以足够的重视。

总之，企业必须密切注视政治法律环境的变化，并根据这些变化及时调整自己的营销目标和营销策略。

2.1.4　自然环境

市场营销学界定的自然环境主要是指自然物质环境，即自然资源的储有量、政府管理资源的强度、环境污染的控制程度等。

自然资源日益短缺，非再生性原料和能源逐渐枯竭，能源成本趋于提高，环境污染日益严重，政府对自然资源的管理和环境保护的力度不断加强，都会直接或间接地威胁着企业的生存与发展。

近年来，由于企业的经营活动偏重于追求经济利益，而忽略了对生态环境的保护和可持续发展,大量的掠夺式采矿、滥伐森林、工业废气废水等问题,破坏了我们的生存空间,生态环境失去平衡,人们对未来世界是否有足够的资源来维持人类的生活与生存表示担忧和质疑。

这些问题已经引起了政府、社会团体以及广大人民的重视。政府的监管手段越来越先进、力度越来越强,先后颁布了若干关于保护自然环境、控制环境污染、可持续发展、永续利用自然资源的法令、法规,同时对违规的企业的惩罚措施也越来越严厉。这些在一定程度上会影响企业短期的经济效益和扩大再生产,限制企业的某些经营活动,企业的营销策略和目标面临生产、消费、资源、生态平衡等各方面的权衡和选择。

因此,任何企业应该把保护自然环境、可持续发展作为企业的长远发展目标,也是企业应尽的社会责任,虽然企业可能因此而增加成本,短期的经济效益受到影响,但是从社会的长远利益和国家乃至世界的整体利益来看,是必要的,也是应该的。

2.1.5　社会文化环境

社会文化环境是指在一个社会群体的成员中重复性的情感模式、思维模式、行为模式,包括人们的价值观念、生活方式、宗教信仰、道德规范、民风习俗、职业和教育程度、相关群体等。社会文化环境不像其他环境因素那样显而易见和易于理解,却对消费者的市场需求和购买行为产生强烈而持续的影响,对企业的营销活动产生深刻的影响。无数事例说明,无视社会文化环境的企业营销活动必然会陷于被动或归于失败。

文化是影响人们的欲望、行为的基本因素之一。任何人都在一定的社会文化环境中生活,他们认识事物的方式和态度、行为准则和价值观念等都会区别于另一个不同社会文化环境的人们。处于不同社会文化环境的人,对同一种商品或相同的营销活动所持的态度是不同的。因此,无论在国内还是国际上开展市场营销活动,企业都必须全面了解、认真分析所处的社会文化环境,以利于准确把握消费者的需要、欲望和购买行为,正确决策目标市场,制订切实可行的营销方案。对于进入国际市场和少数民族地区的企业来说,这样做尤其重要。

每一社会或每一文化都可以按照某种标识分为若干不同的亚文化群,如种族亚文化群、民族亚文化群、宗教亚文化群、地理亚文化群、职业亚文化群、年龄亚文化群等。从企业营销角度看,研究亚文化群的消费行为特点更有意义。

2.1.6　科学技术环境

科学技术是人类生活与社会发展的重要的影响力量。人类历史上的每一次技术革命,都强烈地震撼和改变着社会经济生活的方方面面。技术环境不仅直接影响企业内部的生产与经营,而且还与其他环境因素互相依赖、互相作用,对企业的营销活动产生直接的影响。

1)科学技术发展的特点

科学技术是人类社会发展的第一生产力。在当代,科学技术发展的特点是:

①以微电子技术和生物技术为标志的尖端技术发展迅速。

②应用技术的发展速度加快。

③重视在民用产品上采用高新科技成果。

④普遍关注未来科技的研究与开发。

2）科学技术发展的影响

科学技术的发展对企业营销活动产生的影响是巨大的,它直接关系着企业的生存和发展,影响企业的经营效率、营销内容、营销方式和手段。主要表现在:

①大部分产品的生命周期缩短。

②技术贸易比重增加。

③劳动密集型产业面临更大的压力。

④发展中国家的廉价劳动力优势在国际经济联系中逐渐消退。

⑤交易、流通方式更加现代化。

⑥对企业领导人和市场营销人员的素质和结构提出了更高的要求。

针对技术环境发展变化的上述特点和影响,企业的营销策略和营销活动必须不断调整。企业要密切关注所在领域和相关领域的发展变化,分析所在领域科学技术的发展带来的影响,以利于及时调整营销方案。企业要以技术进步为契机,不断开发新产品来满足消费者的新需求,使企业长久地保持兴旺发达。

科学技术的进步,任何一种新技术的产生,都可能会引起新的产品或新的产业诞生,为企业带来新的发展机会。如果企业顽固地坚持采用旧的技术,就会逐渐衰落,直至消亡。因此,企业应该不仅要关注科学技术的发展趋势,更重要的是要预算充足的资金,用于人才培养和新产品的研究开发,利用新的技术手段改善营销方式,提高企业的服务质量和工作效率,这样才能在不断变化的环境中提高自身的应变能力,立于不败之地。

2.2　企业微观营销环境分析

企业的微观营销环境影响企业对目标顾客的服务能力。企业的微观营销环境由企业内部的协调性和与企业直接相关的外部环境(如供应商、营销中介人、竞争者、目标市场、社会公众等)构成,如图2.2所示。

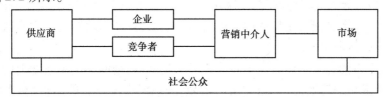

图2.2　企业微观营销环境的主要影响力量

2.2.1　企业

企业微观营销环境的第一种力量是企业内部的协调性。现代企业的运营是建立在企业内部各部门、管理层的分工协作的基础上的,如采购部门、研究开发部门、生产制造部门、财务部门、销售部门等。这些部门或管理层都有各自的职责和任务,行使的职能不同,但是有一点必须是相同的,就是围绕企业总目标任务开展活动,最终实现企业的总目标。

然而,在现实中各个管理层、各个部门之间、人与人之间存在着既竞争又合作的关系。他们总是要求占有更多的资源、享有更多的权利以便更好地完成任务,这些矛盾的完美解决,就达到了企业内部协调一致。企业内部各部门、各管理层或每个员工之间的分工是否科学合理,协作是否和谐,能否振奋精神、目标一致、配合默契,做到心往一处想,劲往一处使,影响到企业的营销管理决策和营销方案的实施。

企业内部环境分析,主要反映企业的各项能力分析,包括企业营销能力分析、财务能力分析、生产能力分析、组织能力分析。

1) 营销能力分析

(1)认知度和美誉度

①认知度是指一个企业被社会公众所认识、知晓的程度。许多企业通过实际调查来证实本企业的认知度。

②美誉度是指一个企业被公众赞美、称誉的程度。

认知度不能说明企业的好坏。美誉度则是好坏、美丑的舆论倾向性指标。

(2)市场份额　市场份额是企业某种产品销售量在同类产品市场销售总量中的百分比。假设某企业的某个产品的年销售量是100万件,而该种产品的年销售总量是500万件。那么,该企业这个产品的市场份额是20%。企业市场份额的大小,决定了它在行业中的地位,也决定了它的销售量和利润水平。

(3)产品质量和服务质量　产品质量主要是满足消费者的功能需求。服务质量主要体现在购买过程和售后服务的满意度。

(4)生产成本与定价效率　生产成本是指生产某种产品所消耗的必要劳动,具体地讲,就是材料、工资费用等的总和。定价效率是指企业定价是否合理,顾客是否接受,企业是否获利,是反映企业价格策略有效性的指标。

(5)分销成本与分销效率　分销成本是指企业建立分销渠道和维护渠道关系所支付的全部成本费用。分销效率是指在一定的时间内,产品的销售量与分销成本的比率。任何企业希望分销成本越低越好,分销效率越高越好,这就要求企业营销人员加强分销渠道管理。

(6)促销能力　促销能力是指使用合理的促销手段,使产品的销售量明显增加或市场占有率明显提高的综合体现。

(7)新产品开发能力　企业必须不断地开发新产品,是企业立于不败之地的重要保证。企业具有坚强的技术和经济实力,不断推出新产品,满足潜在消费者的需求,在市场上就具有竞争力。

2) 财务能力分析

(1)资金成本　它是指资金使用费和资金筹集费的大小。资金成本高,则导致企业的利润下降。

(2)筹资能力　它是指企业经营所需资金从哪儿来,怎样取得资金。

(3)赢利能力　它是指总资产报酬率、权益报酬率、毛利率、销售利润率、股利等。

(4)资金稳定性　它是指企业要保持资金具有较高的流动性和安全性。

3）生产能力分析

生产能力包括员工素质、设备水平、制造工艺水平、生产规模、交货能力、满足需要能力等。

4）组织能力分析

组织能力包括领导者的能力、团队精神、价值观念、奉献精神等。

2.2.2 供应商

企业微观营销环境的第二种力量是供应商。企业生产经营需要各种原料、辅料、能源、零配件、劳动力等。这些商品的供应商可能供应本企业，也可能供应给竞争对手。例如，一家花卉生产企业要生产鲜花以保证春节市场需求。生产鲜花需要肥料、种子、设备、水、电等多种要素。如果供应市场物资紧缺，那么供应商的讨价还价力量就大，供应商供应的商品的价格、品种、数量、交货期等直接制约着花卉企业的生产计划、成本、利润和销售量，最终影响花卉企业的收入和利益。

由于供应商的情况变化会对企业的营销活动产生巨大的影响，企业应该密切关注供应市场的变化情况，采取有效的措施，保证企业生产所需的原材料、能源等供应。一方面，企业应该与多家供应商建立联系，开辟更多的供应渠道，避免在"一颗树上吊死"；另一方面，企业应该与几家主要的供应商建立牢固的长期供货业务关系，并经常加强公关工作，邀请供应商到企业参观、座谈，听取供应商的意见，报告企业的发展状况和长远目标，使供应商感到亲密、信任和希望，也能够促进供应商改进自己的产品、制订产品发展计划、忠实产品供应。建立良好的供应商渠道是企业取得竞争优势的一个重要条件。

2.2.3 营销中介人

企业微观营销环境的第三种力量是营销中介人。营销中介人是为企业营销活动提供各种服务的企业或个人。营销中介人提供融通资金、分销产品、便利营销活动（如运输、储存、咨询、保险、广告、评估）等方面的服务。根据营销中介人各自的职能不同，可以分为中间商（产品经销商和代理商）、物流公司（运输、仓储等）、营销服务机构（市场调研公司、广告公司、咨询公司等）、金融中介（银行、信托公司、保险公司等）。这些机构都是企业市场营销不可缺少的中间环节，企业的营销活动都需要它们的参与和协助才能顺利进行。特别是商品经济越来越发达，社会分工越来越细的情况下，中介机构的作用也就越来越大。企业在营销过程中，必须处理好同中介机构的合作关系。

2.2.4 市场

企业微观营销环境的第四种力量是市场。市场是现代企业经营活动的出发点和归宿，是企业得以生存和发展的根本,这种力量制约着企业营销决策的制订和服务能力的形成。

市场一般分为两大类:一是消费者市场,二是组织市场(生产者市场、政府市场、中间商市场)。大多数企业的产品往往同时进入这两类市场,例如花卉商品,许多个人消费者购买鲜花为了装饰家庭环境或赠送亲友,同时许多政府机关团体布置会场、美化办公环境等也需要购买大量的花卉产品。

企业整个营销活动必须对市场这一特殊力量予以高度重视,谁拥有了市场,谁就赢得了顾客,它就有了更大的发展潜力,这是毫无疑义的。

2.2.5　竞争者

企业微观营销环境的第五种力量是竞争者。

1)竞争关系

在任何社会里,从购销关系看,总是存在3个方面的竞争关系:

①买者与买者之间争夺资源的竞争。

②卖者与卖者之间争夺消费者的竞争。

③买者与卖者之间争夺优惠条件的竞争。

由这3方面竞争关系产生的不同的竞争对手给企业带来严重的影响力量。在现代社会,几乎没有一个企业连一个竞争对手都没有。任何企业为了建立有效的营销系统而给市场提供服务所做的种种努力,都会遇到其他企业的类似行动,并处于各种竞争对手的包围和影响之中。

2)竞争者

现代市场营销管理所研究的竞争者,主要是从消费需求的角度分析,卖者与卖者之间争夺消费者的竞争。这类竞争者可以划分为愿望竞争者、平行竞争者、产品形式竞争者和品牌竞争者。

(1)愿望竞争者　愿望竞争者是指提供不同产品以满足消费者不同需求的竞争者。从消费者的购买决策过程来看,首先是认识需求,即"目前我需要什么"。对于生产经营花卉的企业而言,生产经营服饰、家电产品的企业就是愿望竞争者。如何促使消费者首先或者更多地购买花卉,而不是购买服饰或家电产品,需要企业营销人员付出艰苦的努力。因为消费者在一定时期的消费预算是有限的,他们的选择会因人、因时、因地而异。

(2)平行竞争者　平行竞争者是指提供能够满足同一种需求的不同产品的竞争者。消费者在确定了目前需求的基础上,进一步判断选择,即"哪种产品能满足我的这一需求"。能够满足同一种需求的不同产品有很多,例如消费者要美化居室环境,可以购买鲜花、盆栽花卉、绢花、塑料花、装饰画或其他饰品来装点房间。这些产品的生产经营者之间形成一种竞争关系,他们互相成为各自的平行竞争者。

(3)产品形式竞争者　它是指生产同种产品但不同规格、型号、款式、颜色的竞争者。消费者在满足同一需求的产品中进一步选择某一种产品。例如在各种美化居室的产品中选择盆栽花卉,还可以再细分绿植和花植等,绿植有木本、草本之分,花植又有各类各色,如杜鹃花、仙客来、牡丹、芍药等。

（4）品牌竞争者　它是指产品相同,规格、型号也相同,但是产品品牌不同的竞争者。消费者看重的是产品的品牌,对品牌具有特殊偏好。例如,消费者购买牡丹,选择洛阳牡丹还是菏泽牡丹。生产相同产品,品牌的知名度不同,消费者购买的可能性也就不同。

以上不同竞争者与企业形成了不同的竞争关系。这些不同、而且不断变化的竞争关系,是企业展开营销活动必须考虑的重要制约力量。

2.2.6　社会公众

企业微观营销环境的第六种力量是公众。公众是指对企业实现目标的能力有现实的、或潜在的兴趣或影响的群体或机构。企业的营销活动不仅对竞争对手产生影响,必然会影响到公众的利益。公众必然会关注、监督、影响、制约企业的营销活动。公众包括:金融公众、政府公众、媒体公众、团体公众、当地公众、一般公众、内部公众。

金融公众是指银行、投资公司、保险公司、证券公司等,它们对企业的融资能力和融资渠道具有很强的影响力。

政府公众是指政府决策部门、财政、工商、税务、物价、商品检验、环境保护等部门,它们制定的法规和政策、鼓励或限制发展的行业或区域、行业标准、产品质量、价格体系、税收政策、环境保护措施等,都会对企业产生重要影响。

媒体公众是指报刊、电台、电视等传媒机构,具有引导消费者的消费趋势和消费水平的作用,企业应该善于利用媒体公众,正确广泛地传播企业的产品或信息。

团体公众是指一些社会团体组织,如消费者协会、环境保护组织、花卉协会及其他有影响的社会团体,他们对企业的营销活动产生重要影响。

当地公众是指企业所在地周围的居民,企业应该努力与他们搞好关系,采取有效措施,维护当地居民的权利,减少污染,创造更多的就业机会,赞助公益事业,使当地居民安居乐业,企业才能顺利发展。

一般公众是指一般性的、松散的、非组织性的社会大众,他们对企业的印象可能会影响到产品的销售和忠诚度。因此,企业可以通过赞助慈善事业、教育事业、公益事业,设立消费者投诉等活动塑造自己的公众形象,使消费者对企业或企业的产品产生亲和力。

内部公众是指企业内部的管理人员、生产人员和服务人员,他们对企业的态度直接影响企业的效率和效益以及目标的实现,同时也会影响到企业之外的公众对企业的看法。企业必须采取有效措施,使内部员工满意,自觉把企业的发展与员工利益结合起来。

公众对企业的制约力量可能是直接的,也可能是间接的,这种力量可以使企业发展壮大,也可以使企业彻底毁灭。因此,越来越多的企业认识到公众对企业生存和发展的重要意义,他们成立了公共关系部门,专门处理各种公共关系事务,如捐赠、赞助、兴办公益事业、走访座谈等,力争与公众搞好关系。同时,企业必须遵纪守法,善于采取措施满足各方面公众的合理要求,努力塑造良好的信誉和公众形象。

以上6种力量构成了企业营销的微观环境,也是企业的市场营销系统。不断地疏通、理顺这个系统,是企业重要而且迫切的经常性工作。

[案例思考]

河南省花卉产业市场营销环境

近年来,河南省花卉产业发展迅速,生产面积迅速扩大,营销额也逐年递增,花卉市场规模基本成形。

中国加入 WTO 以后,高档花卉进口关税降低,国外高档花卉出口中国的数量将会增加,这对中国高档花卉生产企业造成一定的压力,同时也会带来动力,促使中国花卉产业朝着标准化、规模化、产业化、集约化、优质化和精品化的方向发展,尽快实现从数量增长型向质量效益型的转变,提升中国花卉产业的档次和水平,增强竞争实力。同时,中国传统花卉出口产品,由于销售渠道更加畅通,出口量也会进一步增加,但中国花卉出口又面临许多非贸易因素的影响,如关税减让、反倾销等。

国内外花卉业的发展为河南省花卉产业发展提供了广阔的空间,花卉产业的优势包括:①政策优势。政府十分重视发展花卉业,并制定了切实可行的发展规划。②历史传统优势。"甲天下"的洛阳牡丹始栽于隋朝;开封菊花北宋时已驰名全国;素有全国"花县""花都"之称的鄢陵,在唐朝就出现了园林植物花卉栽培的农户;明清时期,河南省花木栽培已有相当规模。③区位优势。河南地处亚热带与暖温带的过渡带,适宜多种南北花卉栽培、引种驯化,并且交通便利,通信发达,是南北方花卉流通的必经之地,为河南省花卉业的发展提供了区位优势。④资源优势。河南省有丰富的花卉资源,据统计,全省拥有花卉品种 1 000 多种,其中野生花卉 860 多种,丰富的森林腐殖土资源、树桩山石资源也为花卉生产和配套开发利用创造了有利的条件。⑤市场潜力和劳动力资源优势。河南省人口多,劳动力资源丰富,经济快速发展,花卉消费正在高速递增,市场潜力大。⑥条件优势。河南省主要花卉产地的农业生产条件好,而且已经有一定的规模,再加上悠久的历史、众多的古迹、丰富的人文资源,都是发展花卉产业的优势所在。

目前,河南省花卉业发展还存在一些问题,包括:①产品结构单一,名牌产品少,质量水平低,品位低,无特色,商品率低。②企业规模小,缺乏龙头企业带动,产业链条短,效益差。③科技含量不高,资金投入不足,技术设备落后,专业人员缺乏,从业人员技术素质较低,大多数花农是由粮农、林农或菜农转变过来的。

河南省花卉产业要发挥传统优势、资源优势、地缘优势、人文优势,以开发、利用和保护温带花卉资源为基础,紧紧围绕市场需求,依靠科技进步,提高花卉生产的集约化程度,提高花卉产品的质量和档次,避免与云南(鲜切花)、广东(观叶植物)、江浙(盆景)、上海(种苗)、辽宁(种球)、湖北(草皮)形成正面竞争,逐步形成具有河南特色、有河南拳头产品的花卉产业,逐步实现规模经营、服务配套、产供销一条龙的新格局,参与国内国际市场竞争。

[问题解答]

1. 小康社会对园林企业宏观环境和微观环境有什么变化?

2. 目前花卉生产销售企业面临的机会、威胁有哪些?

3. 营销环境变化对园林企业有哪些影响?

4. 名词解释

宏观环境　微观环境　亚文化　可支配收入　可任意支配收入　恩格尔定律

5. 影响消费者支出模式的因素有哪些? 是怎样影响消费者支出的?

[实践操作]

自选一家园林绿化工程企业,分析它所处的宏观营销环境和微观营销环境。

目标:理解市场营销环境对企业的影响。

结果:画出这家园林绿化工程企业的环境影响因素图,分析哪些环境对企业的影响最大。

3 市场调研和预测

【本章导读】

信息是重要的资源。如何收集信息、整理信息、使用信息,是企业经营管理者必备的知识和能力。本章介绍了市场信息的特点、功能、信息系统的构成,阐述了市场营销调研的程序和方法、市场预测的内容和技巧。使学习者熟悉市场调研、市场预测的基本理论和方法,掌握市场调研报告、预测报告的撰写方法和市场信息使用技巧。

【学习目标】

了解市场信息的特点和市场营销系统的构成和功能,掌握市场调研的步骤和方法;了解市场预测的意义和分类,掌握市场预测的方法,学会撰写市场调研预测报告。

面对市场激烈的竞争,企业必须强化市场营销管理,从市场调查研究出发,对各种市场因素进行定性和定量的分析,发现市场机会和风险,预测目前和未来市场需求规模的大小,为企业决策者正确制订企业经营战略和选择发展方向提供科学依据。

3.1　市场信息

3.1.1　信息的一般特点

信息是事物运动状态和运动方式的表象,它有 4 种形态,即数据、文本、声音和图像。在现代社会里,以计算机为代表的信息技术革命,使信息的收集、整理、存储、使用、传播变得简单容易,信息的价值越来越重要。

1)信息的功能

信息对人类社会有 3 大功能:

(1)中介功能　人类认识客观世界是通过感官去感知的,客观世界向人的感官传递着各种信息,如颜色、形状、声音、味道、温度等,人们通过感官接收到这些信息,并经过大脑加工(分析、辨认、推理、结论),才能认识客观对象的本来面目,因此,信息是人类认识客观事物的中介体。

（2）联结功能　由于客观事物表露信息的一致性,使人们对客观事物有了共同的看法,检验客观事物有了共同的标准,通过共同收集、整理、使用信息,人与人之间就联结成一个社会整体。

（3）放大功能　信息一旦被人接收,通过加工、存储、复制,可以在更大的范围进行传播,供更多的人使用,这就大大节约了社会资源,促进了人类共同进步。

2）信息的特点

（1）可扩散性　信息传播的方式很多,如姿势、文字、声音、图像等。而现代技术的发明与发现,使信息传播的速度大大提高,如广播、电视、电话、因特网等提供了最先进的信息传播手段。

（2）可共享性　信息可以转让,通过各种手段传播给更多的人共同享用。但信息转让者转让信息并没有失去它,因为信息可以复制。

（3）可存储性　信息可以存储在人的记忆中,以后反复使用。但人的记忆存储有丢失的可能性。因此,人们总是把重要的信息存储在纸上、磁带或磁盘中,使之可以永久保存,反复使用。

（4）可扩充性　随着人类社会的不断发展和时间的延续,人类获得的信息量越来越多,不断丰富信息库,扩大信息的范围。

（5）可转换性　信息可以从一种形态转换成另一种形态,如可以把声音、形象转换成文字信息、图像信息等。

3.1.2　市场营销信息的特点

为了抓住市场机会,处理市场营销领域的问题,企业必须广泛搜集可靠的市场信息,对顾客、竞争者、中间商和企业所处的客观环境等方面的信息进行监测和分析,才能正确地制订和执行市场营销战略,并对企业的各种市场营销活动进行有效的控制。美国著名市场营销学家马林·哈普曾经说过:"要想管理好公司的业务,就要管理好公司的未来,要管理它的未来,就必须管理好信息。"

传统的观念认为,企业拥有4种资源,即资金、物资、机器和人。管理者们对这些资源的管理给予了充分的注意,而对第5种资源——信息却不重视,因而使企业领导人所作的决策缺乏科学依据,往往导致失败。

市场营销信息除具有信息的一般特征外,还具有以下几个特点:

（1）目的性　市场营销信息系统就是为决策者提供必要的、及时的和准确的信息。这里强调的是营销决策所需要的,与营销活动相关联的信息。那些杂乱无关的信息,数量再多也无济于事。因此,收集信息必须要有明确的目的性。

（2）及时性　及时性包含速度和频率。在激烈的竞争中,信息传递的速度越快就越有价值,而且频率要适宜。低频率的报告会使管理者难以应付急剧变化的环境,频率过高又会使管理者面临处理数不清的大量数据。

（3）准确性　准确的信息要求信息来源可靠,收集整理信息的方法科学,信息能反映客观实际情况。

（4）系统性　市场营销信息不是零星的、个别的信息汇集，而是若干具有特定内容的同质信息在一定时间和空间范围内形成的系集合。在时间上具有纵向的连续性，在空间上具有最大的广泛性、全面性、系统性和完整性。企业必须连续地、大量地、全方位地收集、整理有关信息，分析其内在联系，提高有序化的程度，为营销管理人员提供真正反映市场营销动态的信息。

（5）社会性　市场营销信息反映的是市场活动，是营销活动中人与人之间传递的社会信息，是信息传递双方能共同理解的数据、文字和符号。在竞争性的市场上，无数市场营销活动参与者以买者和卖者的身份交替出现，他们既是信息的发布者，也是信息的接收者，营销信息的触角已经渗透到社会经济生活的各个领域，伴随市场经济的发展和经济全球化，市场营销活动的范围由地方性扩展为全国性、国际性，信息的传播更是空前广泛。

市场营销信息是企业进行营销决策和编制计划的基础，也是监督、调整企业营销活动的依据，一个四通八达的营销信息网络，可把各地区、各行业的营销组织联结成多结构、多层次的统一的大市场。因此，市场营销信息系统关系到企业营销的顺利开展乃至有效的社会营销系统的形成。

3.1.3　市场营销信息系统的构成

市场营销信息系统简称 MIS(Marketing Information System)，是由连续的、相互作用的人、设备、程序构成的整体，用于收集、整理、分析、评价和传递准确的信息，为市场营销活动的决策者制订和执行市场营销战略，控制营销活动提供依据。

市场营销信息系统的构成如图 3.1 所示，它是由内部报告系统、市场营销情报系统、市场调查研究系统和市场营销分析系统 4 部分组成的一个整体。它从市场营销环境中获取信息，经过4 个系统的加工处理后，提供给市场营销经理使用。

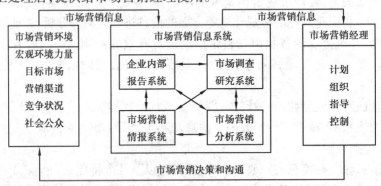

图 3.1　市场营销系统的组成

1）企业内部报告系统

最基本的信息系统是企业内部报告系统。它报告的内容有：合同订单、销售量和销售额、产品库存、应收账款、应付账款等。通过分析这些信息，市场营销人员能够发现市场机会，处理市场营销问题。

内部报告系统的核心是订单—发货—收款周期。所有这些环节的信息（如订单、运单、发票等副本）都必须及时流入企业会计部门，通过整理、归类，制成规范的报告材料，按规定的期限和层次,报告给有关信息使用者(经理、各有关部门负责人等)。由于计算机网络技术的广泛应用,使企业内部报告系统的信息收集、处理、报告、使用的全过程时间大大缩短,精确度大大提高,因此信息的使用效率也大大提高。

2)市场营销情报系统

市场营销情报系统是指市场营销人员用于获取市场营销环境发展变化信息的一系列程序和信息源。内部报告系统向人们提供的主要是"结果信息",而市场营销情报系统提供的主要是"正在发生的信息"。

(1)收集信息的方式　市场营销人员通过以下4种方式收集外部环境信息:

①无目的观察。在某些情况下,市场营销人员收集环境信息并没有特定目的,只是觉得这些信息可能有用,就把它收集起来,也许在将来某个时候会有用处。

②有条件观察。虽然不是积极地去探寻,但有特定的目的,并对信息的范围和种类也定义得很清楚。

③非正式收集。虽然为了某个特殊的目的去收集某些特殊的信息,但又不是刻意、有组织、有计划地去完成这项工作。

④正式收集。刻意收集某种特殊的信息或在某些特殊状况下收集信息,通常要事先制订收集信息的计划、程序和方法,以保证任务的完成。

市场营销人员收集信息的途径主要靠阅读书报、期刊、网络或与顾客、供应商、分销商等外部有关人员面谈,或与公司内部其他部门的经理和职员面谈。

(2)市场营销情报系统的改进　由于市场营销情报系统的随机性较大,许多有价值的信息也许会丢失或知道得太迟,影响经理们及时了解竞争行为、新的顾客需要或中间商问题,使之不能及时作出反应。为此,许多优秀企业采取以下措施来改进市场营销情报系统,保证提供信息的数量和质量。

①培训和激励营销人员收集和报告新的发展信息。企业在各地的销售代表是企业的"眼睛和耳朵",他们的特殊地位使他们可以收集到别的途径不能得到的信息。但是销售代表的主业是销售产品,而不是去收集和报告信息。同时,他们不知道企业需要哪些信息和如何整理、报告信息。因此,企业一方面要培训他们,另一方面要把信息收集和报告的成绩统一考虑到销售奖金之内。

②企业奖励提供有用情报的分销商、零售商或其他有关的人与组织。因为他们经常与竞争者打交道,阅读竞争者公布的信息资料,与竞争者的前任或现任员工攀谈,出席股东会和展销会等,所以能够获得很多有用的信息。

③企业可以直接从一些情报机构购买信息。社会上有一些专门从事市场调查研究的公司,收集、整理和印制了大量的信息,然后出售给需要的企业或组织。用这种方法收集的信息质量高、可靠、及时、目的性强。从表面上看,用这种方法收集信息比较贵,实际上是很经济的。

④许多企业成立信息中心,专门负责收集市场营销情报。信息中心的职员通过浏览大量的出版物、网络文章,从中精选出有用的信息编成简报,呈送给市场营销经理阅读。以这种途径收集的情报质量高、及时。

3)市场调查研究系统

市场调查研究是指系统地设计、收集、分析和报告企业所面临的特殊市场营销环境的信息。

市场营销人员经常需要集中研究某些特殊问题或市场机会,如开展一次市场调查,产品喜好测试、地区性的销售预测或广告效果研究等。企业可以通过以下途径开展市场调查研究:

①委托企业之外的专业市场研究咨询公司或大学的教授和学生去做。通常小公司采用这种方法开展市场调查研究。

②成立市场调查研究部专门研究这项工作。在美国大约73%的大公司都有自己的专门部门,由几个到几十个研究人员组成,包括市场调查研究设计师、统计师、行为学家、数学模型专家、电子信息处理专家等。市场调查研究费用预算大约是企业销售额的0.01%～3.5%。

4)市场营销分析系统

市场营销分析系统指企业运用一些先进的数理统计和数学模型技术对市场营销数据和问题进行分析的系统,它由统计库和模型库两部分组成,如图3.2所示。

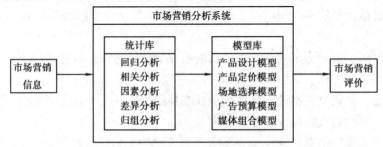

图3.2　市场营销分析系统的构成

(1)统计库　它是从各种数据资料中提炼有意义信息的统计步骤和统计程序的集合,包括常用的统计平均值、标准差计算方法和统计数据表等。每个市场营销问题都包含着一组变量,如销售量、价格、质量、广告、分销渠道、人员素质、竞争者……企业在制订某个市场营销战略之前,必须测定每个变量对战略目标的影响程度,同时还要了解各变量之间的关系,哪些是自变量,哪些是因变量,因此要运用统计学的分析技术,如回归分析、相关分析、因素分析、差异分析、归组分析等。统计库分析得出的结果是模型库的重要输入资料。

(2)模型库　它是若干个模型的集合。模型本身是一组变量和变量之间的关系,用来描述一个实在的系统或一个过程。管理学家或运筹学家运用科学的方法建立模型,用于理解、预测或控制某些管理问题,如产品设计模型、产品定价模型等。虽然不少市场营销人员不可能完全理解那些复杂的数学模型是如何建立的,但必须理解每种模型所表达的中心思想,并能够判断这些模型与他们工作的关联。模型库的主要模型分类如表3.1所示。

表3.1　市场营销分析模型的分类

根据目的分类	根据技术分类
(1)描述性模型	(1)语言描述模型
①增长过程模型	(2)图示模型
②排队模型	①逻辑流程模型
(2)决策模型	②网络计划模型
①微分模型	③偶然分析模型
②数学规划模型	④决策树模型
③统计决策论	⑤功能关系模型
④游戏理论	⑥反馈系统模型
	(3)数学模型
	①线性与非线性模型
	②静态与动态模型
	③限定性与非限定性模型

3.2　市场营销调研

《市场营销调查和社会调查业务国际准则》定义:"市场营销调查研究(Marketing Research)是指个人或组织(企业、社会团体)对有关的经济、社会、政治和日常活动范围内的行为、需要、态度、意见、动机等情况的系统收集、客观记录、分类、分析和提出数据资料的活动。"

3.2.1　市场调研程序

1)市场调研的意义

在开展市场调研之前,企业全体人员必须充分认识调研的意义,才能在思想上、行动上高度重视市场调研活动。

(1)有利于制订正确的市场营销战略　通过市场营销调查研究,客观地分析市场、了解市场,企业才能根据市场需求及其变化、市场规模和竞争格局、消费者的购买行为和购买能力及其意见反馈、市场环境的基本特征等,正确地制订市场营销战略。

(2)有利于优化市场营销组合　企业根据市场营销调查研究的结果,分析研究产品的生命周期,制订产品生命周期各阶段的市场营销组合策略。改进现有产品,开发新产品、新用途,扩展新市场;了解消费者对产品价格变动的反应,分析竞争者的价格策略,合理制订产品的价格;综合运用各种促销手段,如广告宣传、推销和售后服务,提高产品的知名度和满意度;科学地设计产品分销渠道,节约储运费用,尽量方便消费者购买,减少购买成本。

(3)有利于开拓新市场　通过市场营销调查研究,企业可以发现消费者尚未满足的需求,了解市场上现有产品及营销策略,满足消费者需求的程度,从而不断开拓新的市场。营销环境的变化,往往会影响和改变消费者的购买动机和购买行为,给企业带来新的机会和挑战,据此确定和调整发展方向。

2)市场调研的内容

需要调研的内容很多,在调研实施之前,要确定调研的内容。

(1)市场需求研究　需求什么,需求多少,什么时间需求。

(2)产品调研　企业现有产品在市场上的地位、趋势,消费者的评价如何,需要从哪些方面进行改良,扩大产品线或开发新产品的可能性以及市场定位、竞争者的反应等都需要进行深入的调查研究,才能正确制订产品发展战略。

(3)价格调研　市场供求情况和变化趋势,影响价格的因素,价格需求弹性,替代产品,竞争者价格,新产品定价。

(4)促销调研　主要是对企业所采取的各种促销方法的有效性进行测试和评价,如广告目的、广告设计、媒体选择、预期效果等,同时对开展公共关系的行动和效果,树立企业形象的设计与塑造等各方面也要进行实实在在的调查研究,以便企业进一步改进促销手段,正确选择企业的目标形象,并努力维护。

（5）销售调研　对企业销售活动进行全面审查,包括销售量、销售范围、分销渠道等方面的调查研究,还要对产品的市场现状和发展潜力、市场占有率的变化情况、竞争者的销售情况等方面进行调研,力争发现影响销售的因素,排除销售量增长阻力。

（6）营销环境调研　前面介绍的各种环境因素。

（7）消费者调研　消费者的购买心理、购买行为、购买方式对企业的市场经营有极大的影响。因此,通过对消费者的调研,了解消费者的这些特征,才能有的放矢地开展各种营销活动。同时对消费者,尤其是组织市场的消费者的现实需求和潜在需求要有预见性,以便在他们的需求发展时能够立即调整产品结构,避免受损。

3）市场调研的步骤

市场调研的步骤如图 3.3 所示。

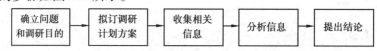

图 3.3　市场营销调研的步骤

（1）确立问题和调研的目的　企业总会面临许多问题,但是一项市场调研活动不能漫无目的,也不能指望解决很多问题。最好在开始调研之前,明确要解决的具体问题。问题越具体、越明确,调研的目的也就越明确,在调研过程中,才能不走弯路,不会浪费时间和精力去收集无关的信息。例如,某个北京花卉公司要进入西北市场,调研的问题就是西北地区的花卉市场的状况,这样,调研人员就很容易开展调研活动了。

（2）拟订调研计划方案　调研计划方案包括:

①确定所需要的信息,这是调研计划方案的基础。例如,在西北地区销售花卉产品,就要收集以下信息:居民的收入水平,什么人最可能购买花卉产品,购买动机是什么,什么时间购买,刺激消费的方式或手段,等等。

②寻找信息来源,即从哪儿获得信息。一般来说,信息可以分为"原始信息"和"二手信息"。原始信息是调研人员通过观察、实验等方式直接从调查对象那里获取的信息。二手信息是由别人已经收集、整理甚至已经公开的信息,如出版物里的有关信息,各类咨询公司、信息库提供的信息,还有企业自己的营销信息系统储存的各类信息。收集原始信息需要付出较高的成本和花费较长的时间,除非特别需要,尽量使用二手信息。

③明确调研方法,即采取什么最有效的方法获得信息。

④制订抽样方案,谁是抽样对象,样本的大小,如何挑选样本。

（3）收集相关信息　调研计划批准后,就要组织人员开始收集所需的信息资料。

（4）分析信息　收集的信息要经过认真分析,要做到去粗取精、去伪存真,防止垃圾进、垃圾出的情况发生。这就要求信息收集人员具有较高的辨别能力。

（5）提出结论　就是撰写调研报告。调研报告必须有结论性意见,供决策者参考。不能只是罗列数据或事例,没有结论。

3.2.2　市场营销调研方法

市场营销调研方法就是收集第一手资料的方法,主要有 4 种方法:观察法、实验法、询问法和案头调研法。

1) 观察法

市场调研人员直接到现场观察调查对象的某些行为,记录所需要的信息。也可以通过照相、摄像等方法达到观察的目的,然后对记录的信息进行分析,找出具有共同性的特征,企业则努力去满足这些特征。观察法的优点是获得的信息客观、真实、可靠,缺点是只能观察到表面活动,不能了解调查对象的内心情况。

2) 实验法

通过实验对营销活动过程中某些变量之间的因果关系及其发展变化进行观察、记录、分析,得出结论。实验法最适合因果型调查,如研究包装、广告、价格对产品销售量的影响。运用实验法,需要挑选被实验者,组成若干相互对照的小组,每个小组给予不同的条件,同时对其他因素加以控制,然后得出不同条件下各个小组的差异,以便找出因果关系。实验法的优点是科学性强,缺点是实验时间长、成本高。

3) 询问法

按预先准备好的调查提纲或调查表、调查问卷,通过口头、电话、书面邮寄、电子邮件、网站等方式,向被调查者了解情况,获得所需要的资料,这是最常用的市场调研方法之一。询问法在实际操作中可以采取不同的形式,如面谈、邮寄问卷、电话询问等。

面谈可以根据调查的性质采取个别询问、集体询问或座谈会等形式。调查人员可以通过提问、引导或相互启发,让被调查者充分发表意见。优点是方法灵活,缺点是费用高、范围有限。

邮寄问卷就是将设计好的问卷寄给被调查者,希望他们填好寄回。优点是被调查者分散,答案不受其他人或调查人员的干扰,结果客观真实。缺点是回收率低。为了弥补这一缺点,调查人员常常携带问卷访问被调查者,当面要求被调查者填好问卷,并给以指导,立即可以收回问卷。但是,这种方法要求调查人员的态度、声音、行为要具有吸引力,能够使被调查者愿意填写问卷。如果调查人员配送一些小礼品可能会更加有效。

电话询问可以立即得到所需信息。优点是省时、成本低,缺点是难以得到被调查者的配合。

4) 案头调研法

案头调研法就是坐在办公室里,利用桌案上的资料或工具获得所需信息的一种方法。特别是信息化社会、互联网的发展,给案头调研提供了机会。调查人员通过收集、分析、整理企业内部和企业外部相关信息资源,获得调查信息结论。

企业内部资料的来源:市场营销调研部门汇编的资料、企业内部报告系统提供的资料。

企业外部资料来源:国家统计机关公布的统计资料、行业协会发布的行业资料、出版机构出版的书籍、文献、报刊杂志、企业名录及主营业务等,可供竞争分析和行业分析、专业机构的调查报告等。

案头调研的步骤:评价现成资料,收集情报,资料筛选,撰写案头调研报告。

市场营销调研的方法很多,调研人员可根据具体情况和信息来源采用不同的方法。

3.2.3　市场调研问卷设计

问卷调查是市场营销调研普遍采用的一种收集原始资料的方法。问卷是调查的重要工具，用于记载和反映调查内容和调查项目。

1）问卷的功能

①能够准确反映调查目的，问题具体，重点突出。

②能够使被调查者乐意合作，协助达到调查的目的。

③能正确记录和反映被调查者回答的事实，提供正确的情报。

④统一的问卷格式便于信息统计、分析。

2）问卷的设计

调查问卷的设计是市场营销调研过程中重要的一环。问卷设计的好坏对调查能否顺利完成影响极大。因此，设计的问卷需要认真推敲、测试和修改，直到满意后才可以大规模使用。设计一份受人欢迎的问卷，要求设计者不仅要懂得市场营销的知识与技巧，熟悉产品的功能及市场环境，还要具备社会学等方面的知识。

调查问卷是由一系列问题组成，它要求被调查者回答。为了使问卷生动活泼，包容的信息面宽，使被调查者乐意回答，提出的问题可以采用不同的形式。一般把问卷问题分为两大类，即开放式和封闭式。

（1）开放式问题　所提的问题由被调查者依据他自己的观点和文字自由回答，不受任何限制，问卷上也没有可供参考的答案。开放式问题可使被调查者尽量发表自己的意见，能获得深层次的信息或建设性的意见，同时可以活跃调查气氛，缩短调查者和被调查者之间的感情距离。但是，答案没有统一标准，不容易量化统计和分析，而且由于调查者的记录和理解差异，可能会出现偏差。开放式问题还可细分为完全开放式、文字联想式、语句补充式、故事完成式和图画完成式等。

（2）封闭式问题　所提出的问题由调查人附若干个可选答案，被调查者只需在自己认同的答案上作标记就行了，不需要说或写冗长的文字，调查者可以在短时间内得到明确答案。由于问题的答案是统一的，便于统计分析。但是，被调查者在回答问题时受到限制，只能将自己的观点近似地与某个可选答案匹配，故被调查者的观点表达的精度和深度不够。封闭式问题还可以进一步细分为单选题、多选题、李克特量表、语言差异题、重要性量表、等级量表。

3）问卷的要求

（1）内容要求　一份好的市场调查问卷应满足以下要求：

①能得到被调查者的关心和合作。在设计问卷时，不要提出与调研目的无关或使被调查者不感兴趣的问题。

②有利于回答。问题表达不宜过长，不能含糊其词，模棱两可，尽量不使用晦涩费解的词语，不使用不规范的简语或缩语。一个问题的答案不宜过多，以方便回答。

③能帮助被调查者构思答案。提出的问题带有启发性，由近及远，由浅入深。防止一开始就提出很复杂的问题，使被调查者感到困难而产生厌恶而不再合作。

④答案的有效性高。内容紧凑,重点突出,避免枝节问题太多。

⑤便于数据处理。问卷最好能量化,而且可直接用计算机读入,节约时间,避免录入误差,使统计准确。

⑥问题安排要活跃。多种形式的问题互相搭配,增加问题的趣味性和吸引力。

(2)外观要求　问卷外观会影响被调查者的兴趣和合作态度。外观设计也有一些要求:

①纸张大小、质量要适宜。纸张太大使人阅读不方便,而且感到有压力。纸张质量要朴素、清新,便于书写,不扩散墨水。

②外观庄重,字体编排得体。问卷卷面很正规,调查人会认为他正在为一项有价值的调研作贡献。

③问题只印在纸张的正面,并为每个答案留出足够的空间。关键字词要醒目地表示出来。

④问题的每一页都要有页码、编号,以便整理。

(3)注意事项　为了达到调研目的,在设计问卷时应注意以下几点:

①问卷上的问题应该是调研所必需的,可要可不要的问题就不要。

②问卷上的问题力求避免被调查者不理解或难以回答,回答全部问题的时间最多不超过半小时。

③问题的意思要明确、具体,措辞要有亲切感。例如,你对解放牌汽车是否满意? 这样的问题不明确,也不具体,因为不知道是问对质量满意还是对售后服务满意。

④问题的顺序安排要先易后难,涉及个人的问题应放在最后,以免被调查者敏感。

⑤避免用引导性或带有暗示性、偏见性的问题。如,你认为助力牌汽车驾驶费力吗? 这样的问题带有引导性或暗示性,是不妥当的。

⑥对于被调查者不情愿回答的问题尽量不问,或采用婉转的方法。如被调查者的年龄、收入、职务、教育、婚姻、住址等,人们都不太情愿回答。

⑦所列问题避免涉及政治观点、宗教信仰等。

4)问卷设计的步骤

设计市场营销调研问卷要有清晰的思路,丰富的经验和较高的设计技巧。设计问卷的过程要符合逻辑顺序,基本步骤如下:

①透彻了解调研的目的和调研计划的主题,确立需要收集的资料和问卷的具体内容。

②详细列出各种资料的来源。

③将自己放在被调查者的位置,考虑这些问题能否得到确切的答案,哪些问题比较好回答,哪些比较困难,哪些比较敏感等。

④按照逻辑思维和问卷设计技巧以及注意事项,排列问题的顺序。

⑤决定提问的方式,即哪些内容采用开放式,哪些内容采用封闭式以及封闭式问题的可选答案的排列顺序。

⑥审核问卷的各个问题,消除含义不清、带倾向性的语言和其他疑点。推敲问题的语言、措辞是否正确,语气是否自然、温和、礼貌和有趣。

⑦分析问卷得到的资料是否符合调研目标,是否方便统计和分析。

⑧以少数应答人为例,对问卷进行小规模测试。

⑨审查测试结果,对问卷的不足之处进行修改。

⑩审定修改后,再大量印刷问卷。

以上步骤只是一般情况的设计步骤,如遇到特殊要求的调研,还需要做特殊的准备工作。每个调研人员,尤其是新手,必须记住设计调查问卷是对调研工作的质量具有决定作用的一个环节。虽然十全十美的问卷难以做到,但认真花一番心思来设计尽量美好的问卷是完全必要的。

3.3　市场预测

3.3.1　市场预测的意义

市场预测不是水晶球占卜术,而是依据多个因素的变化合理地估计。市场预测是在市场调查的基础上,利用各种信息资料,采用科学方法进行分析研究,以推测或合理估计未来一定时期内市场需求情况及其发展趋势,为企业确定营销目标、制订营销策略和营销计划提供依据,也是企业加强经营管理的手段。通过市场预测,企业可以制订有效的营销策略来争取市场主动权,同时加强企业内部管理,改善外部环境,提高经济效益。

市场预测有利于促进社会生产的发展。了解市场,根据市场需求组织生产,有利于提高企业的竞争能力。

3.3.2　市场预测的分类

1)按预测的范围

按预测的范围,市场预测可分为宏观预测和微观预测。

(1)宏观预测　它是对国家整体市场、国际市场的重要内容预测,如人口、能源、国民经济增长率等。

(2)微观预测　它是对一个部门、一个企业或企业的某个产品的市场情况预测,如市场占有率、销售增长率等。

2)按预测的时间长度

按预测时间的长度,市场预测可分为长期预测、中期预测、短期预测、近期预测。

(1)长期预测　长期预测一般3~5年以上,如中国每个5年计划,对一些经济指标和社会发展的预测。企业在制订战略计划时也需要预测5年以上的变化情况。

(2)中期预测　中期预测一般1~3年,市场营销战略和新产品开发等,需要预测较长的时间。

(3)短期预测　短期预测一般是1年,如销售利润、资金计划等。

(4)近期预测　近期预测是1个月、2个月、一个季度的预测,主要是一些季节性产品的市场情况。

3)按预测的结果要求

按预测的结果要求,市场预测可分为定性预测和定量预测。

(1)定性预测　它主要用文字表述某个问题的结论。例如,"未来一年里,经济形势好,市场活跃……"

(2)定量预测　它主要用一些数据来表达预测结果,如,"2012 年中国玫瑰花市场的需求量是 1 200 万扎"。

4)按预测对象

按预测对象,市场预测可分为单项预测和综合预测。

(1)单项预测　它是对某个单项指标预测,如销售量预测。

(2)综合预测　它是对多项指标同时进行预测,如市场占有率和竞争情况、销售量和市场增长率。

5)按预测的程度

按预测的程度,市场预测可分为乐观预测和悲观预测。

(1)乐观预测　乐观预测就是当环境因素最有利的情况下,其结果如何。

(2)悲观预测　悲观预测就是当环境因素最不利的情况下,其结果如何。

3.3.3　市场需求预测

1)市场需求的定义

市场需求与人口数量有直接的关系。人们经常说,中国的人口多,市场需求大,潜在机会多。市场需求是指在特定的市场营销环境中由于企业的营销努力,某个地区内特定顾客群体在一定的时期内购买某种产品的总量。

市场需求分为现实需求和潜在需求。现实需求就是已经消费的某个产品的总量,例如 2017 年全国花卉销售额为 1 473 亿元人民币。潜在需求就是对某种产品感兴趣的人群构成的潜在市场可能消费某种产品的总量。

2)市场需求的含义

市场需求涉及 8 个方面的含义:

①产品,市场需求预测要求界定产品种类的范围。

②需求总量,用产品件数或货币量来表示。

③购买,订购量、装运量、收货量、已付款的量、消费的量。

④顾客群体,要明确某种产品的细分市场和目标市场的顾客群体。

⑤地域,市场需求预测必须严格界定地域范围。

⑥时期,市场需求预测具有时间性。

⑦市场营销环境。

⑧市场营销努力。

市场需求总量不是一个固定的数量,而是一个函数,称为市场需求函数或市场反应函数。这个函数考虑的因素很多,是一条复杂的曲线。

3)市场需求预测的方法

市场需求预测的方法有累加法、购买者意向调查法、随机抽样法。

（1）累加法　累加法就是先统计出有可能购买该产品的用户，并将每一用户在一定时期内可能购买的数量全部累加起来，便得出该产品在该时期内的市场需求量。累加法常用来估计某个特定区域的生产者市场的需求量。

（2）购买者意向调查法　即通过直接询问购买者的意向或意见来判断市场需求量。如果购买者的购买意向很肯定，就会转化为购买行为，并且愿意向调查者透露，这种预测法特别有效。购买者意向调查法多用于预测工业品市场，而且购买者的购买意向会随着时间的推移发生变化，故适用于短期预测。

（3）随机抽样法　采用抽样法预测耐用消费品，效果比较好。

3.3.4　销售预测

销售预测是指企业在特定的市场环境和特定的市场区域，确定了市场营销能力的前提下，对企业产品在该市场上可能达到的销售量估计。

1）销售预测的作用

销售预测的重要作用主要表现在下述两方面：

（1）销售预测是企业内部制订销售目标的依据　企业制订销售计划时，必须以销售预测值为依据，不能凭空想象。然后，将销售目标分解到各个部门。生产部门用以组织生产，财务部门用以筹措资金，市场营销部门用以展开营销活动，并将销售目标具体分配给每个地区的销售代表或每个推销员。销售目标也是控制销售和激励销售的管理工具。

（2）销售预测是企业编制预算的依据　企业编制预算应以销售预测为依据。预算的目的是为了对采购、生产、仓储、现金流量等进行计划与控制，同时也是目标利润的计算依据和市场营销部门努力的方向。只有实现了预测的销售量，企业的产品才不会积压，也避免了产品出现供不应求，甚至脱销而失去销售机会，让竞争者乘机抢占市场，使企业蒙受经济上和声誉上的损失。同时，企业也实现了销售收入和利润目标。

2）销售预测的方法

销售预测的方法分为两大类，即定性预测和定量预测。

（1）定性预测方法　定性预测是依靠预测者的知识、经验和判断能力，对影响市场变化的各种因素进行观察、分析和推断来预测市场未来的趋势和竞争情况，得出本企业经过努力达到的销售量。

①经理意见评判法。由企业经理，特别是那些最熟悉业务、能预见业务趋势的经理独立分析，对某种产品的销售进行评判和预测。这种方法最快捷、最方便、最实用。其缺点是作出的判断和预测带有较多的主观因素，并易受本部门的利益和员工情绪所影响。因此，在预测前要向经理们提供经济形势和业务情况的资料，并组织他们讨论，然后各个经理根据自己的理解和掌握的信息预测出最低、最可能、最高销售量（或销售额），再按照权数计算单个经理的期望值，最后把每个经理的期望值再进行加权平均（如果认为不同经理的意见的重要性程度不同的话）或简单算术平均（如果认为每个经理的意见的重要性程度相同的话），得出最后的预测值。

②销售人员意见评判法。销售人员最接近市场，最了解顾客和竞争产品的情况，他们对自

己负责的区域的销售情况、顾客情况非常熟悉,因此他们对本区域的预测比较准确。但是,销售人员对全局形势和公司的整体战略缺乏了解,往往会出现低估或高估的倾向。为了提高销售人员预测的准确性,先要让他们了解公司过去的销售记录,了解公司的战略目标和计划,要求他们同本地区的经理讨论,然后再让他们进行预测,最后进行统计计算,得出预测值。

③专家意见法,也称德尔菲法。企业聘请市场营销专家、学者、经营人才、经销商、咨询专家等召开座谈会或组成委员会,对某个产品的销售情况进行预测。专家意见法的准确性取决于他们的专业知识和对市场的洞悉程度。因此,邀请的专家要具备较高的综合素质水平和全面的知识信息。

(2)定量预测方法　定量预测主要是依靠数学模型和数理统计方法,对相关历史数据资料进行计算分析,得出销售预测值。

①算术平均法。算术平均法是通过对一组已知的统计数据或观察值求取平均数来进行预测的方法。其计算公式如下:

$$Y_{n+1} = \frac{Y_1 + Y_2 + \cdots + Y_n}{n} = \frac{\sum_{i=1}^{n} Y_i}{n}$$

式中　Y_{n+1}——第 $n+1$ 期销售量的预测值;

　　　Y_i——第 i 期实际销售量;

　　　n——所选资料期数。

算术平均法计算简单,使用起来很方便。但是,把算术平均值直接当作预测值,其精确度不会很高。而且算术平均法使用的都是过去统计的数据,无法反映未来市场状况的变化及发展趋势,预测值往往与实际情况之间偏差较大。

②加权平均法。加权平均法就是根据同一个时期段内不同的数据对预测值的影响程度不同,分别给予不同的权数。一般来说,离预测期越近的数据,对预测值的影响越大,则权数也越大,离预测期越远的数据对预测值的影响越小,权数也越小。这样就弥补了算术平均法的不足。加权平均法的计算公式为:

$$Y_{n+1} = \frac{X_1 Y_1 + X_2 Y_2 + \cdots + X_n Y_n}{X_1 + X_2 + \cdots + X_n} = \frac{\sum_{i=1}^{n} X_i Y_i}{\sum_{i=1}^{n} X_i}$$

式中　Y_{n+1}——$n+1$ 期加权平均值;

　　　Y_i——第 i 期实际销售量;

　　　X_i——第 i 期的权数(一般 $\sum_{i=1}^{n} X_i = 1$);

　　　n——所选资料期数。

定量预测的方法还有很多,如移动平均法、指数平滑法、线性回归法、市场因子推演法等。当采用定量预测方法时,对同一预测对象的预测,人们既可以采用多种预测模型,也可以对同一模型采用不同的自变量。这种对同一预测对象采用多种途径进行预测的方法,叫作组合预测方法,是现代预测科学理论的重要组成部分。其思想认为,任何一种预测方法都只能部分地反映预测对象未来发展的变化规律,只有采用多种途径进行预测,才能更全面地反映事物发展的未来变化。实践证明,组合预测方法比单一预测方法对于改善预测结果的可信度具有更显著的效果。

3.3.5　撰写预测报告

预测报告是对整个预测工作的总结。预测报告一般包括以下内容：

（1）预测题目　预测题目一般都明确地表示调查内容。如《2012 年花卉市场预测》《2012 年×××公司杜鹃花销售量预测》。

（2）预测时间　预测时间包括预测进行的时间和预测的目标时间，如在 2012 年对 2013 年的预测，前者是预测进行时间（2012 年），后者是预测目标时间（2013 年）。

（3）参加预测人员　对预测人员的介绍有利于评价预测的准确程度。

（4）预测目标　预测目标是某一事物未来的趋势或状态，如 2013 年的花卉需求量。

（5）预测内容　围绕着预测目标，预测内容可以有多个项目，如围绕着 2013 年的花卉市场预测，预测内容一般包括 2013 年的花卉供给量、需求量、品种等。

（6）预测方法　对相同的问题，可以采取不同的预测方法，如定量预测和定性预测，以及具体的某个预测方法。

（7）预测结果　通过预测可以得到结果，它可以是具体的数量，也可以是某种态势。

（8）分析评价意见　对预测结果进行分析评价，有利于正确利用预测结果。

［案例思考］

鹤壁市花卉销售实现开门红

近年来，鹤壁市政府积极上门为花卉养植户搞好技术服务，开展市场调查研究，打开销路，促使全市花卉产业发展势头强劲。2012 年春季是花卉、苗木等产品的销售旺季，市政府组织专门班子，为花卉经营企业搞好服务。一是搞好花卉产地检疫，防止花卉危险性病虫杂草的传播，对检疫合格的地块和品种，签发《产地检疫合格证》，为花卉、苗木产品外销提供保障；二是协助花卉协会规范运作，完善各种章程制度，使之真正担当起为花农服务的重任；三是积极开展市场调查研究，特别注重大中城市的市场调研和预测，帮助花卉企业决定下一年度的品种和规模。市政府的工作效果已经开始显现。据统计，鹤壁市新增花卉种植面积 300 亩，实现花卉销售收入 8 000 万元。

［问题解答］

1. 信息的功能是什么？营销信息的特点有哪些？
2. 简述市场营销信息系统的构成和功能。
3. 市场营销调研的方法有哪些？各自的特点是什么？

4.销售预测的作用是什么?

［实践操作］

一家房地产企业拟建立高档花店连锁经营公司。在决策前,请你进行市场营销调研。

［**目标**］　掌握市场营销调研的方法。

［**任务**］　设计一份调查问卷,进行实地调研,写出调查报告。

4 购买者行为分析

【本章导读】

市场是由现实买主和潜在买主构成的。本章阐述了消费者市场、组织市场的行为特点、购买决策过程和影响因素，使学习者掌握购买者的购买行为分析方法，学会针对不同的购买者采取有效的市场营销活动的本领。

【学习目标】

了解购买者行为的影响因素，掌握消费者市场、组织市场的购买行为分析的内容、特点和方法。

对商品的生产者和经营者来说，市场营销的核心就是如何最好地满足购买者的需求。企业营销人员的核心任务就是研究分析购买者的行为特点，这是企业制订营销计划和营销组合决策的出发点。

4.1 消费者市场

当购买者购买产品用于个人和家庭消费，那么这些现实买主和潜在买主，构成了消费者市场。

4.1.1 消费者市场的特点

1)消费者市场的一般特点

消费者市场的特点表现在以下几个方面：

(1)广泛性　由于消费品的购买人数众多，范围广泛，当他们需要购买时，就会发生购买行为，成为某种产品消费者市场的一员。

(2)分散性　一般而言，消费品购买者不可能一次购买很多商品储存起来，而是需要时才购买,数量少,购买次数频繁。

（3）复杂性　消费者受到年龄、性别、习惯、文化、职业、经济收入、用途和购买环境等多种因素的影响而具有不同的消费需求和消费行为,所购买的商品的品种、规格、质量、花色和价格千差万别。

（4）发展性　随着生活水平提高,消费者的消费观念和消费水平也不断发展变化。例如,人们从温饱型转变到舒适型的生活方式,对居室、办公室、庭院的美化、净化提出了新的要求,因此花卉产品的消费就会增加。

（5）情感性　消费品的品种繁多,档次有高有低,不同的消费者对商品的需求带有很强的感情色彩。另外,消费者对许多商品缺乏专门的知识,对质量、性能、价格、市场行情和使用方法并不了解,只能根据个人感觉或好恶购买。这类购买多属非专业购买,受购买者的情感因素、广告宣传和推销活动的影响大。

（6）地区性和季节性　许多商品的消费具有地区性和季节性特点。如大城市、节假日,花卉产品的消费量较大。

2）花卉产品消费市场的特殊性

除了以上的商品一般性特点外,花卉产品消费市场还有一些特殊性。

（1）不可替代性　当消费者需要购买鲜花时,他只能在不同品种、不同价格、不同颜色的花卉产品中选择购买,而不能购买其他商品来替代。

（2）购买的偶然性　花卉产品的消费者除了常规的消费外（如宾馆、会议室等）,一般情况下,消费者购买鲜花都具有偶然性。

（3）营销刺激的迟钝性　花卉消费者购买花卉产品不是因为企业营销活动的刺激所致,而是在特殊条件下购买。当不购买时,无论企业采取何种营销手段,也不可能刺激购买行为,更不可能促使花卉消费者购买花卉产品储存在自己家里。

了解消费者市场的特点,对企业研究消费者以及如何促进消费者的有效购买,具有重要的意义。

4.1.2　消费者的购买行为模式

1）消费品的分类

消费者市场需求的商品种类很多,一家大型商店经营的商品品种成千上万。市场营销学根据消费者购买行为的差异,将商品分为3大类,即便利品、选购品和特殊品。

（1）便利品　它是指消耗快、购买频繁、价格低廉的商品。消费者在购买这类商品时,不会太多地在品牌、价格方面做选择,而是以方便快捷地买到为首要考虑条件。

（2）选购品　它是指价格较高、购买后使用时间较长,且不同品牌的性能区别和价格差异较大的商品。消费者在购买这类商品时,往往要花较多的时间和精力选择品牌、质量、式样、价格等,然后才作出购买决策。如服装、家具、家用电器产品等。

（3）特殊品　它是指价格昂贵,能满足消费者某方面特殊偏好的商品。消费者在购买这类商品时,往往不注重价格,而注重品牌,以获取和显示其地位为重要考虑因素。如钢琴、高级照相机、名牌服装、名牌香水、高档汽车等。

对经营不同商品的企业来说,了解消费者购买行为的上述区别十分重要。它提醒企业要针对消费者购买行为的不同,采取不同的营销战略并有所侧重。如经营便利品,最重要的是分销渠道要宽,零售店布局要合理,货源充足,以保证消费者能随时随地方便地购买到所需商品。经营选购品,最重要的是花色品种、品牌要齐全,购物环境舒适,让消费者有充分的选择余地,并帮助他们了解各种商品的质量、性能和特点,使之放心地作出购买决策。经营特殊品,最重要的是要充分备足知名品牌,并引导社会大众,拥有此种品牌的商品将具有特殊的社会地位和荣誉。

2) 消费者的购买行为模式

消费者市场的内容繁多,企业可以从以下 7 个方面来分析消费者市场的购买行为特征:

消费者市场由谁构成?　　　　购买者(Occupants)

消费者市场购买什么?　　　　购买对象(Objects)

消费者市场为什么购买?　　　购买目的(Objectives)

消费者市场谁参与购买活动?　购买组织(Organizations)

消费者市场怎样购买?　　　　购买方式(Operations)

消费者市场何时购买?　　　　购买时间(Occasions)

消费者市场何地购买?　　　　购买地点(Outlets)

由于 7 个英文单词都是以"O"开头,故称为"7O"研究法。企业营销人员在制订营销组合之前,必须先研究消费者购买行为,最常用的研究方法是"刺激—反应"模式,如图 4.1 所示。市场营销和市场环境这些外部因素的刺激进入购买者的意识,购买者根据自己的特征处理这些信息,经过一定的决策过程,反应出购买者的购买决定。

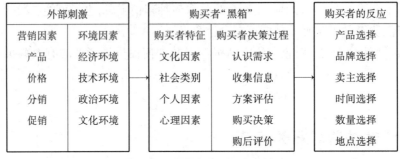

图 4.1　消费者购买行为模式

"刺激—反应"模式说明,市场营销因素是企业为刺激消费者的购买行为而开展的一系列活动。市场环境因素是客观存在和发展对消费者的刺激,这些因素是可以用感官感知的。消费者受到这些外部刺激后,究竟发生了什么,这是别人难以觉察的,因此称之为"购买者黑箱"。当购买者的购买决策确定以后,就作出各种购买选择,如产品选择、品牌选择、卖主选择、时间选择、数量选择、地点选择,这是可以看见的。

4.1.3　影响消费者购买行为的因素

市场营销人员最感兴趣的是"购买者黑箱"内究竟发生了什么? 是什么因素影响了消费者

的购买行为。实际上,影响消费者购买行为的因素很多,主要是体现购买者特征的影响因素,即文化因素、社会类别和心理因素。

1)文化因素

文化因素对消费者的购买行为有最广泛、最深刻的影响。文化指人类从生活实践中建立起来的价值观念、道德、理想和其他有意义的象征的综合体。每个人都在一定的社会文化环境中成长,通过参与家庭活动和社会活动(幼儿园、学校等),逐步学会和形成了一套基本的价值观念、道德观念、意识、爱好和行为。不同的文化环境造就不同的价值观念。比如美国人在成长过程中逐步形成了美国人的价值观:成功、积极、效率、物质生活享受、独立自由、人道主义等。中国人所形成的价值观是:勤劳、忍耐、奋进、朴素、尊敬师长、家庭依赖性、仁爱等。文化是影响人的欲望和行为的基本因素,文化的差异引起消费行为的差异。一个人生活在以先进技术为基础的文化环境中,就会想购买计算机和运用网络技术,使学习、工作和生活更加方便;而生活在偏僻落后地方的人,不知道计算机和英特网的价值,送给他恐怕也不会要。又如,标有"老年人专用"字样的商品,在美国等西方国家并不受老年人的欢迎。

在每一种文化中,又存在着若干不同的亚文化群。主要有:

(1)民族亚文化群 各个民族经过漫长的历史发展过程而形成了各自的语言、风俗、习惯和传统,使他们在物质和文化生活方面各有特点,这些特殊性会影响人们的欲望和购买行为。

(2)宗教亚文化群 每种宗教都有自己的教规和戒律。例如,中国有佛教、道教、伊斯兰教群体。每个宗教群体的文化习惯、偏好和禁忌,会影响人们的欲望和购买行为。

(3)种族亚文化群 不同种族有不同的生活习惯和文化传统。如白人和黑人的生活习惯及文化传统就有很大的区别。

(4)地理亚文化群 处于不同地理区域范围内的人们,也存在着不同的生活方式、饮食口味和爱好,也会影响人们的购买行为。

2)社会类别

社会类别是社会学家根据职业、收入来源、教育水平、价值观念和居住区域对人群进行的一种社会分类,是按层次排列的、具有同质性和持久性的社会群体。在社会类别因素中,又可分为社会阶层、相关群体和家庭单元等因素。

(1)社会阶层 消费者所处的社会阶层不同,其购买行为也不同。一般来说,社会上存在不同阶层的消费者,例如,富裕阶层、白领阶层、工薪阶层等。富裕阶层的消费者主要是名牌产品、高级轿车、高级饭店的消费群体。工薪阶层一般都是中低档商品的消费群体,对高级饭店很少光顾。

(2)相关群体 即指对某人的态度、意见、喜好、生活方式和行为有影响的人群,如亲戚、朋友、家庭成员、同事、同学、邻居等。相关群体对消费者的消费行为的影响表现在3个方面:一是示范性,即相关群体的消费行为和生活方式为消费者提供了可供选择的模式;二是仿效性,即相关群体的消费行为引起人们仿效的欲望,影响人们对商品的选择;三是一致性,即由于仿效而使消费行为趋于一致。相关群体对购买行为的影响程度视产品类别而定。据研究,相关群体对汽车、摩托车、服装、香烟、啤酒、食品等产品的购买行为影响较大,对家具、冰箱、杂志等影响较弱,对食盐、洗衣粉、电池等几乎没有影响。

(3)家庭单元 家庭在个人消费习惯方面的影响往往根深蒂固,终其一生。同时,家庭是社会构成的基本单元,众多消费品是以家庭为单位进行购买。因此,家庭是一个基本的消费购买决策单位。家庭成员的消费态度和参与购买决策的程度,会影响家庭的消费行为和购买行为。社会学家根据家庭成员对购买决策的参与程度不同,把家庭分为4种类型:

①自主型。指每个家庭成员对自己所需商品独立决策购买,别人不加干涉。

②丈夫支配型。指家庭购买决策权掌握在丈夫手中。

③妻子支配型。指家庭购买决策权掌握在妻子手中。

④共同支配型。指家庭大部分购买决策由家庭成员共同协商作出。

由于家庭成员的文化程度和地位不同,在购买决策时的意见分量也不同。根据一些学者的调查,在教育程度较低的蓝领家庭,日用品的购买决策一般由妻子作出,耐用消费品的购买决策由丈夫作出。而在知识分子家庭,贵重商品的购买决策由妻子作出,日用品的购买由家庭成员自己做主。

3)个人因素

个人因素指消费者的经济收入、生理特征、生活方式、个性或自我意识等对购买行为的影响。

(1)消费者的经济收入　消费者的经济收入高低决定其购买能力,制约其购买行为。经济收入是指消费者个人从各种途径取得的货币收入,是形成消费市场购买能力的基础,是社会购买力的重要组成部分。

(2)生理特征　生理特征是指消费者的年龄、性别等方面的差异。生理特征决定着消费者对产品款式、颜色、形状、功能等方面的不同需求。

消费者的年龄又与家庭生命周期的阶段相联系。家庭生命周期是从一个人离开父母,经过成家、立业、抚养儿女到老年后独居或死亡为止的全过程。显然,处于不同年龄和家庭生命周期不同阶段的消费者,消费欲望、兴趣和爱好不同,观念不同,购买商品的种类和式样也有区别。

社会经济学家将消费者的年龄和家庭生命周期分为9个阶段,并归纳出每个阶段的消费特点。

①未婚阶段:独生青年,经济上有一定的收入,能够独立维持各项支出。主要是学习,接受教育;喜欢新东西,赶时髦(如新款服装、新发型、音像制品等),经常参加娱乐活动。

②新婚阶段:消费重点为室内装饰、新式家具、电视机、电冰箱、音响、计算机、旅游等。

③第一满芳庭:孩子较小(6岁以下)。消费重点为婴儿食品和用品、玩具等。

④第二满芳庭:孩子已入学。消费重点为食品(半成品、快餐品)、自行车、学习用品等。

⑤第三满芳庭:孩子已长大成人,尚未独立,夫妻已步入中老年。有稳定的工作和一定的事业成就,经济收入较好。消费重点为更换住房,更换家具和家电产品,对孩子的教育投入较多,社交活动的花费也不少。

⑥第一空庭期:孩子已独立。消费重点为非生活用品,如花草、保健器材、旅游、社交活动等。

⑦第二空庭期:孩子成家立业,完全脱离了父母的控制。消费重点为娱乐品、保健品、药品、旅游等。

⑧第三空庭期:多数已退休。消费重点为娱乐品、高档食品、保健品。

⑨单身老人:多数已丧偶,收入下降。消费重点为特殊食品、保健品。

消费者的性别不同,消费需求也不同。就服装而言,"男人穿牌子,女人穿样子"是各服装企业的座右铭。

（3）生活方式　生活方式指一个人在生活中表现出来的活动、兴趣和看法的模式。不同生活方式的群体,对产品和品牌有不同的需求。企业的市场营销应针对不同生活方式的群体,生产不同档次、不同品牌、不同类别的商品,以满足其基本需求。如对生活节俭的群体,应以能够满足功能要求的产品为主;对生活奢侈的群体,则应以功能全、质量高的产品为主;对高成就者和富有的群体,则以名牌、贵重的产品来体现其社会地位。

（4）个性或自我意识　个性或自我意识强的消费者,对特殊风格的商品情有独钟。他们的消费行为是不随大流,不赶时髦,所购买的商品以稀有为自豪,如一些消费者专门到厂家订购汽车、订购服装等。企业应针对这些消费群体的特点,生产特色产品。这些消费者愿意花更多的钱,以体现自己的独特个性,强调自我意识。

4）心理因素

消费者购买商品除了满足基本的需要外,还有心理需要。心理需要是更高层次的需要。一般来说,有以下几种心理需要:

（1）求新心理　追求新产品、新款式、新花色、新牌子,凡是新的就是好的。这是一部分消费者的心理。

（2）求名心理　追求名牌,信任名牌。名牌产品的价格一般都很高,能够显示人的地位和富有,给人以自信的感觉。

（3）求美心理　爱美之心人皆有之。不同的人有不同的审美观。一部分消费者喜欢外表华丽、颜色鲜艳的商品。

（4）习惯心理　有些消费者对某种品牌的商品表现出虔诚,重复购买,不愿意更换。对新的品牌总是心存疑窦,"好用吗?"习惯力量难以抗拒。

（5）同步心理　有些消费者存在着与周围相关群体攀比的心理。如同事家装了空调,我为什么不装？若不保持同步水平,显得自己太寒酸。

（6）优越心理　一些消费者穿名牌衣服,进高级商店,买高档商品,住高级宾馆,住宅也要选在富人区,以满足优越感。

（7）以我为中心心理　某些人的一举一动都希望引起别人的注意和羡慕,如乘坐劳斯莱斯汽车在城里兜风。

（8）好奇心理　某些消费者购买新产品或奇异的产品,是一种好奇心理,总想"试一试"。如穿有洞的牛仔裤或带特殊字样和图案的衣服。

消费者不同的消费心理因素,给企业带来了营销的机会。企业必须了解这些心理因素的存在,并为满足这些不同的心理需要而生产不同的产品。

影响消费者市场购买行为的因素是企业难以控制的。市场营销人员了解这些因素,可以帮助企业更好地识别那些对本企业的商品感兴趣的购买者,为企业选择目标市场提供必要的线索,为企业制订营销组合策略提供依据。由于消费者市场的购买行为具有可诱导性,企业应当制订相应的营销策略,利用适当的媒体向消费者宣传介绍自己的产品功能、特点,引诱消费者购买自己的产品。

4.1.4 消费者购买决策过程

1)购买决策的参与人

消费者购买决策过程是从消费者的购买动机形成到购买后的反应的全过程。研究消费者的购买行为不能只注意购买活动,而是要研究消费者购买决策过程的参与者和决策过程的各个阶段,才能有针对性地开展营销活动,满足需求,扩大销售。

消费者在购买的全过程中,可能有5种角色的人参与购买决策过程:发起者、影响者、决定者、购买者、使用者。

消费者以个人为单位购买时,这5种角色集于一身;若以家庭或多人组织为单位购买时,各成员可能担任不同角色。企业营销人员最关心的是作购买决策的人,力争辨认和分析他们的需求动机和影响因素。在消费者市场上,有些商品和服务的购买决策者很容易辨认。例如,化妆品的购买决策者一般是妇女,香烟和酒类产品的购买决策者是男人,而高档耐用消费品的购买决策者往往由多人讨论作出。美国研究人员曾对美国家庭购买汽车的情况进行调查研究后发现:买不买车由夫妻双方共同决定;什么时候买车则68%的家庭由男人决定,3%的家庭由女人决定,29%的家庭是夫妻双方共同决定;买什么颜色的车,男、女主人单独作决定的家庭各占25%,而50%的家庭是共同决定。认真辨认和分析购买决策者,企业才能有效地开展营销活动,制订正确的促销策略。

2)消费者购买过程

研究消费者的购买行为不能只注意其购买决定和实际购买,而应研究从需求形成到完成购买和购后反应的全过程。市场营销人员把消费者的购买决策过程划分为5个阶段,如图4.2所示。这种划分的目的是针对不同阶段的特点,采取相应的营销对策。

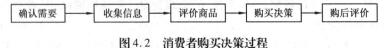

图4.2 消费者购买决策过程

(1)确认需要 确认需要也叫动机形成,是消费者购买决策过程的第一步。需要可能是生理因素引起的,也可能是由外界刺激经过心理活动引起的。如一个人需要食品,是由于"肚子饿"这种生理因素引起的;一个人需要购买鲜花,可能是为了赠送朋友,或者是为了装饰居室,美化生活环境。

(2)收集信息 目的是了解想购买的商品功能、价格、品牌、生产厂家等,以便进行分析比较,为购买决策提供依据。要购买的商品越重要、价值越高,收集信息的时间则越长,付出的代价也越大。

(3)评价商品 基于消费者掌握的商品信息。消费者在收集信息的过程中,逐渐在头脑中形成了一个被选品牌的"单子",然后就对这些被选品牌进行评比、选择。对于大多数消费者来说,他们评价商品的依据是功能价格比。显然,这个比值越大,购买该品牌的商品越划算,购买该品牌商品的可能性也越大。购买者首先对商品的功能进行评分,求出一个总功能分值,再除以商品的价格,求出功能价格比。例如,某个消费者要购买一台计算机,经过对收集的信息进行分析,列出4个品牌A,B,C,D作为备选,并对各个品牌的功能评价如表4.1所示。

表4.1 商品功能价格比评价表

计算机品牌	功 能						产品价格/元	功能价格比
	品牌知名度	运算速度	存储能力	软件适用性	售后服务	总分		
A	10	8	9	8	10	45	9 960	4.52
B	8	9	7	10	8	42	8 500	4.94
C	7	10	6	9	7	39	8 000	4.88
D	6	7	10	7	5	35	6 800	5.15

$$功能价格比 = 功能 \div 价格 \times 1\ 000$$

一般来说,消费者应选择功能价格比最高的D种计算机为最优购买。但是,有些消费者在购买商品时,更加注重品牌的知名度,崇尚名牌,那么A就是最佳选择,尽管功能价格比最低。

(4)购买决策 除了考虑功能价格比、品牌知名度之外,还要考虑购买时间、地点、数量、支付方式等方面的决策。如果消费者的需要确认以后,经过广泛收集信息、认真评估以后,作出购买决策就很容易了。

(5)购后评价 购后评价是指消费者购买商品后的感觉。如果消费者对购买的商品感到满意,就有可能再次购买同一品牌的商品,并会影响他周围的亲朋好友来购买这种品牌的商品。消费者购买的满意度会对该品牌产生忠实度和重复购买。企业市场营销人员的重要任务就是了解消费者的购买反应,并努力提高消费者购买后的满意度。

但是,花卉产品消费市场的购买者在购买花卉产品时,并不是都必须经过上述复杂的决策过程。然而花卉产品的消费者往往表现出对某种花卉产品或销售商店一定的忠实度。一方面取决于花卉产品的质量,另一方面取决于销售商店的营销技巧。因此,花卉产品质量和服务水平是吸引购买者的重要因素,同时广告宣传、扩大产品知名度也是刺激购买的重要手段。而零售商的购买环境、服务水平、优惠价格、有奖销售等是吸引购买者重复购买的主要因素。

4.2 组织市场

4.2.1 组织市场的分类

组织市场是由从事生产、销售业务的企业和非营利性的社会团体、政府机关、事业单位所组成。也就是说,组织市场是以某种组织为购买者所构成的市场。就卖主而言,消费者市场是自然人市场,组织市场是法人市场。组织市场包括生产者市场、中间商市场和非营利性组织市场。

1)生产者市场

生产者市场是指从事商品生产的企业作为购买者,他们购买某种商品的目的是为了生产制造本企业的商品,然后销售或租赁给其他企业、团体或个人,获取利润。花卉产品的生产者市场主要是干花厂、化妆品厂、香水厂、食品厂等,他们购买花卉的目的是为了生产干花、化妆品、香水、食品,然后将这些产品卖给消费者。

2）中间商市场

中间商市场是指那些购买商品为了直接转售或租赁以获取利润的企业组织。花卉产品的中间商市场就是遍布全国的花卉批发商和零售商,他们购买花卉的目的不是用于生产商品,而是直接转手销售以赚取购销差价。

3）非营利性组织市场

非营利性组织市场泛指所有不以营利为目的的组织用户。这些购买者购买某种商品不是用于生产产品,也不是直接转售,而是用于本单位自己消费或其他非营利的目的。如某个大型会议、单位庭院、饭店等都要购买大量的花卉产品,属于非营利性购买。

4.2.2　组织市场的特点

从总体上看,组织市场是个非常庞大的市场,而且购买目的具有多重性。生产者市场和中间商市场的购买具有特别明确的赢利目的,非营利性组织市场的购买目的是为了满足本单位功能的正常运转或履行社会和法律的责任和义务。与消费者市场相比,组织市场具有显著的特点。我们仅以花卉这种特殊商品来分析组织市场的特点。

(1)购买者数量少　组织市场分别为企业、军队、政府机关、事业单位及社会团体,这些机构购买花卉的目的是美化环境、会议室装饰等,一般都由采购部门或采购人员购买,因此购买者数量很少。

(2)购买数量大　组织市场的顾客每次购买的数量大,尤其是化妆品生产厂、香料厂、食品厂或者花卉批发商等,有时一张订货单的金额就上千万元甚至上亿元,往往一位买主的订单就能买下一个企业较长时期内的全部产量。

(3)供需双方关系密切　组织市场的购买者需要有稳定可靠的货源,花卉的供应对这些购买者意义重大,一旦供应短缺,则会导致购买者的经营受损。另外,花卉生产企业又依赖这些大买主的稳定购买,并希望有扩大的趋势。因此,买卖双方必然要保持密切的供需关系。

(4)购买者的地理位置相对集中　组织市场的购买者往往集中在大城市或某些特定的区域。如工厂、批发商等大都集中在大中城市。因此,这些地方是花卉的主要消费场所。

(5)派生需求　派生需求也称衍生或引申需求。组织市场中的许多购买者购买花卉不是用于最终消费,而是用于生产或转卖,或向社会提供服务。他们对花卉的需求是由化妆品、食品、香料消费者的需求派生出来的,并随着这些需求的变化而变化。派生需求往往是多层次的,形成环环相扣的消费链,最终消费者是这个链的起点,是原生需求,是组织市场需求的动力和源泉。

(6)需求弹性小　组织市场对产品和服务的需求受价格变动的影响较小。一般规律是:在需求链上距离最终消费者越远的产品,价格波动越大,需求弹性却越小。形成这一特点的主要原因是:

①组织市场的派生性。

②生产企业的生产工艺变化难度大。

③原料在最终产品的总成本中的构成比例小,价格需求弹性不充分。

④组织市场的购买者在购买时,更多注重的是产品质量、交货期、供货连续稳定性和服务可

靠性等因素,而价格的重要性程度相对较低。

(7)需求波动性大 组织市场需求的波动幅度大于消费者市场需求的波动幅度。如果消费品(比如鲜切花)需求增加某一百分比,为了满足这一部分增加的需求,生产企业投资于设备和原材料的资产则会以更大的百分比增长。经济学家把这种现象称为加速原理。有时消费品需求仅增长10%,就可导致工业需求增长200%;消费品需求下跌10%,就可能导致工业需求全面暴跌。组织市场需求波动性大的原因,一是受宏观经济波动的影响大;二是新旧技术的更替造成市场需求急剧变化;三是在市场经济与价值规律的作用下,生产企业的趋利性导致投资的盲目性;四是对消费市场需求判断的滞后。

(8)采购专业水平高 组织市场的采购人员是一批经过专业训练,具有丰富专业知识和采购经验的人们。他们对购买花卉产品的用途、性能、规格、质量、技术要求都非常清楚,购买行为理智。因为组织市场一次采购的数量大、金额高,而且采购的产品直接关系到本企业的生产与经营,责任重大,因此,参与购买的人多。最终购买决策一般由技术专家和高层管理人员作出,其他人直接或间接地参与。他们共同形成一个采购中心,专门从事本单位所需各种物品的采购任务。而且大多数采购都是直接面对生产企业,而不经过中间环节。因此,生产企业或供应商应当派出训练有素、有专业知识和人际交往能力的销售代表与买方采购中心的人员打交道,为他们提供详细的技术资料,宣传企业产品的特点,吸引他们购买。

4.2.3 生产者市场的购买行为

在组织市场中,生产者市场的购买行为有典型意义。因为生产者市场的购买量大,而且稳定。所以,企业营销人员必须予以高度重视。生产者市场购买者购买产品的目的是为维持自己的生产,生产出自己的产品再销售出去。

1) 生产者市场购买行为的主要类型

生产者市场购买行为主要有3种类型,即直接重购、修正重购、全新购买。

(1)直接重购 直接重购是指生产企业户的采购部门,按照过去的订货目录再次向原供应商订购同种产品。这是最简单的购买行为类型。因为这种购买行为发生在互相熟悉的买卖双方,其购买条款都在以前谈判妥当,在此期间没有发生任何影响买卖行为的事情,无须作任何修正。被生产企业列入直接购买名单的供应商,要尽力保持或提高产品质量和服务质量,提高采购者的满意程度,使竞争者难以夺走这个市场。未列入直接购买名单的供应商,可以试图提供新产品和满意的服务,使生产企业逐渐转移购买注意力,先设法获得少量订单,再逐步扩大。

(2)修正重购 修正重购是指生产企业虽然重复购买同种产品,但要改变产品规格、价格或其他交易条款,或重新选择供应商。这类购买行为要比直接重购复杂些,购买者需要作一些新的调查和决策,通常也需要更多的人参与决策。在这种情况下,原供应商必须采取强有力的措施继续保持交易,竞争者则视之为是获得交易、扩大市场份额的最好机会。

(3)全新购买 全新购买是指生产企业第一次购买某种产品或服务。这是最复杂的购买行为类型。由于购买者对所购买产品心中无数,需要搜集大量的信息,如产品的性能、规格、技术要求、价格、交货条件、售后服务等,而且购买成本越高,风险越大,需要确定的因素越多,参加制订购买决策的人数也越多,购买过程就越复杂。显然,这种购买为市场营销人员提供了最好的机会,同时也是最有力的挑战。许多企业派出最优秀的市场营销小组,尽可能广泛地接触买方有关人员,为买方提供各种有用的信息和帮助,消除其顾虑,促成交易。

2)生产者市场购买决策的参与者

购买行为类型不同,购买决策的参与者也不同。直接重购时,采购部门负责人起决定作用;全新购买时,企业高层领导人起作用。在一般情况下,生产企业的采购中心有许多人直接或间接地参与采购决策,这些人分别扮演着以下6种角色中的一种或几种:

(1)使用者　使用者是指生产企业内部使用这种产品或服务的人。如化妆品厂的技术人员和生产工人是花卉的使用者。对花卉产品的购买建议首先由他们提出来,并协助确立产品规格。

(2)影响者　影响者是指生产企业内部和外部能够直接或间接影响采购决策的人。如化妆品厂的技术人员、工人、管理人员、市场营销人员以及化妆品营销商和消费者。

(3)决策者　决策者是指生产企业内拥有采购决定权的人。对于简单购买或购买金额较小的采购,决策者就是采购员或采购部门的负责人。在大宗交易或复杂购买的情况下,采购员或采购部门拟订采购方案,由企业高层领导决策。

(4)批准者　批准者是指有权批准采购方案的人。

(5)采购者　采购者是指被正式授权具体执行采购任务的人。他们负责选择供应商和洽谈采购条款。如果是重要的采购,采购者中还包括高层领导人员。

(6)信息控制者　信息控制者是指生产企业内部和外部能够控制信息流向采购中心的人。如采购代理人或技术人员可以拒绝或终止某些供应商和产品的信息,接待员、电话员、秘书、门卫等可以阻止推销员与使用者或决策者接触。

针对以上6种角色在采购决策中的作用与影响程度,花卉生产与供应商的市场营销人员应具体了解化妆品厂、食品厂内部谁是购买决策的主要参与者和决策者、批准者,他们对花卉的评价标准是什么,着眼点是什么,对采购的注意力是什么等,然后才能制订有效的营销对策,促成交易。

3)影响生产者市场购买决策的因素

影响生产者市场购买决策的4组影响因素是:环境因素、组织因素、购买中心核心成员之间的关系——人际关系因素和个人因素,如图4.3所示。

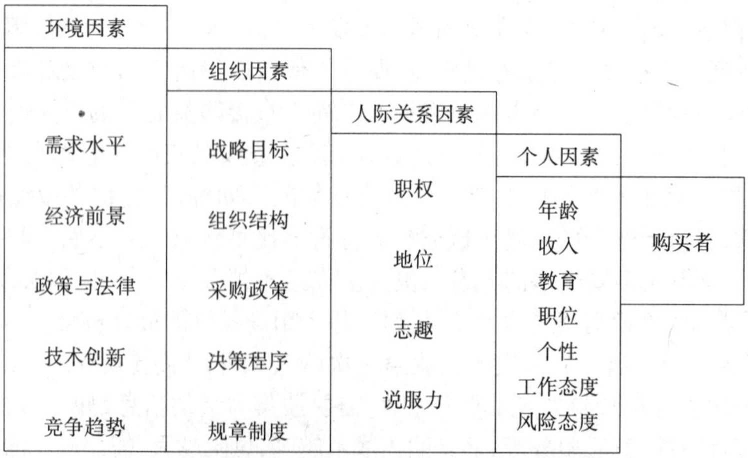

图4.3　影响生产者市场购买行为的主要因素

（1）环境因素　环境因素是指任何企业和个人都无法控制的宏观环境因素,包括国家的经济前景、市场的总需求水平,国内和国际的法律、经济政策、科学技术的创新与发展以及国内外市场的竞争态势等。对于花卉生产企业来说,环境因素是至关重要的。当国家经济前景看好,对花卉的总需求水平就会提高,花卉产量和销售量就会增加。

（2）组织因素　它具有特殊的地位,包括企业的经营战略目标、组织机构、采购政策、决策程序和规章制度等。花卉生产企业或供应商必须派出精干得力的营销人员有针对性地采用有效的营销策略,吸引顾客,扩大销售,抢占市场。

（3）人际关系因素　人际关系因素是指参与采购过程的各种角色的职务、地位、对供应商的兴趣、工作态度和相互间的关系对购买行为的影响。例如,采购部门负责人喜欢购买公司 A 的产品,而采购员小张更倾向于购买公司 B 的产品,则两人之间的关系和对购买产品的影响程度就会影响购买决策。因此,营销人员必须弄清这两人对该产品的评价标准,公司 A 与公司 B 的产品差异、价格差异、服务水平差异,谁对产品购买决策有较大影响力等。假如,小张是该产品的技术专家,而且在长期的购买中都以他的方案为重点,虽然他不是部门负责人,也可能在采购决策中占上风。公司 B 的营销人员就应更多地注意小张的意见,向他提供更多的技术和交易方面的信息,同时对采购部门负责人进行说服,介绍产品性能,提出更优厚的交易条件,最终促成交易。

（4）个人因素　个人因素是指采购人员的职权、地位、年龄、教育、个性、偏好、风险意识、对工作的态度等对采购行为的影响。例如,某化妆品厂的采购经理对花卉的采购决策权较大,受教育程度高,对采购工作兢兢业业,个性稳重,但喜好斤斤计较,不愿冒风险等。针对这样的采购经理,花卉生产企业必须选派有相当的地位、相当的学历教育和专业知识、工作态度严谨的营销人员与之打交道,并在交易条件方面考虑充分、细致,在可能的条件下,作一些小的优惠让步,生意成功的可能性就大得多。

4）生产者市场购买决策过程

生产者市场购买决策过程可以划分为 8 个步骤,如表 4.2 所示。实际上,不同的购买者或不同的购买行为类型,并不都要经过这些步骤。一个新建的化妆品厂、香料厂或开发新的化妆品,购买者在购买花卉的过程中经历这 8 个步骤是必要的。如果是长期生产同种化妆品的企业,已经建立了稳定可靠的货源渠道,在采购过程中可能经历其中一两个步骤就可以了。

表 4.2　生产者市场购买决策过程

购买决策步骤	购买行为类型		
	全新购买	修正重购	直接重购
认识需要	是	可能	否
确定需要	是	可能	否
说明需要	是	是	是
寻找供应商	是	可能	否
征求供货条件	是	可能	否
选择供应商	是	可能	否
正式采购	是	可能	否
购后评价	是	是	是

（1）认识需要　认识需要是购买决策过程的起点。当化妆品厂要生产新型化妆品时，就需要购买新的花卉。这种需要是由内部或外部某种刺激引起的。例如，一家生产化妆品公司，根据市场研究人员发现，芦荟系列产品的市场需求潜力很大，而且足以吸引化妆品生产厂生产芦荟系列化妆品。于是，采购芦荟的需要就产生了。

（2）确定需要　化妆品厂一旦决定生产这种芦荟化妆品系列产品，并通过市场分析和技术设计，确定出芦荟化妆品的产量、性能、特征、技术要求，那么采购符合该产品要求的芦荟数量、规格等参数就可以确定了。此后，化妆品厂将组织一个由各方面专家组成的采购小组，专门从事采购工作。

（3）说明需要　采购小组根据芦荟化妆品系列产品的要求和技术人员的意见，将所采购芦荟的品种、规格、性能、特征、数量、交货期以及服务要求等，写出详细的技术说明书，作为买方和卖方的依据。

（4）寻找供货商　采购小组根据技术说明书的要求征寻供应商。征寻的方法很多，如查阅芦荟生产企业名录或产品目录，在报纸、电视等媒体上刊登征寻启示，电话查询，计算机因特网查询或派人走访等。购买方将查询到的符合本企业要求的芦荟生产企业的有关信息记录下来，并经过初步筛选，留下条件比较优越的企业作进一步分析。

（5）征求供货条件　采购小组将自己的采购技术说明书传递给条件合格的芦荟生产企业，请求提交供货建议书。如果供货建议书比较复杂，花费较大，则可以先通过电话咨询，先作简单洽谈，再要求提交供货建议书。显然，买方索要的供货建议书不仅包括产品规格、性能、价格等内容，还包括交货期、运输条件、售后服务、供货稳定可靠性、支持条件以及其他有关的内容。因此，芦荟生产企业的营销人员必须了解买方的各方面情况，提交的供货建议书能够满足买方的要求，消除买方的疑虑，坚定购买信心。

（6）选择供应商　采购小组收到若干芦荟生产企业提交的供货建议书后，要认真分析比较，甚至还可能亲自到感兴趣的芦荟生产企业实地考察，面对面谈判，以争取更优惠的贸易条件。芦荟生产企业的市场营销人员要制订应对策略，热情接待来访者，并详细介绍本企业的优势和产品优势，对买方的压价或过高要求要有充分准备和应对。如果买方保持着几个潜在供应商，要分析竞争者的条件，然后给出既能让买方接受，本企业又不吃亏的供货条件。

（7）正式采购　采购小组经过分析论证，确定出最佳的供应商。值得注意的是，最佳供应商并不一定是价格最低的供货商，除价格之外，买方还要考虑产品质量、生产能力、可靠性、交货期、支付条件、售后担保等一系列因素。因此，供应商的自身条件和管理水平、服务水平是重要的入选条件。一旦确定了最佳供应商之后，双方就会签订购货合同或订单，正式购买。

（8）购后评价　购买的芦荟，通过生产过程生产出芦荟系列化妆品，进行测试，然后销售给最终用户。化妆品厂在生产、测试过程中，会发现配料的一些质量问题，而且芦荟系列化妆品的使用者在使用一段时间后，也会将质量问题反馈给化妆品厂。于是，化妆品厂会对所购买的芦荟进行评价，同时对芦荟生产企业的交货情况、售后服务等进行评价，决定是否维持、修正或终止供货关系。供应商要认真研究买方的技术说明书，以保证购买评价的客观性和正确性。

总之，作为生产者市场的卖方，要清楚生产者市场的买方的购买决策过程的各个步骤，针对具体情况开展营销活动，才能赢得主动，才能在激烈的竞争中扩展本企业的市场份额。

4.2.4　中间商市场的购买行为

中间商市场与生产者市场一样,都属于营利性组织市场。因此,两者的购买行为有许多相似之处。但两者在社会再生产过程中所处的位置不同,职能不同,所以购买行为又有若干不同之处。对于化妆品厂来说,购买花卉的目的是为了生产自己的香水或化妆品,花卉不再以独立的产品在市场上流通,消费者消费的是化妆品。

中间商购买花卉的目的是转手将花卉出售给需要花卉的人,花卉产品仍以独立的商品在市场上流通,中间商赚取的是购销差价,其作用是为了方便购买。因此,中间商的购买行为具有一些特点:

①中间商市场的需求是派生需求,受最终消费者购买行为的影响,因此销量不定。尤其是花卉商店的销售具有随机性,而且受地理位置、购买环境、服务质量、产品质量、价格水平以及品牌等多种因素的影响。但是,中间商离最终消费者更近,这种派生需求反应较直接。因此,花卉生产企业应尽力帮助中间商选择适当的地理位置,商店内部布置宜人,尽量提供规格、品牌齐全的产品,并且注意从中间商那里收集消费者对各种产品的反馈意见,以利改进本企业的生产质量和品种。

②中间商的职能是买进卖出,基本上不对产品进行再加工,故而对购买价格更敏感,购进价格的变化往往直接影响到最终消费者的购买量,价格或优惠折扣是他们考虑的主要因素。

③中间商只赚取销售利润,单位产品增值率低,故必须大量购进和大量销出。因此他们对产品质量、品牌知名度、适销对路的产品更感兴趣。

④中间商特别注重交货期,他们一旦提出订单,就要求尽快交货。因为中间商接近最终消费者,他们知道哪些产品好卖,哪些不好卖。因此,他们订货的产品肯定是好卖的,所以到货越及时赚钱的机会就越多;而对于销路不看好或把握性不大的产品,总是迟迟不愿订货,即使购进,数量也很小,以避免造成损失。

⑤中间商依赖生产厂家的广告宣传。因为中间商不止销售一家企业的产品,也因为财力限制,不可能对自己经销的各种产品做广告。因此,生产厂家的广告宣传能够促进中间商的销售量。

⑥中间商对销售的产品技术不精通,需要生产厂家对中间商销售人员进行培训,要求生产厂家提供更多的技术服务和售后服务。

4.2.5　非营利性组织市场的购买行为

非营利性组织市场的购买者购买花卉产品属于最终消费,他们的购买行为与消费者市场的购买行为相似。但由于这些组织购买数量较多,往往是批量购买,因此,属于集体消费,又与消费者市场的购买行为有许多不同之处。

(1)注重质量　非营利性组织市场购买花卉是为了本单位消费,不再转售,购买者强调产品的质量。

（2）价格敏感　对于运营的企业来说，所消耗的花卉产品作为当期费用抵减当期营业收入，会直接影响当期利润的实现；对于政府机关、事业团体单位来说，经费来源主要是财政拨款，即纳税人的钱，经费支出有严格的预算，不能突破。因此，非营利性组织市场的购买者采购时，总是要货比三家，精打细算，对价格的考虑更细致，价廉物美是他们的采购宗旨。

（3）程序复杂　购买过程参与者多、程序复杂。大多数单位都要求先申报上级领导审批，甚至通过招投标过程，才能购买。

［案例思考］

北京市日常花卉消费逐步增强

"现在来买花的人越来越多，花卉销售一年四季都比较平稳。"

"老师生病了，去医院探望她，买束康乃馨，祝老师早日康复。"一位在大自然花卉市场买花的李女士说。如今，买花已经成为一种时尚，不论是婚庆、生日、探望病人，还是商务会议装饰、改善家居环境等都少不了各种花卉的"身影"。"虽然节日花卉的消费数量很大，可以占到花卉需求总量的1/4，但随着人们对花卉消费习惯的转变，日常花卉的消费逐步增强。"据《北京花卉市场需求调研》课题组一位工作人员介绍，通过对 2 000 户居民问卷调查信息分析，北京市全市86.13%的居民有购花愿望，66%的居民参加过各类花卉展览，户均年购花消费 310 元，平均年购鲜花 15 枝，盆花 5.5 盆（其中绿植 1.5 盆）。"北京花卉消费将进一步扩大。"课题组工作人员在接受媒体记者采访时说。

老中青花卉需求迥异

"青年人比较时尚，他们偏爱买鲜花送给亲朋好友，而中老年人更加青睐买盆花自己种养。"大森林花卉市场的一位商户告诉记者。"一到情人节、七夕这样的节日，月季、百合就卖得特别好，购买的基本上都是年轻人。"马上要到七夕了，他正忙着从云南订购鲜花以满足市场需求。正在买花的王大爷告诉记者，自家的阳台还有卧室都已经快成花园了，但还是喜欢隔三差五到花卉市场"淘花"。

"青年人偏爱鲜切花，月季、百合、康乃馨、郁金香；而这些鲜花基本上都是当作礼物用来送人。中老年人更加青睐盆花，并喜欢自己养植。中年人喜欢的主要品种是仙人掌、文竹、水仙、芦荟；老年人则喜欢杜鹃、兰花、君子兰、茉莉花等。"《北京花卉市场需求调研》课题组工作人员在接受媒体记者采访时说。

完善市场做大产业

"增强科技创新与试验，加快野生植物驯化过程。"北京莱太花卉有限公司刘女士在接受《中国财经新闻》记者采访时说，植物都有周期性，新花卉产品的开发需要很长时间，国内花卉品种的研发还需要进一步加强。记者在采访中了解到，一些花卉企业对以往依赖进口的高端花卉如特级大花蕙兰、菠萝等的培育有了很大突破。加强技术上的研发，逐步占领国内花卉高端市场，促进花卉出口。

"随着人民生活水平的提高，花卉作为一种文化逐渐被寻常百姓接受。同时花卉市场也更加注重与国内民俗传统文化相结合,通过'花语'传递人文关怀,满足顾客的精神需求。"刘女士说。在生活压力和工作压力都很大的环境下,花卉作为一种精神需求更加得到人们的认可。记者在采访时还发现,一些功能性花卉销量很好。"功能性花卉很畅销,很多顾客都买花送给刚装修房子的朋友,不仅可以装饰房屋,又可以净化空气吸收甲醛,时尚又实惠啊!"大森林花卉市场的一位商户告诉记者。

"与国外相比,国内花卉产业还有巨大的开发空间,现在的问题主要是花卉的研发的技术力量比较薄弱。国外有很多百年以上的老店,研发实力雄厚,中国需要加强花卉自主研发,不断完善花卉市场产业链。另外,中国消费者在消费能力和消费文化上与国外也存在较大差距,需要多方共同努力引导花卉行业积极健康发展。"北京花卉协会郑先生对记者说。

［问题解答］

1. 如何评价明星在营销中的影响力和号召力?
2. 说出你购买并使用的一种物品的品牌,并说明购买原因和购买决策过程。
3. 影响消费者购买行为的因素有哪些?
4. 消费者购买行为类型可分为哪几种?
5. 消费者的购买决策过程如何?
6. 生产者市场的购买特点是什么?
7. 非营利性组织市场的购买特点是什么?

［实践操作］

某经济发达城市中一家大型花卉生产和园林绿化工程企业在制订未来5年发展规划时,需要决定花卉产品生产规模、品种、档次和园林绿化业务的发展。请调查本市消费者市场、组织市场的购买特点,包括购买数量、购买时间、购买地点,提出企业营销战略规划,为决策者参考。

［目标］ 掌握消费者市场、组织市场的购买特点和消费者市场调查的方法。

［任务］ 深入花卉市场,通过观察、询问、记录等,分析消费者、机关团体、生产企业等购买特点,写出分析报告。

5 市场营销战略

【本章导读】

市场营销战略是企业战略的重要组成部分，是直接为企业带来发展机遇和谋取利益的活动。本章介绍了竞争性市场营销战略、不同市场地位的企业应该采用的营销战略、产品——市场战略以及市场营销战略的执行与控制等内容。

【学习目标】

了解市场营销战略的内容，熟悉市场竞争的特点，掌握竞争性市场营销战略的基本理论、市场营销战略的执行与控制的方法。

"战略"最早是一个军事名词，其意思是对战争布局的筹划和指导。随着时代的发展，"战略"的含义逐渐扩展到其他领域，泛指重大的、带全局性或决定性的谋划。把战略的基本原理和方法运用于企业经营管理领域，便逐渐形成了企业经营战略。1965 年，美国著名管理学家安绍夫(H. I. Ansoff)出版了《企业战略》一书后，在企业管理领域便开始了系统地研究和运用企业经营战略。

企业经营战略又分为企业整体战略、市场营销战略、经营单位战略和投资战略等，其关系如图 5.1 所示。

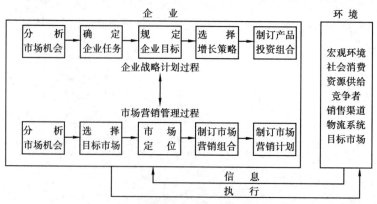

图 5.1 企业整体战略与市场营销战略

5.1 竞争性市场营销战略

5.1.1 市场竞争者分析

"在竞争中求生存"已是当今企业界的一句口头禅。由此可见,竞争胜负是企业成败的关键,是对企业经营水平的最终检验。在消费者购买能力有限、市场容量不变或增长缓慢的情况下,竞争状态将在很大程度上影响企业的盈利水平。任何企业都处于竞争者的重重包围之中,竞争者的一举一动对企业的营销推动和经营效果都有决定性影响。因此,企业在制订发展战略规划时,首先必须分析竞争者。

市场竞争者分析的内容与步骤如图 5.2 所示。通过分析,弄清楚谁是我们的竞争者,他们的战略目标是什么,他们的优势和劣势是什么,他们的反应模式是什么,我们应当攻击谁,如何攻击,应该回避谁和扶持谁等。

识别竞争者 → 了解竞争者的目标、战略 → 分析竞争者的优势与劣势 → 判断竞争者的反应模式

图 5.2 市场竞争者分析的内容与步骤

1)识别竞争者

很多人认为这是一件很容易的事,似乎只有经营的产品相同或相似以及规模相当的企业才是竞争者。其实,企业的现实和潜在竞争者的范围极其广泛,如果不能正确识别他们,就会患"竞争者近视病"。在实际的市场上,企业被潜在竞争者击败的可能性往往大于现实竞争者。例如,"白猫"洗衣粉的最大威胁不是来自联合利华或宝洁公司,而是正在研制不需要洗衣粉的超声波洗衣机企业;生产汽车化油器的企业也许没有想到击败自己的不是那些规模大小不一样的化油器生产企业,而是研制生产电喷装置的企业。另外,小公司击败大企业的例子也数不胜数。中国许多民营企业创办之初,其规模很小,但击败规模庞大的国有企业例子很多。因此,企业应当有开阔的视野,长远的眼光,从行业导向和市场导向两个方面来识别竞争者。

(1)行业导向竞争者 从行业的角度看,凡是生产同种类型、功能相同或相似、使用价值可以相互替代的产品的企业,互为竞争者。根据经济学家的研究,实践中可能存在 4 种行业竞争模式,即完全垄断、寡头垄断、垄断竞争和完全竞争。

①完全垄断:指在一个区域内,如一个国家或一个城市,某一个行业只有一家企业向市场供应某种产品或服务。垄断是反效率的,许多国家都有法律限制垄断。但有些行业可能由专利技术、许可证、规模经济或政府法令等因素造成完全垄断的局面,如铁路运输、城市公共服务产品(水、电、气、公共交通)等。完全垄断的行业一般都依赖于进入屏障,其他企业难以进入,基本上不存在竞争,容易形成效率低下的状态。企业可以根据已知的供给与需求情况安排生产和供应,可以自主定价,其产品价格大大高于完全竞争行业的产品价格。但是垄断行业一般都是在政府的直接控制下经营,又不能随意抬高价格,一是政府的法令会限制价格,避免损害消费者的利益;二是垄断企业提供的商品或服务依然存在价格弹性。如果价格定得太高,销售量就会下降。随着科学技术的进步,消费者的观念变化以及替代产品的出现,完全垄断的局面会逐渐被打破,促使垄断企业改进技术、提高效率、降低价格或完善服务。例如,随着公路网的完善和道

路质量的提高,公路运输将逐渐形成规模,成为铁路运输的最大竞争威胁。同时,航空运输的发展也威胁着铁路运输的垄断地位,迫使铁路客运改善车辆质量,增加行驶速度,提高服务水平,以吸引更多的乘客。

②寡头垄断:指某一行业内少数几家大公司提供的产品或服务占据绝大部分市场并相互竞争,分为完全寡头垄断和不完全寡头垄断。完全寡头垄断也称无差别寡头垄断,指某一行业内少数几家大公司提供的产品或服务占据绝大部分市场,并且顾客认为各公司的产品在功能、质量等方面几乎没有差别,顾客对各公司生产的不同品牌无特殊偏好。如钢铁行业、轮胎行业、石油行业、无线通信等,被认为是完全寡头垄断。寡头企业之间的相互牵制,导致每个企业只能按照行业的现行价格水平定价,不能随意变动。竞争的主要手段是改进管理、降低成本、增加服务。不完全寡头垄断也称差别寡头垄断,指少数几家寡头企业的产品或服务存在差异,顾客对某些品牌形成特殊偏好,其他品牌难以替代。如汽车行业、电脑行业等,被认为是不完全寡头垄断。顾客愿意以高于其他品牌的价格购买自己喜爱的品牌。寡头企业对自己经营的、受顾客喜爱的品牌具有垄断性,可以制定较高的价格以增加利润。竞争的焦点不是价格,而是产品特色和售后服务。

③垄断竞争:指某一行业内多家企业向市场提供有差别的产品或服务,消费者对某些品牌有特殊偏好,不同企业以独具特色的产品吸引消费者,垄断一部分市场,与其他对手展开竞争。企业之间竞争的焦点是品牌的差异和突出特色。日用品行业的产品市场被认为是典型的垄断竞争市场。如服装、日用品等。

④完全竞争:指某一行业内有众多企业,他们提供的产品没有差别。完全竞争大多存在于均质产品市场,如食盐、农产品、水泥等。买卖双方都只能按照供求关系确定的现行市场价格来买卖商品,都是价格的接受者,而不是价格的决策者。企业之间的竞争焦点是降低成本、增加服务并争取扩大与竞争品牌的差异。

(2)市场导向竞争者　　从市场或消费者的角度看,凡是满足相同的消费者需要,或者服务于同一消费者群的企业都互为竞争者。例如,公共汽车公司和出租车公司都是满足消费者交通方便的需要,所以他们互为竞争者。但是,各个企业的市场导向不同,识别的竞争者也就不同。一般来说,市场导向可以归纳为5种类型,即产品导向型、技术导向型、需要导向型、顾客导向型和多元导向型。

①产品导向型:指企业的业务范围确定在为某个选定的目标市场提供既定的产品,在不从事或很少从事产品更新的前提下设法寻找和扩大该产品的市场。实行产品导向的企业仅仅把生产同一品种或同一规格产品的企业视为竞争者。例如,专门为城市运输提供轻型货运汽车的企业,只把所有生产载重量为2.5 t以下货车的企业视为竞争者。

②技术导向型:指企业的业务范围确定为用现有设备和技术生产出新的花色品种,提供给需要购买的顾客,以扩大市场。实行技术导向的企业把所有使用相同技术生产同类产品的企业视为竞争者。例如,货运汽车制造公司用现有的生产设备和技术不仅生产轻型货运汽车,还生产客货两用车、轻型面包车,它把生产这些类型汽车的企业视为竞争者。

③需要导向型:指企业的业务范围确定为运用可能互不相关的多种技术生产出不同类别的产品来满足顾客的某种需要。实行需要导向的企业把能够满足顾客同种需要的企业都视为竞争者。例如,为了满足城市运输的需要,货运汽车制造公司不仅生产轻型货运汽车,还可能发展城市水道运输工具、运输用直升飞机、管道运输设备、地下铁路运输车辆等。那么,所有生产这

些运输设备的企业都是它的竞争者。不过,企业在根据需要导向确定业务范围时,应考虑市场需要和企业实力,避免业务范围过宽,否则企业实力不足,容易导致失败。

④顾客导向型:指企业的业务范围确定为满足某一特定顾客群体的多种需要而开发出可能与原产品、技术和需要都无关的新产品。例如,货运汽车制造公司原是专为百货商店运送货物提供轻型货运汽车的,为了扩大企业的业务范围,该公司可能为百货商店提供货架、室内搬运设备、收款机、打价机、冷冻货柜等。它把所有给百货商店提供这些产品和服务的企业都视为竞争者。顾客导向的优点是能够充分利用企业在原顾客群体的信誉和业务关系销售其他产品,减少市场进入障碍,降低产品的营销成本,增加企业的利润量。缺点是企业要有丰厚的资金和运用多种技术的能力,而且要有新增产品项目能使顾客满意的把握,否则将会损害原有产品的声誉和销售量。

⑤多元导向型:指企业依据各类产品的市场需求趋势和利润水平确定业务范围。简单地说,就是哪个行业、哪种产品具有良好的发展前途和较高的利润水平,就生产、销售哪种产品。各种业务之间的技术、顾客群体可能都没有关系。例如,货运汽车制造公司经营饭店、服装、电脑等。这样,企业把拟进入这些行业的原有企业都视为竞争者。多元导向的优点是可以最大限度地发展和抓住市场机会,撇开原有产品、技术、市场的束缚,迅速发展壮大企业,分散风险。缺点是新增加业务若不能获得市场承认,将损害原有成名产品的形象,甚至影响整个公司的声誉。

2) 了解竞争者的目标、战略

企业的最终目标是追逐利润最大化。但实际上,每个企业在实际运营中追求的是一组目标,而且在企业发展的各个阶段,各个目标有轻重缓急,侧重点不同,通常为各个目标规定一个合理且可行的期望值。如美国企业多以最大限度地增加短期利润为目标,日本企业则主要以扩大市场占有率为目标。每个企业在特定阶段追求的目标是多种多样的,如获利能力、市场占有率、现金流量、成本降低、技术领先、服务领先等。了解竞争者的目标及其组合,可以判断他们对不同竞争行为的反应。比如一个以成本降低为目标的企业,对其他竞争者的制造技术突破会作出强烈的反应,而对竞争者增加广告投入则不太在意。竞争者的目标由多种因素确定,包括企业的规模、发展历史、经营管理水平和经济实力等。

企业最直接的竞争者是那些处于同一行业、同一战略群体的企业。战略群体指在某特定行业内推行相同战略的一组公司。战略的差别表现在目标市场、技术水平、产品档次、性能、价格、销售范围等方面。一般来说,同一战略群体内的竞争最激烈,因为各个竞争者的战略几乎没有差别,任一企业的战略都会受到其他竞争企业的高度关注,一旦发生变化,会产生连锁性的强烈反应,如当前电视机行业就是如此。不同战略群体之间存在着现实的或潜在的竞争,每个战略群体都试图扩大自己的市场,企图插足其他战略群体的领地。例如,低档次、低价位产品的战略群体,在不断加强管理,提高技术水平,使企业技术向中高档产品发展,会逐渐挤进高档产品的战略群体。

此外,还需要分析竞争者的战略意图,预测他们将成为以下6类中的哪一类:

①成为行业的主要领导者。

②取代目前的主要领导者。

③进入市场领导者行列。

④进入追随者行列。

⑤维持现有市场地位。

⑥维持企业生存。

3）分析竞争者的优势和劣势

每个竞争者都存在着优势和劣势,他们能否有效地实施自己的战略并实现目标,取决于他们的资源和能力。企业可以通过中间商、中介机构和顾客等连续收集每个竞争者过去的业务数据,如销售量、市场占有率、投资收益率、生产能力的利用情况、心理份额、情感份额等来分析竞争者的优势和劣势。"心理份额"和"情感份额"可以通过问卷调查或当面向消费者提问测出来。如回答"举出这个行业中你首先想到的一家企业"这个问题,根据提名某企业的消费者数占被访消费者总数的比例大小,就可测出"心理份额"的大小;回答"举出你最喜欢购买某产品的一家企业名称"这个问题,根据提名某企业的消费者数占被访者总数的比例大小,可以测出"情感份额"的大小,如表5.1所示。

表5.1　竞争者优势和劣势分析

竞争者	消费者对竞争者的评价				
	产品知名度	产品质量	技术服务	情感份额	企业形象
A	5	5	2	4	3
B	4	4	5	5	5
C	2	3	1	2	2

表5.1中的5,4,3,2,1分别代表优秀、良好、中等、较差、差。竞争者A的产品知名度和质量都是最好的,但在技术服务方面做得较差,导致情感份额和企业形象下降。竞争者B的产品知名度和质量稍逊色于A,但在技术服务方面做得最好,使情感份额和企业形象达到优秀。

分析竞争者的优势和劣势,目的是要找出竞争者在生产、管理、市场营销方面最好的做法作为基准,然后加以模仿、改进,力争做得比竞争者更好。例如,福特汽车公司总裁,曾要求设计工程师根据顾客认为的400个最重要的特征来组合新的汽车。工程师们调查分析了竞争者的最佳特征,如座位、外形、发动机、操作系统等,并以此为基准,改进福特汽车设计,制造出了当时最先进的、最受顾客欢迎的新汽车。

4）判断竞争者的反应模式

企业的战略行动必将引起竞争者的某种反应。企业通过了解竞争者的经营思想、战略目标、主导信念和心理状态,可以预先判断竞争者会对某种战略行动作出何种反应,进而采取适当的应对措施,方可保证自己的战略行动顺利达到目标。常见的竞争者反应模式有以下4种:

(1)从容型　竞争者对某些战略行动没有反应、反应不迅速、不强烈。可能的原因是:竞争者对自己的经营前景充满信心,认为顾客的忠诚度高,不会随意转移购买;认为该行动不会产生效果或产生的效果不足以影响自己的利益;缺乏作出反应的实力,如资金、技术、思想,或还来不及拟订反应策略。

(2)选择型　竞争者只对某些方面的战略行动作出反应,而对其他行动不加理睬。如有些企业对降价行为反应强烈,而对增加广告费用则没有反应;有些企业对新产品、新技术反应强烈,而对降价反应不强烈。

(3)强烈型　少数竞争者对任何战略行动都会作出迅速而强烈的反应,针锋相对,寸土必争。这类竞争者一般都具有相当强的实力,市场地位较高。其激烈反应是向其他竞争者表明严阵以待,随时对抗任何战略行动,以使其他竞争者不敢发动战略进攻。

(4)随机型 有些竞争者对战略行动的反应有随机性,无论根据其资源实力、发展历史、市场地位或其他情况,都难以判断他们对战略行动的反应情况。

客观上,在一些行业内竞争较为缓和,竞争者之间的关系比较和谐,竞争行为也比较规范,行业处在"竞争平衡"状态。而在另一些行业内竞争激烈,竞争者之间你争我夺,无休止地冲突,并且战略行动的重要武器就是降价。显然,这对于消费者来说是有利的,但往往给整个行业带来不利影响,因为价格降得太低,生产企业的利润减少,将无力投资研究开发新产品和提高生产技术水平。因此,站在行业的立场,希望得到竞争平衡,大家都有利益,有利于行业的发展。

5.1.2 市场竞争战略的模式

美国哈佛大学著名战略管理学家迈克尔·波特在《竞争战略》一书中提出3种基本的市场竞争战略模式,即成本领先战略、产品差别化战略和重点集中战略。他认为,企业要获得竞争优势,一般只有两条途径:一是在行业中成为成本最低的生产者;二是在企业的产品和服务上形成特色。企业可以在各自选择的经营目标内使用这两种战略。这些战略是根据产品、市场以及特殊竞争力形成不同的组合,如表5.2所示。企业可以根据自己的生产经营情况,选择所要采用的市场竞争战略。

表5.2 市场竞争战略的一般模式

市场竞争战略 不同组合	成本领先战略	产品差别化战略	重点集中战略
产品差别化程度	低 (主要来自价格)	高 (主要来自产品特色)	由低到高 (价格或特色)
市场细分化程度	低 (大市场)	高 (众多细分市场)	高 (一个或几个细分市场)
特殊的竞争力	制造技术高 管理水平高	研究开发能力强 营销能力强	任何的特殊竞争力

每个企业都在积极地制订适合自己的市场竞争战略,以适应快速变化的市场环境。下面就进一步讨论花卉生产企业如何运用市场战略的3种基本模式。

1)成本领先战略

(1)成本领先战略的原理 采用成本领先战略的企业,主要是通过加强内部管理和成本控制,把研究开发、生产销售、服务和广告等方面的成本降低到最低限度,成为该行业中成本最低的企业。凭借低成本的优势,企业可以在激烈的市场竞争中,以低于竞争者的销售价格,吸引市场上众多对价格敏感的购买者,从而扩大市场份额,使销售量增加,利润增加,生产规模扩大,使企业有可能更快地更新生产技术与设备,进一步降低成本,进入成本—规模的良性循环,如图5.3所示。

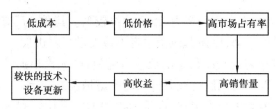

图5.3　成本—规模良性循环

(2)成本领先战略的应用前提条件　成本领先战略的应用前提是:企业的产品标准化程度高,并有足够大的市场容量和资金支持。企业在选择实施成本领先战略时,要考虑两方面的条件:

①企业内部条件:企业具有强大的经济实力,能保证从资金方面提供支持;企业具有强大的科研开发和制造能力,使设计、生产的技术与设备不断更新;企业具有强大的市场营销能力,有效的销售网络和广告宣传,降低产品运输和服务方面的成本费用;企业具有严格的内部管理、成本预算与控制,合理的组织结构与完善的激励机制,以充分发挥人力资源的效能。

②企业外部条件:产品的市场需求是否具有价格弹性,价格弹性越大,成本领先战略效果越好;行业内所有企业的产品是否是标准化产品,标准化程度越高,各企业产品的差异性越小,任何企业都很难通过差异化赢得竞争优势。此时,价格成为竞争的主要因素。显然,成本越低的企业越具有竞争优势。因为产品没有差异,购买者可以很容易地从一个卖方企业转移到另一个卖方企业,重新选择价格更低的产品供应者而不会发生转换成本。

如果某个企业不具备这些内、外部条件,便难以有效地实施成本领先战略。

(3)采用成本领先战略的风险　采用成本领先战略存在着一些风险。由于企业过多地将注意力放在降低成本上,忽视了产品和需求的变化,当竞争者的实力较强,采用模仿或运用生产新技术也能做到降低成本时,企业的成本优势就会丧失;如果行业中几家实力都很强的竞争企业都采用成本领先战略,就可能会引起竞相压价,使整个行业的平均利润率急剧下降。因此,采用成本领先战略的企业必须在原材料及设备采购、设计和制造技术、市场营销、内部管理等方面占据较强的优势,才能产生较好的效果。通常只有行业中的大型企业才有实力采用成本领先战略。

2)产品差别化战略

(1)产品差别化战略的原则　采用产品差别化战略的企业,主要是通过向市场提供与众不同的产品或服务,如在产品设计、产品性能、商标形象、生产技术、市场营销、顾客服务等方面显示出优越性。产品差别化战略强调的重点是产品或服务的差异性。为了形成产品的差异,企业需要进行广泛的研究开发、产品设计制造、采用高质量的原材料和争取顾客的忠实。实施产品差异化战略必须满足以下几条原则:

①重要性:企业的产品差异化对顾客具有重要意义,能够让顾客获得更高的让渡价值。

②明晰性:企业产品的某些差异是其他竞争者所没有的,而且顾客也能够容易辨认。

③优越性:企业产品的差异能够使顾客获得很强的优越感。

④可沟通性:企业产品的差异是可以沟通的,是买主看得见的。

⑤不易模仿性:企业产品的差异是其他竞争者难以模仿的。

⑥可接受性:企业产品的差异导致的成本增加是顾客可以接受的。

⑦可赢利性:企业通过产品差异化可以获得较高的利润。

（2）产品差异化战略的内容　　企业要想成功地实施产品差别化战略,通常需要特殊的管理技能和组织结构。例如,需要从整体上提高某项经营业务的质量,树立产品形象和企业形象,保持先进的技术和建立完善的分销渠道,需要造就一批新产品开发研究和市场营销的高水准人才。同时,在企业内部要建设优良的企业文化,能够保证各个职能部门协调工作,激发每个员工的积极性和创造性。表5.3归纳了产品差异化战略的基本内容。

表5.3　产品差异化战略的内容

产品差异化	服务差异化	人员差异化	形象差异化
特色	送货	能力	标志
性能	安装	礼貌	媒体
一致性	用户培训	信任度	气氛
耐用性	咨询服务	可靠性	事件
可靠性	修理	责任性	
可维修性	其他	沟通能力	
风格			
设计			

①产品差异化:是指企业生产的产品具有与众不同的特点,主要表现在:产品特色、性能质量、设计与使用标准的一致性、耐用性、可靠性、便于维修、视觉和感觉效果的特殊风格、良好的设计。

②服务差异化:是指企业向消费者提供的服务水平和服务质量要超出竞争者的服务,主要表现在:快速、准确、文明地将产品送达消费者的使用地点;按照消费者的要求正确地安装调试产品保证正常运转;对消费者进行有效的培训以便他们能够正确地使用产品;随时接待消费者的咨询;提供快捷、周到的修理服务;提供其他方面的服务,如邀请消费者参加座谈会、茶话会,奖励老消费者等。

③人员差异化:是指企业的员工经过严的挑选和训练,表现出独特的团队精神和素质,对消费者热情友好,礼貌待人,诚实可信、始终如一、正确无误地为消费者提供服务,保持企业的服务质量,善于沟通,准确地理解和传达信息。企业造就这样一支员工队伍,肯定在竞争中能够战胜竞争对手。

④形象差别化:是指通过建立企业的个性形象和品牌形象,使消费者对企业产生独特的印象,从而对营销企业产生好感,对企业的产品产生购买的欲望。企业可以选择独特的标志、使用优美的文字和视听媒体、创造和谐温馨的气氛、资助慈善事业和捐赠救灾等活动,树立自己的良好形象。

（3）产品差别化战略的风险和威胁　　企业在实施产品差别化战略时,面临着两种风险:

①企业没有真正形成产品差别化,产品或服务的特色不明显。

②竞争者的模仿和科技水平提高,行业的条件发生了变化,企业的特色不再成为竞争优势。

企业要保持自己的差别化,通常受到4种威胁:

①企业形成产品差别化的成本过高,大多数购买者难以承受产品的高价格,企业也难以盈利。

②竞争者可能推出类似的产品,降低了企业产品差别化的特色。

③竞争者推出更具特色的产品,使原有的消费者转向了竞争者的市场。

④整个行业的生产技术、服务水平普遍提高,使得原来的产品差别化不再是消费者最感兴趣的因素。

由于产品差别化与高市场占有率往往互相矛盾,企业为了形成产品差别化,有时不得不放弃争取高市场占有率的目标,使企业的生产规模难以扩大。

3)重点集中战略

采用重点集中战略的企业最关键的是选好目标市场,即企业把经营的重点放在某一特定的消费者群体,或某种特殊用途的产品,或某一特定的地区,并能很好地为特定的目标市场服务。实施重点集中战略的企业,可以在选定的目标市场上取得产品差异,或取得成本最低等优势,从而获得很高的市场占有率。但是,由于目标市场相对狭小,该企业的市场份额总体水平仍较低,这就是重点集中战略的局限性。因此,采用重点集中战略的企业,其规模一般较小,尽可能地选择那些竞争者最薄弱,或不注意,或还未顾及,或最不容易受替代产品冲击的市场领域作为自己的目标市场很重要。

在选择目标市场时要注意几点:一是购买者群体之间在需求上存在着差异;二是在企业选择的目标市场上,没有其他竞争者也试图采用重点集中战略;三是企业所选择的目标市场的容量、成长速度、获利能力要具有较强的吸引力,否则企业就难以生存和发展;四是本企业的资源实力有限,不能追求更大的目标市场。

总之,企业要成功地选择和实施这3种市场竞争战略,需要认真分析研究每种战略所需要的不同资源和条件,决不可草率行事。为了便于分析和比较,现将3种市场竞争战略的实施条件归纳如表5.4所示。

表5.4　市场竞争战略的实施条件

战　略	需要的资源与技巧	企业组织的必要条件
成本领先战略	持续投资,改进生产技术 工程处理技术 强化工人的管理 产品标准化设计和制造	科学的成本管理与控制 频繁和详细的成本控制报告 完善的组织责任制和激励机制 高效的市场营销网络
产品差别化战略	强有力的市场营销能力 产品开发能力 创造性眼光 基础研究能力 产品质量、声誉和技术先进性地位 悠久的传统和吸取其他企业的技能 并自成一体 各方面的通力合作	在技术发展、产品开发和市场营销中进行有效的协调 用综合素质测评代替数量测评 完善的激励机制、舒适的工作环境,以吸引科学家、技术专家、有创造性的管理人员和高技能的工人
重点集中战略	在特定战略目标指导下,结合使用上述政策	在特定战略目标指导下,结合使用上述政策

5.2 不同市场地位的营销战略

企业在某个行业中所处的地位称市场地位或竞争地位。不同的企业,市场地位、资源实力和战略目标等方面就有较大差别。因此,采用的市场营销战略也不相同。市场地位的划分方法很多,按企业在行业中的行为可将企业的市场地位划分为市场领导者、市场挑战者、市场追随者和市场弥隙者4种。假定他们各自的市场占有率如表5.5所示。

表5.5 企业市场地位的划分与市场占有率

市场地位	市场领导者	市场挑战者	市场追随者	市场弥隙者
市场占有率/%	40	30	20	10

5.2.1 市场领导者战略

一般情况下,大多数行业只有一个企业处在领导者地位,它拥有最大的市场占有率,它在价格变化、新产品开发、分销渠道建设和促销策略等方面对本行业其他企业起着领导作用。

占据市场领导者地位的企业常常成为众矢之的。要击退其他企业的挑战,保持第一位的优势,必须从3方面努力:扩大总需求,保护现有市场份额,扩大市场份额。

1)扩大总需求

市场领导者占有的市场份额最大,在市场总需求扩大时受益也最多。扩大总需求就是对企业现有产品在现有市场上进行扩展。扩大市场总需求的有效途径是寻找产品的新用户,开发产品的新用途和增加产品的使用量。

(1)寻找新用户

①转变潜在消费者。每种产品都存在着潜在消费者,只是由于他们可能对新产品的功能还不了解,或因缺乏特色,或因价格高,或因该产品还没到达某个地域,所以他们尚未使用这种产品。企业应该运用有效的营销策略,把这些潜在消费者转变成现实消费者。例如,培养青年人爱美和向亲人献花的习惯,使花卉的用户大大增加。

②进入相邻的细分市场。企业的产品在某个细分市场非常热销,但是在相邻的细分市场还没有购买者,营销人员可以通过宣传产品的特点,促使相邻的细分市场的消费者产生购买欲望。例如,某企业的婴儿奶制品在婴儿细分市场有很好的声誉,销路好。企业营销人员可以宣传婴儿奶制品营养高、易于吸收,中老年人使用更有益于健康,使它顺利进入中老年细分市场。

③扩展新地域市场。企业的产品在某些地区很受欢迎,已经饱和,而在另外一些地区还没有使用该产品。企业营销人员就应该采取有效的营销活动,向新地区进行宣传促销,建立销售渠道,把产品打入新的地区市场。

(2)开发新用途 许多产品在顾客的使用过程中,会发现一些新用途。冯·海贝尔的研究证明,绝大多数工业产品的用途是顾客发现的,而不是企业的研究开发人员。企业的任务就是密切注视消费者在使用本企业的产品时发现的新用途,并及时将这些新用途推广给广大的消费者。企业现有产品的新用途开发,成功的例子很多。例如,许多花卉生产企业认为花卉不仅有美化环境的作用,而且具有食用保健的功效,于是花卉从观赏产品变成了食用产品,新用途的消耗量是惊人的。又例如,美国阿哈默公司生产的小苏打被一些消费者用于冰箱除臭,于是公司大量宣传这种用途,使得小苏打的销售量大增。

（3）增加使用量

①提高使用频率。企业通过各种宣传,设法使消费者更加频繁地使用产品。例如,近几年葡萄酒企业大力宣传,葡萄酒不仅是款待嘉宾的饮品,而且经常适量饮用葡萄酒,可以软化血管,防止心脑血管疾病,有助于美容和延年益寿。因此,葡萄酒的销量逐年上升。

②增加每次使用量。企业可以采取有效的营销手段,引导消费者增加对现有产品的使用量。例如,生产洗发液的企业可以提示消费者,每次洗发时,使用两次洗发液会更干净,护发效果更好。又例如,舆论宣传1朵玫瑰表示忠贞爱情,9 999朵玫瑰则表示爱情天长地久,玫瑰花的销量肯定会大大增加。

③增加使用场所。花卉生产销售企业宣传在卧室、客厅分别摆放鲜花或盆花,有益于休息和睡眠,实现美好和谐的家庭生活。

2）保护现有市场份额

处于市场领导者地位的企业在力图扩大市场总需求的同时,还必须时刻保护自己的现有业务免遭竞争者入侵。最好的保护方法是发动最有效的进攻,不断创新,永不满足,掌握主动,在新产品开发、成本降低、分销渠道建设和顾客服务等方面成为本行业的先驱,持续增加竞争效益和顾客让渡价值。市场领导者可以借用6种军事防御战略来保护自己的市场份额。

（1）阵地防御　阵地防御是指围绕企业目前的主要产品和业务建立牢固的防线,根据竞争者在产品、价格、渠道和促销等方面可能采取的进攻战略制订自己的预防性营销战略,并在竞争者发起进攻时坚守原有的产品和业务阵地。阵地防御是防御的基本形式,是静态的防御,在许多情况下是有效的、必要的。但是,仅简单地防守现有产品市场的地位是一种"市场营销近视症",容易遭到失败。如福特公司固守"T"型车阵地,使得这家具有10亿美元现金存量的大企业险些破产。显然,市场领导者在受到攻击时,把全部资源用于加强现有产品的防御工事是一种愚蠢的行为。

（2）侧翼防御　侧翼防御是指企业在自己主阵地的侧翼建立辅助阵地以保护自己的周边和前沿,并在必要时作为反攻基地。如果企业侧翼防御的力量太小,竞争者只需花很小的力量就能攻破,使企业的阵地受到侵害。这样的侧翼防御就没有意义。例如,20世纪70年代美国各大汽车公司的主要产品是豪华型轿车,未注意小型省油汽车这一侧翼产品,结果受到日本和欧洲汽车制造商生产的小型省油车的攻击,失去了大片市场。日本在美国小型汽车市场每年销售320万辆,很快夺得49%的市场占有率。

（3）以攻为守　以攻为守是指企业在竞争者尚未对自己构成严重威胁或在向本企业采取进攻行动前,抢先发起攻击以削弱或挫败竞争者。这是一种先发制人的防御,企业应正确判断何时发起进攻效果最佳,以免贻误战机。有的企业在竞争者的市场份额接近某一水平而危及自己市场地位时发起进攻;有的企业在竞争者推出新产品或推出重大促销活动前抢先发起进攻,如推出自己的新产品、宣布新产品开发计划或开展大张旗鼓的促销活动,以压倒竞争者。

（4）反击防御　反击防御是指市场领导者受到竞争者攻击后采取的反击措施。要注意选择反击的时机,可以迅速反击,也可以延迟反击。如果竞争者的攻击行动尚未造成本公司市场份额的迅速下降,可采取延迟反击,弄清竞争者发动攻击的意图、战略、效果和其薄弱环节后再实施反攻,不打无把握之仗。反击防御战略主要有:

①正面反击:即与对手采取相同的竞争措施,迎击对方的正面进攻。如果对手开展大幅度降价和大规模促销等活动,市场领导者凭借雄厚的资金实力和卓著的品牌声誉以牙还牙地采取降价和促销活动可以有效地击退对手。

②攻击侧翼:即选择对手的薄弱环节加以攻击。如某著名电器公司的电冰箱受到对手的削价竞争而损失了市场份额,但洗衣机的质量和价格比竞争者占有更多的优势,于是对洗衣机大幅度降价,使对手忙于应付洗衣机市场而撤销了对电冰箱市场的进攻。

③钳形攻势:即同时实施正面攻击和侧翼攻击。例如竞争者对电冰箱削价竞销,则本公司不仅电冰箱降价,洗衣机也降价,同时还推出新产品,从多条战线发动进攻。

④退却反击:指在竞争者发动进攻时,我方先从市场退却,避免正面交锋的损失,待竞争者放松进攻或麻痹大意时再发动进攻,收复市场,以较小的代价取得较大的战果。例如,某洗涤公司在竞争者开展大规模促销活动时偃旗息鼓,使竞争者对促销的效果估计过高。待竞争者结束促销活动后,该公司再强化促销,并在不提价的情况下增加包装内的商品份量,迅速夺回市场,使竞争者怀疑原先的促销效果,放弃以后的攻击行动。

⑤围魏救赵:指在竞争者攻击我方主要市场区域时,迫使对方撤销进攻以保卫自己大本营。例如,当康佳电视机在四川市场向长虹电视机发动进攻时,长虹电视机也开始进攻广东市场,还以颜色。

(5)机动防御　机动防御是指市场领导者不仅要固守现有的产品和业务,还要扩展到一些有潜力的新领域,以作为将来防御和进攻的中心。

(6)收缩防御　收缩防御是指企业主动从实力较弱的领域撤出,将力量集中于实力较强的领域。当企业无法坚守所有的市场领域,并且由于力量过分分散而降低资源效益的时候,可采取这种战略。其优点是:在关键领域集中优势力量,增强竞争力。

3)扩大市场份额

一般而言,如果单位产品价格不降低且经营成本不增加,企业利润会随着市场份额的扩大而提高。如咖啡市场份额的每个百分点价值为 4 800 万美元,软饮料为 12 000 万美元。但是,切不可认为市场份额提高就会自动增加利润,还应考虑以下 3 个因素:

(1)经营成本　许多产品往往有这种现象:当市场份额持续增加而未超出某一限度时,企业利润会随着市场份额的提高而增加;当市场份额超过某一限度仍然继续增加时,经营成本的增加速度就大于利润的增加速度,企业利润会随着市场份额的提高而降低,主要原因是用于提高市场份额的费用增加了。如果出现这种情况,则市场份额应保持在该限度以内。市场领导者的战略目标应是扩大市场份额而不是提高市场占有率。图 5.4 是一个假设的例子,说明当产品的市场份额持续增长而未超过 50% 时,利润也同步提高;超过 50% 后,利润将随着市场份额的增长而降低。因此,市场份额保持在 50% 为最佳。

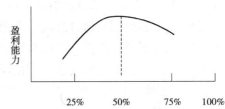

图5.4　最佳市场份额的概念

(2)营销组合　如果企业实行了错误的营销组合战略,比如过分地降低产品价格,过高地支出公关费、广告费、渠道拓展费、销售员和营业员奖励费等促销费用,承诺过多的服务项目导致服务费增加等,市场份额的提高反而会造成利润下降。

(3)反垄断法　为了保护自由竞争,防止出现市场垄断,许多国家的法律规定,当某一公司的市场份额超过某一限度时,就要强行分解为若干个相互竞争的小公司。西方国家的许多著名公司都曾经因为触犯这条法律而被分解。如果占领市场领导者地位的公司不想被分解,就要在自己的市场份额接近临界点时主动加以控制。

5.2.2　市场挑战者战略

市场挑战者在行业中占据第二位,有能力对市场领导者和其他竞争者采取攻击行动,希望夺取更多的市场份额,成为市场领导者。

1)确定战略目标与竞争者

军事上的"目标原则"主张,每次军事行动都必须指向一个明确的、决定性的和可以达到的目标。大多数市场挑战者的战略目标是增加自己的市场份额和利润,减少竞争者的市场份额。战略目标与所要进攻的竞争者直接相关。

(1)攻击市场领导者　这一战略风险大,潜在利益也大。当市场领导者在其目标市场的服务效果较差而令顾客不满或对某个较大的细分市场未给予足够关注时,采用这一战略带来的利益更为显著。如施乐公司用干印代替湿印,从3M公司夺走了复印机市场。佳能公司开发的台式复印机,又从施乐公司夺取了大片市场。

(2)攻击规模相同但经营不佳、资金不足的竞争者　挑战者应当仔细调查竞争者是否满足了消费者的需求,是否具有产品创新能力,如果在这些方面有缺陷,就可作为攻击对象。

(3)攻击规模较小、经营不善、资金缺乏的竞争者　这种情况在中国比较普遍,许多实力雄厚、管理有方的外国独资企业和合资企业一进入中国市场,就击败了当地资金不足、管理混乱的弱小企业。

2)选择挑战战略

选择挑战战略应遵循"密集原则",即把优势兵力集中在关键时刻和地点,以达到决定性胜利的目的。

(1)正面进攻　正面进攻指向对手的强项而不是弱项发起的进攻。如以更好的产品、更低的价格、更大规模的广告攻击对手的拳头产品。决定正面进攻胜负的是"实力原则",即享有较大资源(人力、财力和物力)的一方将取得胜利。当进攻者比对手拥有更大的实力和持久力时才能采取这种战略。降低价格是一种有效的正面进攻战略,如果让顾客相信进攻者的产品同竞争者相同但价格更低,这种进攻就会取得成功。要使降价竞争得以持久并且不损伤自己的元气,必须大量投资于降低生产成本的研究。如果防守者具有某些防守优势,比如在某市场上有较高的声誉、广泛的销售网络、牢固的客户关系等,则实力原则不一定奏效,资源上略占优势的一方不一定取得胜利。军事信条认为,当对方占有防守优势时,进攻者必须具有3∶1的优势才有把握取得胜利。

(2)侧翼进攻　侧翼进攻是指寻找和攻击对手的弱点。寻找对手弱点的主要方法是分析对手在各类产品和各个细分市场上的实力和绩效,把对手实力薄弱或绩效不佳或尚未覆盖而又有潜力的产品和市场作为攻击点和突破口。

①分析地理市场:选择对手忽略或绩效较差的产品和区域加以攻击。如一些大公司易于忽略中小城市和乡村,进攻者可在那里发展业务。

②分析其余各类细分市场:按照收入水平、年龄、性别、购买动机、产品用途和使用率等因素辨认细分市场并认真研究,选择对手尚未重视或尚未覆盖的细分市场作为攻占的目标。侧翼进攻使各企业的业务更加完整地覆盖了各细分市场,进攻者较易收到成效,并且避免了攻守双方为争夺同一市场而造成的两败俱伤的局面。

(3)包抄进攻 包抄进攻是指在多个领域同时发动进攻以夺取对手的市场份额。如向市场提供竞争者所能提供的一切产品和服务,并且更加质优价廉,配合大规模促销。其使用条件是:

①通过市场细分未能发现对手忽视或尚未覆盖的细分市场,补缺空当不存在,无法采用侧翼攻击。

②与对手相比拥有绝对的资源优势,制订了周密可行的作战方案,相信包抄进攻能够摧毁对手的防线和抵抗意志。

(4)迂回进攻 迂回进攻是指避开对手的现有业务领域和现有市场,进攻对手尚未涉足的业务领域和市场,以壮大自己的实力。实行这种战略主要有3种方法:

①多元化地经营与竞争者现有业务无关联的产品。

②用现有产品进入新的地区市场。

③用竞争者尚未涉足的高新技术制造的产品取代现有产品。在高新技术领域实现技术飞跃是最有效的迂回进攻战略,可以避免单纯模仿竞争者的产品和正面进攻造成的重大损失。企业应致力于开发新技术、新产品,时机成熟后就向竞争者发动进攻,把战场转移到自己已经占据优势的领域中去。

(5)游击进攻 游击进攻是指向对手的有关领域发动小规模的、断断续续的进攻,逐渐削弱对手,使自己最终夺取永久性的市场领域。游击进攻适用于小企业打击大企业。主要方法是在某一局部市场选择性地降价、开展短促的密集促销、向对方采取相应的法律行动等。游击进攻能够有效地骚扰对手、消耗对手、牵制对手、误导对手、瓦解对手的士气、打乱对手的战略部署而不冒太大风险。采取游击进攻必须在开展少数几次主要进攻还是一连串小型进攻之间作出决策。通常认为,一连串的小型进攻能够形成累积性的冲击,效果更好。

5.2.3 市场追随者与市场弥隙者战略

1)市场追随者战略

市场追随者指那些在产品、技术、价格、渠道和促销等营销战略上模仿或跟随市场领导者的企业。在很多情况下,追随者可让市场领导者和挑战者承担新产品开发、信息收集和市场开发所需的大量经费,自己坐享其成,减小支出和风险,并避免向市场领导者挑战可能带来的重大损失。许多居后位次的企业往往选择做追随者而不是挑战者。当然,追随者也应当制订有利于自身发展而不会引起竞争者报复的战略。市场追随者战略主要分3类:

（1）紧密跟随战略　紧密跟随战略是指在各个细分市场和产品、价格、广告等营销组合策略方面模仿市场领导者,完全不进行任何创新的企业。由于他们是利用市场领导者的投资和营销组合策略去开拓市场,自己跟在后面分一杯羹,故被看作是依赖市场领导者而生存的寄生虫。有些紧密跟随者甚至发展成为"伪造者",专门制造赝品。国内外许多著名企业都受到赝品的困扰,应寻找行之有效的打击办法。

（2）距离跟随战略　距离跟随战略是指在基本方面模仿领导者,但在包装、广告和价格上又保持一定差异的企业。如果追随者不对领导者发起挑战,领导者不会介意。在钢铁、肥料、化工等产品行业,不同企业的产品相同,服务相近,不易实行差异化战略。价格几乎是吸引购买的唯一手段,价格敏感性高,随时可能爆发价格大战。因此,各企业常常模仿市场领导者,采取较为一致的产品、价格、服务和促销战略,市场份额保持着高度的稳定性。

（3）选择跟随战略　选择跟随战略是指在某些方面紧跟市场领导者,在某些方面又自行其是的企业。他们会有选择地改进领导者的产品、服务和营销战略,避免与领导者正面交锋,选择其他市场销售产品。这种跟随者通过改进并在别的市场壮大实力后有可能成长为挑战者。

虽然追随战略不冒风险,但也存在明显缺陷。研究表明,市场份额处于第二、第三和以后位次的企业与第一位的企业在投资报酬率方面有较大的差距。

2）市场弥隙战略

（1）市场弥隙者的含义　市场弥隙者是指专门为规模较小的或大企业不感兴趣的细分市场提供产品和服务的企业。市场弥隙者的作用是拾遗补缺,见缝插针,虽然在整体市场上仅占很小的份额,但能比其他企业更充分地了解和满足某一细分市场的需求,能通过提供高附加值产品而得到高利润和快速增长。规模较小且大企业不感兴趣的细分市场称为弥隙市场。

（2）弥隙市场的特征　理想的弥隙市场具备以下特征:

①具有一定的规模和购买力,能够盈利。

②具备发展潜力。

③强大的企业对这一市场不感兴趣。

④本企业具备向这一市场提供优质产品和服务的资源及能力。

⑤本企业在顾客中建立了良好的声誉,能够抵御竞争者入侵。

（3）市场弥隙者竞争战略的选择　市场弥隙者发展的关键是实行专业化,主要途径有:

①最终用户专业化。企业可以专门为某一类型的最终用户提供服务。例如,航空食品公司专门为民航公司生产提供给飞机乘客的航空食品。

②垂直专业化。企业可以专门为处于生产与分销循环周期的某些垂直层次提供服务。例如,铸件厂专门生产铸件,铝制品厂专门生产铝锭和铝制部件。

③顾客规模专业化。企业可以专门为某一规模较小、大企业不重视的顾客群服务。

④特殊顾客专业化。企业可以专门向一个或几个大客户销售产品。许多小企业只向一家大企业提供特殊产品。

⑤地理市场专业化。企业只在某一地点、区域或范围内经营业务。

⑥产品专业化。企业只生产某一种产品。如某花卉企业只生产蝴蝶兰,而且独具特色。

⑦客户订单专业化。企业专门按客户订单生产特制产品。

⑧质量—价格专业化。企业只在市场的底层或上层经营。如惠普公司专门在优质高价的微型电脑市场上经营。

⑨服务专业化。企业向大众提供一种或数种其他企业所没有的服务。例如,某家庭服务公司专门提供上门疏通管道服务;某银行可以别出心裁地接受顾客用电话申请贷款,并送现金上门。

⑩销售渠道专业化。企业只为某类销售渠道提供服务。如某家软饮料公司决定只生产大容器包装的软饮料,并且只在加油站出售。

市场弥隙者是弱小者,面临的主要风险是当竞争者入侵或目标市场的消费习惯变化时有可能陷入绝境。因此,它的主要任务有 3 项:创造弥隙市场,扩大弥隙市场,保护弥隙市场。

企业在密切注意竞争者的同时不应忽略对顾客的关注,不能单纯强调以竞争者为中心而损害更为重要的以顾客为中心。

以竞争者为中心指企业行为完全受竞争者行为支配,逐个跟踪竞争者的行动并迅速作出反应。这种模式的优点是使营销人员保持警惕,注意竞争者的动向。缺点是被竞争者牵着走,缺乏事先规划和明确的目标。

以顾客为中心指企业以顾客需求为依据制订营销战略。其优点是能够更好地辨别市场机会,确定目标市场,根据自身条件建立具有长远意义的战略规划。缺点是有可能忽略竞争者的动向和对竞争者的分析。

在现代市场中,企业在营销战略的制订过程中既要注意竞争者,更要注意顾客。

5.3 产品—市场战略

5.3.1 产品—市场战略的原理

在市场经济中,企业的发展和生存主要取决于能否提供为市场所接受的产品或服务。这里有几重意思:一是企业提供的产品质量和功能是购买者所需要的;二是产品的价格是购买者所能接受的;三是产品的质量、功能和价格在市场上有竞争力;四是产品销售后的收入要大于企业的生产成本,以获得一定的利润,满足企业投资者的投资回报要求。因此,企业要生存和发展,首先要研究市场需求,开发和生产能满足上述要求的产品,并制订与此有关的战略。著名的"产品—市场"战略是由美国管理学家安索夫提出的。他把"产品—市场"的 4 项要素进行组合,形成了 4 种不同的战略,如表 5.6 所示。

表 5.6 产品—市场战略的 2×2 组合

产品／市场	现有产品	新产品
现有市场	市场渗透战略	产品发展战略
新市场	市场开发战略	多元化经营战略

5.3.2　市场渗透战略

　　市场渗透战略是由企业现有产品和现有市场组合而产生的战略。这种战略适用于企业经营状况比较稳定,面对市场的激烈竞争又暂时在产品开发或市场开拓方面没有较大突破方案,主要致力于将现有产品在现有市场上进行渗透,以增加销售量,求得企业的生存发展,这是一种稳健型的市场营销战略。扩大现有产品的销售量可以采用以下策略:寻找新用户、开发新用途、增大使用量。这与前面介绍的市场领导者战略中的"扩大总需求"是一致的。

　　从短期看,市场渗透战略的风险较小。因为采用这种战略所花费的投资不多,又能增加销量。但从长远看,也可能存在较大的潜在风险,一旦对手提出一种全新的、功能更强的替代产品或采用完全不同的生产工艺大幅度地降低成本,企业就有可能彻底被市场所淘汰。

5.3.3　市场开发战略

　　市场开发战略是企业用现有产品去满足新消费群体的需求,开发新市场。采用市场开发战略一般有两种可能的结果:一是从竞争者手中夺取市场份额,如图5.5(a)所示;二是扩大市场的整个容量,如图5.5(b)所示。

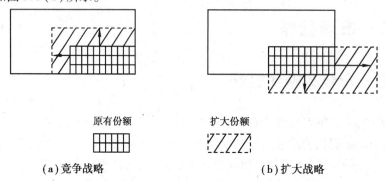

原有份额

扩大份额

(a)竞争战略　　　　　　　　　　(b)扩大战略

图5.5　市场开发战略模式

1)从竞争者手中夺取市场份额

　　从竞争者手中夺取市场份额是指在市场容量不变的情况下,企业通过加强自身的竞争实力,抢夺本行业中其他企业的市场份额。为此,企业要首先确定从哪些竞争者手中抢夺市场,即要确定攻击对象。一般来说,企业要选择攻击的对象有以下3类:

　　(1)从实力上分强竞争者与弱竞争者

　　①攻击弱竞争者:企业若选择弱竞争者作为攻击对象,花费的资金和时间较少,比较容易取胜。但弱竞争者的市场份额较少,技术和管理水平不高,虽然攻击获胜,对企业的能力提高和利润增加效果不显著。另外,弱竞争者发觉自己受到攻击,可能会投靠别的强竞争者,事情就变得复杂。

　　②攻击强竞争者:企业如果选择强竞争者作为攻击对象,可以较大幅度地扩大市场份额,提

高利润水平、管理水平、生产技术和营销能力。而且一旦取胜,那些弱竞争者则不攻自溃。但攻击强竞争者会花费较多的资金和时间,而且风险也较大。

(2)从地理位置上分近竞争者与远竞争者 多数情况下,企业都喜欢首先选择近竞争者作为攻击对象。一旦获胜,便于管理或控制对方。

(3)从行业道德上分"好"竞争者与"坏"竞争者 "好"竞争者的特点是:遵守行业规则,对行业增长潜力提出切合实际的设想,按照成本合理定价,喜爱健全的行业,把自己限制在行业的某一部分或某一细分市场中,推动他人降低成本,提高差异化,接受为他们的市场份额和利润规定的大致界限。"坏"竞争者的特点是:违反行业规则,企图靠花钱而不是靠努力去扩大市场份额,敢于冒大风险,生产能力过剩仍然继续投资。总之,他们打破了行业平衡。企业应支持好的竞争者,攻击坏的竞争者。

企业在选择竞争战略来扩大自己的市场份额时,还要考虑3个方面的问题:其一,在一个行业里存在一定数量的竞争者会给企业带来一些战略利益,如企业之间的竞争会增加市场的总需求,导致产品差别化和提高产品质量,推动行业进步。尤其是在产品的成长期,竞争企业采用各种营销策略共同开发市场,分摊市场营销成本。在产品成熟期,由于竞相降价,会有利于消费者,而且增加了产品销售量。其二,在抢夺竞争者的市场份额时,往往会招来强大的反抗,使企业陷入新的困境。例如,一家杜鹃花生产企业,把另一家生产杜鹃花企业视为不共戴天的仇敌,采取各种手段进行攻击,使那家竞争者受到重创而获胜。但因为自己在竞争中元气受损,结果另几家大型花卉企业乘虚而入,很快研制开发了品质更好的杜鹃花投放市场,并以优惠的价格和条件向花卉批发商和零售商供货,使攻击获胜者陷入了艰难的境地。其三,采用竞争扩大市场份额是要付出代价的。在竞争过程中,因为降价、增加市场营销成本等,会使利润有所下降。随着销售额的增加,固定资产和流动资金的投放都会有所增加,往往不可能立即从单位成本的降低中得到利益回报。因此,有可能随着市场份额的增加而获利能力下降。当然,随着企业生产规模的扩大,单位产品的成本下降,市场占有率的升高,最终会增加获利能力,如图5.6所示。

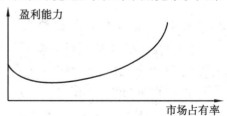

图5.6 盈利能力与市场占有率

2)扩大市场容量

扩大市场容量就是把现有产品向新的地域或新的顾客群体拓展,使产品的市场领域扩大或者消费者总数增加。例如,花卉产品向中小城市销售或出口国外。在这种情况下,企业获得的市场份额不是从竞争者手中抢夺的,而是在已有的市场之外拓展的市场,扩大现有产品的总需求量。但是这并不意味着没有竞争,因为同行业中的其他企业也有可能采取同样的战略,竞争仍然存在。

5.3.4 产品发展战略

产品发展战略是对企业现有市场投放新产品或增加产品的品种,以扩大市场份额,增加销售收入为目标的发展战略。与前两种战略不同,企业发展的重点不在于市场的渗透和拓展,而在于企业自身产品的开发和改进。从某种意义上说,这一战略是企业发展战略的核心。因为对企业来说,市场毕竟是难以控制的因素,而产品开发是企业可以努力做到的。实施这种战略要求企业对原有市场的顾客进行全面的调查分析,找出产品革新的方向,甚至发明或开发新的产品,以保住市场份额并力求扩大。在激烈的市场竞争中,企业要站住脚,最根本的是要在产品革新和开发上下功夫,特别是对产品生命周期较短、技术进步较快的行业。例如,许多花卉生产企业采用嫁接、新产品培育的方式,推出新的花卉品种,如一株杜鹃花可以有不同颜色,更具有观赏性,那么,购买者就会增加。这类成功的企业一般都设有实力雄厚的研究与开发部门,并经常保持相当大的投入进行新产品的研制和开发工作,即使原有产品还在成长或成熟阶段,新产品的研究和开发工作可能早已开始。

5.3.5   多元化经营战略

1) 多元化经营的优越性

多元化经营战略是指企业同时在新产品和新市场方面开拓,生产或提供两种以上产品和服务的经营战略是一种积极的发展型战略。目前,多元化经营战略已成为大中型企业适应新形势、开拓新市场的必然选择。因为市场竞争激烈,企业如果只着眼于单一产品或单一市场,除非高度垄断,其经营的风险越来越大。企业采用多元化经营战略,生产用途不同、生命周期各异的产品,才有可能使自己在任何时候都有处于成长期的产品,这样才能长期保持有利地位,分散经营风险。

2) 多元化经营的产品组合形式

多元化经营的关键是适当选择产品的组合,这要根据企业的内部条件和外部环境认真研究选择。多元化经营的产品组合有几种形式,即技术相关产品组合、市场相关产品组合、市场和技术都相关的产品组合、非相关产品组合。

(1)技术相关产品组合   企业生产不同用途的产品,但在开发研究、原材料、生产技术和生产设备方面有关联或相似。例如,生产杜鹃花的企业可以同时生产牡丹花;生产草坪机的企业可以同时生产割灌机等。这样安排产品组合,既可实现多元化的目标,又可使产品的成本相对较低,具有一定的竞争力。

(2)市场相关产品组合   这种组合的特点是利用企业已有的销售渠道、销售对象、促销方法、企业形象等市场方面的相关性,生产不同技术特性的产品。例如,生产花卉的企业同时生产花卉肥料。

(3)市场与技术都相关的产品组合   例如,花卉企业生产花卉产品,又生产花卉肥料,还承包绿化工程或植物病虫害防治等。这些产品或服务同时具有市场和生产技术方面的相关性。当然,这种多元化经营相对容易实施,成本也相对较低。

(4)非相关产品组合   企业同时生产既无市场相关也无技术相关的产品。例如,一些大型企业集团,既生产经营花卉,又经营城市绿地维护,还经营房地产或期货。这种组合的优点是能在较大程度上分散风险,但缺点是很难体现专业化优势。

5.4 市场营销战略的执行与控制

面对瞬息万变的外部环境和日益激烈的市场竞争,企业不仅需要独特地构思、创造性地制订市场营销战略,而且更需要严密的市场营销管理运行系统来及时执行市场营销战略,并且对执行过程进行科学控制,才能保证企业取得满意的业绩,实现企业的预期战略目标。

5.4.1 市场营销战略执行

战略执行就是贯彻、实施已制订的战略计划的行为。制订一个科学完善的战略计划,就等于事业成功了一半,但如果不去实施,再好的战略计划也永远等于零。市场营销战略执行就是把市场营销战略计划变成企业实际行动的过程,并保证行动的正确性。

市场营销战略主要阐述市场营销活动要做什么和为什么这样做,而市场营销战略执行则要回答谁去做、在什么地方做、什么时候做和如何做。例如企业上层领导的战略决策是:扩大杜鹃花的市场份额。执行这个战略就要产生一系列的行动方案,如增加市场营销费用预算,增加市场营销人员,改变销售人员的工作重心,变更杜鹃花的价格,强化生产技术和产品质量等。

1)市场营销战略执行的模式

人们把市场营销战略执行模式归纳为 5 种,如表 5.7 所示。

表 5.7 市场营销战略执行的 5 种模式

模式类型	领导者所研究的战略问题	领导者角色
指令型	我应如何制订出最佳战略?	理性行动者
转化型	我已把战略考虑成熟,现在应该如何实施?	设计者
合作型	我如何能使高层管理人员一开始就对战略承担起责任?	协调者
文化型	我如何使整个企业都保证战略的实施?	指导者
增长型	我应如何激励管理人员去执行完美的战略?	评判者

(1)指令型模式　这一模式具有正式的权力集中或等级地位指导倾向。领导者起着理性行动者的作用,依靠地位和权力发布各种指令,推动市场营销战略的执行。

①指令型模式的应用前提:企业在采取执行行动之前,已经进行了大量的研究分析,领导者拥有相当大的权力和相当准确的信息,对领导者的素质要求较高。

②指令型模式的约束条件:指令型模式受到以下一些条件的约束:

a.要有容易执行的战略。也就是说,企业制订的这项战略在执行过程中不会出现问题,比较简单。例如,战略制订者与战略执行者的价值观念和目标较为一致,现行运行系统不妨碍战略执行行为,有高度集权的管理体制,企业处于强有力的地位。

b.信息要充分和准确。在执行战略时,主要靠领导者的指令来行动。领导者的指令正确与否,主要依赖于他掌握的信息量和信息的准确性。信息充分且准确,就能形成正确的指令,否则指令错误就会导致损失甚至是灾难。因此,环境动荡多变,信息不充分或者向领导者提供不正确的信息,甚至歪曲真相,那么这种模式就难以适应。

c.需要客观公正的协调人员。当企业规模较大、权力较分散时,各经营单位不可避免地要反映出本单位利益。在执行战略时,就可能会出现全局利益和本单位利益、他人利益和本人利益的矛盾冲突,影响战略执行行动最佳化。为此,企业需要配备一定数量的专家和威望较高的人来协调各部门的行动,使之符合企业的总体要求。

(2)转化型模式 这一模式重点考虑了如何运用组织机构、激励手段和控制系统促进战略的实施。领导者起着设计者的作用,设计行政管理系统,协调战略实施过程中出现的矛盾,用行为科学方法把企业组织纳入战略规划轨道,推动所属经营单位为实现战略目标而努力。转化型模式补充和完善了指导型模式,为了增加战略实施成功的可能性,增加了3种行为科学的方法:

①利用组织机构和参谋人员明确传递企业优先安排的执行项目,把大家的注意力集中在重点领域。

②建立规划系统、效益评价标准和激励补偿机制等,以支持战略实施的行政管理系统。

③运用文化调节方法来促进整个系统发生变化,如转化观念,树立共同的价值观,规范组织行为和个人行为等,促使各个部门、每个员工支持战略执行。

转化型模式虽然比指令型模式更加有效,但仍存在缺陷。例如,用组织结构、评价、激励手段和文化调节来支持战略执行,需要较长时间才能发挥作用。如果环境多变或企业规模很大,则应避免使用这种模式。

(3)合作型模式 这一模式把战略执行的范围扩大到企业高层管理集体,认为战略执行是要靠集体决策,力图解决"如何使高层集体帮助和支持一系列完美的目标和战略"这一问题。领导者扮演协调者角色,充分发挥领导班子全体成员的能动性,在战略执行一开始就使每个人明确自己应承担的责任。领导者依靠大家的智慧和掌握的大量准确信息,决策建立在集体参与和讨论的基础上,更加客观,从而提高了战略执行成功的可能性。因此,要求领导者具有判断、综合大家意见的能力。但是,集体决策只限于高层管理人员,还不是真正做到吸收企业全体人员智慧的集体决策,仍然可能存在某些片面性,甚至导致领导者与员工们的利益冲突。合作型模式适合复杂而又缺乏稳定性的环境。

(4)文化型模式 这一模式是在整个企业中灌输一种文化或思想,使全体员工认同战略方案,使战略得到实施。文化型模式把参与决策的人员范围扩大到中低层管理人员甚至全体员工,打破了谋略者与执行者之间的屏障,试图解决"如何才能使整个组织支持既定目标和战略"这一问题。领导者通过灌输企业文化和企业使命来指导企业组织中的每个成员明确自己的目标和任务,制订自己的工作计划和工作程序。企业领导者起着指导者作用。由于全体员工参与战略决策管理,使企业与员工目标统一,在战略执行过程中矛盾较少,行动迅速,风险小,成功的可能性大得多。但是,文化型模式涉及全体员工参与,人多意见多,较难统一起来,投入的时间和人力也较多,而且还会因为一部分意见没被采纳而产生怨恨,甚至阻抗行为。

(5)增长型模式 这一模式主要回答"如何激励管理人员去执行完美的战略"这一问题。这样,战略不是自上而下地执行,而是自下而上地产生。它要求领导者有能力运用既定的组织目标去刺激革新,并且慎重地选择那些与目标一致并促进目标实现的可行方案。在这种模式里,战略管理是创造和维持一种良性平衡,即下层组织的"自主战略行为"与上层管理控制的"领导者对策"之间的平衡。

增长型模式的关键是领导者如何激发企业内部的革新锐气,并且保持一种卓有成效的优胜劣汰机制。领导者既要对企业总体利益承担责任,又必须放弃某些权力和控制,促进战略执行并获得成功。因此,要求领导者给下一层管理人员创造比较宽松的环境,不要在任何方面、任何时候把自己的意愿强加给组织成员。要充分发挥集体智慧的作用,让全体员工认同战略、支持战略的实施。因为一个"不算完美"的战略能得到大家的积极支持,要比一个"至善尽美"但没人支持的战略价值大得多。

上述 5 种战略执行模式各有优缺点,其侧重点不同,使用的环境也不同。指令型、转化型和合作型模式侧重于战略的制订,而把战略执行作为事后行动,认为战略执行比较简单。文化型和增长型模式更多考虑战略执行问题。在战略制订过程中,运用大量的时间吸收下层管理者和全体员工的智慧,使战略的形成具有坚实的群众基础,且容易得到全体员工的认同,在执行过程中就会减少阻力,群众就会创造性地执行战略,成功的把握就大得多。

2)市场营销战略执行技能

美国著名管理学家波诺马通过对许多企业出现的战略执行问题的研究发现,影响战略有效执行的技能有 4 个方面:问题识别和诊断技能、问题出现在何处的评估技能、执行方案的制订技能和执行成果的评价技能。

(1)问题识别和诊断技能　由于战略制订和战略执行两者之间存在着紧密的相互关系,使问题识别与诊断更加困难。当战略执行结果没有达到预期的目标,比如说销售额低于目标销售额,是战略本身不完善造成的还是战略执行不得力造成的? 究竟出了什么问题? 如何解决这些问题? 因此,市场营销战略执行人员应该提高识别和诊断问题的技能。当战略执行结果与战略目标有差异时,要能够发现问题出在哪里。如果因为战略本身不完善,那就应该及时修订战略;如果是战略执行不得力,就要找出是什么问题影响了战略的执行效果,并尽快制订解决问题的方案,弥补差距。

(2)问题评估技能　在执行市场营销战略过程中,问题可能出现在企业的任何层面。一是市场营销职能层面执行战略存在问题,如推销、广告宣传、新产品开发、销售渠道等都可能出现问题;二是市场营销计划层面执行战略存在问题,如给一家花卉市场供应鲜花,定价是否正确,促销手段是否合适,发货和运输是否准时等,这都是市场营销计划层面容易出现的问题;三是市场营销政策层面执行战略存在问题,如市场营销领导机构、招聘和培训市场营销人员、销售政策、营销文化等。波诺马先生认为,市场营销政策对有效执行市场营销战略的影响最大。

(3)执行方案的制订技能　为了使企业 3 个层面——制定的职能、计划、政策能够有效地执行市场营销战略,市场营销战略执行人员应具备 4 种技能:

①资源分配技能:市场营销经理要善于安排时间、预算经费、分配人力。

②监控技能:市场营销经理必须建立和管理控制系统,及时反馈战略执行情况。

③组织技能:市场营销经理应该合理地将市场营销人员分配到各个岗位,并强调相互关系,共同完成企业的战略目标。

④互助技能:市场营销经理不仅要激励本部门员工互相帮助,共同完成任务,而且还要善于激励部门之外的有关机构和人员,如市场研究公司、广告代理人、中间商、销售代表等共同为本企业实现营销战略目标出力。

(4)执行成果评价技能　市场营销取得了好的绩效,并不能证明是市场营销战略执行得好。运用绩效很难区分是好的战略差的执行,还是差的战略好的执行。虽然困难,但我们还是能评价市场营销战略执行的效果。肯定地回答下列问题,可以评价有效的市场营销战略执行成果。

①是否存在清晰的市场营销观念、强有力的领导机构、建设最优化的企业文化?

②市场营销活动涉及的各个下级职能部门的工作是否到位?产品的定价、分销、广告宣传是否管理得井井有条?

③市场营销计划是否把各种营销活动统一起来为各种顾客群体服务?

④市场营销管理者与企业其他职能部门、顾客和中间商互助合作关系如何?

⑤市场营销管理者分配时间、资金、人力完成任务的程度如何?

⑥市场营销管理者如何组织各类资源去完成市场营销任务和与顾客打交道?企业的大门是否真诚地向顾客和中间商敞开?

3)市场营销战略执行的制约因素

人员系统、组织结构和企业文化是市场营销战略执行的3个制约因素。在战略执行过程中,企业应该努力造就一个适合于战略变化的人员系统、组织结构系统和企业文化系统。

(1)人员系统　人是市场营销战略执行的主体,人的素质水平高低影响战略执行效果。因此,首先要选择或培训一个能够胜任执行新战略的领导人,一般是市场营销经理。要使他的能力与战略任务相匹配,且具备多种素质;其次,要建立起支持战略行为的激励机制和考核制度;再就是要改变人员的行为和习惯,摒弃那些固有的、陈腐的、阻碍新战略实施的行为习惯,树立新的行为习惯,以适应新的战略要求。

(2)组织结构系统　建立一个有效的组织机构是企业取得胜利的基本保证。第1章介绍的几种市场营销组织机构形式可供选择。但是,当企业的规模和战略发生了变化,组织结构就要适当调整。在现代社会中,符合战略管理要求的组织结构表现为高效、创新、灵活。

(3)企业文化系统　企业文化是由一个企业组织共有的价值观念、传统思想和行为准则组成的系统。企业文化影响企业成员的态度和行为方式,而且不会轻易改变。因此,在战略设计和执行过程中,企业领导人要极力倡导一种与新战略相适应的企业文化。

5.4.2　市场营销战略控制

市场营销部门的工作就是计划和控制市场营销活动。下面介绍市场营销战略控制的4种类型,如表5.8所示。

表5.8　市场营销战略控制类型

控制类型	责任人	控制目的	控制途径
年度计划控制	上层经理 中层经理	考核计划目标是否实现	销售分析、市场占有率分析、销售额与营销费用比率分析、顾客跟踪调查
利润控制	市场营销总监	考核企业赚钱和亏损的地方	产品利润、区域利润、顾客利润

续表

控制类型	责任人	控制目的	控制途径
效率控制	基层经理 职能经理 市场营销总监	评价和改进市场营销消耗效率	销售人员效率、广告效率、促销效率、分销效率
战略控制	上层经理 市场营销总监	考核企业是否抓住了市场、产品、渠道等方面的最好机会	市场营销效果级别排列、市场营销审计

1)年度计划控制

（1）年度计划控制的步骤　年度计划控制的目的是保证企业实现年度计划规定的销售目标、利润目标和其他目标。年度计划的核心是目标管理。控制分为4个步骤,如图5.7所示。

图5.7　年度计划控制过程

①经理们必须把年度计划指标按月、季度分解,作为日常控制的基准;

②经理们必须对照计划指标监控市场营销各环节、各项活动的进展情况;

③一旦实际进展绩效与计划基准发生了较大差距,经理们必须找出原因;

④经理们必须采取纠正措施,尽快弥合实际绩效与计划目标之间的差距。

（2）年度计划控制的途径　经理们通常用4种途径进行控制,即销售分析、市场占有率分析、市场营销费用与销售收入比率分析和顾客态度跟踪调查。

①销售分析:对照目标销售额考核和评价实际销售额。一是用销售差异分析法计算出销售差异;二是用销售细化分析法分析哪些因素的影响最严重。下面举一个例子说明销售分析的用途。

[例1]　凯丽花卉公司生产的君子兰在A,B,C 3个地区销售,计划价格为100元/株。当年第一季度的计划销售额和实际销售额如表5.9所示。

表5.9　君子兰销售分析表

区　域	第一季度计划指标		第一季度实际指标		差　异			
	计划销售量/株	计划销售额/元	实际销售量/株	实际销售额/元	销售量/株	增或减/%	销售额/元	增或减/%
地区A	1 500	150 000	1400	112 000	−100	−7	−38 000	−25
地区B	500	50 000	525	42 000	+25	+5	−8 000	−16
地区C	2 000	200 000	1 075	86 000	−925	−46	−114 000	−57
合计	4 000	400 000	3 000	240 000	−1 000	−25	−160 000	−40

　　根据以上数据,用销售差异分析法计算出该公司第一季度实际销售量是 3 000 株,比计划销售量少了 1 000 株,下降 25%;实际销售额是 24 万元,减少了 16 万元,下降 40%。也就是说,凯丽公司的实际平均销售价格为 80 元/株。问题是,价格下降对销售额的影响大,还是销售量减少对销售额的影响大?通过计算可知,价格下降对销售额减少的影响程度是 37.5%,即 $\dfrac{3\ 000 \times (100 - 80)}{16\ 000}$,而销售量减少对销售额减少的影响程度是 62.5%,即 $\dfrac{1\ 000 \times 100}{160\ 000}$。这就说明,销售量减少对销售额的影响最大。

　　凯丽公司应该进一步分析为什么计划销售量没有实现。通过表 5.9 细化分析可以看出,地区 A 少销售了 100 株,减少了 7%;地区 B 多销售了 25 株,增加了 5%;而地区 C 少销售 925 株,减少了 46%,严重地影响了销售目标的实现。这样,经理们就可以重点研究地区 C 的问题:是销售代表不能胜任,还是销售员虚度光阴?是一个强大的竞争者新进入了这个地区,还是现有的竞争者发动了战略行动?或是这个地区的经济发生了衰退?只要找到了问题的原因,就能够采取相应的纠正措施。

　　②市场占有率分析:当企业发现某个时期的销售额上升了,是否就证明本企业比竞争者做得更好呢?答案是:不一定。因为某个时期销售额的上升可能是季节性消费引起的,也可能是该地区经济环境改善导致购买力增加,市场总需求扩大了。这些因素同样会使竞争者受益。因此,要回答这个问题,必须进行市场占有率分析。如果企业的市场占有率增加,说明我们比竞争者做得更好,抢夺了他们的一部分市场份额;如果市场占有率下降,说明我们比竞争者做得差,市场份额被竞争者抢走了。

　　市场占有率分为绝对市场占有率和相对市场占有率两个概念。绝对市场占有率指企业的销售量(或销售额)占整个行业销售量(或销售额)的百分比。若用销售量表示,则市场占有率的变化只受销售量变化的影响;若用销售额表示,则市场占有率的变化既可能受销售量变化的影响,也可能受价格变化的影响。相对市场占有率指企业的绝对市场占有率与本行业中最大竞争者的绝对市场占有率之比。显然,本企业的相对市场占有率大于 1,则本企业在行业中处于领导者地位;小于 1,则处于追随者地位。一般情况下,人们习惯用绝对市场占有率来分析。现仍以凯丽花卉公司的例子来说明市场占有率分析法的用途。

　　通过市场调查发现,地区 C 的市场总需求量没有发生变化,而自己的销售量减少很多,证明在该地区的市场占有率减少,其原因有两条:一是有一个强大的竞争者新进入了这一地区;二是现有竞争者采取了进攻战略。第一个原因很容易证实。一般来说,一个市场有新竞争者进入,原来所有企业的市场占有率都会减少。如果地区 C 没有新进入者,那就是说,原有竞争者抢走了凯丽公司的市场份额,说明凯丽公司做得比别的企业差。

　　③市场营销费用/销售额分析:年度计划控制要求企业不能超额花钱实现销售目标。用一个重要的比率可以控制市场营销费用的支出,这个比率由 5 个费用/销售额比率组成,即销售人员费用与销售额之比、广告费用与销售额之比、促销费用与销售额之比、市场研究费用与销售额之比、销售管理费用与销售额之比。经理们需要控制这些比率,如果变动很小,可以忽略不理;如果波动较大,就要严密关注,并采取相应的措施。每个比率在各个期间的变动可以用控制图表示出来。假设凯丽公司的广告费用与销售额的计划比率为 10%,而且允许在 ±2% 的范围内波动,其控制图如图 5.8 所示。各期间广告费与销售额的比率在 8% ~ 12% 波动,属于正常波动。但在第 12 期,这个比率超过了控制上限,达到 14%。这时经理们就必须寻找原因,并积极

采取措施。

④顾客态度跟踪调查:企业必须监控顾客的态度变化,一旦顾客对企业的产品和服务产生了抱怨,经理们就必须认真加以对待,及时解决,尽量避免顾客改变态度。因为顾客态度改变,就意味着他不会再买本企业的产品而转向竞争者,甚至还会造成连锁反应,结果必然导致市场份额减少,销售额下降。图5.9是一个顾客调查反馈系统,可用于顾客态度跟踪调查。

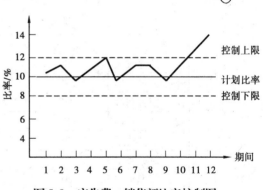

图5.8 广告费—销售额比率控制图

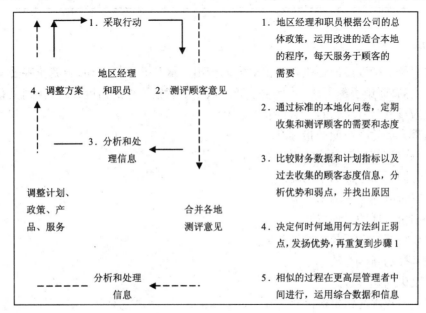

图5.9 顾客调查反馈表

2)利润控制

通过对企业产品利润、区域销售利润等方面的分析,管理者就能明白哪些产品是赚钱的、哪些产品是亏损的;企业产品在哪些区域销售是赚钱的、在哪些区域销售是亏损的。这样就可以针对不同情况,采取不同的措施,开展不同的营销活动。下面举一个区域销售利润控制的例子。

[例2] 云霓花卉公司生产一种高档花卉,分别在北京、上海、广州三大城市销售,价格为2 000元/株。2012年1月根据会计和销售部门提供的有关信息,编制区域利润表如表5.10所示。

从区域利润表可以看出,北京地区的净利润为60万元,销售利润率为10%;上海净利润为零,广州亏损10万元。从表5.10中可知,广州的各项费用都高于北京,而销售额与北京相同。原因是什么呢?公司经理应该采取什么措施?相信答案是容易得出的。降低费用、提高效率、增加销售量是最根本的措施。

表 5.10 云霓花卉公司区域损益表   单位:万元

摘 要	北 京	上 海	广 州	合 计
销售收入	600	800	600	2 000
减:销售成本	390	520	390	1 300
销售利润	210	280	210	790
减:销售费用	100	160	130	390
广告费用	20	50	40	110
财务费用	10	30	20	60
管理费用	20	40	30	90
净利润	60	0	-10	50

3)效率控制

提高效率就是指以最低的投入获得最大的产出。从利润分析可知,云霓花卉公司在广州的销售费用投入高,而销售额不高,就是效率低。从市场营销管理的角度,能否找到更有效的方法来管理销售人员、广告投入和其他费用的支出?

反映销售人员效率高低的指标有:

①每人每天打的销售电话的平均数量。

②每份合同所需电话的平均时间。

③每个销售电话的平均销售额。

④每个销售电话的平均成本。

⑤每 100 个销售电话获得的订单数。

⑥每期发展的新顾客数。

⑦每期丢失的顾客数。

⑧销售人员成本与销售额的百分比。

通过以上数据的统计,公司就会发现销售人员的效率状况。如果效率太低,就应该采取措施,或健全激励机制,或培训销售人员,或撤换销售人员等。

许多管理人员认为,广告效率几乎无法测评。如果追踪收集下列信息,就能在一定程度上反映出广告效率。

①每 1 000 个买主所分摊的广告费。

②消费者对广告内容和效果的意见。

③广告前后调查消费者对企业产品的态度。

④由广告引发的咨询人数。

另外,企业可以采取一系列措施提高广告效率,包括做好产品定位、定义广告目的、推敲广告语言和画面、选择最佳广告媒体、做好广告后的测试。

4)战略控制

企业必须经常评价市场营销效果。因为企业市场营销战略会经常变化,如果企业的目标、政策、战略显得陈旧,就会束缚企业的发展。因此,通过定期的市场营销效果评价,可以促使企业修订目标,改进政策和战略。战略控制包括市场营销效果分析和市场营销审计。

(1)市场营销效果分析 实际上,市场营销效果并不能完全以当前市场营销绩效来评判。

好的成绩也许是由于企业正处在好的阶段或好的时机,并不一定就是有效的市场营销管理缘故。但无论是绩效好还是绩效差,实施改进措施总是会越来越好。若在绩效差的情况下就贸然撤换市场营销经理,只能把事情搞得更糟。企业的市场营销效果主要反映在5个方面:顾客观念、有效的市场营销组织、充分的市场营销信息、战略导向作用、运作效率。每个指标可以用评分来考核,差的给0分,一般的给1分,好的给2分。然后把各项得分相加,总分最高者则市场营销效果为最优。表5.11是菲力普·科特教授设计的市场营销效果测评表。

表5.11　市场营销效果测评表

得分	测评内容
	顾客观念
	A. 管理者认识到把企业设计成为满足目标市场需求而服务的重要性?
0	□管理者认为把产品买给任何想买的人就行。
1	□管理者认为服务于一个范围宽的市场和满足其需要具有同样的效果。
2	□管理者认为服务于一个精心定义的目标市场并推动目标市场的发展对企业的利润潜力很大。
	B. 管理者对不同的细分市场制订不同的市场营销战略?
0	□没有。
1	□有一些。
2	□很大程度上这样做。
	C. 管理者在规划业务方案时,认真分析考虑整个市场营销系统(供应商、渠道、竞争者、顾客、环境)?
0	□不。管理者注重销售和服务于现实顾客。
1	□有一些。管理者不仅能把大量的努力用于销售和服务于现实顾客,还能从长远考虑销售渠道。
2	□是。管理者全面考虑公司的市场营销系统,识别风险和机会。
	有效的市场营销组织
	D. 企业有高水平的市场营销职能的统合和控制?
0	□没有。销售和其他市场营销职能没有在上层统合起来,而且还存在着一些消极怠工的矛盾。
1	□有一些。有正常的统合和控制,但有不令人满意的协调和合作。
2	□有。主要的市场营销职能有效地统合起来。
	E. 市场营销经理与研究、制造、采购、运输、财务等部门合作默契?
0	□不。有人抱怨市场营销部门的要求和成本不合理,凌驾于其他部门之上。
1	□有一些。关系友好,虽然各部门太多地追求本部门利益。
2	□是。各部门有效地合作,共同追求公司整体利益。
	F. 新产品开发系统组织得很好?
0	□不。这个系统定义不明确,管理混乱。
1	□还可以。这个系统正常运转,但缺乏细致管理。
2	□好。这个系统结构完善,人员精干。
	充足的市场营销信息
	G. 最近一次关于顾客、购买行为影响、渠道、竞争者的市场调查研究在什么时候?
0	□好几年前。
1	□几年前。
2	□最近。

续表

得分	测评内容
	充足的市场营销信息
	H. 管理者是否了解销售潜力和不同细分市场、顾客、地区、产品、渠道、订单的利润率?
0	□根本不了解。
1	□了解一些。
2	□全面了解。
	I. 考核市场营销支出的成本效益和努力程度?
0	□几乎或不努力。
1	□有一些努力。
2	□尽最大努力。
	战略导向
0	J. 正常的市场营销计划程度?
1	□管理者几乎不或根本不做市场营销计划。
2	□管理者制订年度市场营销计划。
	□管理者制订详细的年度计划和可行的长远计划并每年修订。
0	K. 近期市场营销战略的质量?
1	□近期战略不清楚。
2	□近期战略虽然清楚,但只是传统战略的继续。
	□近期战略清楚,有很大的改进,数据准确,推理严谨。
0	L. 意外事件的处理预案?
1	□管理者没有考虑意外事件处理预案。
2	□管理者虽然考虑,但没有正规的处理预案。
	□管理者正确地区别最重要的意外事件,并制订了详细的处理预案。
	运作效率
0	M. 企业从上到下对市场营销的思考?
1	□很差。
2	□基本可以。
	□成功。
0	N. 管理者有效地使用市场营销资源?
1	□不。市场营销资源不充足。
2	□有一些。资源充足但是应用不佳。
	□是。资源充足,使用有效。
0	O. 管理者具有快速高效的应变能力?
1	□没有。销售和市场信息过时,应变缓慢。
2	□有一些。能够接受较新的信息,应变能力有快有慢。
	□有。建立一个系统,收集最新信息,应变迅速。
	总分:把各项答案的分值相加,总分为0~30。 0~5 没有 16~20 好 6~10 差 21~25 很好 11~15 基本可以 26~30 最好

(2)市场营销审计　市场营销审计指综合地、系统地、独立地、分期地考察企业的市场营销环境、目标、战略和活动,以便发现问题和机会,并提出建议方案,以改进企业的市场营销绩效的

活动。在审计过程中,审计人员要精心设计一些问题,并落实到具体的人。收集信息不要只依赖于企业经营管理者,还需要与顾客、中间商以及有关的外部人员接触,征询他们的意见。因为许多企业的管理者确实不知道外部的人和组织是怎样看待他们的,也不完全了解顾客的需要。当数据和信息收集完成后,市场营销审计人员要完成审计报告,陈述他们发现的问题和必要的建议。市场营销审计的重要意义之一,就是经理们有机会全面了解企业市场营销战略和活动,这是他们制订新的市场营销行动的过程。市场营销审计的内容如表 5.12 所示。

表 5.12　市场营销审计内容

第一部分　市场营销环境审计	
客观环境	
a.人口	人口发展趋势给企业带来机会和威胁,企业对此有什么反应,采取了什么行动?
b.经济	国民收入、价格水平、存款、信贷等的发展情况对企业有何影响,企业对此有什么反应,采取了什么行动?
c.生态	企业所需要的能源、自然资源存量和成本情况,关于环境污染和保护生态环境,企业的作用和行动是什么?
d.技术	产品技术和加工技术的变化情况,企业在这些技术领域处于何种地位? 替代产品如何?
e.政治	国家颁布新的法律对企业市场营销战略的影响如何? 政府在环境保护、就业、产品安全、广告、价格管理等方面的规章制度对企业市场营销战略的影响如何?
f.文化	社会公众对企业和企业产品的态度以及消费的变化是什么?
任务环境	
a.市场	市场容量、市场增长、地理分布、利润水平的变化和主要的细分市场是什么?
b.顾客	顾客和受益人比较本企业与竞争者的声誉、产品质量、服务、销售人员、价格等孰优孰劣? 不同顾客群体的购买决策如何?
c.竞争者	谁是主要竞争者? 他们的目的、战略、优势、弱点、规模、市场占有率、竞争趋势和替代产品趋势怎么样?
d.分销渠道	销售主渠道是什么? 不同渠道的效率和增长潜力如何?
e.供应商	企业生产的关键资源供应情况和供应商之间的关系如何?
f.外部服务	运输服务的成本与效用、仓储情况、财务情况、企业的广告代理和市场调研公司的效果如何?
g.公众	公众给企业的机会和提出的问题是什么? 企业对待公众的措施如何?
第二部分　市场营销战略审计	
a.业务任务	业务认定为市场导向型,可行吗?
b.市场营销目标	企业战略和市场营销战略目标明确吗? 指导企业实施和测评市场营销绩效?
c.战略	管理者能够制订清晰的市场营销战略,以实现市场营销目标。战略与产品的生命周期匹配吗? 企业选择最好的市场细分基准吗? 每个目标市场是否都能准确界定并有最佳的营销组合? 市场营销资源分配给各组合因素是否最优化? 实现市场营销目标的资源预算是否恰当?

续表

第三部分　市场营销组织审计	
a.组织机构	市场营销人员有足够的权力和责任去完成任务使顾客满意？市场营销活动的组织是否最佳化？
b.职能效率	市场营销和产品销售之间交流顺畅、工作协调吗？产品管理系统效果如何？产品经理能否预算期望利润或只能估计销售量？在市场营销部门是否有人需要更多的培训、激励、监督和评价？
c.界面效率	营销部门与制造、研究、采购、财务、法律等部门之间分工明确，相互协调吗？

第四部分　市场营销系统审计	
a.市场营销信息系统	市场营销信息系统能否准确、高效、及时提供市场变化、竞争者、供应商和社会公众方面的信息？企业决策者使用这些结果吗？企业使用最好的方法进行市场调研和销售预测吗？
b.市场营销计划系统	市场营销计划系统的效率、市场预测和潜力预测能顺利实施？销售指标合适吗？
c.市场营销控制系统	控制措施能够保证年度计划目标实现？管理者测评各产品、各细分市场、各地区、各渠道的利润吗？市场营销成本定期审核吗？
d.新产品开发系统	企业是否重视员工的新产品创意，并鼓励他们进行新产品演示？在新产品开发投资之前是否充分论证分析？在新产品投放市场之前是否作充分的产品和市场试验？

第五部分　市场营销效率审计	
a.利润分析	企业不同产品、市场、地区、渠道的利润率如何？企业应该进入、扩大、收缩、撤退某个细分市场或细分业务？
b.成本分析	市场营销活动超过预算成本吗？能否采取成本降低措施？

第六部分　市场营销职能审计	
a.产品	产品线的目的是什么？怎么样？现在的产品线满足目的吗？哪些产品线需要增加、缩短或撤销？购买者对本企业和竞争者的产品质量、款式、风格、品牌等的态度如何？产品战略的哪些方面需要改进？
b.价格	价格目的、政策、战略、程序如何？按成本、需求、竞争情况定价的程度如何？顾客认为价格与价值相符吗？管理者知道价格需求弹性、经验曲线效应、竞争者的定价政策和价格水平吗？价格与中间商、供应商、政府规定的要求一致吗？
c.分销	分销的目的、战略、市场覆盖率如何？企业需要改变分销渠道吗？
d.广告促销	广告的目的是什么？广告预算如何确定？广告效果如何？顾客和公众对广告的看法如何？促销预算充足吗？促销效果如何？公共关系人员胜任吗？
e.销售人员	企业销售人员的配备与任务匹配吗？销售人员的组成基础（按地区、市场、产品）怎样？销售经理指导地区销售代表吗？销售津贴、奖励适宜吗？销售人员是否士气高、能力强、敬业？销售指标的确定和绩效评价方式如何？

[案例思考]

广州宏牡丹花卉有限公司的市场营销战略

广州宏牡丹花卉公司的市场营销战略用4个字概括"大展鸿图"。

"大",是指声势浩大,造成先声夺人之势,对目标顾客产生巨大的吸引力。为了使宏牡丹的产品营销在全国乃至国际范围内得到轰动效果,公司把营销活动与世界园艺博览会、奥运会、贫困山区结合起来,搞了"宏牡丹杯花之裳服饰设计大赛"、"奥运之光"、"情系山区"、"弘茂助学基金会"等活动,力求让公司在各主要城市乃至全国产生影响力,达到轰动全国的效果,让公司的品牌知名度和美誉度得到一个质的飞跃,吸引众多目标消费群体的关注和参加,用较低的成本得到比大型广告更好的宣传效果。在营销活动策划时注意把活动与当时的时代背景和国家大事相结合,收到事半功倍的效果。

"展",是指展望时代环境和国家政策,注意与时俱进,整合所有可以利用的资源为公司所用,注意与政府和各单位的合作。为了配合政府的工作和时代的潮流,公司注重与当地园林部门合作,响应"绿色奥运"的号召,注意与当前的国家政策和大事相结合,搞了一系列□□和社会绿化的活动。还配合政府做好贫困山区的开发项目,拿出一定的盈利来□□起积极公益事业的爱国形象。响应时代潮流,推出"花样年华"活动,让人们□□瘾。推出大自然超市,让人们在最强烈的产品体验下购买"快乐"。还注意和其□办花卉展,以主人翁的形象出现,既得到了企业的配合与支持,又在众多的企业中突□□,让自己在比较中得到一枝独秀的效果。只有顺应了整个时代的潮流,办群众、企业和国家都喜欢的事,方能得到他们的青睐,为打开市场和销路提供强大助力。

"鸿",是要把握有鸿运的日子,注意时间性创新,国内外的大节、吉日都是公司进行活动的时间背景,让活动得到更大的宣传效果。公司把营销活动与圣诞节、元旦、春节,还有一年一度的国际园艺博览会的时间相结合,推出平安夜献礼、元旦免费游园、新年红火售、花样年华等一系列活动。由于时间选在这些红火的日子,公司的活动得到了社会大众的热切关注和积极参与,公司的名字在短时间内出现在全国各地,花卉销量提高了一倍,与许多园林局、社区和企业定下了长期合作关系。时间的选定直接影响到活动的成败,公司在运用这个策略时考虑当地的风俗、文化、天气、政策和人们的购买习惯。先进行实地调查,得出客观数据以后,再针对具体情况对活动进行调整,定出最佳时机主动出击。

"图",是指欲望,无论是公司或者顾客都有所图。公司要增加销售量就要先满足顾客的欲望,让顾客先得到利益,从而引导顾客满意消费,这招就叫"欲取先予"。公司的营销活动主要在3个方面体现了"图"。首先,在大型节假日免费开放主题园,成为市民假日短期旅行的好去处,人们到了那个鸟语花香的地方,必然会到园区花卉超市浏览,刺激购买花卉的欲望,购买花卉的人占了游客总数的80%以上,免费游园大大促进了花卉产品的销量,达到了促进销售的目的。其二,公司主办奥运花卉展,其他企业只要拿出展品就可以参展,门槛很低,所以都很乐意参加,公司作为活动的倡导者不但得到了很多企业的展品衬托,作为主办的专业公司在展会上有着一枝独秀的比较效果,与各园林部门以及众多企业搞好了公共关系,为今后占领市场奠定了基础。其三,公司承诺给每一个参加奥运会的运动员 1 张主题园通用 VIP 年卡,获奖运动员获得终身卡,选一个最有轰动性的冠军送一座主题园 10 年使用权。公司的营销活动得到了世界冠军和全国运动员的明星效应,大大增加了知名度和美誉度,效果明显。

广州宏牡丹花卉有限公司运用"大展鸿图"战略后,大大提高了产品销售量,带来了可观的经济效益,赢得了消费者的好评,给消费大众留下了一个良好的品牌印象和社会服务形象,也带动了公司向更高科技和更高素质服务的方向发展。

[问题解答]

1. 简述企业经营战略和营销战略的联系与区别。
2. 行业竞争者包括哪些类型? 简述各类竞争者的特点。
3. 简述成本领先战略的原理、应用条件和应用风险。
4. 实施产品差异化战略的原则是什么?
5. 采用重点集中战略,最关键的任务是要干什么? 如何干好?
6. 市场领导者为了保住自己的地位,应采取哪些行动?
7. 市场挑战者的攻击目标如何选择?
8. 市场追随者的特点是什么? 跟随战略有哪些?
9. 解释"产品—市场战略"的原理。
10. 简述市场营销战略控制类型、控制的目的、控制的途径。

[实践操作]

朝晖园林设备公司是一家大型企业,下属剪草机事业部、便携式喷灌机事业部、苗圃整地设备事业部、小型工具事业部等。2013 年初,总裁阅读了各个事业部的年度计划,发现有些事业部的业务计划缺乏市场营销魄力。总裁对分管市场营销的副总裁说:"我对几个事业部的市场营销计划不满意,我想知道他们是否真的理解和实践顾客至上的市场营销观念。请你尽快为事业部制订一个改进方案。"副总裁意识到先要制订一套评价每个事业部市场营销绩效的标准,如销售增长率、市场占有率、销售利润率等,才能客观进行评价。

[目标]　掌握市场营销战略的类型、原理、作用市场营销绩效测评方法。

[任务]　帮助副总裁完成任务。

市场细分与目标市场

【本章导读】

　　市场细分的好处就是选择最有利的目标市场。本章介绍了市场细分的原则和方法,阐述了目标市场的特性、选择目标市场、市场定位的方法,使学习者掌握制订目标市场战略、市场定位战略的方法。

【学习目标】

　　通过本章学习,了解市场细分的意义和基准,掌握目标市场的基本模式、目标市场的选择方法和市场定位方法。

6.1　市场细分

　　在现代市场经济条件下,企业能否在市场竞争中成功,取决于其是否与市场营销环境的发展变化相适应,而进行准确的市场细分与市场定位,则是其中的关键。

6.1.1　市场细分的意义

1)市场细分的概念

　　市场细分,是指企业根据消费者需求的多样性和购买动机行为的差异性,把整体市场即全部现实顾客和潜在顾客,划分为具有类似需求的顾客群,以便选择确定自己的目标市场。市场细分以后所形成的具有相同需求的顾客群体称为细分市场或子市场。

　　市场细分的概念是由美国市场学家温德尔·斯密(Wendell R. Smith)在 1956 年发表的《市场营销策略的产品差异化与市场细分》一文中首先提出来的一个概念,其含义是指每个需求特点相类似的消费者群体就是一个细分市场。它是市场营销学发展的又一个质的飞跃。它不同于其他以交换内容、交换方式、经营区域等为标准的划分,而是通过区别具有不同欲望和需求的消费者群,把他们加以归类,把整个市场划分为若干个子市场、分市场,其实质是细分消费者的需求,而不是细分消费者和商品。

2)市场细分的意义

市场细分对企业制订正确的营销计划,实施完善的营销策略,顺利实现既定的营销目标具有非常重要的意义。

(1)市场细分有利于企业开辟新的目标市场　企业的生存与发展,体现在市场的占有率上,由于消费者的需求是经常发生变化的,旧的需求可能会消失,新的需求会不断产生,因此企业可通过市场细分,仔细研究消费者的需求变化,根据新出现的需求来开发新的目标市场,从而不断提高市场占有率,扩大市场份额。

例如,家庭插花用的鲜花容易凋谢,而假花虽然逼真但没有香味,两者都存在着一定的缺点。那么有没有能克服这些缺点,又具备两者优点的产品呢? 某企业为此开发出了带有香味的假花,就像真花一样,还永不凋谢,因此受到了消费者的欢迎。

(2)市场细分有利于企业发挥自己的优势,集中力量占领市场　消费者的需求是多种多样的,任何企业都不可能满足消费者的全面需求,因此决不能全面出击,而应根据自己的条件和能力,集中优势力量,正确地选择目标市场,确定经营范围和方向,这就需要采用科学的市场细分方法。企业通过市场细分后,选择某一个或某几个细分市场为目标市场,有利于发挥优势,扬长避短,集中人力、物力和财力,投入目标市场,形成经营上的规模优势,从而取得理想的经济效益和竞争优势。在当今许多发达国家都存在大量的中小型企业,它们与大企业齐头并进,没有被吞并,原因就在于虽然这些中小企业资源及市场经营能力有限,在整个市场上或较大的子市场上不是大企业的对手,但他们能填补市场的空缺,见缝插针,拾遗补缺,变整体优势为局部优势,形成强大的竞争能力,从而立于不败之地。当然,大型企业也必须重视市场细分的问题,要"有所为有所不为",否则就会被市场淘汰。

例如,为了使城市绿化见效快,大树苗移栽越来越普遍。在移栽过程中,需用草绳捆绑树兜,以提高成活率。但这一方法非常费工,效果也不是很好,还需要有一定的技术性。某园艺企业根据这种情况,推出了大树移植袋,即把挖出的大树直接放进移植袋内即可,比草绳捆绑方法要方便得多,而且还能大大提高成活率,因此该产品一经推出后即获成功,并迅速占领了市场。

(3)市场细分有利于企业及时调整策略,增强应变能力,提高市场营销水平　市场细分后,每个市场变得小而具体,细分市场的规模、特点显而易见,消费者的需要清晰明了,竞争对手具体明确,企业就容易了解消费者的需求,可以根据不同的产品制订有针对性的市场营销策略。同时,由于信息反馈快,一旦消费者需求发生了变化,企业就可以迅速改变原来的营销策略,制订出相应的对策,以适应消费者变化的需求,这样就可以更好地提高企业的营销水平。所以,没有细分市场的鉴别,就没有市场策略的针对性,更谈不上策略的有效性和企业的盈利性。

(4)市场细分有利于最大限度地满足潜在需求,尽可能扩大市场份额　由于企业的生产经营是相对集中的,而消费者的需求却是分散的,在一般情况下,使各种需求都得到满足是很困难的,而企业企图占领全部市场也是不现实的。但是,通过市场细分企业可以对某一特定市场进行仔细观察、分析并采取相应措施,以发掘并尽量满足潜在的市场需求,这往往会为企业带来意想不到的巨大利益。

6.1.2 市场细分的原则

为了使通过细分得到若干个细分市场都有效,应掌握以下几个原则:

(1)细分市场必须具备明显的差异性 差异性就是指细分市场上消费者对商品需求特征能清楚界定,细分后的市场范围、容量、潜力等也要能定量说明。所以企业对消费者的需求进行分类时,必须获得可靠的依据,才能进行市场细分。如对花卉市场细分时,可以采用时间标准,这样,情人节、圣诞节、春节等不同时期的市场差异就非常明显。

(2)细分市场必须具有可进入性 企业进行市场细分的目的是确定目标市场,如果细分市场的消费者不能有效地了解产品特点,不能通过一定的渠道购买到产品,那么市场细分就失去了意义。因此企业进行市场细分时要充分考虑自身的力量,是否有可能进入确定的目标市场。

(3)细分市场必须具有需求的足量性 细分市场必须具备合理的范围,并存在着一定规模的购买潜力。在进行市场细分时,不能把市场划得太粗,这样市场中就存在着不同需求的消费者,企业就难以提供产品满足他们的需求;但若划分太细,细分市场中消费者太少,就难以形成足够的需求量,企业就难以获得较好的利益。例如,某花卉公司进行市场细分时,把目标市场的消费者定位于年薪 8 ~ 12 万元的年轻白领群体,专门生产价格为 100 ~ 400 元/盆的高档花卉,如红掌、蝴蝶兰、大花惠兰等,希望获得好的效果。后终因该细分市场消费者太少,没有形成消费规模,导致产品难以卖出去,公司也因此出现了亏损,不得不调整生产方向。所以,对市场进行细分时,应详细考虑各方面的因素,对细分市场要进行合理的评估,保证细分市场具有一定规模的潜在购买力。

(4)细分市场必须具有相对的稳定性 如果细分市场消费者的需求变化太快,企业制订的经营策略就有很大的风险,有时甚至造成严重的损失。所以细分市场要能保证企业在相当长一个时期经营上的稳定,避免目标市场变换过快给企业带来风险和损失,保证企业的长期利润。

6.1.3 市场细分的基准

1)消费者市场细分的基准

根据消费者市场的特点,市场细分的基准主要有地理因素、人口因素、心理因素、行为因素等。

(1)地理因素 以地理因素为基准细分市场就是按照消费者所在的不同地理位置将市场进行细分,这是一种传统方法,它的理论依据是:由于地理环境、气候条件及风俗文化等方面的影响,同一地区的消费者的消费需求具有一定的相似性,而处于不同地区的消费者、消费需求具有明显的差异,因而他们对企业所采取的市场营销战略,对企业的产品价格、分销渠道、广告宣传等市场营销措施也各有不同的反应。较为重要的地理因素有:

①地区:生活在中国南方或北方的消费者,对许多产品的需求有较大的差别。美国东部人爱喝味道清淡的咖啡,而西部人则爱喝味道较浓的咖啡,美国通用食品公司针对上述不同地区消费者偏好的差异而推销不同味道的咖啡。

②气候:不同地区气候差异较大,而导致消费者的需求有较大的差异。例如中国北方冬天虽然寒冷,室内有暖气,蝴蝶兰可以安全过冬,因此蝴蝶兰在北方是较受欢迎的年宵花卉。在湖南、湖北等地区,冬季家庭没有暖气,蝴蝶兰难以安全过冬,因此蝴蝶兰在这些地方的销售情况并不好。

③城乡:城市、郊区、农村的情况是不一样的。城市的人口密度较大,消费者的消费能力较强,因此这些地方往往成为各类商品的集散地,也是商家必争之地。

(2)人口因素   以人口因素为基准细分市场就是按照人口变量(包括性别、年龄、收入、职业、教育水平、家庭规模、家庭生命周期阶段、宗教、种族等)将市场进行细分。人口是构成市场最主要的因素,由于消费者的需求特点与人口因素有着因果关系,所以人口因素一直是市场细分最常用的依据。人口因素主要包括以下几种:

①年龄:就是以消费者的年龄为市场细分的依据。消费者在不同的年龄阶段,由于经济状况和生理、心理、性格、爱好、审美观、价值观等不同,他们对产品的需求往往差别较大。一般来说,儿童需要玩具、卡通读物;青年人追求时尚,要求各种文娱和体育活动;成年人则讲究吃、穿、用;老年人要求营养滋补品与医疗保健等。例如在花卉销售中,玫瑰花的购买者多为年轻人,而年桔、金钱树、发财树的购买者多为成年人和老年人。

②教育程度:不同教育程度的消费者,消费需求有明显的差异。一般教育程度较高的人,所消费的多为高档产品;而教育程度较低的人,所消费的则多为普通产品。

③社会阶层:就是按照消费者所处的社会阶层而导致的不同需求来细分市场。如工人、农民、教师、学生、商人、公务员等所处的社会阶层不同,他们的收入也不一样,因此在消费需求结构和特点等方面都存在较大的差异。如不少企业把市场划分为精品市场与大众市场。不少花卉企业按收入来进行市场细分,如经营高档盆景、高档花卉的企业则定位于高收入者,而经营普通花卉的企业则定位于中低档收入者。

此外,还有性别、家庭规模、民族等人口因素也可用于市场细分的基准。

(3)心理因素   消费者的欲望和需求,还受心理因素的影响。因为消费者的心理状态直接影响消费者的购买趋向,企业就可以根据消费者的生活方式、个性及社会阶层等心理因素,进行市场细分。

①生活方式:是个人或集团对消费、工作和娱乐等的特定习惯和倾向性方式。如生活简朴的人一般只会购买大众化的花卉,如仙客来、海棠等,而追求时尚的人则喜欢购买高档的花卉如蝴蝶兰、大花惠兰等。

②个性:可定义为"与众不同的想法和情感的行为模式,它表现每个人对一生境遇的适应特征"。一个人的个性,会通过坚强、软弱、开朗、保守等性格特征来表现。企业按照消费者的不同个性来细分市场,可以通过广告宣传等手段,赋予其产品以一定的"品牌个性",树立"品牌形象"以期与相对应的消费者个性相适应。

③社会阶层:消费者所处的社会阶层不同,他们的消费心理会有较大的差异。就日用品市场来说,处于社会下层的消费者常常购买价格便宜的日用品,处于社会上层的消费者往往购买高档日用品。

(4)行为因素   行为因素是指消费者在购买行为发生时体现出来的习惯,是细分市场的重要基准之一。行为因素的变量主要有以下几种:

①购买时机:在现代市场营销实践中,许多企业往往通过时机细分,扩大了消费者使用本企

业产品的范围。如元旦、春节等节日期间是花卉销售的黄金时段,各商家都会全力以赴做好"年宵花"的销售。河南洛阳通过举办每年一届的"洛阳牡丹节"就有效地促进了当地牡丹的销售,并使当地成为全国闻名的牡丹之乡。

②利益追求:消费者追求的利益不同,购买行为会产生差异,形成不同的购买群体。有的消费者追求商品的使用性,有的追求商品的质量,有的则喜欢低廉的价格。企业可根据自己的条件,权衡利弊,选择其中某一个追求某种利益的消费群为目标市场,设计和生产出适合目标市场需要的产品。

③使用状况:许多商品的市场都可以按照使用者情况(如非使用者,以前曾是使用者、潜在使用者、初次使用者和经常使用者)来细分。一般实力雄厚的大公司对潜在使用者感兴趣,采用营销策略刺激他们的购买而成为现实买主,以扩大市场占有率;小企业往往着重吸引经常使用者。企业对潜在使用者和经常使用者应采用不同的市场营销组合,采取不同的市场营销措施。

④使用程度:使用程度是指消费者对某种产品的使用次数和数量。一般可分为大量使用者、中量使用者、少量使用者和不使用者。大量使用者虽然在购买者总数中所占比例不大,但他们所消费的商品数量。因此这些消费者往往是企业重点争取的对象。

⑤品牌忠诚度:品牌忠诚度是指消费者对某品牌持有肯定态度的程度、承诺的程度以及愿意在未来继续购买的程度。品牌忠诚度受到长期累积的对该品牌满意或不满意程度的直接影响,同时也受到对产品质量认知的影响。按消费者对品牌忠诚度的情况划分为4个群体:绝对品牌忠诚者、多种品牌忠诚者、变换型忠诚者和非忠诚者。在"绝对品牌忠诚者"占很高比重的市场上,其他品牌难以进入;在"变换型忠诚者"占较高比重的市场上,企业应努力分析消费者品牌忠诚转移的原因,调整营销组合,加强消费者对品牌忠实程度;而对于那些非品牌忠诚者占较大比重的市场,企业应审查原来的品牌定位和目标市场的确立等是否准确,随市场环境和竞争环境变化重新加以调整和定位。

2)生产者市场细分的基准

生产者市场一般是产业用户,购买决策是由有关专业人士作出的,一般属于理性行为,受感情因素影响较少。因此,生产者市场细分的基准除了有一些与消费者市场细分的标准相同,如地理因素、人口因素、品牌忠诚度等外,还有产品用途、顾客规模等细分基准。

(1)产品用途　当产品作为一种生产资料时,不同的用户对同种产品的要求会有差异。如葡萄酒酿造公司要求葡萄的含糖量高、出汁率高,而对果实大小、整齐度的要求较低;用于制作葡萄干则要求无核、含水量低;作为零售水果则应在成熟后销售,而作为储藏水果则在未完全成熟时就要采收。因此,企业对不同用途的产品要相应地采用不同的市场营销组合,采取不同的市场营销措施,使产品有更好的针对性,促进销售。

(2)顾客规模　在现代市场营销中,许多公司建立适当的制度分别与大客户和小客户打交道。例如,一家花卉种子销售公司按照顾客规模细分为两类顾客群:一类是大客户,由该公司的客户经理负责联系;另一类是小客户,由外勤推销人员负责联系。这两类客户所需要的产品的价格和包装都有区别,一般给大客户的价格更低,采用较大的包装。

美国的波罗玛(Bouoma)和夏彼罗(Shapiro)两位学者提出了生产者市场的主要细分变量表,系统地列举了细分生产者市场的主要变量,并提出企业在选择目标顾客时应考虑的主要问题,对企业细分生产者市场具有一定的参考价值,如表6.1所示。

表 6.1　生产者市场的主要细分变量

基本变量
●行业:我们应把重点放在哪些行业?
●公司规模:我们应把重点放在多大规模的公司?
●地理位置:我们应把重点放在哪些地区?

经营变量
●技术:我们应把重点放在顾客所重视的哪些技术上?
●购买频率:我们应把重点放在哪些使用者(经常使用者、较少使用者、首次使用者或从未使用者)身上?
●顾客能力:我们应把重点放在需要很多服务还是只需少量服务的顾客上?

采购方法
●采购职能:我们应把重点放在那些采购职能高度集中还是相对分散的公司?
●权力结构:我们应侧重那些工程技术人员在采购中占主导地位还是财务人员在采购中占主导地位的公司?
●买卖关系:我们应选择那些现在与我们有牢固关系的公司,还是追求最理想的公司?
●采购政策:我们应把重点放在乐于采取租赁、服务合同、系统采购的公司,还是采用密封投标等贸易方式的公司?
●购买标准:我们是选择追求质量、重视服务的公司,还是注重价格的公司?

情况因素
●紧急:我们是否应把重点放在那些要求迅速和突击交货或提供周密服务的公司?
●特别用途:我们应将力量集中于开发本企业产品的某些特殊用途上,还是将力量平均花在各种用途上?
●订货量:我们应侧重于大宗定货的公司还是少量订货的公司?

个人特征
●购销双方的相似点:我们是否应把重点放在那些人员及其价值观念与本企业相似的公司上?
●对待风险的态度:我们应把重点放在敢于冒风险还是不愿冒风险的公司上?
●忠诚度:我们是否应该选择那些对本公司产品非常忠实的用户?

6.1.4　市场细分的步骤与方法

1)市场细分的步骤

市场细分一般要经过以下几个步骤:

(1)确定市场范围　即确定企业生产什么产品、经营什么产品等。如园林企业应确定生产盆花、绿化苗木还是生产盆景等。

(2)列出顾客的需求　即列出产品市场范围内所有现实顾客和潜在顾客的所有需求。例如购买黄瓜的顾客,其需求可能是家庭做菜吃,也可能是榨汁喝,或者代替水果,或者是用于美容。

（3）确定市场细分基准　即在所有需求中选出最重要的 2～3 种,作为市场细分的基准。如花卉市场中,高收入的顾客多购买高档盆景和高档花卉,中等收入的顾客则购买普通花卉,低收入者则很少购买花卉。比较各细分市场的需求,去掉其中共同的需求,寻找其中具有特性的需求作为细分基准。

（4）命名细分市场　根据不同顾客的特征划分相应的细分市场,并赋予一定名称,该名称可使人联想到该细分市场上顾客的特征。例如,老年市场、儿童市场、白领女性市场,等等。

（5）了解细分市场的新变量　更深层次地分析各细分市场的不同需求,了解将要进入的细分市场的新变量。这样做可能会导致重新划分市场,从而进一步增强企业对目标市场的适应性。

（6）选定目标市场　分析细分市场的潜力,确定细分市场的大小,从中选择企业的目标市场。

2）市场细分的方法

由于各个企业的经营目的、产品规格不同,在细分方法上有所差别。比如科技图书的市场营销,区别需求差异的因素主要是受教育程度、职业和追求利益等,而不是性别或家庭规模等;服装产品的市场营销,则受性别、年龄、收入等的影响。两者相互比较,服装市场细分的基准比科技图书市场细分的基准更多、更复杂也更难掌握。因此企业应根据具体情况,灵活运用市场细分方法。下面几种市场细分方法可供选择:

（1）单因素细分法　就是根据影响市场需求的某一种因素对整体市场进行细分的方法。这里所讲的某一种因素可以是年龄、收入、职业、人口,也可以是用户的地理位置、规模、购买数量等。如蝴蝶兰市场细分时就可以采用收入因素作为细分基准。

（2）双因素细分法　就是按影响市场需求的两种因素的组合对整体市场进行细分。如花卉市场可按照人口因素中的性别和年龄两个因素进行市场细分,共有 8 个细分市场,如表 6.2 所示。

表 6.2　双因素细分市场

女	少年女性市场	青年女性市场	中年女性市场	老年女性市场
男	少年男性市场	青年男性市场	中年男性市场	老年男性市场
	少年	青年	中年	老年

（3）三因素细分法　就是按照影响市场需求的某 3 种因素的组合对整体市场进行细分。如花卉市场,按影响花卉需求的消费者性别、年龄、收入水平 3 个因素的组合细分,有 32 个细分市场,如图 6.1 所示。

（4）多因素细分法　就是按照市场需求的多种因素的组合,对整体市场进行细分。如按性别、年龄、职业、教育程度、地区和住处 6 个因素进行细分,有 1 440 个细分市场。图 6.2 中用短线连接的一条线路,代表一个细分市场,即"男青年、军人、大学文化程度、居住南方某个城市"。当然在营销实践中,有些组合并无实际意义,进行细分时还需要考虑其实用程度。

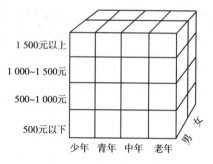

图6.1　三因素细分市场

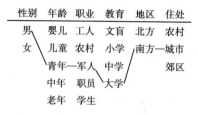

图6.2　多因素细分市场

6.2　目标市场

6.2.1　目标市场的概念和特性

1)目标市场的概念

市场细分的目的在于有效地选择并进入目标市场。所谓目标市场,就是企业以市场细分为基础,根据自己的优势条件相应选择一个或几个细分市场作为营销目标。或者说,目标市场是企业打算进入的细分市场或打算满足的具有某一特殊需求的顾客群体。

任何企业都不可能满足所有顾客的需求,必须对市场进行细分。市场细分后,会发现并非所有的细分市场对企业都具有吸引力,而且各个细分市场之间往往相互存在着矛盾,或者若同时去满足它们的需求,又将会引起资源浪费、效率下降。为了更有效地发挥企业现有的资源和特长,争取最大获利机会,企业应权衡利弊,确定其服务的最佳细分市场即目标市场作为其营销对象。

2)目标市场的特性

一般说来,目标市场具备以下4个特性:

(1)目标市场必须是企业优势、消费者需求、经济效益能够结合在一起而开展营销活动的市场　企业优势是基础,消费者需求是关键,经济效益是目的,三者缺一不可。如果只能发挥企业优势,而产品不符合消费者需求,也就谈不上经济效益,实际上等于没有市场;如果有消费者需求,也可以取得良好的经济效益,但企业不具备生产经营的能力或优势,那也只能是一种可望而不可及的市场;如果发挥企业优势,也能满足消费者的需求,但没有经济效益或效益不高,那也不是理想的目标市场。只有那种既满足消费者需求,又是企业擅长的产品,并且效益高的市场,才是一个真正理想的目标市场。

(2)目标市场必须有一定的市场容量　目标市场不能太小,必须有一定的规模,拥有相当的消费者或用户和购买力。如果市场规模太小、潜力不大,即使满足需求也难以获得经济效益,就没有开发的价值,也就不能作为目标市场。

(3)目标市场必须是本企业有能力经营的市场　即所选择的目标市场,是企业可以利用现有的人力、物力、财力和营销因素的组合,能够进入并占领的市场,或者是企业经过调整和改造,就可以进占的市场,并且目标市场上的消费者或用户要了解本企业的产品,能通过一定的渠道购买到本企业的产品。

（4）目标市场应当具有持续、稳定、长远发展的特性　　即企业所选择的目标市场要有一定程度的稳定性。当企业进入目标市场以后，可以在相当长的时期内开展生产经营活动，制订较长时期的市场营销战略计划，不至于遭受目标市场突然变化而带来的风险。同时，目标市场的规模要能够满足企业不断发展壮大的要求，不仅能保证企业的短期赢利，而且能使企业有一个长期稳定的收益，以利于企业的长期生存与发展。当然，目标市场不是一成不变的，时间也可能有长有短，企业要根据需要而定。

3）选择目标市场与市场细分的关系

选择目标市场与市场细分既有联系又有区别。市场细分是根据消费者需求的差异性而把消费者划分为不同的群体的过程；选择目标市场则是企业在市场细分后进行营销对象的选择所作的决策。选择目标市场依赖于市场细分，市场细分是选择目标市场的前提和条件，而选择目标市场则是市场细分的目标和归宿。

6.2.2　影响目标市场选择的因素

企业目标市场的选择是否恰当，直接关系到企业的营销成果及市场占有率。因此，在选择目标市场时，必须认真评价细分市场的营销价值，分析研究是否值得去开拓，能否以最少的人力、物力、财力消耗，取得最大的营销成果。一般说来，影响目标市场选择的因素主要有以下几个方面：

1）市场容量

这是企业选择目标市场的首要条件。理想的目标市场应该是具有较大的市场容量，存在较大的需求，而且还存在尚未满足的需求，有较大的发展潜力。凡是市场容量的估计价值小于企业能够接受的市场潜力最小值的细分市场，要一律舍去，高于市场潜力最小值的细分市场则可留下来以待进一步筛选。如有些郊区或小城镇，目前对鲜花的需求量并不大，但存在很大的发展潜力，随着城镇化的加速和经济发展及人民生活水平的提高，鲜花的消费量肯定会大幅度上升的，因此这样的目标市场有相当的潜力，可以把它作为企业的目标市场。

2）购买力

这是企业选择目标市场的重要条件之一。如果消费者的购买力不强，则不能成为现实市场。例如一些贫困地区，存在许多未满足的需求。但由于经济落后，购买力较低，不少产品还不能以这些地区作为目标市场，如花卉、有机蔬菜、电脑等。理想的目标市场应与企业的实力相匹配，如一些实力雄厚的花卉企业，一般都以经济发达的大城市作为目标市场，而放弃一些经济落后的小城市，而不少小的花卉企业则立足于那些中小城市。因为较小的目标市场，不利于较大的企业发挥其生产潜力；过大的目标市场，对于实力较弱的企业来说，则难以完全有效地控制和占领。

3）竞争者

企业必须考虑目标市场的竞争状况，要研究竞争者对这个市场的控制程度。如果竞争者还没完全控制这个市场，企业选择的这个目标市场才具有实际意义，才能达到预期的营销目标，否则就没什么价值。当然,企业若有实力挤走或打垮竞争者,也可以发挥自己的优势占领这个市场。

4）与企业发展的一致性

理想的目标市场,应有利于企业发挥自己的优势,符合企业的市场战略,与企业的发展具有一致性。尽管某些细分市场有很大的吸引力,但不符合企业的长远目标,因而只能放弃。因为这些细分市场不利于企业发挥自己的优势,不利于推动整个企业实现自己的目标,甚至分散企业的精力,并与该企业的市场战略相左,使之无法完成自己的主要目标。

此外,企业在选择目标市场时还要考虑国家的政策和法令、社会环境、技术环境、文化环境、国际营销环境等因素。

6.2.3 目标市场的选择

企业在评估各个细分市场以后,可以根据自己的具体情况,选择一个或几个细分市场作为目标市场。选择目标市场一般有 5 种可供考虑的市场覆盖模式,如图 6.3 所示。M_1,M_2,M_3 代表细分市场,P_1,P_2,P_3 代表产品。

图 6.3　目标市场的 5 种覆盖模式

1）市场集中化

这是一种最简单的目标市场覆盖模式,即企业只选取一个细分市场,只生产一种产品,供应单一的顾客群,进行集中营销。选择市场集中化模式一般基于以下考虑:企业具备在该细分市场从事专业化经营或取胜的优势条件;限于资金能力,只能经营一个细分市场;该细分市场中没有竞争对手;准备以此为出发点,取得成功后向更多的细分市场扩展。

企业通过集中营销,更加了解目标市场的需求,能够更好地提供服务,树立良好的声誉,建立巩固的市场地位,也就可以获得较好的经济效益。但是,市场集中化覆盖模式的风险较大,因为市场单一、产品单一,如果目标市场发生变化,如出现强大的竞争者,价格下跌,消费者的爱好转移,企业就可能陷入困境。

市场集中化覆盖模式比较适宜于小企业,但也要注意不断提升产品质量和服务质量,推出新的换代产品,满足消费者新的爱好,降低成本和价格,防止竞争者的进攻。

2）选择专业化

企业选取几个具有良好盈利能力和发展潜力的细分市场作为目标市场,每个细分市场都符合企业的发展目标和资源优势,而且每个细分市场之间联系不大或根本就没有联系。这种覆盖模式的优点是可以有效地分散经营风险,即使某个细分市场出现亏损,也仍然可在其他细分市场取得盈利。应该注意的是,采用选择专业化覆盖模式的企业应具有较丰富的资源和较强的营销实力。

3）产品专业化

企业只集中生产一种产品,向所有顾客销售这种产品。例如某花卉企业只生产蝴蝶兰,并向所有的消费者销售。产品专业化覆盖模式的优点是企业专注某一种或某一类产品的生产,有利于形成生产和技术上的优势,并在该领域树立良好的专业形象。其缺点是当该领域被一种全新的技术或产品所代替时,产品的销售就会有大幅度下降的危险。

4）市场专业化

企业生产经营满足某一顾客群需求的各种产品。如某花卉公司专门生产城市绿化美化所需要的各种花卉产品。企业专门为某个特定的顾客群体服务,对目标市场的状况有深入的研究,能够获得良好的声誉,而且生产经营的产品类型众多,能有效地分散经营风险。但是,由于集中于某一类顾客,当这类顾客的需求下降时,企业就会遇到收益下降的风险。再者,由于产品类型多,生产和经营都比较繁杂,生产规模小,不利于降低成本。

5）市场全面化

企业生产各种产品去满足各种顾客群体的需求,全面覆盖市场。显然,只有实力雄厚的大型企业才能选用这种模式,并能取得较好的效果。例如,海尔集团在家电市场、联想集团在计算机市场、通用公司在汽车市场、可口可乐公司在饮料市场,都是采取的市场全面化覆盖模式。

6.2.4 目标市场营销战略

企业选择目标市场的过程,实际上是拟订目标市场营销战略的过程。企业的条件不同,选择的目标市场就不同,制订的营销战略也不同。常用的目标市场营销战略主要有:无差异性营销战略、差异性营销战略、集中性营销战略,如图6.4所示。

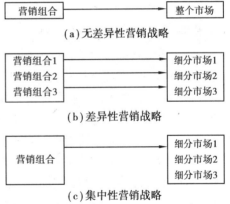

图6.4 3种可供选择的目标市场营销战略

1）无差异性营销战略

实行无差异性营销战略的企业把整个市场看做一个大的目标市场,不进行细分,用一种产品、统一的市场营销组合对待整个市场,如图6.4(a)所示。

采用无差异性营销战略的最大优点是经济性。大批量的生产销售单一产品,必然降低成本;无差异的广告宣传可以减少促销费用;不进行市场细分也相应减少了市场调研与开发以及制订多种市场营销战略、战术方案等带来的成本开支。

但是,无差异性营销战略对市场上绝大多数产品都是不适宜的。因为消费者的需求千差万别、千变万化,一种产品或品牌受到市场的普遍欢迎是很少的,即使暂时能赢得某一市场,如果竞争者都如此仿照,就会造成这个市场上的竞争非常激烈,而其他市场的需求却得不到满足。例如,20世纪70年代以前,美国三大汽车公司都认为美国人喜欢大型豪华小汽车,共同追求这个目标市场,采用无差异性市场营销战略。但是20世纪70年代能源危机发生之后,美国的小轿车消费需求发生了变化,消费者越来越喜欢小型、轻便、省油的小型轿车,而美国三大汽车公司都没有意识到这种变化,更没有适当地调整他们的无差异性营销战略,致使大型豪华小汽车市场竞争"白热化",而小型轿车市场却被忽略。日本汽车公司正是在这种情况下乘虚而入,占领了美国的大片小汽车市场。

2)差异性营销战略

差异性市场营销战略是把整个市场划分为若干细分市场,然后根据企业的资源及营销实力选择部分细分市场作为目标市场,并为各目标市场制订不同的市场营销方案,如图6.4(b)所示。例如,美国通用汽车公司近年来针对各种不同的经济实力、使用目的和消费个性的买主,生产出标准车、豪华车、赛车、小型车等不同的产品满足不同的目标市场,取得了较大的成功。

采用差异性市场营销战略的最大优点是:产品批量小、品种多,生产机动灵活,可以有针对性地满足具有不同特征的顾客群的需求,提高企业的竞争力;企业在多个细分市场上经营,降低了经营风险;一旦企业在少数细分市场上取得成功,就能树立良好的形象,有助于开发其他细分市场,提高企业的整体市场占有率。

采用差异性战略存在的缺点是:产品品种、销售渠道、广告宣传的扩大化与多样化,以及在每个细分市场上进行市场调查研究,使市场营销成本大幅度增加;企业内部资源配置不能有效地集中,顾此失彼,甚至在内部出现彼此争夺资源的现象,使企业的拳头产品难以形成优势。

3)集中性营销战略

集中性营销战略是在将整体市场划分为若干细分市场后,只选择其中某一细分市场作为目标市场,如图6.4(c)所示。其指导思想是把企业的人、财、物集中用于选定的细分市场,力争得到较大的市场份额。这种战略又称"弥隙"战略,即弥补市场空隙的意思,适合实力薄弱的小企业。

4)目标市场营销战略的选择

企业应该选择哪一个目标市场营销战略呢?无差异性营销战略、差异性营销战略、集中性营销战略都各自有优点和缺点,企业应该综合考虑企业、产品、市场等多方面因素,慎重抉择。

(1)企业能力　企业能力是指企业在生产、技术、销售、管理、资金、信息、人才等方面力量的总和。如果企业力量雄厚,且市场营销管理能力较强,即可选择差异性营销战略或无差异性营销战略。如果企业能力有限,则宜选择集中性营销战略。

(2)产品同质性　同质性产品主要是未经加工的初级产品,虽然产品的品质存在差异,但用户一般不加区分或难以区分如电力、水力、石油。因此,同质性产品竞争主要表现在价格和提供的服务上,该类产品适于采用无差异性战略。服装、家电、食品等异质性产品,可根据企业力量,采用无差异性营销战略或集中性营销战略。

(3)市场同质性　如果各个细分市场的需求、偏好较为接近,对同一个营销方案的反应大致相同,可采用无差异性营销战略。否则,应采用差异性或集中性营销战略。

(4)产品所处的寿命周期阶段　新产品上市往往以单一的产品探测市场需求,产品价格和销售渠道基本上单一化。因此,新产品在引入阶段可采用无差异性营销战略,待产品进入成长或成熟阶段,市场竞争加剧,同类产品增加,再用无差异性营销战略就难以奏效,应改为差异性营销战略效果更好。当产品进入衰退阶段,为了保持市场地位,延长产品生命周期,全力对付竞争者,可以考虑采用集中性营销战略。

(5)竞争情况　企业在选择目标市场营销战略时,要充分考虑竞争者的营销战略。如果竞争者采用无差异性营销战略时,企业选择差异性或集中性营销战略有利于开拓市场,提高产品竞争能力。如果竞争者已采用差异性战略,则不应以无差异性战略与其竞争,可选择对等的或更深层次的细分或集中性营销战略。同时,还要了解竞争者的数量。竞争者多,竞争就会激烈,宜采用差异性营销战略或集中性营销战略。相反,竞争者少,竞争比较温和,可以采用无差异性营销战略。

6.3 市场定位

6.3.1 市场定位的概念

1)市场定位的含义

市场定位又称产品市场定位,就是企业在选定的目标市场上,通过提供特色产品或服务,确定自己的产品在目标顾客心目中的良好形象和位置。市场定位的实质就是培养顾客对本企业产品的偏好和忠诚度,在目标市场上取得竞争优势。随着生产力的提高和商品经济的高度发展,在任何一个细分市场上,几乎不可能由一家企业的产品长期垄断,必然会存在多家企业的相同产品共同分享这个细分市场。企业必须正确处理本企业产品与竞争者产品之间的关系,在细分市场上采用有效的市场营销组合,突出产品的特殊位置。所以,市场定位是确定市场营销组合策略的基础。

2)市场定位的内容

市场定位涉及两方面的内容:企业的市场定位和产品的市场定位。

(1)企业的市场定位 就是企业在综合考虑市场需求、竞争状况、营销环境等有关因素的基础上,结合自己的目标、任务、经营管理能力等方面的要求与条件,确定本企业在行业中的地位以及实现这一地位应该采取的营销对策,也就是企业在同一行业市场上所处的位置,即市场领导者、市场挑战者、市场追随者、市场弥隙者。企业的市场定位属于战略性定位。

(2)产品的市场定位 就是企业根据目标市场的需求,考虑竞争者的产品状况和本企业的生产经营能力等因素,决定本企业产品的特征和所处的市场位置,其目的就是为将要进入目标市场的产品创立鲜明的属性、特色的个性,以便在消费者中塑造出一个良好的形象,提高竞争力。产品的市场定位属于策略性定位。

6.3.2 市场定位的方法

市场定位方法多种多样,不同企业不同时期采取的市场定位方法也不尽相同,但总的来说,常用的市场定位方法主要有以下几种:

1)按企业的产品定位

(1)按产品特性定位 企业向目标市场提供某种产品,必须强调一种特性,而这种特性又是竞争者所不具备的。这样的市场定位容易产生良好的效果。例如,盆景面对收入水平高,有较高文化底蕴的中老年人市场;玫瑰花是爱情的象征,面对年轻人市场;中高档绿色植物生机勃勃,激发人的激情,面对办公室或居室较宽大的家庭市场。

(2)按产品档次定位　一般情况下,产品的档次是由价格、质量和知名度决定的。在花卉市场上,人们经常把各种花卉产品归类为高档花卉、中档花卉和大众花卉。不同档次的花卉满足不同消费者的需求。如果一家花卉公司的花卉产品定位于中档,就要在价格、质量方面与之相匹配,树立自己的形象。

(3)按产品效用定位　如某公司推出的一种香味植物具有驱逐蚊子的功能,而对人体无害,比其他香味植物更具特色,而且比购买蚊香、杀蚊剂等更便宜,更加环保,因而一经推出,就受到消费者的追捧,轻而易举地打开市场。

2)按消费者情况定位

(1)按消费者的阶层定位　按消费者阶层定位是比较成功的方法。如盆景、火鹤、君子兰等花卉产品一般能够满足高档消费者的需求。

(2)按消费者的心理定位　有些消费者崇尚名牌,有些喜欢新奇,有些喜欢古朴典雅。企业在给自己的产品定位时,要研究消费者的心理,使其能够满足某一种或某几种心理需求。

3)按竞争状态定位

如果企业选定的目标市场上竞争很激烈,已经有一个或几个强大的竞争者,那么企业可以采用两种方法定位:

(1)避强定位　是指即避开强大的竞争者,采用产品差别化战略或重点集中战略,树立自己的产品形象。

(2)对抗性定位　是指专门与最强的竞争者"对着干",你生产什么我生产什么,你降价我也降价,企图压制或打败强大的竞争者。

企业要认真研究分析自身实力和竞争者的实力,选择其中一种定位方法。如果企业实力较弱,但具有一定的技术和市场开发能力,最好选择避强定位方法,市场风险较小,成功率较高。如果企业实力强大,甚至比最强的竞争者还要强大,那么选择对抗性定位方法是明智的。因为与强者竞争,能够激发自己的斗志和奋发上进的精神,一旦成功将会获得巨大的市场优势。

4)按综合因素定位

企业可以把上述几种方法考虑的因素综合起来对产品进行市场定位。甚至考虑一些无关联的因素,也能帮助企业合理地进行产品的市场定位。

以上市场定位的方法在具体实施时,还应注意3点:首先,要研究消费者对某种产品属性的重视程度,了解消费者需要什么,找出消费者心目中对该产品的"理想点"位置;其次,要了解竞争者的市场营销策略,以及他们为消费者提供的产品特性,所谓"知己知彼,百战不殆";最后,根据这些分析和研究,确定本企业产品的特色形象,以实现最佳的市场定位。需要指出的是,产品的市场定位需要依靠多方面的营销策略,甚至需要整个营销组合策略来完成。

6.3.3　市场定位战略

企业可以依据不同的营销环境、不同的产品、不同的资源条件,采取不同的市场定位战略。

下面介绍 4 种市场定位战略,供企业选择。

1)产品差别化战略

指从产品质量、款式等方面实现差别化。寻求产品特征是产品差别化战略经常使用的手段。在全球通信产品市场上,苹果、摩托罗拉、诺基亚、西门子、飞利浦等全球化竞争者,通过实行强有力的技术领先战略,在手机、IP 电话等领域不断为自己的产品注入新的特征,走在市场的前列,吸引顾客,赢得竞争优势。日本汽车行业流传着这样一句话:"丰田的安装,本田的外形,日产的价格,三菱的发动机",这句话道出了日本 4 家主要汽车公司的核心专长。

2)服务差别化战略

指向目标市场提供与竞争者不同的优异服务。企业的竞争力在为顾客服务的水平上体现得越充分,市场差别化就越容易实现。如果企业把服务要素融入产品的支撑体系,就可以在许多领域建立"进入障碍",阻止竞争者进入。因为服务差别化战略能够提高顾客总价值,保持牢固的顾客关系,从而击败竞争者。

服务差别化战略在各种市场状况下都有驰骋的天地,尤其在饱和的市场上。对于技术精密的产品,如汽车、计算机、复印机等更为有效。许多汽车购买者宁愿多付一点钱,多跑一段路,到提供第一流服务的汽车经销商那儿买车。

3)人员差别化战略

指通过聘用和培训比竞争者更为优秀的人员以获取差别优势。实践证明,市场竞争归根到底是人才的竞争。人才并不全是掌握尖端技术的人,凡受过良好训练、有较高业务素质和能力的员工都是人才。一个受过良好训练的员工,应具有的基本素质和能力是:①具有产品相关的知识和技能;②有礼貌,友好对待顾客,尊重和善于体谅他人;③诚实,使人感到可以信赖;④可靠,有强烈的责任心,并准确无误地完成工作;⑤反应敏锐,对顾客的要求和困难能迅速作出反应;⑥善于交流,了解顾客,并将有关信息准确地传达给顾客。

4)形象差异化战略

指在产品的基本功能与竞争者类同的情况下,塑造不同的产品形象以获取差别优势。成功地塑造产品形象,需要具有创造性的思维和设计,需要持续不断地利用企业所能利用的所有传播工具,将具有创意的标志融入某一文化氛围,是实现形象差异化的重要途径。

6.3.4   市场重新定位

1)市场重新定位的含义

企业的新产品投放市场或产品进入新市场时,尽管进行了市场定位,但经过一段时间后,市场发生了变化,企业需要对自己的产品重新定位。因此,企业进行市场定位不是一劳永逸的事,随着时间的推移和市场的发展,还必须对某些产品进行重新定位。目标市场重新定位实际上就是对初次定位的修订,体现了企业的开拓精神和对竞争的挑战。

2)重新定位的原因

一般来说,当企业在目标市场上面临下列情况时就需要重新定位:

（1）人为因素造成初次定位不准确，或因决策失误引起企业在目标市场上不能形成强有力的竞争优势　例如，中国曾向非洲市场出口汽车，同时又在当地建立许多维修站的举措，是对消费者的消费心理分析不透，市场定位不准，导致中国汽车产品在非洲市场上难以销售的尴尬局面。当地人会认为，汽车质量不好，才建这么多维修站。因此，中国汽车产品在非洲市场上就需要重新定位。

（2）消费者的购买行为或其他情况发生了变化　由于社会的发展，生活水平的提高和科学技术的进步等，都会导致目标市场的构成和购买行为、爱好、制约条件发生变化。例如，天津大发的微型面包车主要定位于城市出租车和私人消费者。后来由于一些城市（如北京）对微型面包车的使用作了限制，出租车公司淘汰了所有的面包车。目标市场发生了变化，微型面包车生产企业就必须重新进行市场定位。

（3）竞争者侵占了本企业产品的部分市场　由于竞争者采取强烈的竞争行为，而使本企业产品的市场占有率有所下降，那么企业就有必要重新进行市场定位，拟订新的营销组合方案，重新树立产品形象。

（4）本企业产品的市场范围扩大　例如，原先专为出口设计的产品品牌，在国内消费者中间流行起来，这种产品就需要重新定位。

（5）本企业产品的用途发生了变化　以前花卉产品是美化环境、传达思想的奢侈品，现在又增加了保健美容、食用的功能，企业就需要重新定位。

应该注意的是，企业在进行重新定位前，还需要考虑两个主要的因素：一是企业将原有的品牌从一个细分市场转移到另一个细分市场时的全部费用；二是企业将自己的品牌定在新位置上的收入有多少，而收入的多少又取决于该细分市场上的购买者和竞争者情况，取决于在该细分市场上销售价格能定多高等。

［案例思考］

"大路货" 赚钱窍门

好货不如好行情。山东先禾园林苗圃规模大、土地利用率高。但是，苗圃里既没有热门的珍稀树种，也没有价值数万的高档园林植物，都是常见的"大路货"产品：蜀桧、紫叶李、柳树、国槐等，还有规格较大的栾树、五角枫、绒毛白蜡等。然而这些都是市场的抢手货，价格也不便宜。蜀桧一株能卖80多元，苗圃有20多万株，价值1 800多万元，利润很高。

苗圃负责人说，当初几毛钱的苗木现在已经卖到了几十元，几年前没人要的苗木成了紧俏产品，增值几十倍、上百倍，好货不如好行情，大路货有时更容易赚钱。

常规苗木品种的优点是风险小、用量大、周转快。苗木种植的风险是自然灾害，比如冻害、水淹等，常规的乡土树种抗性和适应性强，种植风险低；常规树种是市场上用量大的品种，生产成本低，周转快，不容易积压，亩产值一般能达到几万元，利润并不低。而一些高质量高价格的苗木，市场需求总量少，流通慢，会占用大量的土地资源和资金，而且还有积压的风险，年平均效益并不比种常规苗木高。

把握时机是关键。苗木的贵贱是可以相互转换的，缺者为贵，再普通的苗木，只要缺货，价格都会涨上来。相反,炒得再热的树种,只要供大于求,一样会烂市。苗圃两三年前就开始繁育国槐、柳树小苗,还大量收购园蜡二号嫁接苗。现在苗圃里国槐、白蜡这些苗木很多都有 3 年了。时间和规格的领先也保证了价格的"领先"。

对于将来,苗圃准备培养精品苗,因为将来绿化档次会提高,家庭绿化也会启动。苗圃将实行多条腿走路,涉足苗木生产、绿化施工等领域,通过利用闲置地,低成本扩张苗圃,将苗木生产与园林绿化建设相结合,盘活苗木经营,提高苗圃收益。

[问题解答]

1. 举例说明怎样给企业的产品进行定位?
2. 谈谈市场细分、目标市场选择和市场定位的关系。
3. 论述市场细分对企业的作用。
4. 企业进行市场细分的条件是什么?
5. 企业选择目标市场营销战略需要考虑哪些因素?
6. 企业确定市场定位的依据有哪些?
7. 简述市场重新定位的含义及其原因。

[实践操作]

欣悦花木有限公司在花卉生产销售和园林绿化工程等方面具有较强的技术实力和经济实力。2018 年初在郊区承包了 2 000 亩土地,租期 50 年,为了扩大花卉生产规模和品种,满足城镇绿化美化建设对苗木的需求。公司应该生产哪些花卉苗木? 服务于哪些目标市场?

[目标] 掌握市场细分、市场定位、选择目标市场的原理和方法。

[任务] 根据"满足城镇绿化美化建设"的指导思想,帮助欣悦公司制订目标市场营销战略。

7 产品策略

产品是市场营销的根本,现代营销理论的产品包括有形产品和无形产品。本章介绍了产品的概念、产品组合、产品生命周期、新产品开发、产品品牌与包装的理论和方法,使学习者掌握产品的功能、产品生命周期各个阶段的特点和营销策略、新产品开发管理,重视产品品牌和商标的信誉,制订合理的包装策略。

【学习目标】

了解产品和产品的概念,熟悉产品的分类,掌握产品生命周期的原理和各个阶段的市场特点和营销策略,掌握新产品开发与管理的基本方式,熟悉品牌和包装的作用,掌握商标的基本知识和包装设计的一般知识。

市场营销组合的 4 个要素中,产品要素排在首位。企业在制订营销组合时,首先需要回答的是发展什么样的产品来满足目标市场需求。通过制订产品策略,将对这一问题给予全面、系统的回答。营销组合中的其他 3 个要素,价格、分销、促销也必须以产品为基础进行决策。因此,产品策略是整个营销组合策略的基石。

7.1 产品组合

7.1.1 产品整体概念

现代市场营销学给产品的内容定义了宽广的外延和丰富的内涵。凡是通过市场交换提供给消费者或用户,能够满足他们的某种需求或欲望的劳动成果,就是产品。产品又分为有形产品和无形产品。

1) 产品的层次

多年来,学术界一直用 3 个层次来表述产品整体概念,即核心产品、形式产品和延伸产品(附加产品)。近年来菲利普·科特勒等人认为,用 5 个层次来表述产品整体概念,能够更深刻而准确地表述产品整体概念,如图 7.1 所示。

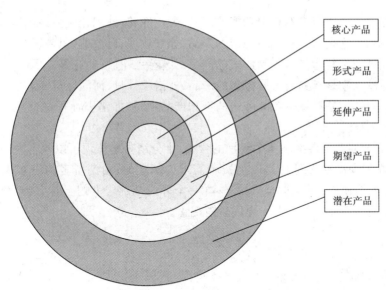

核心产品

形式产品

延伸产品

期望产品

潜在产品

图7.1 产品整体概念的5个层次

（1）核心产品 核心产品是指向顾客提供的产品的基本效用或利益。从根本上说,每一种产品都是为解决某个问题而提供的服务。例如,人们购买汽车的目的是为了解决交通运输问题。因此,营销人员向顾客销售的任何产品,都必须具有反映顾客核心需求的基本效用或利益。

（2）形式产品 形式产品是指核心产品借以实现的形式或目标市场对某一需求的特定满足形式。形式产品由5个特征构成,即品质、式样、特征、商标、包装。产品的基本效用必须通过特定形式才能实现。如汽车的形状、功能、颜色、品牌等都会对购买者产生影响。因此,企业在向市场提供任何产品时,应努力寻求完善的外在形式以满足顾客的需求。

（3）延伸产品 延伸产品是指顾客购买形式产品时附带获得的各种利益的总和,包括产品说明书、保证、保险、送货、安装、维修、技术培训等。许多企业的成功,在一定程度上应归功于他们更好地认识了延伸产品在整体概念中所占的重要地位。实际上,新的竞争并非在产品本身,而是附加在产品上的包装、服务、广告、顾客咨询、资金融通、运送、仓储及其他具有价值的形式。营销人员必须正确地发展延伸产品,才能在竞争中赢得主动。

（4）期望产品 期望产品是指购买者在购买该产品时期望得到的与产品密切相关的某些属性和条件。例如,产品的买主希望得到最大的顾客让渡价值,得到某种心理满足。企业在向顾客提供与竞争者相同功能的产品时,应尽量方便购买,并努力提高产品的知名度,创名牌,满足顾客的心理需求。

（5）潜在产品 潜在产品是指现有产品中所包含的某些特性,可能发展成为未来最终产品的潜在状态的产品。潜在产品指出了现有产品可能的演变趋势和前景。如花卉可以发展成为保健品、化妆品、健康食品等。

2）产品的级别

每种产品相对于满足顾客需求的程度可以划分为7个级别。

（1）需要家族 这是最低的需求,如花卉用于美化环境。

（2）产品家族 它是指满足核心需要的所有产品,如鲜切花、盆栽花、干花、绢花、塑料花等。

（3）产品类别　它是指具有一定功能的产品,如玫瑰花、杜鹃花、巴西木、紫罗兰等。

（4）产品系列　它是指具有功能相似的产品,如红玫瑰、白玫瑰、黑玫瑰等。

（5）产品品种　它是指具有不同形式的产品,如花束、花篮、插花等。

（6）产品品牌　它是指具有不同标识的产品,如洛阳牡丹、河泽牡丹等。

（7）产品项目　它是指在一个品牌内的不同产品项目,如洛阳牡丹这个品牌内,有红牡丹、白牡丹、黑牡丹、干枝牡丹等。

产品整体概念的 5 个层次和 7 个级别的含义,十分清晰地体现了以顾客为中心的现代营销观念。这一观念的内涵和外延都是以消费者需求为基准的,由消费者的需求来决定的。可以说,产品整体概念是建立在"需求 = 产品"这样一个等式基础之上的。对市场营销人员来说,没有产品整体概念,就不可能真正贯彻现代营销观念。

7.1.2　产品分类

在产品观念下,营销人员只是根据产品的不同特征对产品进行分类。在现代营销观念下,产品分类的思维方式是:每一个产品类型都有与之相适应的市场营销组合策略。

1）消费品的分类

（1）根据其耐用性和有形性分类

①非耐用品:一般是有一种或多种消费用途的低值易耗品,例如肥皂、纸张、食品等。非耐用品的价格定得较低,还应加强广告宣传以吸引消费购买某种品牌的产品,并形成偏好。

②耐用品:一般指使用年限较长、价值较高的产品,通常有多种用途,例如汽车、摩托车、机械设备等。耐用品应注重人员推销和售后服务。

③服务:是指可供出售的活动、利益或享受,其特点是无形、不可分、易变和不可储存。例如园林绿化维护、技术培训、市场咨询、金融服务等。一般来说,服务要更多地注重质量控制、适用性和供应商的信用。

（2）根据其购买特性分类

①便利品:指顾客频繁购买或需要随时购买的产品。便利品可以进一步分成常用品、冲动品以及急用品。常用品是顾客经常购买的产品,如香烟、肥皂等。冲动品是顾客因冲动而顺便购买的产品,如小饰品、口香糖等。急用品是当顾客的需求十分紧迫时购买的产品,如急救药品、雨具、蚊香等。急用品的地点效用很重要,一旦顾客需要能够迅速实现购买。

②选购品:指顾客在选购过程中,对适用性、质量、价格和式样等基本方面要作认真权衡比较的产品。例如盆栽花卉、装饰品等。选购品可以划分成同质品和异质品。同质选购品的质量相似,但价格却明显不同,所以有选购的必要。企业必须与购买者"商谈价格"。异质选购品的质量区别较大,对顾客来说,产品特色通常比价格更重要。经营选购品的企业必须备有不同花色、不同质量、不同价格的商品,以满足不同购买者的爱好。企业还必须有受过良好训练的推销人员,为顾客提供信息和咨询。

③特殊品:指具备独有特征或品牌标记的产品。对这些产品,许多购买者都愿意付出特殊的购买努力。例如名牌商品、小汽车等。

④非渴求品:指消费者不了解或即使了解也不想购买的产品。传统的非渴求品有:人寿保

险、保健花卉、盆景以及百科全书等。对非渴求品需要付出诸如广告和人员推销等大量营销努力。一些复杂的人员推销技巧就是在推销非渴求品的竞争中发展起来的。

2) 工业品的分类

生产组织为了再生产而需要购买的产品和服务,称为工业品。工业品可以分成 3 类:材料和零部件、资本项目产品、消耗品和服务。

(1) 材料和零部件　指完全转化为制造产成品的那类产品,包括原材料、半成品和零部件等。上述产品的销售方式有所差异。农产品需进行集中、分级、储存、运输和销售服务,其易腐性和季节性的特点,要采取特殊的营销措施。原材料与零部件通常具有标准化的性质,价格和供应商的信誉是影响购买的最重要因素。

(2) 资本项目产品　指通过折旧部分进入产成品中的商品,如花卉生产设备、花房或温室、固定设施等。该产品的销售特点是售前需要经过长时期的谈判,需要专业水平高的销售队伍,设计各种规格的产品和提供售后服务。资本项目产品购买者分散、购买数量少。质量、特色、价格和售后服务是用户购买时所要考虑的主要因素。因此,人员推销比广告更重要。

(3) 消耗品和服务　指不构成最终商品的那类产品。消耗品包括工业消耗品(如燃料、润滑油等)和日常消耗品(如打字纸、铅笔等)。消耗品的顾客人数众多、区域分散且产品价格低,一般都是通过中间商销售。由于消耗品的标准化性质,顾客对它无强烈的品牌偏爱,价格因素和服务就成了影响购买的重要因素。服务包括维修服务和商业咨询服务,通常以订立合同的方式提供。

7.1.3　产品组合

1) 产品组合概念

(1) 产品组合、产品线、产品项目　产品组合是指一个企业提供给市场的全部产品线和产品项目的总和,即企业的经营范围。企业为了实现营销目标,充分有效地满足目标市场的需求,规避风险,一般都生产经营多种产品。产品线是指产品组合中功能相同的某一产品大类,是一组密切相关的产品。产品项目是指产品线中不同规格、质量和价格的具体产品。

(2) 产品组合的宽度、长度、深度和相关性　产品组合包括 4 个变量:宽度、长度、深度和相关性。产品组合的宽度是指产品组合中包含的产品线数目;产品组合的长度是指每条产品线中产品项目数之总和;产品组合的深度是指一条产品线中所包含的产品项目数;产品组合的相关性是指各条产品线在最终用途、生产条件、销售渠道等方面相互关联的程度。表 7.1 表示兴城花卉生产企业的产品组合情况。它的产品组合宽度是 4,长度 19,兰花产品线的深度是 5,牡丹产品线的深度是 6,玫瑰产品线是 4,绿植产品线是 4。每条产品线都与花卉有关,这个产品组合具有很强的相关性。

根据产品组合的 4 个变量,企业可以采取 4 种途径决定业务范围:

①加大产品组合的宽度,扩展企业的经营领域,实行多样化经营,分散企业投资风险。

②增加产品组合的长度,使产品线完满,品种更全面。

③加强产品组合的深度,占领同类产品的更多细分市场,满足更广泛的市场需求,增强行业

竞争力。

表7.1　兴城花卉生产企业的产品组合

产品线长度	兰　花	牡　丹	玫　瑰	绿　植
	君子兰	红牡丹	红玫瑰	发财树
	中国兰	白牡丹	白玫瑰	龟背竹
	蝴蝶兰	黑牡丹	黑玫瑰	虎皮竹
	吊兰	紫牡丹	蓝色妖姬	富贵竹
	金边吊兰	干枝牡丹		
		多色牡丹		

④加强产品组合的相关性,使企业在某一特定的市场领域内加强竞争和赢得良好的声誉。因此,产品组合决策就是企业根据市场需求、竞争形势和企业自身能力对产品组合的宽度、长度、深度和相关性方面作出的决策。

2) 优化产品组合的分析

产品组合状况直接关系到企业的销售额和利润水平,企业必须对现行产品组合作出系统的分析和评价,然后决定是否加强或剔除某些产品线或产品项目。优化产品组合的过程,就是分析、评价和调整现行产品组合的过程。优化产品组合包括两个步骤:

(1)产品线的销售额和利润分析　分析、评价现行产品线上不同产品项目的销售额和利润水平。图7.2是兰花产品线,共有5个产品项目:……君子兰、大花惠兰、蝴蝶兰、中国兰、吊兰。君子兰的销售额和利润额分别占整个产品线销售额和利润的50%,30%;大花惠兰的销售额和利润均占整个产品线销售额和利润的30%。如果这两个产品突然受到竞争者的打击或市场疲软,整个产品线的销售额和利润就会迅速下降。因此,在一条产品线上,如果销售额和利润高度集中在少数产品项目上,则意味着产品线比较脆弱。为此,企业必须细心地加以保护,并努力发展具有良好前景的产品项目,如蝴蝶兰。吊兰只占整个产品线销售额与利润的5%,发展前景不佳,必要时可以剔除。

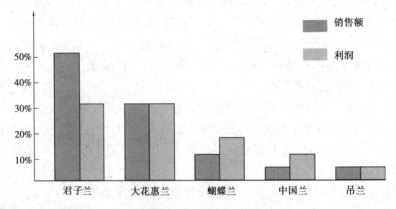

图7.2　产品线分析

(2)产品项目市场地位分析　将产品线中各产品项目与竞争者的同类产品作对比分析,全面衡量各产品项目的市场地位。对于企业了解某个产品线中不同产品项目的竞争状况,发现产品线的市场机会具有重要意义。

3) 产品组合策略

由于市场环境和企业内部条件发生变化,企业的产品组合中,可能会出现某些产品项目的销售额和利润很高,而另一些产品项目则很差。为了充分利用企业资源和市场机会,企业有必要对现有产品进行调整,改进产品结构,力争达到最佳的产品组合。企业决定调整产品组合时,根据不同情况,可以参考以下几种产品组合策略:

(1)扩大产品组合策略　是指拓展产品组合的宽度和深度,前者指在原产品组合中增加新的产品线,扩大经营范围;后者指在原有产品线内增加新的产品项目。当企业预测现有产品线的销售额和利润在一两年内可能下降时,就应该考虑在现有产品组合中增加新的、具有发展潜力的产品线。如果企业通过市场调查,发现某个产品线内的所有产品项目还没有完全满足细分市场的需求,而且这些未满足的细分市场具有较高的经济收益,就应该增加产品项目,拓展该产品线的深度。但是,有一点必须注意:无论增加产品线还是产品项目,都必须进行科学的市场调查研究,切忌盲目决策。

(2)缩减产品组合策略　市场繁荣时期,较长较宽的产品组合会为企业带来更多的盈利机会。但是在市场不景气或原料、能源供应紧张时期,或者企业内部资源出现短缺,缩减产品线反而能使企业获得较高的利润率或利润总额。因为剔除那些获利小甚至亏损的产品线或产品项目,企业可集中力量发展获利润率高的产品线和产品项目。

(3)产品线延伸策略　产品线延伸策略指全部或部分地改变原有产品的市场定位,向下、向上延伸或双向延伸现有的产品线,以占领更多的细分市场。

①向下延伸策略:企业某个产品线中的产品项目全部定位于高档市场。向下延伸就是在该产品线中增加中低档产品项目。实施这一策略需要具备以下市场条件:利用高档名牌产品的声誉,吸引购买力水平较低的顾客慕名购买此产品线中的廉价产品;高档产品销售增长缓慢,企业的资源设备没有得到充分利用,为赢得更多的顾客,将产品线向下伸展;企业最初进入高档产品市场的目的是建立品牌信誉,然后再进入中低档市场,以扩大市场占有率和销售增长率;补充企业的产品线空白。这种策略有一定的风险,如果处理不慎,会影响企业原有产品特别是名牌产品的市场形象。因此,企业必须建立一套完善的市场营销组合策略,加强市场营销活动,重新设置销售系统等。所有这些将大大增加企业的营销费用开支。

②向上延伸策略:是在原有的产品线内增加高档产品项目。实施这一策略的条件是:高档产品市场具有较大的潜在成长率和较高的利润率;企业的管理水平、技术设备和营销能力已具备加入高档产品市场的条件;企业要重新进行产品线定位。采用这一策略的风险是,要改变产品在顾客心目中的地位是相当困难的。如果处理不慎,还会影响原有产品的市场声誉。

③双向延伸策略:原来定位于中档产品市场的企业掌握了市场优势以后,向产品线的上下两个方向延伸,同时增加高档和低档产品项目。实施这一策略的条件是,企业具有坚实的经济实力和驾驭整个产品市场的能力,要求具有一批高水平的管理人才和技术人才。否则,风险很大。

4) 顾客服务策略

顾客服务是现代市场营销中不可忽略的部分。同类同质产品的竞争,胜败往往取决于产品附带的服务项目和服务质量。产品的技术越复杂就越需要提供服务,这是决胜之策。因此,越来越多的企业更加重视对顾客服务的质量。

关于顾客服务,市场营销人员要在3个方面作出合适的决策:一是提供哪些顾客服务,即服务组合决策;二是所提供的顾客服务应达到什么程度,即服务水平决策;三是以何种形式提供这些服务,即服务形式决策。

(1)服务组合决策　服务组合决策不能"闭门造车",而要对顾客作周详的调查了解,然后决定为顾客提供的服务内容。如送货可靠性、报价迅速、技术咨询、折扣、售后服务、销售人员水平、信用等。这就启示了各个企业在市场竞争中决胜的因素就是服务内容。如果各个企业都能提供这些服务内容,那么它们之间的竞争胜败就取决于各自的服务水平。

(2)服务水平决策　人们经常会遇到这样的事:甲、乙两家经营同样花卉产品的商店,向顾客提供的服务内容也相同。甲商店的营业员态度生硬,乙商店的营业员态度和蔼可亲。显然,顾客宁愿到乙商店去购买。因此,企业不仅需要为顾客提供服务,还要讲究服务的质量。向顾客提供何等程度的服务,也不是企业凭空想象的,而必须了解消费者所希望的服务水平,然后设法予以满足。服务水平既不能过低,也不宜过高。过低的服务水平不能满足消费者的需要,过高的服务水平反而让消费者接受不了,产生"诚惶诚恐"或其他的负效应,也会增加成本费用。

企业可以用几个方法来寻找服务上的不足之处。一是设置意见箱,简单易行,让顾客有提意见的机会,并对顾客的意见要认真处理,尽量改正,而且要将处理结论和改进方案反馈给顾客;二是定期调查,直接由顾客对企业的服务水平作出评价,然后进行分析比较。

(3)服务形式决策　明白了改进服务的重点不等于就能做好服务工作。市场营销人员还要进一步研究用什么形式提供这些服务。这里有个很重要的问题:如何既让顾客满意又不付出较高的服务成本?就顾客来说,当然希望能就近得到服务,但那样做企业的服务成本就太高了。所以,松下、索尼、日立等大的家电公司的产品已遍及世界各地,但它们只在少数大城市设立专业维修中心,并且都设在闹市中心地带,交通方便,这样就算是"尽了最大努力",为顾客做好了服务工作。同时,选择什么形式做好服务还取决于顾客的偏好和竞争者采取什么服务形式。日本几家家电公司的特约维修站一般都不提供"上门维修服务"。于是有些家电维修企业就针对这一点大做广告,说它们既拥有相应牌号、规格的各类零部件,还"上门服务",颇受好评。

7.2　产品生命周期

7.2.1　产品生命周期原理

产品生命周期是指某种产品从进入市场到被淘汰退出市场的全部运动过程。任何产品都只是作为满足特定需要而存在。产品生命周期由需求与技术的生命周期决定。随着科学技术的发展和人类需求水平的提高,某种产品必然会被新的产品所代替,原来的产品就会被淘汰而退出市场,其生命就结束了。企业开展市场营销活动的思维视角,不是从产品开始,而是从需求出发的。产品生命周期一般划分为4个阶段:引入期、成长期、成熟期和衰退期,如图7.3所示。

引入期是指在市场上推出新产品,消费者还不了解新产品的性能、品质,购买者较少,产品销售呈缓慢增长状态的阶段。另外,企业已经投入了大量的新产品研究开发费用,而且还将继续投入大量的市场开发和推销费用,因此企业几乎没有利润甚至亏损。

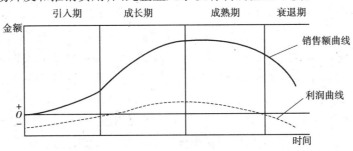

图7.3 产品生命周期曲线

成长阶段是指该产品在市场上迅速为顾客所接受,生产成本大幅度下降,销售额迅速上升的阶段。

成熟期是指大多数购买者已经接受该产品,市场销售额增长趋于缓慢直至开始下降增长的阶段。这一阶段一般持续较长的时间,生产竞争加剧,企业必须加强市场营销活动,因而利润开始下降。

衰退期是指销售额急剧下降,利润逐渐趋于零或负数的阶段。

7.2.2 产品生命周期各阶段的市场特点与营销策略

1)引入期的市场特点与营销策略

(1)市场特点 产品处在引入期具有以下市场营销特点:

①引入期的产品一般都是新产品,消费者对产品的性能、品质不了解,大部分顾客不愿放弃或改变自己以往的消费行为,产品的销售量小,产品单位成本高。

②尚未建立理想的营销渠道和高效率的分配模式。

③价格决策难以确立,高价可能减少购买,低价可能难以收回成本。

④广告费用和其他营销费用开支大。

⑤产品技术、性能还不够完善,质量不稳定。

⑥利润较少,甚至出现经营亏损,企业承担的市场风险最大。

⑦市场上竞争者较少,企业若建立有效的营销系统,可以快速占领市场。

(2)营销策略 根据上述特点,引入期一般有4种营销策略可供选择,如图7.4所示。

		促销水平	
		高	低
价格水平	高	快速渗透策略	缓慢渗透策略
	低	快速掠取策略	缓慢掠取策略

图7.4 引入期市场营销策略

①快速掠取策略:即以高价格高促销推出新产品。高价格是为了获取较高的利润,高促销费用是为了引起目标市场的注意,快速占领市场。成功地实施这一策略,可以赚取较大的利润,尽快收回新产品开发的投资。实施该策略的市场条件是:市场需求潜力大;目标顾客具有求新心理,急于购买新产品,并愿意为此付出高价;企业面临潜在竞争者的威胁,需要及早树立品牌声誉。

②缓慢掠取策略:即以高价格低促销费用推出新产品。高价格使企业获得更多利润,尽快收回新产品开发的投资,低促销费用则是不急于占领市场。实施该策略的市场条件是:市场规模相对较小,竞争威胁不大;市场上大多数用户对该产品没有过多疑虑;适当的高价能为市场所接受。

③快速渗透策略:即以低价格高促销费用推出新产品。目的在于先发制人,以最快的速度占领市场。该策略可以给企业带来最高的市场占有率,企业不急于求得利润,而是等到将来赚取利润。实施这一策略的条件是:产品市场容量很大;消费者对产品不了解,且对价格十分敏感;潜在竞争很激烈;产品的单位制造成本可随生产规模和销售量的扩大而迅速下降。

④缓慢渗透策略:即以低价格低促销费用推出新产品。低价是为了促使消费者迅速地接受新产品,低促销费用则可以获得更多的利润。企业坚信该市场需求价格弹性较高,而促销弹性较小。实施这一策略的条件是:市场容量较大;潜在顾客易于或已经了解此项新产品且对价格十分敏感;潜在竞争不太激烈;企业的经济实力难以独立开拓市场,希望随后进入的竞争者共同发展市场。

2) 成长期的市场特点与营销策略

(1)市场特点

①消费者对产品已经熟悉,销售量增长很快。

②大批竞争者加入,市场竞争加剧。

③产品已定型,技术工艺比较成熟。

④建立了比较理想的营销渠道。

⑤市场价格趋于下降。

⑥为了适应竞争和市场扩张的需要,企业的促销费用水平基本稳定或略有提高,但占销售额的比率下降。

⑦由于促销费用分摊到更多销量上,单位产品的成本费用迅速下降,企业利润大幅度上升。

(2)营销策略 企业营销策略的核心是尽可能地延长产品的成长期。具体说来,可以采取以下营销策略:

①根据用户需求和其他市场信息,不断提高产品质量,努力发展产品的新款式、新型号,增加产品的新用途。

②加强促销环节,树立良好的产品形象,促销策略的重点应从建立产品知名度转移到树立产品形象,目标是建立品牌偏好,争取新的顾客。

③重新评价分销渠道,巩固原有渠道,增加新的渠道,开拓新的市场。

④选择适当的时机调整价格,以争取更多顾客。

企业采用上述部分或全部市场扩张策略,会加强产品的竞争能力,但也会相应地加大营销成本。因此,在成长阶段,企业面临着"高市场占有率"或"高利润率"的选择。一般来说,实施市场扩张策略会减少当前利润,但加强了企业的市场地位和竞争能力,有利于维持和扩大企业的市场占有率,从长期利润观点看,更有利于企业发展。

3) 成熟期的市场特点与营销策略

(1)市场特点 成熟期可以分为3个时期:

①成长成熟期。此时期各销售渠道基本呈饱和状态,增长率缓慢上升,还有少数后续的购买者继续进入市场。

②稳定成熟期。由于市场饱和,消费平稳,产品销售稳定,销售增长率一般只与购买者人数成比例,如无新购买者则增长率停滞或下降。

③衰退成熟期。销售额显著下降,原有用户的兴趣已开始转向其他产品和替代品,全行业产品出现过剩,竞争剧烈,一些缺乏竞争能力的企业将渐渐退出市场,竞争者之间各有自己特定的目标顾客,市场份额变动不大,突破竞争者的市场界限比较困难。

(2)营销策略　鉴于上述情况,有3种市场营销策略可供选择:

①市场改良策略,也称市场多元化策略,即开发新市场,寻求新用户。

②产品改良策略,也称产品再推出策略,是指改进产品的品质或服务后再投放市场。

③营销组合改良策略,是指通过改变定价、销售渠道及促销方式来延长产品成熟期。

4)衰退期的市场特点与营销策略

(1)市场特点

①产品销售量由缓慢下降变为迅速下降,消费者的兴趣已完全转移。

②价格已下降到最低水平。

③多数企业无利可图,被迫退出市场。

④留在市场上的企业逐渐减少产品附带服务,削减促销预算等,以维持最低水平的经营。

(2)营销策略　衰退期有3种策略可供选择:

①集中策略:即把资源集中使用在最有利的细分市场、最有效的销售渠道和最易销售的品种、款式上。概言之,缩短战线,以最有利的市场赢得尽可能多的利润。

②维持策略:即保持原有的细分市场和营销组合策略,把销售维持在一个低水平上,待到适当时机,便停止该产品的经营,退出市场。

③榨取策略:即大大降低营销费用,如广告费用削减为零、大幅度精简推销人员等,虽然销售量有可能迅速下降,但是可以增加眼前利润。

如果企业决定停止经营衰退期的产品,应在立即停产还是逐步停产问题上慎重决策,并应处理好善后事宜,使企业有秩序地转向新产品经营。

7.2.3　产品生命周期各阶段进入市场策略

市场营销人员必须决定在产品生命周期的哪个阶段进入这个产品市场,成为竞争者之一。根据产品生命周期各阶段的市场特点,一般有4个进入时机:新产品引入期(先驱者)、成长期早期(先驱追随者)、成长期晚期(市场细分者)、成熟期(仿效者)。以上各个时期进入市场都能获得成功。但是,不同的时期进入市场,则要求进入者具备不同的能力和条件。

1)先驱者

先驱者是指自行开发和推出新产品的企业。先驱者的一个非常重要的前提条件就是,它必须具备雄厚的新产品研究开发实力,如技术力量和资金。它愿意资助研制生产新产品,而且还必须准备承受不可避免的研制失败。先驱者还必须有能力聘任大批高素质的人才,组织结构也要充分灵活以便在竞争条件下要求迅速采取措施时能够调动必要的人员。企业需要强烈的竞争意识,敢于与竞争者并驾齐驱。还要有专利律师以保证企业的新发现、新发明受到专利法保护,使本企业合法地处于垄断地位。

2）先驱追随者

这些企业并不热衷于新产品的研制,而是等待先驱者已经研制成功并投放市场以后,密切注视市场情况。一旦他们认为这种新产品具有成功的潜力和广阔的市场前景,就投以重金进行新产品的开发工作。要观察分析市场,他们必须有一批市场营销专业人才。为了做产品专利方面的工作,企业还要有专利律师。这些企业还需要足够的资源用于市场开发。先驱追随者都是在产品成长早期进入市场。正是他们的进入,才使这种产品迅速成长,销售量急剧上升。

3）市场细分者

在产品成长后期进入市场,他们是以改进的产品进入市场,去满足某个特殊市场的特殊要求。例如,汽车最早出现在市场时主要是为了解决交通代步问题。可是今天我们可以看到,有各种特殊用途或目的的汽车,如赛车、跑车、救护车、工具车等,相应地,汽车市场又细分为高档车市场、大众车市场、赛车市场、救护车市场、工具车市场等。市场细分者一般花较少的钱在产品的研制上,而是以重金用于产品的改进设计和制造工程。他们有较强的市场研究实力,发现目前市场上的产品还不能满足哪些特殊需求。市场细分者尤其注重产品的制造成本,通常采取一些技术措施,如通用件、标准件、成组技术等,尽量降低产品的制造成本,获取较高的利润。

4）仿效者

在产品的成熟期进入市场,他们不需要产品研究开发部门。这些企业的产品设计完全基于降低制造成本的考虑,而且组织结构精简以压缩非生产性开支。仿效者的市场营销力量很强,善于积极地开展促销工作和制定产品的价格,以便跟先期进入市场的竞争者抗衡。

总之,产品生命周期是现代市场营销理论的一个主要内容,也是企业市场营销实务的主要内容。任何企业总是希望产品的生命周期长些,尤其是成熟期,以便为企业赚取更多的利润。延长产品生命周期的途径有:

①增加产品的用途。

②发现新的用户。产品生命周期也迫使企业管理者着眼于未来,加强市场预测,科学计划企业的资源分配,掌握企业的产品发展阶段,何时降价,何时改进产品,何时投放新产品,使企业的各种产品线都充满活力,不断发展壮大。

7.3　新产品开发

市场营销管理中,一个重要的、具有挑战性的难题就是如何成功地开发新产品。消费者盼望新产品,竞争者千方百计地研发新产品,企业如何为之?

7.3.1　新产品概念及开发的困境

1）新产品的概念

市场营销学使用的新产品概念,不是从纯技术角度理解的,而是认为只要产品在功能或形

态上得到改进或有差异,就是新产品。新产品可分为4种基本类型:

(1)全新产品 运用新科学原理、新技术创造的产品,使产品具有全新的结构、功能,也称为绝对新产品。例如运用内燃机发明的汽车,则是全新产品。

(2)换代新产品 采用新材料、新组件、新技术革新原有产品的工作原理或工作性能,使产品的功能和效益显著提高。例如电子管计算机、晶体管计算机和集成电路计算机。

(3)改进新产品 改进产品的材料、结构、品质、花色品种。

(4)仿制新产品 仿制市场上已有的新产品,也是企业的新产品,只是品牌不同。

2)新产品开发的困境

在现代竞争的情况下,企业若不开发新产品,陈旧的产品将会是消费者改变需求和爱好的牺牲品,那么企业经营失败的可能性很大。但是,企业开发新产品也要冒很大的风险,因为新产品开发的失败率很高。据1999年的调查资料,美国消费类新产品开发的失败率为40%,工业类新产品开发的失败率为20%,服务业新产品开发的失败率为18%。许多企业开发新产品失败所付出的代价是惨重的。例如,福特汽车公司在开发 Edsel 汽车时,亏损了3 500万美元;杜邦公司开发人造革"柯尔纺"时,损失了1亿美元。

(1)新产品开发失败的原因 为什么新产品开发的失败率如此之高?通过统计分析,有以下原因:

①尽管新产品开发前的市场调查研究的结果不佳,但上层管理者仍热衷于开发该产品。

②虽然新产品的构思很好,但企业对市场容量估计过高,新产品投放市场以后,销售量增长缓慢,长时间亏损,财务状况恶化。

③新产品的设计和制造水平未达到应有的水平,市场不予接受。

④新产品的市场定位不准,定价太高,广告宣传的效果不佳。

⑤新产品开发的成本超出预算太多,企业无力继续支撑该项目的开发。

⑥竞争者的反扑强度大大超过企业的承受极限。

(2)新产品开发的困境 在将来,新产品开发成功将会更加困难,理由是:

①在某些领域里,如汽车、电视、计算机、特效药品等,缺乏有价值的新产品构思。

②市场竞争加剧,企业被迫开发一些新产品覆盖很小的细分市场。因此,销售量和利润会很少。

③社会和政府的约束更严格,企业开发新产品必须满足社会和生态标准,这些要求减慢了某些行业的技术革新,使新产品的设计、制造更加复杂。

④资金缺乏,虽然企业有很多新产品的构思,由于开发成本高,企业难以筹措足够的资金开发真正的革新产品,只是强调产品的更新和模仿。

⑤成功产品的生命周期变短,一个成功的新产品投放市场不久,就会有许多竞争者模仿生产,使得产品的生长期大大缩短。

新产品失败的原因中,绝大部分是人为因素造成的,更确切地说,是新产品开发的管理不得力造成的。为了保证新产品开发成功,企业必须加强新产品开发的组织、程序方面的管理,并且正确地制订和实施新产品的市场营销战略。

7.3.2　新产品开发的组织

新产品开发是企业决策层的重要任务,成功的新产品开发必须开始于严密地定义企业的发展战略,明确企业的业务主体范围,科学的规划新产品开发项目。必须建立完整的新产品开发组织,实施有效的管理。

1)新产品开发的组织形式

(1)产品经理　有些实力雄厚、产品线较多的大公司,将新产品开发的主要任务委派给产品经理负责。产品经理对企业的产品有深入的研究,了解各个产品的功能、特征、所处的生命周期的阶段以及制造工艺和市场状况。他熟悉哪些产品需要更新,哪些产品需要淘汰,哪些产品线需要补充产品项目。但是,产品经理的精力和时间更多地强调对现有产品的管理,往往缺乏开发新产品的专业知识与技能,或忽视新产品的开发。

(2)新产品开发经理　有些大公司设置新产品开发经理,隶属于产品经理或市场营销经理,专门负责新产品开发管理。这种组织形式被认为是比较成功的模式,一是能使新产品开发的功能专业化,二是新产品开发经理能够集中精力管理新产品的开发工作。美国强生公司就是这种模式。

(3)新产品开发委员会　对于经营全球化的企业来说,新产品开发关系到企业与其他全球竞争者的力量对比和在全球竞争中的地位。因此,这些企业十分重视新产品开发,一般都设置一个高层次的新产品开发管理委员会,专门负责新产品开发的计划、组织和实施。

(4)新产品开发部　设立新产品开发专职部门,直接受企业最高管理层领导,有利于企业资源的协调,保证新产品开发的资金、技术和人力资源。

(5)新产品开发小组　从企业内各部门抽调专门人才组成,制订新产品开发计划、方案、工作任务、资金预算、期限和市场投放策略,并组织实施。

2)团队导向的"同时型产品开发"组织

传统的产品开发组织模式,虽然每个开发环节的管理责任明确,但彼此之间却缺乏有组织的团队工作精神,使得"序列化的产品开发"引发了某些难以避免的问题。例如,试制车间经常把新产品的设计方案退还设计室,理由是不能按照预计的成本试制出样品,要求设计室重新设计。由于新产品开发期太长,跟不上顾客的需求变化,加之激烈的市场竞争,使新产品投放市场的时机过时,不得不以低于预定的价格出售。在此情形下,销售部门对开发部门感到不满,而开发部门则指责销售部门无能。

团队导向的"同时型产品开发"组织是相对于"序列化的产品开发"而言的,即在整个新产品开发过程中,研究部门、设计部门、生产部门、采购部门、市场营销部门和财务部门自始至终地通力合作,各种职能的交叉管理始终贯穿于新产品开发的全过程。

引入团队导向的"同时型产品开发"组织可以避免传统组织模式的弊端,缩短新产品开发的时间,各部门共同努力,一旦新产品成功,大家分享成绩和自豪感。但是,协调的强度大,需要严密的制度和纪律以及各部门的利益分配,同时要有一个铁腕式的人物来领导。

7.3.3 新产品开发的管理程序

为了提高新产品开发的成功率,必须建立科学的新产品开发管理程序。不同行业的生产条件与产品项目不同,管理程序有所不同。企业开发新产品的一般管理程序如图7.5所示。

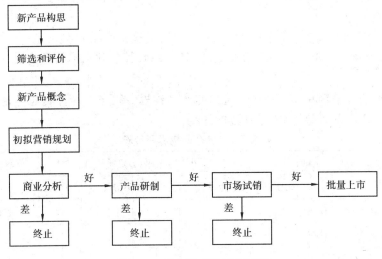

图7.5 新产品开发管理程序

1)新产品构思

构思是为满足一种新需求而提出的设想。在产品构思阶段,营销部门的主要责任是:寻找,积极地在不同环境中寻找好的产品构思;激励,积极地鼓励企业内外人员发展产品构思;提高,将所汇集的产品构思转送企业内部有关部门,征求修正意见,使其内容更加充实。营销人员寻找和搜集新产品构思的主要方法有以下几种:

(1)产品属性排列法 将现有产品的属性一一排列出来,然后探讨,尝试改良每一种属性的方法,在此基础上形成新的产品创意。

(2)强行关系法 先列举若干不同的产品,然后把某一产品与另一产品或几种产品强行结合起来,产生一种新的构思。例如,组合家具的最初构想就是把衣柜、写字台、装饰柜的不同特点及不同用途相结合,设计出既美观又较实用的组合型家具。

(3)多角分析法 这种方法首先将产品的重要因素抽象出来,然后具体地分析每一种特性,再形成新的创意。例如,洗衣粉最重要的属性是其溶解的水温、使用方法和包装,根据这3个因素所提供的不同标准,便可以提出不同的新产品创意。

(4)聚会激励创新法 将若干名有见解的专业人员或发明家集合在一起(一般以不超过10人为宜)讨论,开讨论会前提出若干问题并给予时间准备,会上畅所欲言,彼此激励,相互启发,提出种种设想和建议,经分析归纳,便可形成新产品构思。

(5)征集意见法 指产品设计人员通过问卷调查、召开座谈会等方式了解消费者的需求,征求科技人员的意见,询问技术发明人、专利代理人、大学或企业的实验室、广告代理商等的意见,并且坚持经常召开这样的经验会,形成制度。

2）筛选和评价

筛选的主要目的是选出那些符合本企业发展目标和长远利益、并与企业资源相协调的产品构思,摒弃那些可行性小或获利较少的产品构思。筛选和评价应遵循如下标准:

(1)市场成功的条件　包括产品的潜在市场成长率,竞争程度及前景,企业能否获得较高的收益。

(2)企业内部条件　主要衡量企业的人、财、物、资源、技术条件及管理水平是否适合生产这种产品。

(3)销售条件　企业现有的销售网络是否适合销售这种产品。

(4)利润收益条件　产品是否符合企业的销售目标,其获利水平及新产品对企业原有产品销售的影响。

这一阶段的任务是剔除那些明显不适当的产品构思。筛选新产品构思可通过新产品构思评价表进行。表7.2是典型的新产品构思评价表。

表7.2　新产品构思评价表

产品成功的必要条件	权重(A)	公司能力水平(B)											得分数(A)×(B)
		0.0	0.1	0.2	0.3	0.4	0.5	0.6	0.7	0.8	0.9	1.0	
公司信誉	0.20							√					0.120
市场营销	0.20										√		0.180
研究与开发	0.20								√				0.140
人　员	0.15							√					0.090
财　务	0.10										√		0.090
生　产	0.05									√			0.040
销售地点	0.05				√								0.015
采购与供应	0.05										√		0.045
合　计	1.00												0.720

分数等级 0.00~0.40 为"劣";0.41~0.75 为"中";0.76~1.00 为"良"。一般情况下,可以接受的最低分数为0.70。

在筛选阶段,应力求避免两种偏差:一种是漏选良好的产品构思,对其潜在价值估计不足,失去发展机会;另一种是采纳了错误的产品构思,仓促投产,造成失败。

3）新产品概念的形成

新产品构思经筛选和评价后,需进一步发展成具体、明确的产品概念。新产品概念是指已经成型的产品构思,即用文字、图像、模型等予以清晰阐述,使之在顾客心目中形成一种潜在的产品形象。一个新产品构思能够转化为若干个产品概念。

每一个产品概念都要进行定位,以了解同类产品的竞争状况,优选最佳的产品概念。选择的依据是未来市场的潜在容量、投资收益率、销售成长率、生产能力以及对企业设备、资源的充分利用等。企业可采取问卷方式将产品概念提交目标市场有代表性的消费者群进行测试、评估。问卷调查可帮助企业确立吸引力最强的产品概念。

4）初拟新产品营销规划

企业选择了最佳的新产品概念之后，必须制订初步市场营销计划，力争把这种产品引入市场，并在未来的发展阶段中不断完善。初拟的营销计划包括3个部分：

①描述目标市场的规模、结构、消费者的购买行为、产品的市场定位以及短期（如3个月）的销售量、市场占有率、预期利润率等。

②描述产品预期价格、分配渠道及第一年的营销预算。

③分别阐述比较长期（如3~5年）的销售额和投资收益率，以及不同时期的市场营销组合等。

5）商业分析

商业分析即以经济效益分析新产品概念是否符合企业目标。包括两个具体步骤：预测销售额和估算成本与利润。

预测新产品销售额可参照市场上类似产品的销售发展历史，并考虑各种竞争因素，分析新产品的市场地位，市场占有率等。

6）新产品研制

主要是将通过商业分析后的新产品概念交送研究开发部门或技术工艺部门试制成为产品模型或样品，同时进行包装的研制和品牌的设计。这是新产品开发的一个重要步骤，只有通过产品试制，投入资金、设备和劳动力，才能使产品概念实体化，发现不足与问题，改进设计，才能证明这种产品概念在技术、商业上的可行性如何。应当强调，新产品研制必须使模型或样品具有产品概念所规定的所有特征。

7）市场试销

新产品试销应对以下问题作出决策：

（1）试销的地区范围　试销市场应是企业目标市场的缩影。

（2）试销时间　试销时间的长短一般应根据该产品的平均重复购买率决定，再购率高的新产品，试销的时间应当长一些，因为只有重复购买才能真正说明消费者喜欢新产品。

（3）试销中所要取得的资料　一般应了解首次购买情况（试用率）和重复购买情况（再购率）。

（4）试销费用预算　试销所需要的费用开支，必须作出预算，不能无控制地花钱。

（5）战略行动　试销的营销策略及试销成功后应进一步采取的战略行动方案。

8）批量上市

新产品试销成功后，就可以正式批量生产，全面推向市场。这时，企业要支付大量费用，而新产品投放市场的初期往往利润微小，甚至亏损。因此，企业在此阶段应对产品投放市场的时机、区域、目标市场的选择和最初的营销组合等方面作出慎重决策。

7.3.4　新产品开发策略

1）新产品开发的方式

为了成功、快速地开发新产品，企业可以根据自己的具体条件，采用不同的开发方式。

（1）独立开发　企业利用自己的技术优势和经济实力,独立进行新产品的全部开发工作。一般适用于技术、经济实力很强的大型企业。

（2）联合开发　企业与企业、企业与高等院校或科研机构合作,充分利用各自的优势,联合开发新产品。这种方式能够较快地研制开发出先进优质的新产品,而且能够使研究成果快速商业化,为开发各方带来效益,为社会作出贡献。目前,世界各国都普遍应用这种方式。

（3）技术引进　企业通过引进国内国外的先进技术或购买专利等方式开发新产品。这种方式能够使企业开发的新产品赶上国内外的先进水平,提高产品的技术水平、质量水平和档次,缩短差距,节约研制费用和时间,有助于新产品进入国际市场。

2）新产品开发策略

（1）优质策略　即开发技术高、档次高的优质产品。但要注意,不能一味追求技术先进、质量好,必须符合国情,适合消费者的需求,才能有助于新产品迅速占领市场。

（2）低成本策略　在新产品开发过程中,严格控制成本,从技术选择、产品结构、原料辅料、加工工艺等方面挖掘潜力,努力降低成本费用,以低价格优势投放市场,迅速形成批量生产,扩大市场占有率,提高利润收入。

（3）配套策略　一些中小企业专门为大型企业研制开发配套的新产品。例如,汽车雨刷、新型车灯等。一般来说,为主导企业的产品开发新的配套零部件若能成功,新产品的销路没有问题,节约了大量的市场开发费用,可以获得较高的利益。

（4）弥隙策略　一些中小企业或个人,利用其聪明才智进行发明创造,往往能够研制开发一些急需的或缺门的新产品,弥补了一些空白。若能迅速转化为商品,可以在市场上抢占优势,获得很好的市场效益。

7.4　品牌策略

品牌是产品整体概念下"形式产品"的重要组成部分。品牌策略也是企业产品策略的重要内容。品牌的作用,对于企业和消费者都是不可缺少的。了解品牌的含义及其在市场营销中的作用,掌握制订和实施产品品牌策略的原理与方法,有利于优化产品组合,有利于优化市场营销组合,有利于提高市场营销效益。

7.4.1　品牌的意义

品牌是用以识别不同生产经营者的不同种类、不同品质产品的商业名称及其标志。品牌和商标并不完全等同。商标是指受法律保护的品牌,是获得专用权的品牌,是品牌的一部分。

1）品牌的含义

品牌通常由文字、标记、符号、图案和颜色等要素组合构成。品牌是一个集合概念,它包括品牌名称和品牌标志两部分。品牌名称是指品牌中可以用语言称呼的部分,也称"品名",如"牡丹""玫瑰"等;品牌标志,也称"品标",是指品牌中可以被认出、易于记忆但不能用言语称呼的部分,通常由图案、符号或特殊颜色等构成。

就其实质来说,品牌代表着销售者对购买者在产品特征、利益和服务等方面的一贯性承诺。久负盛名的品牌就是产品的质量保证。不仅如此,品牌还是一个更为复杂的符号,蕴含着丰富的市场信息。为了深刻揭示品牌的含义,还需从以下6个方面透视:

(1)属性 品牌代表着特定的商品属性,这是品牌最基本的含义。例如,奔驰牌轿车意味着工艺精湛、制造优良、昂贵、耐用、信誉好、声誉高、再转卖价值高、行驶速度快等。这些属性是奔驰生产经营者广为宣传的重要内容。多年来奔驰的广告一直强调"全世界无可比拟的、工艺精良的汽车"。

(2)利益 品牌不仅代表着一系列属性,而且还体现着某种特定的利益。顾客购买商品,实质是购买某种利益。因此,产品属性往往转化为某种功能性利益或情感性利益。例如,奔驰汽车"工艺精湛、制造优良"的属性可转化为"安全"这种功能性和情感性利益,"昂贵"的属性可转化为"受人尊重"这种情感性利益,"耐用"的属性可转化为"多年内我不需要买新车或节约维修费"功能性利益。

(3)价值 品牌体现了生产者的某些价值感。例如,奔驰代表着高绩效、安全、声望等。品牌的价值感客观要求企业营销人员必须分辨出对这些价值感兴趣的购买群体。

(4)文化 品牌还附带着特定的文化。从奔驰汽车给人们带来的利益来看,奔驰品牌蕴含着"有组织、高效率和高品质"的德国文化。

(5)个性 品牌也反映一定的个性。不同的品牌会使人们产生不同的品牌个性联想。奔驰会让人想到一位严谨的老板、一只勇猛的雄狮或一座庄严质朴的宫殿。

(6)用户 品牌暗示了购买或使用产品的消费者类型。如果我们看到一位20来岁的女孩驾驶奔驰轿车就会感到不协调。我们更愿意看到驾驶奔驰轿车的是有成就的企业家或高级经理。

有了6个层次的品牌含义,企业必须决定品牌特性的深度层次。人们常犯的错误是只注重品牌属性而忽视其他因素。实际上,品牌的属性很容易被竞争者模仿或复制,购买者更重视品牌带给的利益而不是品牌的属性。另外,品牌属性还会随着时间的推移、技术的进步而变得毫无价值。可见,品牌与特定属性联系得太紧密反而会伤害品牌。但是,若只强调品牌的一项或几项利益也会有风险。

品牌最持久的含义是其价值、文化和个性,它们构成了品牌的基础,揭示了品牌间差异的实质。奔驰的"高技术、绩效、成功"是它独特价值和个性的反映。若奔驰公司在品牌战略中未能反映出这些价值和个性,而且以奔驰的名称推出一种新的廉价小汽车,那将是一个莫大的错误,因为这将会严重削弱奔驰公司多年来苦心经营所建立起来的品牌价值和个性。

2)品牌的作用

品牌对企业、对消费者的作用是不同的。

(1)品牌对企业的作用 对企业来说,品牌的作用主要表现在以下几个方面:

①品牌有助于促进产品销售,树立企业形象。品牌以其简洁、明快、易读易记的特征而使其成为消费者记忆产品质量、产品特征的标志。也正因如此,品牌成为企业促销的重要基础。借助品牌,消费者了解品牌标定下的商品;借助品牌,消费者记住品牌及商品,也记住企业,有的企业名称与品牌名称相同,更易于消费者记忆;借助品牌,即使产品不断更新换代,消费者也会因为对品牌信任产生新的购买欲望。在信任品牌的同时,企业的社会形象、市场信誉得以确立,并

随品牌忠诚度的提高而提高。

②品牌有利于保护品牌所有者的合法权益。品牌经注册后获得商标专用权,其他任何未经许可的企业和个人都不得仿冒侵权,从而为保护品牌所有者的合法权益奠定了客观基础。

③品牌有利于约束企业的不良行为。品牌是一把双刃剑,一方面因其容易为消费者所认知、记忆而有利于促进产品销售,注册后的品牌有利于保护企业的利益;另一方面,品牌也对品牌使用者的市场行为起到约束作用,督促企业着眼于企业的长远利益、消费者利益和社会利益,规范自己的经营行为。

④品牌有助于扩大产品组合。适应市场竞争的需要,企业常常需要同时生产多种产品。值得注意的是,这种产品组合是动态的概念。依据市场变化,不断地开发新产品、淘汰市场不能继续接受的老产品是企业产品策略的重要组成部分,而品牌是支持其新的产品组合(尤其是扩大的产品组合)的无形力量。若无品牌,再好的产品和服务,也会因消费者经常无从记起原有产品或服务的好印象而无助于产品改变或产品扩张。有了品牌,消费者对某一品牌产生了偏爱,则该品牌标定下的产品组合的扩大就容易为消费者所接受。

此外,品牌还有利于企业实施市场细分战略,不同的品牌对应不同的目标市场,针对性强,利于进入和拓展各个细分市场。

(2)品牌对消费者的作用　品牌给消费者带来的利益主要表现在以下几个方面:

①品牌便于消费者辨认、识别所需商品,有助于消费者选购商品。随着科学技术的发展,商品的科技含量日益提高,对消费者来说,同种类商品间的差别越来越难以辨别。由于不同的品牌代表着不同的商品品质、不同的利益,所以,有了品牌,消费者即可借助品牌辨别、选择所需商品或服务。

②品牌有利于维护消费者利益。有了品牌,企业以品牌作为促销基础,消费者认牌购物。企业为了维护自己的品牌形象和信誉,都十分注意恪守给予消费者的利益,并注重同一品牌的产品质量水平等同化。如此,消费者可以在企业维护自身品牌形象的同时获得稳定的购买利益。

③品牌有利于促进产品改良,有益于消费者。由于品牌实质上代表着企业对交付给消费者的产品特征和利益的承诺。所以,企业为了适应消费者的需求变化,适应市场竞争的客观要求,必然会不断更新或创制新产品,变更和增加承诺。这是企业的选择,也是消费者的期望。可见,迫于市场的外部压力和企业积极主动迎接挑战的动力,品牌最终会带给消费者更多的利益。

品牌的作用,还表现在有利于市场监控,有利于维系市场运行秩序,有利于发展市场经济等。

7.4.2　品牌资产

1)品牌资产的价值

品牌资产是一种超出商品或服务本身利益以外的价值。它通过为消费者和企业提供附加利益来体现其价值,并与某一特定的品牌紧密联系着。若某种品牌给消费者提供的超出商品或服务本身以外的附加利益越多,则该品牌对消费者的吸引就越大,从而品牌资产的价值也就越高。如果该品牌的名称或标志发生变更,则附着在该品牌上的资产价值也将部分或全部消失。

品牌给企业带来的附加利益,最终源于品牌对消费者的吸引力和感召力。也可以说,品牌资产是企业与顾客关系的反映,而且是长期动态关系的反映。

2)品牌资产的特征

品牌资产是企业财产的重要组成部分,主要有以下几个基本特征:

(1)无形性　品牌资产与厂房、设备等有形资产不同,它不能使人凭借感官直接感受到它的存在及大小。所以,品牌资产是一种特殊的资产,是一种无形资产。一方面,品牌资产的这种无形性,使人们难以直观把握它的价值。正是由于品牌这种不易感知性的原因,不少企业还未能对品牌资产给予足够的重视,没有把品牌资产提升到与有形资产同样重要的高度。另一方面,由无形性所决定的品牌资产的所有权获得和所有权转移也与有形资产存在着差异。有形资产通常是通过市场交换的方式取得其所有权,而品牌资产则一般是经由品牌或商标使用者申请注册,由注册机关依照法定程序确立其所有权。

(2)品牌资产在利用中增值　对于有形资产来说,投资与利用往往存在着明显的界限。投资使资产存量增加,利用使资产存量减少。品牌资产则不同,品牌资产作为一种无形资产,投资与利用难以截然分开。品牌资产的利用并不必然会使品牌资产减少,相反,如果品牌管理利用得当,品牌资产非但不会减少,反而会在利用中增值。例如,某企业把已成功的品牌扩展到新产品上,使新产品的成功机率大大提高,再进一步扩大品牌的影响力。如此,品牌资产不但没有因此下降,反而会有所增加。还有些企业采用协作的方式,允许其他企业使用成功品牌,从中获得丰厚的利益。当然,这种协作方式要十分谨慎,企业必须对协作企业的生产质量严格监督,否则将会因小失大,断送成功品牌的前程。因为创出一个成功品牌不容易。

(3)品牌资产的价值难以准确计量　品牌的重要性已广泛为人们所认知,如何计量品牌资产的价值是企业非常关心的问题。然而,品牌资产的价值却难以准确计量。我们知道,品牌反映的是一种企业与顾客的关系。这种关系的深度与广度通常需通过品牌知名度、品牌联想、品牌忠诚和品牌品质形象等方面表现出来。反映品牌资产价值的品牌获利性(品牌未来获利能力)受许多不易计量的因素影响,如品牌在消费者中的影响力、品牌投资强度、品牌策略、产品市场容量、产品所处行业及其结构、市场竞争的激烈程度等。这些增添了准确计量品牌资产的难度。世界上有不少机构对一些知名品牌的价值作出货币计量。但是,这些货币计量是否准确,不得而知。

(4)品牌资产具有波动性　从品牌资产构成分析可以看出,无论是品牌知名度的提高,还是品牌忠诚度的增强,或者是品牌品质形象的改善,都不可能是一蹴而就的事。品牌从无到有,从消费者感到陌生,到消费者熟知并产生好感,是品牌运营者长期不懈努力的结果。尽管品牌资产是企业以往投入的沉淀与结晶,但这并不表明品牌资产只增不减。事实上,企业品牌决策的失误,竞争者品牌运营的成功,都有可能使企业品牌资产发生波动,甚至是大幅度下降。

(5)品牌资产是企业市场营销绩效的主要衡量指标　为了维系和发展企业与消费者之间互惠互利的长期交换关系,企业需要积极开展市场营销活动,履行各种承诺。可以说,品牌资产是企业不断进行市场营销的结果,每一次市场营销活动都会对品牌资产存量的增减变化产生影响。正因为如此,分散的单一的市场营销手段难以保证品牌资产获得增值,必须综合运用各种市场营销手段,并使之有机协调与配合。品牌资产的大小在很大程度上反映了企业市场营销的总体水平,是市场营销绩效的主要衡量指标。

7.4.3　商标

1）商标专用权

（1）商标专用权的含义　品牌和商标都是用以识别不同生产经营者的不同种类、不同品质产品的商业名称及其标志。但品牌和商标又存在区别。品牌是市场概念，是品牌使用者对顾客在产品特征、服务和利益等方面的承诺。商标是法律概念，它是已获得专用权并受法律保护的品牌，是品牌的一部分。商标无论是否被使用，也不管它所标定的商品是否有市场，只要采用成本法进行评估，它就必然有商标价值；而品牌则不同，不被使用的品牌是没有价值的，品牌的价值是在使用中通过品牌标定的产品或服务在市场上的表现来进行评估的。

还需说明的是，在中国有"注册商标"与"非注册商标"之分。注册商标是指受法律保护、所有者享有专用权的商标。非注册商标是指未办理注册手续、不受法律保护的商标。国家规定，企业必须使用注册商标，必须申请商标注册，未经核准注册的，所标注的产品不得在市场销售。可见，一些人对一切品牌不论其注册与否，都称作商标，是不正确的。

商标专用权，是指品牌经政府有关主管部门核准，并注册登记，由商标所有者唯一享有商标的使用权。这种经注册的商标，受到法律保护，其他任何未经许可的企业或个人不得使用。因此，企业欲使自己的产品品牌长久延续，必须申请注册，获得商标专用权，以求得法律的保护。

（2）商标专用权的认定原则　国际上对商标专用权的认定，有两个并行的原则，即"注册在先"和"使用在先"。

①注册在先：指商标的专用权归属于依法首先申请并获准注册的企业。在这种商标权认定原则下，某一品牌不管谁先使用，法律只保护依法首先申请注册该品牌的企业。中国、日本、法国、德国等执行"注册在先"原则。

②使用在先：指商标的专用权归属于首先使用的企业。在品牌使用（必须是实际使用，而非象征性使用）所达到的地区，法律对其品牌或商标予以保护。美国、加拿大、英国和澳大利亚等执行"使用在先"原则。

在具体的商标权认定实践中，还有对以上两种原则主次搭配，派生出"使用优先辅以注册优先"和"注册优先辅以使用优先"两种原则。

①使用优先辅以注册优先：指执行"使用优先"原则的国家也办理商标注册，但这种注册在一定期限内只起一种声明作用，如有首先使用人在此期限内提出首先使用的证明，则这种注册即被撤销。过了这一期限，任何人都不能再以"首先使用人"名义要求撤销这种注册。可见，在执行使用优先原则的国家里，商标注册同样具有不可忽视的重要意义。因为这些国家大都有"仅限于使用所达到的范围内有效"的规定，他人可以在其未使用的地区抢先注册。

②注册优先辅以使用优先：指执行"注册优先"原则的国家一般也都规定：在一定的期限内，商标连续不被使用又无正当理由者，注册将被撤销。这就要求已经注册获得商标专用权的企业要坚持不间断地使用已注册的商标，否则，也会失掉商标专用权。

在品牌运营的实践中，还应注意商标续展和品牌的自我保护。

2）商标侵权

所谓商标侵权是指在同一种商品或类似商品上使用与某商标雷同或近似的品牌，可能引起欺骗、混淆或讹误、损害原商标声誉的行为。凡不拥有商标使用权,而是假冒、仿制、盗用他人商标,标注在质次的同类产品上出售;恶意抢注他人商标,取得商标所有权,然后再高价出售或勒索商标真正所有者等行为,均构成侵权。

3) 驰名商标

驰名商标是国际上通用的、为公众所熟知的、享有较高声誉的商标。驰名商标起源于《保护工业产权巴黎公约》,现已为世界上大多数国家所认同。中国也是巴黎公约成员国。根据《保护工业产权巴黎公约》的规定,中国于 1996 年 8 月 14 日由国家工商行政管理局发布并实施了《驰名商标认定和管理暂行规定》。

(1)驰名商标的法律特征　驰名商标虽为世界多数国家和地区所公认,但什么是驰名商标却未形成一致的概念,《保护工业产权巴黎公约》中没有明确规定,各国赋予驰名商标的法律含义和保护措施也不尽相同。中国《驰名商标认定和管理暂行规定》第二条给驰名商标下了个定义:"驰名商标是指在市场上享有较高声誉并为相关公众所熟知的注册商标。"驰名商标的特征表现在以下两个方面:

①驰名商标的专用权是跨越国界的,在巴黎公约成员国范围内得到保护。如果某一商标在注册国或使用国获得商标主管机关认定为驰名商标,即表明该商标得到《保护工业产权巴黎公约》的保护,若某一商标构成对该驰名商标的仿造、复制或翻译而且用于相同或类似商品上,则应禁止使用,拒绝或取消其注册。这些规定还适用于主要部分系伪造、仿冒或模仿驰名商标而易于造成混淆的商标。这种做法常被称为"相对保护主义",在大陆法系诸国多被采用。在英美等国,驰名商标所有人有权禁止其他任何人在未经许可的情况下在相同或类似商品上使用其驰名商标。

②驰名商标的注册权超越优先申请原则。世界上许多国家都实行品牌注册及优先注册的原则,中国也是如此。就一般品牌来说,只有注册后才受到法律的保护,不注册的品牌则不受法律保护。驰名商标则不同,如果某品牌被商标主管机关认定为驰名商标,按照《保护工业产权巴黎公约》的规定,即使驰名商标未注册,也在巴黎公约成员国内受到法律保护。对驰名商标而言,他人虽申请在先,只要他申请注册的商标是对驰名商标的复制、仿造或翻译,而且用于相同或类似商品上,就不得给予注册;驰名商标的优先权还表现在,即使他人申请并已获准注册,驰名商标所有人有权在 5 年内请求撤销该商标的注册。这个 5 年期限是《保护工业产权巴黎公约》规定的,也是中国《驰名商标认定和管理暂行规定》中的规定。如果他人以欺诈手段恶意取得或使用驰名商标,则驰名商标所有人的撤销请求权的期限无限制。

(2)驰名商标的认定　由于驰名商标在国际国内市场上享受特殊的保护,所以,积极努力争取获准驰名商标是企业在开拓国际国内市场过程中获得竞争优势的重要选择。在中国,驰名商标的认定是由国家商标局负责。凡在市场上有较高知名度和较高市场占有率的商标都可以申请驰名商标。

国际上认定驰名商标的基本原则是:驰名商标是个案认定,不是批量评选。而且这种个案认定常常是由于某个商标在市场上遭受到假冒、仿制等行为的侵害时,在商标所有人向有关主管机关提出法律保护的请求下,有关部门依法给予被侵害商标以驰名商标认定。

根据中国《驰名商标认定和管理暂行规定》的规定,企业在申请驰名商标认定时,应提交下列文件:

①使用该商标的商品在中国的销售量及销售区域。

②使用该商标的商品近 3 年来的主要经济指标,如年产量、销售额、利润、市场占有率,及其在中国同行业中的排名。

③使用该商标的商品在国外(境外)的销售量及销售区域。

④该商标的广告发布情况。

⑤该商标最早使用及连续使用的时间。

⑥该商标在中国及外国的注册情况。

⑦该商标驰名的其他证明文件。

7.4.4　品牌策略

1)品牌设计

在实践中,许多企业不惜重金设计品牌。例如,美国埃克森(EXXON)公司为了给自己的产品创出一个能够通行于全世界、能够为全世界消费者所接受的名称及标志,曾动员了心理学、社会学、语言学、统计学等各方面专家历时 6 年,耗资 1.2 亿美元,先后调查了 55 个国家和地区的风俗习惯,在 1 万个预选方案中多次筛选,最后定名为 EXXON,堪称是世界上最昂贵的品牌设计。这一案例说明了生产经营者对品牌设计的重视,也反映了品牌设计中充满了艺术性和创造性。在品牌设计过程中,应坚持以下几条指导思想:

(1)简洁醒目,易读易记　心理学家的一项调查分析结果表明,人们接受到的外界信息中,83%的印象通过眼睛,11%借助听觉,3.5%依赖触摸,其余源于味觉和嗅觉。基于此,为了便于消费者认知、传诵和记忆,品牌设计的首要指导思想就是简洁醒目,易读易记。为了适应这个要求,不宜把过长的和难以读诵的字符串作为品牌名称,也不宜将呆板、缺乏特色感的符号、颜色、图案用作品牌。

例如,用"TRIO"这个词作商品的品名,虽然比较简洁,但它的发音节奏感不强,从 TR 到 O 有头重脚轻之感,达不到朗朗上口的效果。将其改成 KENWOOD(健五),就大不一样了。KEN 与英文 CAN(能够)谐音,WOOD(森林)又有短促音的和谐感,两者组合起来,读音响亮,节奏感强,朗朗上口,可为上乘之作。

再如,"M"这个很普通的字母,通过不同的艺术加工,就形成不同商品的标志。鲜艳的金黄色拱门"M"是麦当劳(McDonald's)的标记,由于它棱角圆润,色调柔和,给人自然亲切之感。如今,麦当劳这个"M"标志已经出现在全世界近 100 个国家和地区的上千个城市的闹市区,成为人们最喜爱的快餐标志。摩托罗拉(Motorola)的"M"设计成棱角分明,双峰突起,突出了产品在无线通信领域的特殊地位和高科技的形象。

(2)构思巧妙,暗示属性　一个与众不同、充满感召力的品牌,在设计上还应该充当体现品牌标示产品的优点和特性,暗示产品的优良属性。

Benz(奔驰)先生作为汽车发明人,以自己的名字命名的奔驰(BENZ)车,100 多年来赢得了顾客的信任,其品牌一直深入人心。那个构思巧妙、简洁明快、特点突出的圆形的汽车方向盘似的特殊标志,已经成了豪华、优质、高档汽车的象征。这个品名与商标的有机结合,不仅暗示品牌所标定的商品是汽车,而且是可以"奔驰"的优质汽车。

(3)富蕴内涵,情意浓浓　品牌大多都有其独特的含义和解释。有的是一个地方的名称,有的是一种产品的功能,有的是一个典故。富蕴内涵、情意浓浓的品牌,能唤起消费者和社会公众美好的联想。

"红豆"是一种植物,是人们常用的镶嵌饰物,是美好情感的象征物,又称"相思豆"。江苏红豆集团用"红豆"作服装的品牌和企业名称,取得了成功,主要是因为"红豆"一词与爱情有关。红豆作为品牌,它表达了企业对消费者的关爱。借助"红豆"传情,年轻的情侣通过互赠"红豆"服装表示爱慕之意,离家的游子以红豆服装寄托其思乡之情。红豆服装正是借"红豆"这一富蕴中国传统文化内涵、情意浓浓的品牌"红"起来的。

(4) 避免雷同,超越时空 品牌设计的雷同,是实施品牌策略的大忌。因为品牌运营的最终目标是通过不断提高品牌的知名度,超越竞争者。如果品牌的设计与竞争品牌雷同,将永远居于人后,达不到最终超越的目的。

在中国,由于企业的品牌意识还比较淡薄,品牌运营的经验还比较少,品牌的雷同现象比较严重。据统计,使用"熊猫"为品牌名称的企业有 311 家,使用"海燕"和"天鹅"两个品牌分别有 193 家和 175 家企业。除重名以外,还有一些品牌名称极为相似,消费者很容易混淆。

品牌设计应尽量超越时代限制。用具有某一时代特征的词语作品牌名称不是好的创意。因为具有时代特征的词语有强烈的应时性,可能在当时会很"火",但随着时间的推移,品牌的感召力就会越来越小,甚至走向反面,遭遇灭顶之灾。

品牌设计超越空间限制主要是指品牌超越地理文化边界的限制。由于世界各国历史文化传统、语言文字、风俗习惯、价值观念和审美情趣不同,对于一个品牌的认知、联想必然会有很大差异。试想,如果将"Sprite"直译成"妖精",又有多少中国人会乐于购买呢?译成符合中国文化特征的"雪碧",就比较准确地揭示了品牌标定产品的"凉爽"属性。美国通用汽车公司,曾设计一个汽车品牌"诺瓦"(Nova),在西班牙语中含有"不走"或"走不动"的意思,于是该品牌在西班牙语系的国家里销售受阻,后改为拉美人比较喜欢的"加勒比",很快打开市场。

2) 品牌策略

科学地制订品牌策略是品牌管理的核心内容。企业市场营销人员在实施品牌管理过程中,需要对一些关键问题作出决策,如图 7.6 所示。

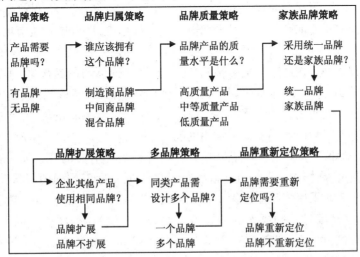

图 7.6 品牌决策一览表

(1)有品牌或无品牌策略　品牌管理的第一个决策就是企业生产经营的产品是否应该有品牌。商品社会初期,绝大多数商品没有生产者或中间商的任何标记。最早的标记出现在中世纪,一些行会要求工匠们在他们生产的产品上作上标记,保证产品的质量。今天,几乎所有的商品都有自己的品牌。品牌对企业带来的利益是不可低估的。但是,企业开发设计自己的品牌,必然要付出相应的费用,增加企业运营总成本,同时,还要冒一定的风险,因为有的品牌不受消费者喜欢,将阻滞产品的销售。

尽管品牌能够给品牌所有者、品牌使用者带来很多好处,但并不是所有的产品都必须一定有品牌,要根据品牌运营的投入产出测算而定。实践中,有些企业为了节约包装、广告等费用,降低产品价格,吸引低收入购买力,提高市场竞争力,也常采用无品牌策略。无品牌的产品大多数是包装简易、价格便宜的普通消费品。

必须说明的是,商品无品牌也有企业对品牌认识不足、缺乏品牌意识等原因。近年来,中国企业品牌意识不断增强,产品品牌化程度不断提高,甚至许多农产品也有了自己的品牌。

(2)品牌归属策略　企业确定产品应该有品牌以后,就涉及如何抉择品牌归属问题。对此,企业有3种可供选择的策略:

①生产商品牌:企业使用属于自己的品牌,这种品牌叫做企业品牌或生产商品牌。

②中间商品牌:企业将产品售给中间商,由中间商使用他们自己的品牌,再将产品转卖出去,这种品牌叫做中间商品牌。

③混合品牌:企业对部分产品使用自己的品牌,而对另一部分产品使用中间商品牌,称为混合品牌。

在以往的品牌运营实践中,由于产品的设计、产品的质量水平和产品特色等都决定于生产商,加之市场供求关系对生产商的压力还不太大,所以,品牌几乎都为生产商所有。可以说,品牌是由生产商设计的制造标记。但是,随着市场经济的发展,市场竞争日趋激烈,品牌的作用日益为人们所认知,中间商对品牌的拥有欲望也越来越强烈。近年来,中间商品牌呈明显的增长趋势。许多市场信誉较好的中间商(包括百货公司、超级市场、服装商店等)都争相设计并使用自己的品牌。中间商品牌的出现与发展掀起了新一轮范围更宽的品牌战。

企业在决策品牌归属问题时,要全面考虑各个相关因素,综合分析利益得失。最关键的因素是要看生产商和中间商谁在这个产品分销链上居主导地位,拥有更好的市场信誉和拓展市场的潜能。一般来讲,在生产商的市场信誉良好、企业实力较强、产品市场占有率较高的情况下,宜采用生产商品牌;相反,在生产商资金拮据、市场营销实力薄弱的情况下,不宜选用生产商品牌,而应以中间商品牌为主,或全部采用中间商品牌。必须指出,若中间商在某目标市场拥有较好的品牌忠诚度及庞大而完善的销售网络,即使生产商有自营品牌的能力,也应考虑采用中间商品牌。这是在进占国际市场的实践中常用的品牌策略。

(3)品牌质量策略　企业在经营品牌时要确定各种品牌对应的产品质量档次。并不是说品牌商品都是高质量、高档次、高价格的商品,而是要根据目标市场的消费状况,合理安排商品的质量档次。有些企业采用统一品牌策略,所有商品都是同一个品牌,这样就要注意考虑不同档次、不同价格的商品满足不同层次的消费者。例如,摩托罗拉公司生产的手机,采用统一品牌,但是手机的价格从几百元到几千元,很好地满足了不同消费者的需求。还有一些企业采用单一品牌策略,高档商品使用一个品牌,低档商品使用另一个品牌,便于消费者区分商品的质量档次和价格档次。

　　无论使用统一品牌策略或单一品牌策略,都要考虑品牌与质量、品牌与价格、品牌与消费者需求的相互关系,特别是采用目标市场全面化覆盖模式的企业,更应该注意品牌与质量的关系,避免丢失一部分目标顾客。

　　(4)家族品牌策略　无论是生产商品牌、中间商品牌还是混合品牌,企业都必须考虑全部产品的品牌化问题,称为家族品牌策略。企业的大部分或全部产品都统一使用一个品牌,还是各种产品分别使用独立的、不同的单一品牌,需要认真进行决策。通常有4种可供选择的策略:

　　①统一品牌策略:指企业所有的产品(包括不同种类的产品)都统一使用一个品牌,也就是说,企业只有一个品牌。企业采用统一品牌策略,能够降低新产品宣传费用,可以在企业的品牌已赢得良好市场信誉的情况下顺利推出新产品,同时也有助于显示企业实力,塑造企业形象。

　　不过,不可忽视的是,若某一种产品因某种原因(如质量)出现问题,就可能殃及其他产品甚至全部产品在市场上销售受阻,还会影响整个企业的信誉。还有,统一品牌策略也存在着相互混淆、难以区分产品质量档次等缺陷。

　　②单一品牌策略:指企业对各种不同系列或不同档次的产品分别使用不同的品牌,每种产品都有自己的品牌。这种品牌策略可以使企业的其他产品和整体信誉不会因为个别产品出了问题而受到影响,便于消费者识别不同质量、档次的商品,同时也有利于企业的新产品向多个目标市场渗透。当然,这种品牌策略的促销费用会相应地增加,是不可忽视的负面因素。

　　③分类品牌策略:指企业对所有产品在分类的基础上,按产品类别使用不同的品牌。这实际上是对前两种做法的一种折中。

　　④企业名称与品牌名称结合策略:其做法是企业对各种不同的产品分别使用不同的品牌,但需在各种产品品牌前面冠以企业名称。这种在各个不同产品的品牌名称前冠以企业名称的做法,可以使新产品与老产品统一化,进而享受企业的整体信誉。与此同时,各种不同的新产品分别使用不同的品牌名称,又可以使不同的新产品各具特色,满足不同消费者的需求特点。

　　(5)品牌扩展策略　不管企业选择了哪一种品牌策略,经过科学而有效的运营都可能获得品牌知名度和美誉度。那么,一个品牌获得了较好的市场信誉,赢得了较高的品牌忠诚度以后,该品牌是否可以用在其他产品上而使该品牌得以扩展呢? 这也是品牌运营过程中的重要命题。

　　品牌扩展就是指企业把成功品牌用于开发的新产品,利用成功品牌的声誉和市场地位推动新产品的市场渗透。品牌扩展策略可以使新产品借助成功品牌的信誉顺利快速地进入市场,大大节约促销费用。值得注意的是,如果利用已成功的品牌开发的新产品在市场上不受欢迎,消费者不认可,就会影响该品牌的市场信誉,殃及已成功的产品,导致销售额下降。因此,运用品牌扩展策略开发新产品,一定要对新产品进行严格的筛选,加强新产品开发过程的管理,确保新产品的质量、功能、价格、包装各个方面都要与知名品牌相匹配,才能相得益彰。

　　(6)多品牌策略　品牌扩展策略的市场进入成本较低,受到各个企业的青睐。但并不是所有的品牌都适合扩展,也不是所有扩展的品牌都一定能成功。若品牌扩展难以获得理想的预期效果,那么,新产品市场开拓问题就只能借助新品牌。增加新品牌会使企业的品牌逐渐增多。多品牌策略指企业为同一种类但不同质量档次、不同成分的产品采用不同品牌的做法。多品牌策略由美国宝洁公司首创并获得了成功。

　　企业运用多品牌策略的原因:

　　①可以在产品分销过程中占有更大的货架空间,增加零售商对企业品牌的依赖性,进而压缩或挤占竞争者产品的货架面积,为获得较高的市场占有率奠定了基础。

②消费者几乎不可能对某个品牌忠贞不二,总想试试别的品牌,因此设计多个品牌供消费者选择,可以保证企业总销售额增加。

③开创新品牌并获得成功,可以鼓舞企业内部的士气,提高效率。

④多种不同的品牌代表了不同的产品特色、档次、利益、包装,可以吸引多种不同需求的顾客,提高市场占有率。

企业在决策是否要引入新的品牌时,应该考虑下面的问题:

①新品牌将会吞食企业其他品牌的多少市场份额、竞争者的多少市场份额?

②新品牌的销售额是否能够抵偿产品开发成本和促销成本?

多品牌策略的缺点是:每个品牌的市场份额很小,有些品牌可能没有利润可言,企业不得不将资源分散到多个品牌,不能集中建立少数高利润率的品牌。同时,多品牌并存必然使企业的促销费用升高,而且各品牌之间存在互相竞争的风险。所以,在运用多品牌策略时,企业要严密注意各个品牌市场份额的大小及变化趋势,适时撤销市场占有率过低的品牌,并且避免自己的品牌之间的过度竞争。理想的情况是,多品牌是为了蚕食竞争者的市场份额,而不是自己内部互相残杀。

(7)品牌重新定位策略　品牌重新定位策略是指企业全部或部分调整或改变品牌原有市场定位的做法。无论品牌的初始定位是多么准确,但这决不意味着品牌一定能永远保持活力。为了使品牌能长期保持旺盛的生命力,企业必须适时适势地做好品牌重新定位工作。当企业的品牌遭遇下列情况时,就需要重新定位:

①竞争者品牌定位于本企业品牌附近,侵占了本企业品牌的市场份额。

②消费者偏好发生变化,对本企业品牌的信任减弱,对竞争者品牌产生兴趣,使本企业品牌的市场占有率下降。

品牌重新定位的目的是使现有品牌具有与竞争者品牌不同的特点,与竞争品牌拉开距离。企业在进行品牌重新定位时,要综合考虑两个影响因素:其一,要考虑再定位成本,即把企业现有品牌从一个细分市场转移到另一个细分市场所支付的成本费用,包括改变产品品质费用、包装费用和广告费用等。一般认为,重新定位的距离越远,再定位的成本就越高。其二,要考虑再定位收入,即企业把品牌定位在新的细分市场所增加的收入是否能够补偿所支付的成本。

3) 互联网域名商标策略

域名作为互联网的单位名称和在英特网上使用的网页所有者的身份标识,它不仅能给人们传达很多重要信息(如单位属性、业务特征等),而且还具有商标属性。域名之所以具有商标属性,是因为域名的所有权属于注册者。若某企业的商标由另一不同行业的企业抢先注册为域名,那么商标所有者就可能永远失去了注册与自己产品商标名称相一致的域名了。然而,域名的传播和使用范围却是全社会的。一个域名用得久了,人们对它有了特殊的感觉与记忆。企业一旦有了域名,就表明企业在互联网上拥有自己的门牌号码,有了通往网络世界把握商机的一把钥匙。正因为如此,许多企业都把知名商标注册成域名。现在,驰名商标几乎都成了互联网上的域名,如麦当劳的"巨无霸"商标就注册成了域名。

由于域名系统是国际共有资源,可以较好地实现信息传播,这就决定它有巨大的商业价值。近年来,随着互联网的广泛普及和大量应用,注册域名的企业越来越多。

需要说明的是,办理域名注册获得域名使用权的规则与一般商品商标注册相同,仍然采用"注册在先"的原则。谁先注册,谁就拥有了域名的使用权。从目前来看,注册域名有两种做法:其一是在国内注册二级域名;其二是在国际上注册一级域名。随着世界经济一体化进程的加快,拟进占海外市场的发达国家企业争先恐后地注册国际域名,例如,美国99%以上的企业都在互联网上注册一级域名。一级域不是美国域,而是国际域。企业进占国际市场就应该注册国际域。此外,还应注意相关法规对此的禁用规定。如《中国互联网域名注册暂行管理办法》中规定,未经国家有关部门正式批准,不得使用含有"CHINA""CHINESE""CN"和"NATION-AL"等字样的域名;不得使用公众知晓的其他国家或者地区的名称、外国地名、国际组织名称;未经各级地方政府批准,不得使用县级以上(含县级)行政区划名称的全称或者缩写;不得使用对国家、社会或者公共利益有损害的名称。

7.5　包装策略

包装是商品生产的继续,商品只有经过包装才能进入流通领域,到达消费者手中,最终实现商品的价值和使用价值。

7.5.1　包装的属性

商品包装可以保护商品在流通过程中品质完好和数量完整,同时,还可以增加商品的价值。此外,良好的包装还有利于消费者挑选、携带和使用。有些市场营销人员把包装列入市场营销组合的第5个"P"(Package),即第5个要素。但是,绝大多数市场营销人员仍坚持把包装纳入产品要素的组成部分。无论如何划分包装的属性,在市场营销实践中,包装已成为市场竞争中的一种重要手段。

1)包装的含义

包装是指为商品设计并制作容器或包扎物的一系列活动。包装有两方面含义:其一,为产品设计、制作容器或包扎物的活动过程;其二,包装即是指容器或包扎物。一般说来,商品包装应该包括商标或品牌、形状、颜色、图案、标签和材料等要素。

商标或品牌是包装中最主要的构成要素,应在包装整体上占据突出的位置。适宜的包装形状有利于储运和陈列,也有利于产品销售,因此,形状是包装中不可缺少的组合要素。颜色是包装中最具刺激销售作用的构成要素,突出商品特性的色调组合,不仅能够加强品牌特征,而且对顾客有强烈的感召力。图案包装如同广告中的画面,其重要性不言而喻。包装材料的选择,不仅影响包装成本,而且也影响着商品的市场竞争力,开发和选用新型材料是包装设计中的一项重要工作。此外,在产品包装上还有标签,在标签上一般都印有包装内容和产品所包含的主要成分、品牌标志、产品质量等级、生产厂家、生产日期和有效期、使用方法等,有些标签上还印有彩色图案或实物照片,以促进销售。

2)包装的层次

包装是产品生产过程在流通领域的延续。产品包装按其功能和作用,可以分为3个层次:

(1)基本包装　基本包装即盛装、包裹产品的包装。如汽车蜡是膏状产品,需要一种容器盛装,如玻璃瓶、塑料罐、铁盒等,这些容器就是基本包装。基本包装要求轻便、手感好、结构合理、造形美观、色调协调、画面舒适、讲究宣传效果等。尤其是豪华奢侈品的基本包装更要精心设计和制作,因为它们要伴随使用者直至产品使用完毕。

(2)销售包装　销售包装是商品包装的第二层次,又称零售包装,如汽车蜡塑料盒外面的纸板盒。它随同产品进入零售环节,与消费者直接接触。销售包装不仅保护产品及基本包装,而且更重要的是要美化和宣传商品,便于陈列展销,吸引顾客,方便消费者认识、选购、携带和使用产品。一旦消费者开始使用产品,销售包装将被丢弃。因此,销售包装的材料要轻便舒适、清洁卫生、不会造成环境污染,一般采用纸制品较为适宜。

(3)运输包装　运输包装又称外包装,主要用于保护产品品质安全和数量完整。根据产品不同,运输包装的材料有瓦楞纸板箱、木板箱、桶、袋、筐等。

在市场竞争日益激烈的今天,企业越来越重视产品的包装,竞相以日新月异的包装装潢作为吸引消费者的手段,借以达到开创市场、拓宽销路的目的。随着超级市场的发展,销售包装的发展趋势日益呈现出小包装大量增加,透明包装日益发展,金属和玻璃容器趋向安全轻便,贴体包装、真空包装的应用范围越来越广泛。包装造型美观,结构合理。包装料材更趋于结实、轻便、保护环境。

3)包装的作用

包装作为商品的重要组成部分,在市场营销活动中的作用主要表现在以下几个方面:

(1)保护商品　包装保护商品的作用主要表现在两个方面:其一是保护商品本身。有些商品怕震、怕压,需要包装来保护;有些商品怕风吹、日晒、雨淋、虫蛀等,也需要借助包装物来保护。其二是安全(环境)保护。有些商品是属于易燃、易爆、放射、污染或有毒物品,对它们必须进行包装,以防止泄漏造成危害。

(2)便于储运　有的商品外形不固定,或者是液态、气态,或者是粉状,若不对此进行包装,则无法运输和储藏。所以,良好的包装有助于储藏和运输,从而使商品保值,同时加快交货时间。

(3)促进销售　商品给顾客的第一印象,不是来自产品的内在质量,而是它的外观包装。产品包装美观大方、漂亮得体,不仅能够吸引顾客,而且还能激发顾客的购买欲望。据美国杜邦公司研究发现,63%的消费者根据商品包装作出购买决定。可以说,包装是无声的推销员。

(4)增加盈利　由于包装精美、使用方便的包装能够满足消费者的某种心理要求,消费者乐于支付较高的价格购买包装精美的商品。而且,包装材料、包装设计制作活动本身也包含着一部分利润。所以,包装能够增加企业的利润。

4)包装标签和标志

(1)包装标签　包装标签是指附着在商品包装上的文字、图案、雕刻及印制的说明。标签中载有许多信息,可以用来识别、检验内装商品,同时也可以起到促销作用。

通常,商品标签主要包括制造者或销售者的名称和地址、商品名称、商标、成分、品质特点、包装内商品数量、使用方法及用量、编号、贮藏应注意的事项、质检号、生产日期和有效期等内容。值得提及的是,印有彩色图案或实物照片的标签有明显的促销功效。

(2)包装标志　包装标志是在运输包装的外部印制的图形、文字和数字以及它们的组合。包装标志主要有运输标志、指示性标志、警告性标志3种。

①运输标志:又称为唛头(mark),是指在商品外包装上印制的收货人或发货人名称、目的地或中转地、件号、批号、产地等内容的几何图形、特定字母、数字和简短的文字等。

②指示性标志:是根据商品的特性,对一些容易破碎、残损、变质的商品,用醒目的图形和简单的文字作出的标志。指示性标志指示有关人员在装卸、搬运、储存、作业中引起注意,常见的有"此端向上""易碎""小心轻放""由此吊起"等。

③警告性标志:是指在易燃品、易爆品、腐蚀性物品和放射性物品等危险品的运输包装上印制特殊的文字或符号,以示警告。常见的有"爆炸品""易燃品""有毒品"等。

7.5.2 包装设计

1)包装设计程序

重视包装设计是企业市场营销活动适应竞争需要的理性选择。企业要想开发设计出有效的包装,尤其是新产品的包装,需要作出一系列的决策。

(1)建立包装概念 对于一个特定的产品,应该定义包装的功能:仅仅是保护商品,还是希望具有其他功能,如显示产品的质量,或吸引顾客,刺激销售等。

(2)决定包装设计的要素 管理者们需要决定包装的尺寸、形状、材料、颜色、内容、品牌和商标。这些要素必须合理搭配,协调美观。同时,包装要素还要与定价、广告和其他市场营销要素相一致。

(3)包装测试 产品包装设计出来以后,还需要经过一系列的测试:工程测试,检验包装的工程性能,如强度、硬度、耐热性、抗腐蚀等,确实能保护商品完好无损;视觉测试,保证印制的文字、图案、标志清晰可见,颜色柔和协调;中间商测试,使中间商觉得包装具有吸引力,而且便于储运、携带;顾客测试,要让顾客提出评议,便于携带和使用。

(4)正式投产 通过测试,企业要认真分析,积极改进,使包装臻于完善,再大量投入生产和使用。

一般来说,一个新产品的包装设计需要花费几十万元甚至几百万元的资金,几个月甚至一年的时间。企业必须重视产品包装设计,以满足社会、消费者、企业自己的利益。

2)包装设计的原则

(1)安全 安全是产品包装最核心的作用之一,也是最基本的设计原则之一。在包装设计过程中,包装材料的选择及包装物的制作必须适合产品的物理、化学、生物性能,以保证产品不损坏、不变质、不变形、不渗漏等。一方面,保证商品质量完好、数量完整;另一方面,保证人和环境安全。

(2)方便运输、保管、陈列、携带和使用 在保证产品安全的前提下,应尽可能缩小包装体积,节省包装材料和运输、储存费用。销售包装的造型结构,一方面应与运输包装的要求相吻合,以适应运输和储存的要求;另一方面要注意货架陈列的要求。此外,为方便顾客和满足消费者的不同需要,包装的体积、容量和形式应多种多样;包装的大小、轻重要适当,便于携带和使用;为适应不同需要,还可采用单件、多件和配套包装等多种不同的包装形式。

(3)美观大方,突出特色 包装具有促销作用,主要是因为销售包装具有美感。美观大方的包装给人以美的感受,有艺术感染力,进而使其成为激发顾客购买欲望的主要诱因。这就要求包装设计要注重艺术性。包装还应突出产品个性,这是因为包装是产品的组成部分,追求不同产品之间的差异化是市场竞争的客观要求,而包装是实现产品差异化的重要手段。富有个性、新颖别致的包装更易满足消费者的某种心理要求。20世纪初鲁德先生依其女友裙子造型为基础设计出的可口可乐瓶子就是妙笔之作。

(4)包装与商品价值和质量水平相匹配　包装作为商品的包扎物,尽管有促销作用,但也不可能成为商品价值的主要部分,因此,包装应有一个定位。一般说来,包装应与所包装的商品的价值和质量水平相匹配。经验数字告诉我们,包装不宜超过商品本身价值的13%~15%。若包装在商品价值中所占的比重过高,容易产生名不符实的感觉而使消费者难以接受。相反,质优价高的商品自然也需要高档包装来烘托商品的高雅品质。

(5)尊重消费者的宗教信仰和风俗习惯　由于社会文化环境直接影响着消费者对包装的认可程度,所以,为使包装收到促销效果,在包装设计中,必须尊重不同国家和地区的宗教信仰和风俗习惯,切忌出现有损消费者宗教情感,容易引起消费者忌讳的颜色、图案和文字。企业在设计包装时,应该深入了解分析消费者特性,区别不同的宗教信仰和风俗习惯,设计不同的包装以适应目标市场的要求。

(6)符合法律规定,兼顾社会利益　法律是市场营销活动的边界。包装设计作为企业市场营销活动的重要环节,在实践中必须严格依法行事。例如,按法律规定在包装上标明企业名称及地址;对食品、化妆品等与人民身体健康密切相关的产品,应标明生产日期和保质期等。不仅如此,包装设计还应兼顾社会利益,努力减轻消费者负担,节约社会资源,禁止使用有害包装材料,实施绿色包装战略。

此外,还应注意满足不同运输商、不同分销商的特殊要求。

7.5.3　包装策略

符合设计要求的包装固然是良好的包装,但良好的包装只有同科学的包装策略结合起来才能发挥其应有的作用。可供企业选择的包装策略主要有以下几种:

1)类似包装策略

类似包装策略是指企业生产经营的所有产品,在包装外形上都采取相同或相似的图案、色彩等,使消费者通过类似的包装联想起这些商品是同一企业的产品,具有同样的质量水平。

类似包装策略不仅可以节省包装设计成本,树立企业整体形象,扩大企业影响,而且还可以充分利用企业已拥有的良好声誉,有助于消除消费者对新产品的不信任感,进而有利于带动新产品销售。它适用于质量水平相近的产品。但是,类似包装策略容易对优质产品产生不良影响,所以,对于不同种类、不同档次的产品一般不宜采用这种包装策略。

2)等级包装策略

等级包装策略是指企业对自己生产经营的不同质量等级的产品分别设计和使用不同的包装。显然,这种依据产品等级设计包装的策略可使包装质量与产品品质等级相匹配,对高档产品采用精致包装,对低档产品采用简略包装。这一策略适应不同需求层次消费者的购买心理,便于消费者识别、选购商品,从而有利于全面扩大销售。当然,该策略的实施成本高于类似包装策略。

3)分类包装策略

分类包装策略是指根据消费者购买目的的不同,对同一种产品采用不同的包装。例如,用作礼品赠送亲友的商品,采用精致包装;若自己使用的商品,可采用简单包装。分类包装策略的优缺点与等级包装策略相同。

4)配套包装策略

配套包装策略是指企业将几种有关联的产品组合在同一包装物内的做法。这种策略能够节约交易时间,便于消费者购买、携带与使用,有利于扩大产品销售。但在实践中,还必须注意市场需求的具体特点、消费者的购买能力和产品本身的关联程度大小,切忌任意搭配。

5)再使用包装策略

再使用包装策略也称双重用途包装策略,指包装物在被包装的产品消费完毕后还有其他用途的做法。例如,装咖啡的玻璃瓶可以当作茶杯等。由于这种包装策略增加了包装的用途,可以刺激消费者的购买欲望,有利于扩大产品销售。同时,带有商品商标的包装物在再使用过程中起到延伸宣传的作用。

6)附赠品包装策略

附赠品包装策略是指在包装物内附有赠品以诱发消费者重复购买的做法。在包装物中的附赠品可以是玩具、图片,也可以是奖券、现金、物品。这种包装策略对儿童和青少年以及低收入者比较有效。这也是一种有效的市场营销方式。

7)更新包装策略

更新包装策略就是改变原包装的做法。一种包装策略无效,依照消费者的要求更换包装,实施新的包装策略,可以改变商品在消费者心目中的地位,进而收到迅速恢复企业声誉之效果。

［案例思考］

年宵花卉蝴蝶兰大行其道

在年宵盆花的排行榜上,蝴蝶兰可以说是名列前茅。这与其花大色艳、外形幽雅、花期较长、价格适中等因素不无关系。

蝴蝶兰是兰科植物的一个大家族,有野生原种 40 多个,人工杂交品种不计其数。由于外形极似蝴蝶而得名,深得人们的喜爱,被誉为"热带兰皇后"。

近几年,北京蝴蝶兰年宵花产量基本稳定在 110 万~120 万株,预计 2013 年上市量同比增长 25% 左右。在年宵花市上,热销的蝴蝶兰均为人工杂交品种,以颜色来区分,分别有红花系、白花系、黄花系、条纹花系。流行品种有大辣椒、火鸟、富贵红、红粉佳人、贵妃、超群 9 号(新品种)。蝴蝶兰以盆栽销售为主,还可以做切花,插制花艺作品。

价格影响。蝴蝶兰的开花时间、开花品质、开花期限,以及耐储运性是影响其价值的重要因素。常规品种一级品每株 25 ~ 30 元。但近年对蝴蝶兰的包装更尽奢华,一些大型的拼盘达二十几枝,价格在 2 000 元以上。

消费人群。中国人的新年习俗,红色的蝴蝶兰最受欢迎,代表鸿运吉祥的传统寓意。随着人们观念的转变,白色的蝴蝶兰也逐渐被大众所接受,尤其是受过现代教育的年青一代,将白色视为纯洁的象征,消费者多为年轻人和中年人。

消费趋势。组合盆栽成新宠,组合盆栽是指用一种或多种植物,以艺术的观点组合搭配在一起,使观赏的重点透过高矮、色彩和层次充分地表达出来。这种时尚之风在近几年兴起之后,很快获得大家的喜爱,尽管价格较贵,但作为送礼佳品和优良的室内装饰品,大有超越普通盆花的优势,一举成为高档年宵花卉的首选。

用途扩展。春节是一个喜庆的节日,用蝴蝶兰相赠亲戚朋友来联络感情已成为时尚,它不仅可以拉近人与人之间的距离,还可以增添更多生活情趣,比一般的礼品更具有喜庆和浪漫色彩。

品种改良。这几年推出一些中小型的多花色蝴蝶兰品种。这些品种价格适中,携带方便,再加上设计精美的包装花袋,对年轻的消费者很有诱惑力。

销售方式改良。蝴蝶兰组盆所用盆器都是白色、红色釉盆,比较单调,有些商家则采用一些更具特色的盆器来吸引高层次消费者。为了使消费者购买的蝴蝶兰植株生长状态好、开花时间长,近年流行在盆土上插一个牌子,附有该花的名称、图案和简单的保养管理方法介绍,如植株适宜的摆放位置,适宜生长的温度、光照、水分或浇水时间等,让消费者购买植株后能正确了解到怎样管好这些花卉,从而让他们产生购买的欲望。

蝴蝶兰花语:幸福向你飞来,快乐、纯洁、喜悦。

蝴蝶兰对应星座:水瓶座 & 射手座,代表忠诚、智慧、理性、美德。

各种花色的蝴蝶兰也有不同的含义:

白色蝴蝶兰:爱情纯洁、友谊珍贵。

红心蝴蝶兰:鸿运当头、永结同心。

红色蝴蝶兰:仕途顺畅、幸福美满。

条点蝴蝶兰:事事顺心、心想事成。

黄色蝴蝶兰:事业发达、生意兴隆。

迷你蝴蝶兰:快乐天使、风华正茂。

[问题解答]

1. 名词解释

核心产品　产品组合　产品线　产品生命周期　新产品　品牌资产　商标　包装

2. 企业如何优化产品组合?

3. 简述产品生命周期各阶段的市场特点与营销策略。

4. 什么是先驱者、先驱追随者、市场细分者、仿效者? 各自进入市场的策略如何?

5. 什么是新产品? 为什么新产品开发的失败率高?

6. 商标的认定原则是什么?

7. 包装的意义是什么？企业如何实施包装策略？

［实践操作］

某网络公司开辟了网上花卉营销业务,对生日、婚庆、会议等开展高档花卉营销与服务。如何定义花卉产品,满足消费者的需求?

［目标］ 了解花卉产品的定义、组合策略,熟悉产品生命周期原理及各阶段市场特点和营销策略,熟悉新产品开发程序,掌握商品品牌、包装的意义和策略。

［任务］ 为网络公司设计花卉产品,包括品种、品牌、包装、组合策略。

8 定价策略

【本章导读】

  价格是企业获得利益的手段和市场竞争的重要武器。本章介绍了产品定价的方法和策略，阐述了价格管理的内容，使学习者掌握定价方法、制订定价策略和管理价格变化的理论和方法。

【学习目标】

  了解产品定价的基本原则，掌握定价的基本方法和步骤，熟悉各种定价策略，掌握价格变化的管理方法和技巧。

  价格是市场营销组合中非常重要的因素，是企业在竞争中取胜的关键，也是最难确定的因素。一般来讲，当企业将新产品投入市场时，或者将某些产品通过新的途径投入市场或新的市场时，或者竞争投标时，都必须给其产品制订适当的价格。为了有效地开展市场营销活动，促进销售和增加利润，企业在给产品定价时，既要考虑成本的补偿，又要考虑消费者的承受能力，还要考虑竞争者的反应。因此，价格是市场营销组合因素中十分敏感而又难以控制的因素，它直接关系着市场对产品的接受程度，影响着市场需求和企业利润的多少，涉及生产者、经营者、消费者等各方面的利益。定价策略是企业市场营销管理的一个极其重要的内容。

8.1 定价的步骤和方法

  任何企业在实施定价策略时，都会遇到3个方面的问题：怎样给新产品定价（第一次定价）？在一定的时期和区域内怎样变更产品的价格以适应市场变化？如何应对竞争者的价格变化？定价和价格变化要考虑很多因素，才能满意地回答这些问题。

  企业定价的基本原则是：以成本为基础，以消费者需求为前提，以竞争价格为参照。

8.1.1 定价步骤

  任何企业都不能凭空地给某个产品制订价格，而必须遵循一定的程序。通常，定价包含以下6个步骤：

1）明确定价的目的

定价必须依据企业目标市场战略和市场定位战略的要求来进行。明确企业期望得到什么：销售额最高？利润最大还是市场占有率最大？价格与销售额、利润、市场占有率之间的关系如图8.1所示。

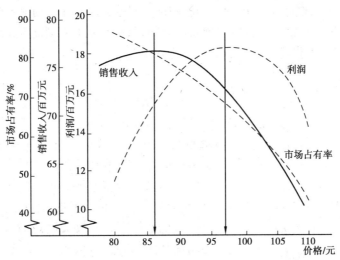

图8.1 产品价格与销售额、利润、市场占有率的关系

例如，某园林机具公司经过市场调查，决定生产一种庭院剪草机。选择的目标市场和产品定位就决定了该产品的价格要高。同时，企业营销人员还要制订一些具体的经营目标，如销售额、利润、市场占有率等，这些都对企业定价具有重要影响。从图8.1可以看出，不同的价格对应不同的销售额、利润、市场占有率。假如公司强调利润最大，则价格应定为每台97元；希望销售额最高，则价格应定为每台86元；希望市场占有率更大，则价格应定得更低。

一般来说，企业定价的目的主要有以下几种：

（1）维持生存 如果企业的生产能力过剩，原材料涨价，面临激烈竞争或试图维持消费需求，为了使工厂运转，减少存货，而且产品市场又是价格敏感型的，企业必须制订较低的价格，以微利、保本、甚至略有亏损来销售产品，争取收回资金，维持企业生存。此时，利润比起生存要次要得多。尤其是企业经营已处于艰难的境地，许多企业通过大规模的降价或价格折扣，来保持较高的销售量，只要价格能弥补可变成本和一部分固定成本，企业的生存便可得以维持。如果价格定得很高，产品卖不出去，工厂就得停产，固定成本和工资支会出导致更大的损失，时间一长，企业的生存危机就出现了。

（2）当期利润最大化 有些企业希望制订一个能使当期利润最大的价格，而较少考虑消费者和竞争者的反应。如果企业的产品在市场上享有较高的声誉，或者推出的新产品是消费者急需的，处于有利的竞争地位，这种定价目的是可行的。但是，市场的变化不可能使企业永远保持这种优势。因此，企业应适时调整价格水平。

（3）市场占有率最大化 市场占有率是企业经营状况和竞争能力的综合反映。有些企业认为，市场占有率高将会导致产品成本低，以较低的价格占领更多的市场份额，使企业处于市场领先地位，以期获得长远的最大利益。当具备下述条件之一时，企业可以考虑通过低价格来实现市场占有率的提高：第一，市场对价格高度敏感，因此低价格能刺激需求的迅速增长；第二，产品生产成本与分销成本会随着生产经验的积累而下降;第三,低价格能遏止现有的和潜在的竞争者采取竞争行动。

(4)产品质量最优化　企业也可以考虑产品质量领先这样的目标,并在生产和市场营销过程中始终贯彻产品质量最优化的指导思想。这就要求用高价格来弥补高质量产生的高成本。企业实施产品优质高价的同时,还应辅以相应的优质服务。对于在市场上有极高声誉的独特产品,生产规模不大,生成技术又是竞争者难以模仿的,目标市场是特殊的消费群体,优质高价是可行的。如高档盆景、名贵花木产品、字画、工艺品等。

2)测定市场需求

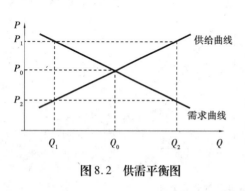

图8.2　供需平衡图

(1)需求与供给的关系　企业在决定产品的价格时,首先要弄清楚该种产品的市场需求情况,即市场容量的大小、市场对产品价格的敏感程度、竞争状况、有无替代品等。在某些行业内,价格对市场需求有直接影响。不同的价格水平,商品的市场需求量不同;另外,企业向市场提供商品时,不同的价格水平,商品的供给量也不相同。一般来说,价格增加,需求减少,供给增加;价格降低,需求增加,供给减少。需求与供给之间的矛盾如图8.2所示。

描述价格与需求之间的关系曲线称为"需求曲线",描述价格与供给之间的关系曲线称为"供给曲线"。纵坐标代表价格,用 P 表示;横坐标代表商品的数量,用 Q 表示。当某种商品的价格为 P_1 时,市场需求量为 Q_1,供给量为 Q_2;当价格为 P_2 时,需求量为 Q_2,供给量为 Q_1。由于市场机制的制导作用,商品的需求与供给之间的矛盾最终要达成一个平衡,即需求曲线与供给曲线的交点,称为供需平衡点。此时,商品的需求量和供给量相等,即 Q_0,对应的价格为 P_0。但是,这种平衡是一种动态平衡。一旦行业内某个企业采取市场营销行动,改变价格,这个平衡就会打破,需求和供给就会发生变化,经过一系列的作用,又会建立起新的平衡。

(2)需求价格弹性　商品的价格变化引起需求量变化的特性,叫作需求价格弹性。需求价格弹性反映市场需求量对价格的敏感程度,用需求价格弹性系数 E_p 表示。

对于大多数商品来说,需求价格弹性系数 E_p 为负数,说明当价格增加,需求量减小,价格降低,需求量增加。为了便于比较 E_p 的大小,一般情况是指它的绝对值。

定价时考虑需求价格弹性的意义在于,不同产品具有不同的需求价格弹性。从商品需求价格弹性强弱的角度决定企业的价格决策,主要分为以下3种类型:

①$E_p = 1$:反映需求量与价格成等比例变化。对于这类商品,价格的上升(下降)会引起需求量等比例的减少(增加)。因此,价格变化对销售收入影响不大。定价时,企业可以考虑按目标利润确定商品的市场价格,同时企业的市场营销措施以提高利润率为主要手段。

②$E_p > 1$:反映需求量变动的百分比大于价格变动的百分比,即弹性系数大。对这类商品,价格的上升(下降)会引起需求量更大幅度的减少(增加)。定价时,企业应考虑通过降低价格,薄利多销达到提高销售量,增加利润的目的。相反,如果企业在考虑提价时,务必谨慎,以防需求量发生锐减,影响企业的收入和利润。

③$E_p < 1$:反映需求量变化的百分比小于价格变化的百分比,即弹性系数小。对这类商品,价格的上升(下降)仅会引起需求量更小程度的减少(增加)。定价时,较高的价格水平往往会

增加利润,低价对需求量刺激效果不明显,薄利并不能多销,反而会降低收入水平。

一般来说,商品的需求价格弹性系数大,企业在制订价格时,应考虑降低价格,以利于获得较大的销售收入。相反,需求价格弹性系数小,企业可以适当提高价格,以求获得较高的利润率。

3)估算产品成本

任何企业都不能随心所欲地制订价格。某种产品的最高价格取决于市场需求,最低价格取决于这种产品的成本与费用之和。从长远看,任何产品的销售价格都应该高于成本费用。只有这样,才能以销售收入抵偿生产成本和经营费用获得利润,否则就无法经营。因此,企业制订价格时必须估算成本。

为了准确地估算成本,就必须分清产品的成本构成:固定成本、变动成本和摊入的费用。有些费用是一次性摊入,还有一些费用是分期摊入,避免成本估算太高,导致价格定得太高,失去市场竞争力。

4)分析竞争者价格

企业必须采取适当的方式,了解竞争者所提供的产品质量和价格,同时预测竞争者对价格变动的反映。企业获得这些信息后,要认真研究比较竞争者的产品价格和质量与本企业的产品质量和价格,参考成本和市场需求情况,准确地制订合理的价格。如果企业的产品质量和功能与竞争者的产品相差不多,则价格也应基本相当。当然,每个企业的市场营销战略和实施强度不同,产品的知名度不同,售后服务水平不同,价格允许有一定的差异。例如,联想电脑和其他品牌的电脑,虽然各参数都相同,由于联想的知名度和售后服务水平高,因此电脑的价格也就高些,消费者是认可的。企业的产品价格确定后,还要经常关注市场需求和竞争者的价格变化,适时调整价格。

5)选择定价方法

产品价格的高低受市场需求、成本费用和竞争情况等因素的影响和制约。企业制订价格时应全面考虑到这些因素。不同的定价方法考虑的因素不同,因此,选择合理的定价方法非常重要。下一节专门介绍常用的定价方法。

6)确定最后价格

企业定价的方法很多,究竟采用哪种方法,价格水平如何,要通过认真的分析和计算,考虑多方面的因素,最后决定选择一个最佳的定价方法和价格水平。

8.1.2 定价方法

企业在制订价格时,有3种导向,即成本导向、需求导向、竞争导向。

1)成本导向定价

成本导向定价是以产品成本费用为依据的定价方法,包括成本加成定价法、目标定价法和边际贡献定价法。

(1)成本加成定价法 是按照单位成本加上一定百分比的加成来制订产品销售价格。加成的含义就是一定比率的利润。成本加成定价公式为：

$$P = C(1 + R)$$

式中　P——单位产品价格；

　　　C——单位产品成本；

　　　R——成本加成率。

　　成本加成定价法比较简单，大大简化了企业定价程序，体现了以产品价值为基础的定价原理。这种定价方法适用于产品成本的不确定性比较小的情况。企业能够获得比较明确的利润率，保障生产经营正常进行。许多人认为，成本加成法对买方和卖方都比较公平，利润的透明度较高，企业能获得公平的投资报酬。但是，它的缺点是，只考虑成本因素，忽略了市场需求和竞争情况。

　　成本加成定价法的关键是如何确定加成率的大小。因为市场需求和竞争情况总是处在不断变化中，加成率也应该随之调整，才能制订出最合适的价格。

　　（2）目标定价法　是根据目标销售额和目标销售量来制订价格，以期获得目标利润。企业可以通过盈亏平衡分析求得目标利润。在盈亏平衡点，企业无利润。企业根据自己的生产能力和发展规划，确定一个目标利润额，就可以计算出产品的价格，即

$$P_L = v + (L + F) \div Q_L$$

式中　P_L——目标利润价格；

　　　v——单位变动成本；

　　　L——目标利润；

　　　F——固定成本；

　　　Q_L——目标利润点的销售量。

　　但是，这种定价法有一个重要的缺陷，即企业依据估计的目标销售额和目标销售量求出产品的价格，却忽略了价格恰恰是影响销售量的重要因素，一旦价格定得太高，将会减少销售量，而且目标销售量还会因市场的变化而变化，因此，企业的目标利润是难以保证的。

　　（3）边际贡献定价法　边际贡献等于产品价格减单位变动成本的差。边际贡献首先用于补偿固定成本，当固定成本完全覆盖后的剩余，才是企业的盈利。

　　这种定价方法主要用于一些特殊订单，前提是在满足正常价格的销售量情况下，生产能力还有剩余，企业可以接受一些特殊价格的订单，其价格只要高于变动成本，有边际贡献就可以了。如果不接受这些订单，剩余的生产能力闲置，就是浪费，不会给企业带来任何利益。而且固定资产的成本已经在正常价格的销售量里分摊完毕，特殊订单可以不考虑固定成本因素。

2）需求导向定价

　　需求导向定价是一种以市场需求强度及消费者感受为主要依据的定价方法，包括认知价值定价法、反向定价法和需求差异定价法。

　　（1）认知价值定价法　认知价值定价就是企业根据购买者对产品的认知价值来制订价格的一种方法。认知价值定价与现代市场定位观念相一致。企业在为其目标市场开发新产品时，在质量、价格、服务等方面都需要体现特定的市场定位观念。因此，首先要决定所提供的产品的价值及价格；之后，企业要估计在此价格下可能销售的产品数量，再根据这一销售量决定所需要的产能、投资及单位成本。其次，管理人员还要计算在此价格和成本下能否获得满意的利润。如能获得满意的利润，则继续开发这一新产品；否则，就要放弃这一产品概念。

认知价值定价的关键在于准确地计算产品所提供的全部市场认知价值。企业如果过高地估计认知价值，便会定出偏高的价格；如果过低地估计认知价值，则会定出偏低的价格。为准确把握市场认知价值，必须进行市场营销研究。

（2）反向定价法　是指企业依据消费者能够接受的最终销售价格，计算自己从事经营的成本和利润后，逆向推算出产品的批发价和零售价。这种定价方法不以实际成本为主要依据，而是以市场需求为定价出发点，力求使价格为消费者所接受。分销渠道中的批发商和零售商多采取这种定价方法。

（3）需求差异定价法　这种定价方法是根据不同消费季节（淡季、旺季）、消费地点（富裕地区、贫穷地区）、消费者（富人、穷人）的情况制订不同的价格。采用需求差异定价法的前提是，需求差异的界限比较容易确定。否则，企业将会失去一部分利益。

3）竞争导向定价

竞争导向定价法包括随行就市定价法和投标定价法。

（1）随行就市定价法　是指企业按照行业的平均现行价格水平来定价。在以下情况下往往采取这种定价方法：

①难以估算成本。

②企业打算与同行业其他企业和平共处。

③如果另行定价，很难了解购买者和竞争者对本企业价格的反应。

不论市场结构是完全竞争的市场，还是完全寡头竞争的市场，随行就市定价都是同质产品市场的惯用定价方法。

（2）投标定价法　采购单位在报刊上登广告或发出函件，说明拟采购商品的品种、规格、数量等具体要求，邀请供应商在规定的期限内投标。采购单位在规定的日期内开标，选择报价最低的、最有利的供应商成交，签订采购合同。供货企业如果想做这笔生意，就要在规定的期限内填写标单，填明可供应商品的名称、品种、规格、价格、数量、交货日期等，密封送给招标人，即采购单位，叫作投标。这种方法多用于工程承包和政府采购。投标价格是供货企业根据估计竞争者的报价制订的，而不是按照供货企业自己的成本费用或市场需求来制订的。供货企业的目的在于赢得合同，所以它的报价应低于竞争对手的报价。

采用这种方法定价，企业必须考虑价格的高低，中标的概率，利润的大小。因此，企业不能将报价定得低于变动成本，以免使企业亏损，造成财务状况恶化。相反，如果企业的报价太高，虽然潜在利润增加了，但却降低了取得合同的机会。

8.2　定价策略

前述定价方法是依据成本、需求和竞争等因素决定产品基础价格的方法。基础价格是单位产品在生产地点或者经销地点的价格，尚未考虑折扣、费用等对价格的影响。但在市场营销实践中，企业还需考虑或利用灵活多变的定价策略，修正或调整产品的基础价格。

8.2.1 新产品定价策略

一般来讲,新产品定价有两种策略可供选择:

1)撇脂定价策略

所谓撇脂定价,是指在产品生命周期的最初阶段,把产品的价格定得很高,以攫取最大利润,有如从鲜奶中撇取奶油。

(1)撇脂定价策略的条件 从市场营销实践看,在以下条件下企业可以采取撇脂定价策略:

①市场有足够的购买者,商品需求缺乏弹性,即使把价格定得很高,市场需求也不会大量减少。

②高价虽然会使需求减少一些,产量减少一些,单位成本增加一些,但这不致于抵消高价所带来的利益。

③在高价情况下,仍然独家经营,别无竞争者,有专利保护的产品即是如此。

④某种产品的价格订得很高,使人们产生这种产品是高档产品的印象。

(2)撇脂定价策略的优点

①尽快收回新产品开发的投资,并在短期内获得收益。

②以高价树立优质产品形象。

③为今后降价创造条件。

(3)撇脂定价策略的缺点

①新产品的价格高,一部分购买者望而却步,不利于开拓市场。

②高价格形成的高利润具有很强的吸引力,刺激竞争者介入。

③掩盖企业管理缺陷,不利于降低成本。

2)渗透定价策略

所谓渗透定价,是指企业把新产品的价格定得相对较低,以吸引大量购买者,尽快占领市场,提高市场占有率,以求得长远利益。

(1)渗透定价策略的条件 从市场营销实践看,企业采取渗透定价策略需具备以下条件:

①市场需求对价格非常敏感,因此,低价格会刺激市场需求迅速增加。

②企业的生产成本和经营费用会随着生产经营经验的积累而下降。

③低价格不会引起实际和潜在竞争者的介入。

(2)渗透定价策略的优点

①运用价格优势,吸引购买者,迅速占领市场。

②能有效地限制竞争者进入市场。

(3)渗透定价策略的缺点

①新产品投资的回收期延长。

②今后降低价格的余地较小。

8.2.2　折扣定价策略

企业为了鼓励顾客现款购买、大量购买、淡季购买,酌情降低其基本价格,这种价格调整称为价格折扣。采用价格折扣的类型:

1)现款折扣

这是企业给那些当场付清货款的顾客的一种价格优惠,常用的表达方式"2/10,net 30"。其意思是:合同规定顾客在 30 天内必须付清货款,如果顾客在 10 天内付清货款,则给予 2% 的折扣。

2)数量折扣

这种折扣是企业给那些大量购买某种产品的顾客的一种价格优惠,以鼓励顾客购买更多的产品。因为大量购买能使企业降低生产、销售、储运、记账等环节的成本费用。例如,顾客购买某种商品 100 件以下,每件 10 元;购买 100 件以上,每件 9 元,这就是数量折扣。

3)功能折扣

这种价格折扣又称为贸易折扣。功能折扣是制造商给某些批发商或零售商的一种额外折扣,促使它们执行某种市场营销功能(如推销、储存、服务、信息反馈)。

4)季节折扣

这种价格折扣是企业给那些购买过季商品的顾客的一种价格优惠,使企业的生产和销售在一年四季保持相对稳定。

5)价格折让

这是另一种类型的价目表价格的减价。有以旧换新折让和促销折让两种情况。

目前中国商业代理、经销方式越来越普遍。折扣在经销方式中的运用非常普遍。但是,企业和经销商要注意在经销地区影响范围内消除折扣的差异性,避免同一企业同种商品的折扣标准混乱,使消费者无法选择甚至产生怀疑,而且折扣差异性会使企业的产品在一个区域市场内形成了冲抵,影响了经销总目标的实现。

8.2.3　区域定价策略

一般地说,企业不仅要有完整的产品结构,还必须有一个合理的价格体系。对于同种产品,也应该根据不同的地理区域、目标市场、购买时间、购买数量、支付条件等因素制订不同的价格。区域定价的形式有:

1)FOB 原产地定价

这是国际贸易的术语,称为"离岸价"。国内贸易采用车板价、出厂价与之对应。顾客按照产品出厂价格购买某种产品,企业只负责按合同将这种产品运到产地指定的运输工具(如卡车、火车、船舶、飞机等)上交货。交货后,从交货地点到目的地的一切风险和费用概由顾客承担。如果按产地某种运输工具上交货定价,那么每一个顾客都各自负担从产地到目的地的运费,这是很合理的。因为顾客自付运费,远的多付,近的少付。但是,这样定价对企业也有不利之处,即远地的顾客有可能不愿购买这家企业的产品,而选择就近购买,使企业失去了较远区域的顾客。

2) 统一交货定价

统一交货定价也称统一到岸价,企业对于不同地区顾客都实行相同的价格,即出厂价加上平均运费作为产品的销售价格。企业负责将产品从产地运到目的地,并负担运费及风险费用。顾客无论远近,都支付相同的价格(含平均运费)。这种定价的优点是,便于价格管理,对所有顾客一视同仁。缺点是,企业可能失去就近的顾客。

3) 分区域定价

这种定价方式介于前两者之间,企业把全国分为若干价格区,对不同价格区的顾客实行不同的价格。距离远的区域,价格定得较高;距离近的区域,价格定得较低。企业采用分区域定价也存在问题:其一,在同一价格区内,有些顾客距离企业较近,有些顾客距离企业较远,近的顾客就要多付运费,不合算;其二,处在两个相邻价格区界两边的顾客,他们相距不远,但是要支付不同的价格购买同一种产品,也会有抱怨。另外,企业的价格管理比较复杂,价格区也难以确定。

4) 基点定价

企业选定某些城市作为基点,制订一个基点价格。从基点城市到顾客所在地的运费由顾客负担。某些企业为了提高灵活性,选定许多个基点城市,按照顾客最近的基点计算运费。

5) 运费免收定价

有些企业因为急于和某些地区做生意,会负担全部或部分运费。这些企业认为,如果生意扩大,销售量增加,产品的平均成本就会降低,可以抵偿这些运费开支。采取运费免收定价,可以使企业加强市场渗透,在竞争日益激烈的市场上赢得顾客的好感,巩固业务关系,扩大市场占有率。

8.2.4　心理定价策略

1) 声望定价策略

企业利用部分消费者仰慕名牌商品或名店的声望所产生的某种心理,专门把价格定得很高。例如,劳斯莱斯汽车、皮尔卡丹服装等产品的价格都定得很高,但购买者还是不少,因为这些商品体现了购买者的社会地位,满足了他们希望别人尊敬的心理。尤其是质量不易鉴别的商品,如古董、名画、香水等,在定价时最适宜采用声望定价策略,因为消费者往往以价格判断质量,认为价格高就代表质量高,自己的身份也就相应提高。但是,就一般消费者来说,仍然希望购买质优价廉的商品。因此,优质高价的定价策略只适用于少部分消费者,而且价格也不能太高,使消费者不能接受。

2) 尾数定价策略

利用消费者数字认知的某种心理,尽可能在价格数字上不进位,而保留零头,如 99.98 元比

100 元容易接受,尾数 98 与"久发"谐音,使消费者产生价格低廉和卖主经过认真的成本核算才定价的感觉,从而使消费者对企业产品及其定价产生信任感。在国外许多零售商店的消费品,都是采用这种定价策略。

3) 招徕定价策略

零售商利用部分顾客求廉的心理,特意将某几种商品的价格定得很低以吸引顾客。某些商店随机推出降价商品,每天、每时都有一至两种商品降价出售,吸引顾客经常来购买廉价商品,同时也选购了其他正常价格的商品。

8.2.5 差别定价策略

所谓差别定价,也称价格歧视,是指企业根据不同的顾客,不同的产品形式,不同的购买时间确定商品价格的方法。

1) 差别定价的主要形式

差别定价主要有 4 种形式:

(1)顾客差别定价 即按照不同的价格把同一种产品或服务卖给不同的顾客。例如,某个花卉商店把相同的花篮按照较高的价格卖给顾客 A,同时按照较低价格卖给顾客 B。这种价格歧视表明,顾客的需求强度和商品知识有所不同。

(2)产品形式差别定价 即对不同型号或形式的产品分别制订不同的价格,但是,不同型号或不同形式产品的价格之间的差额和成本费用之间的差额并不成比例。

(3)产品部位差别定价 即企业对于处在不同位置的产品或服务分别制订不同的价格,即使这些产品或服务的成本费用没有任何差异。例如,把一只整鸡分割成鸡翅、鸡腿等,制订不同的价格。

(4)销售时间差别定价 即企业在不同季节、不同时期甚至不同钟点对产品或服务分别制订不同的价格。例如,相同的玫瑰花,在情人节当天的价格是每枝 10 元,第二天的价格是每枝 3 元。

2) 差别定价的适用条件

企业采取差别定价策略必须具备以下条件:

①市场必须是可以细分的,而且各个细分市场必须表现出不同的需求程度。

②以较低价格购买某种产品的顾客没有可能以较高价格把这种产品倒卖给别人。

③竞争者没有可能在企业以较高价格销售产品的市场上以低价竞销。

④细分市场和控制市场的成本费用不得超过因实行价格歧视而得到的额外收入,这就是说,不能得不偿失。

⑤价格歧视不会引起顾客反感而放弃购买,影响销售。

⑥采取的价格歧视形式不能违法。

8.2.6　产品组合定价策略

1）产品大类定价策略

当企业生产的系列产品存在需求和成本的内在关联性时,为了充分发挥这种内在关联性的积极效应,需要采用产品大类定价策略。在定价时,首先,确定某种产品的最低价格,它在产品大类中充当领袖价格,以吸引消费者购买产品大类中的其他产品;其次,确定产品大类中某种商品的最高价格,它在产品大类中充当品牌质量和收回投资的角色;再者,产品大类中的其他产品也分别依据其在产品大类中的角色不同而制订不同的价格。在许多行业,市场营销人员都为产品大类中的某一种产品事先确定好价格点,他们的任务就是确立认知质量差别,来使价格差别合理化。

2）选择品定价策略

许多企业在提供主要产品的同时,还会附带一些可供选择的产品或服务。例如,经营花卉的企业还经营花肥、花卉养护工具等。

3）互补产品定价策略

有些产品之间存在着互相补充的关系,例如,盆栽花和花肥、照相机和胶卷、计算机和软件等。互补产品一般有主要产品和附属产品之分。企业对互补产品的定价策略是:主要产品的价格定得较低,附属产品的价格定得较高。例如,柯达照相机的价格很低,吸引消费者购买,有了照相机,就必然要买胶片,企业从销售胶卷上获得较多的利润。而那些不生产胶片的照相机生产企业为了获取同样的利润,不得不给照相机制订高价,显然这种企业的市场地位就差得多。但如果附属产品的定价过高,也会出现危机。

4）产品系列定价策略

企业经常以某一价格出售一组产品,例如,花卉、花盆、花肥、喷壶等。这一组产品的价格低于单独购买其中每一产品的价格总和。因为顾客可能并不打算购买其中某些产品,所以这一系列组合的价格必须有较大的降幅,刺激顾客购买。有些顾客不需要整个产品系列,要求将产品系列拆开,例如有些顾客购买鲜花,不需要送货上门。在这种情况下,如果企业节约的成本大于向顾客提供其所需商品的价格损失,则公司的利润会上升。例如,花店把一束玫瑰花包括送货上门的价格定为50元,而实际上顾客在花店购买相同花束的价格是20元,不提供送货上门可节省30元,如果花店向顾客提供的花束价格减少到30元,则花店的利润就增加了10元。

8.3　价格管理

价格管理就是指企业如何给自己的产品定价、调价和应付竞争对手的价格变化。给自己的产品定价在前面已经介绍,这一节重点介绍企业调价和应付竞争对手的价格变化。

企业处在一个不断变化的环境之中,为了适应市场的发展,产品的价格却不可能固定不变。有时候需要降价,有时候又需要提价,特别是在竞争者的价格变化时必须作出适当的反应。

8.3.1 企业降价与提价

1) 企业降价

当企业面临以下几种情况时,可以考虑降价:

(1)生产能力过剩 企业需要增加销售量以适应生产能力。但增加销售量又不能通过改进产品质量或加强销售力量来实现。在这种情况下,企业就需要考虑降价。

(2)市场占有率下降 在强大竞争者的进攻下,企业的市场份额丢失,暂时又无别的良策,只好考虑降价。

(3)夺取市场 企业的成本费用比竞争者低,试图通过降价提高市场占有率,牟取长远利益。在这种情况下,企业也往往发动降价攻势。在市场营销实践中,有实力的企业率先降价往往能给弱小的竞争者以致命的打击,力争抢夺更多的市场份额。

2) 企业提价

虽然提价会引起消费者、经销商和本企业的推销人员的不满,但是成功的提价策略可以使企业的利润大大增加。企业提价的原因:

(1)通货膨胀,物价上涨 由于原材料、劳动力涨价,导致企业的成本费用提高,因此许多企业不得不提高产品价格。

(2)产品供不应求,抑制消费 由于产品紧俏,或因为原材料限制使产品生产量小,不能满足所有顾客的需要。在这种情况下,企业就必须提价。提价方式包括取消价格折扣,在产品大类中增加价格较高的项目,或者直接提价。为了减少顾客不满,企业提价时应当向顾客说明提价的原因,并帮助顾客寻找节约途径。

(3)汇率变化,进口成本增加 例如,欧元升值,从欧元区进口花卉,导致成本增加,企业不得不提高进口花卉的销售价格。

企业无论提价或降价,购买者和竞争者的反应是强烈的。同时,经销商、供应商、政府对企业的价格变化也会关注。

8.3.2 购买者和竞争者对价格变化的反应

1) 购买者对价格变化的反应

当企业实施价格变化时,首先要分析购买者对价格变化的反应。购买者对企业的降价或提价都可能作出不同的理解。

(1)购买者对企业降价的理解

①这种产品的式样老了,将被新型产品所代替。

②这种产品有某些缺点,销售不畅。

③企业财务困难,难以继续经营下去。

④价格还要进一步下跌,等等再说。

⑤这种产品的质量下降了,还是买别的产品吧。

（2）购买者对企业提价的理解

①这种产品很畅销,不赶快买就买不到了。

②这种产品很有价值。

③企业太贪婪了,想赚取更多的利润。

一般地说,购买者对价格最敏感的是那些高档商品和经常购买的商品,对于那些价值低、不经常购买的小商品,即使价格较高,购买者也不大注意。此外,购买者虽然关心产品价格变动,但是更关心取得、使用和维修产品的总费用。因此,如果企业能够说服购买者相信某种产品取得、使用和维修的总费用比竞争者更低,就可以把这种产品的价格定得比竞争者高,仍然能够获得足够的购买者。

2）竞争者对价格变化的反应

企业在考虑改变价格时,还必须考虑竞争者的反应。当某一行业中企业数目很少,提供同质的产品,购买者颇具辨别力与知识,了解竞争者的反应就越显得重要。

（1）了解竞争者反应的主要途径　企业如何估计竞争者的可能反应呢？首先,假设企业只面临一个强大的竞争者,竞争者的反应可以从两个方面加以估计:

①假设竞争者有一组适应价格变化的政策,而这些政策又在企业的预料之中,那么竞争者的反应就是可以预料的。

②假设竞争者把企业的价格变化当作新的挑战,而且根据它自己的当时利益进行反抗,那么企业就要弄清楚竞争者当时的利益是什么,必须对它的财务状况进行调查研究,以及当前的销售情况、生产能力、顾客的忠诚度、公司的目的,如果竞争者旨在市场占有率,它很可能会跟着变动它的产品价格,如果竞争者旨在利润最大,它也许会采取别的对策,如增加广告预算,或改进产品质量。

了解竞争者的反应,可以通过取得竞争者的内部资料和公开的数据进行分析。取得内部情报的方法有好几种,有些方法是可接受的,有些方法则近乎刺探。另一种方法是从竞争者那里挖来经理,以获得竞争者决策程序及反应模式等重要情报。此外,还可以雇佣竞争者以前的职员专门建立一个单位,其工作任务就是模仿竞争者的立场、观点、方法来思考问题。类似的情报也可以由其他渠道获得,如顾客、金融机构、供应商、代理商等。

（2）预测竞争者反应的主要假设　企业可以从以下两个方面来估计、预测竞争者对本企业的产品价格变动的可能反应:

①假设竞争对手采取老一套的办法来对付本企业的价格变动。在这种情况下,竞争对手的反应是能够预测的。

②假设竞争对手把每一次价格变动都看作是新的挑战,并根据当时自己的利益作出相应的反应。在这种情况下,企业就必须通过调查研究断定当时竞争对手的利益是什么。

总之,企业在实施价格变动时,必须善于利用企业内部和外部的信息来源,观测出竞争者的思路,以便采取适当的对策。实际问题是复杂的,因为企业降价可能引起竞争者的种种不同理解:那家企业又想偷偷地侵占别人的市场份额;那家企业经营不善,力图增加销售;那家企业想使整个行业的价格下降,以刺激整个市场需求。

上面的假设是企业只面临一个强大的竞争者。如果企业面对着许多竞争者,在准备进行实施价格变化时,就必须估计每一个竞争者的可能反应。如果所有竞争者的反应大致相同,就可以集中力量分析一个典型的竞争者,因为典型竞争者的反应可以代表其他竞争者的反应。如果各个竞争者在规模、市场占有率及政策等重要因素有所不同,它们的反应也有所不同,在这种情况下,就必须分别对各个竞争者进行分析;如果某些竞争者随着企业的价格变化而变化,那么我们就可能预料其他的竞争者的反应了。

8.3.3　对付竞争者的价格变化

在现代市场经济条件下,企业经常会面临竞争者价格变化的挑战。如何对竞争者的价格变化作出及时、正确的反应,是企业价格管理的一项重要内容。

1)企业在不同市场环境下的反应

(1)同质产品市场环境的反应　在同质产品市场上,如果竞争者降价,企业必须随之降价,否则顾客就会转向购买竞争者的产品;如果某一个竞争者提价,而且提价会使整个行业有利,其他竞争者也会随之提价,但是如果某一个竞争者不提价,那么最先发动提价的竞争者和其他跟随提价的企业也不得不取消提价。

(2)异质产品市场环境的反应　在异质产品市场上,对竞争者的价格变化,企业有很多选择。因为在异质产品市场上,购买者在选择产品时,不仅考虑产品的价格,而且还要考虑产品的质量、服务、性能、外观、可靠性等多方面的因素。因此,购买者对于较小的价格差异并不在意。

面对竞争者的价格变化,企业必须认真调查研究以下问题:

①竞争者为什么要变动价格。

②竞争者打算暂时变动价格还是永久变动价格。

③如果对竞争者变动价格不作任何反应,将对企业的市场占有率和利润有何影响。

④其他企业是否会有反应,有什么反应。

⑤竞争者和其他企业对于本企业的每一个可能的反应又会有什么反应。

2)市场领导者的反应

在市场上,处于市场领导者地位的企业往往会遭受到竞争者的进攻。如果竞争者的产品可与市场领导者的产品相媲美,它们往往通过进攻性的降价来蚕食市场领导者的市场阵地。在这种情况下,市场领导者有以下几种策略可供选择:

(1)维持原价格不变　市场领导者认为,降价会减少利润收入。维持原价格不变,可能会失去一些市场份额,但企业自信今后能够夺回失去的市场阵地。当然,企业在维持原价格不变的同时,还要注意改进产品质量,提高服务水平,加强促销宣传,运用非价格手段来反击竞争者。许多企业的市场营销实践证明,采取这种策略比降价销售更合算。

(2)降价　市场领导者认为,降价可以使销售量增加,产量增加,从而使生产成本费用下降;市场对价格很敏感,不降价就会失去较多的市场份额;市场份额丢失以后,很难得以恢复。降价以后,仍要尽力保持产品质量和服务水平。

(3)提价　这是一种反袭击策略。当市场领导者受到袭击时,立即推出新品牌、新型号、换代产品,制订较高的价格,来弥补受袭击产品的损失。在提价的同时,要致力于提高新产品的质量,加强市场营销行动,要让购买者确信换代产品比受袭击产品要优良得多。对于高技术产品或产品进化较快的产品,采用这种定价策略与竞争者抗衡,是行之有效的。

(4)和谈　市场领导者的优势不明显,运用价格手段进行反击损失较大,而且对整个行业的发展也不利,可以与进攻者进行和谈,采取妥协的手段,促使双方避免价格战。采用这种策略时,一定要有充分的准备,要从双方的利益和整个行业的发展前景着想,说服进攻者停止袭击行动,共同采取联合策略,共同获利。

3)企业应变需考虑的因素

受到竞争者的进攻时,企业必须考虑:

①产品在其生命周期中所处的阶段及其在企业产品投资组合中的重要程度。

②竞争者的意图和资源。

③市场对价格和价值的敏感性。

④成本费用随着销售量和产量的变化而变化的情况。

面对竞争者的价格变化,企业不可能花很多时间来分析应采取的对策。事实上,竞争者很可能花了大量的时间来准备价格变化,而企业又必须在数小时或几天内明确果断地作出明智反应,是比较困难的。缩短价格反应决策时间的唯一途径是:预料竞争者的可能价格变化,并预先准备适当的对策预案。

[案例思考]

天津市鲜花价格"节节高"

随着春节临近,花卉市场又迎来一年中销量最大的"贺岁档",天津市多个花卉市场的鲜花价格在多种因素推动下持续上涨,节庆效应也使观赏类盆栽花卉价格"节节攀升"。

由于低温导致鲜花产区昆明产量下降,再加上物流成本上涨,每枝鲜花的价格比去年同期普遍上涨2元左右。双头百合每枝12元,玫瑰每枝4元,特别是春节大年初五是情人节,使鲜花价格持续上涨。

鲜花价格上涨,给仿真花带来商机。商家开业、婚礼庆典什么的,如果用鲜花,不仅成本高而且很快凋谢,花店就向顾客推荐仿真花,在插花篮时用鲜花和仿真花混搭,不仅价格低而且效果好。一些仿真度高、颜色鲜艳、造型自然的仿真花尤其走红。

礼品花卉青睐水培盆景,绿色植物的叶子宽大油润,白色的根茎养在透明的玻璃缸中,还有小鱼穿梭游弋,不仅雅致,而且这种和谐共生的感觉,符合现代人的生活理念。"千手观音"是近两年天津市场上的新品种,销路很好。"白雪公主"等水培植物也都挺受欢迎。由于肥料和运输成本上涨,"千手观音"、"白雪公主"等水培花卉的零售价格上涨10%~20%。盆景也是"抢手货",盆景讲究的是造型,一树一韵,无论自己摆放还是送人,都是高端货。榕树、铁树类盆景的价格都在千元以上,销路很好。

年宵花卉最好卖的就是杜鹃、蝴蝶兰这些品种,开花鲜艳,又有美好寓意。红掌、富贵竹、宝石蓝、平安树等用于家庭装饰,价格高,销路好。大花蕙兰和凤梨这种颜色喜庆的植物,越来越受到青睐,除团体大规模购买外,个人居家消费的比例占3成左右。

老品种搭上"文化车",传统的水仙和瓷器结合,春节开花,一股淡雅怀旧风,赏花之人要的就是这种感觉。以前只卖水仙,拎个塑料袋就带回家了,现在一些花店把水仙和瓷器结合在一起,送礼或自己欣赏都行,用文化这么一包装,生意好了,价格涨了,客户满意了,这叫双赢!

　　传统花束此前包的大多是玫瑰百合,用毛绒公仔包装的创意花束,已成为年轻人的新宠。卡通花的销量不错,大多是年轻人购买。卡通花束根据公仔质量和数量价位有所不同,从80元到200多元不等,小熊的、喜羊羊、灰太狼的,各种毛绒公仔既可独立成束,也可与鲜花随意搭配,尤其是到了情人节特别好卖。

［问题解答］

　　1. 简述定价的目的和步骤。
　　2. 成本导向定价法包括几种方法? 每种定价方法如何确定价格水平? 边际贡献定价法对企业的意义如何?
　　3. 如何给新产品定价?
　　4. 什么是区域定价策略、心理定价策略、差别定价策略?
　　5. 价格管理的内容是什么?
　　6. 企业如何对付竞争者的价格变化?

［实践操作］

　　某网络公司开辟了网上花卉营销业务,对生日、婚庆、会议等开展高档花卉营销与服务。如何为花卉产品定价,才能满足消费者的需求,又能使企业获得满意的利润?
　　［目标］　了解花卉产品的定价方法,使用区域定价策略、心理定价策略、差别定价策略,熟悉价格管理的原理和方法,学会应对竞争者的价格变化。
　　［任务］　为网络公司各种花卉产品确定价格组合策略。

分销渠道策略

【本章导读】

　　分销是为了方便消费者在不同的时间、不同的地域购买商品。本章介绍了分销渠道的类型、构成，强调了中间商的作用，阐述了分销渠道管理、物流管理的方法，使学习者掌握分销渠道管理的理论和方法。

【学习目标】

　　了解分销渠道的含义、类型和分销渠道系统的构成，熟悉中间商的特点和作用，掌握渠道管理的方法。熟悉物流系统和物流管理的基本知识和方法。

　　在现代市场经济条件下，企业生产出来的产品，只有通过一定的市场营销渠道，才能在适当的时间、地点，以适当的价格供应给广大消费者，满足市场需求，从而克服生产者与消费者之间在时间、地点、数量、品种、信息、价格和所有权转移等方面存在的差异和矛盾，实现企业的市场营销目标。

　　分销策略是企业管理者面临的最重要的策略之一。企业选择的分销渠道正确与否，将严重地影响企业其他市场营销策略的效果。企业的产品定价、销售队伍建设、广告宣传等都依赖于中间商的大小和资质。此外，企业的分销策略还涉及对其他公司相当长的承诺。例如，一个花卉生产企业与一家独立的花卉经销公司签订了在某个地域的经销合同，不可能在第二天就反悔，而以自己的销售网或其他销售公司取代。因此，企业管理者在选择分销渠道时，不仅要弄清今天的市场现状，而且更要着眼于明天的市场环境变化。

9.1　分销渠道

9.1.1　分销渠道的概念

1) 分销渠道的含义

　　分销渠道是指产品(或服务)在从生产者向消费者(或用户)转移过程中所经过的路线。在这条路线上,一般要发生两种形式的运动:一是商品交换的价值形式运动,即商流,它使产品的所有权从卖主转移到买主,直至最终消费者;二是伴随着商流所发生的产品实体的空间移动,即物流。商流和物流都是围绕商品交换,使商品价值最终实现所形成的路线或通道,包括参与或帮助商品从生产者向消费者转移的所有企业和个人。因此,分销渠道包括商人中间商(因为他们取得所有权)和代理中间商(因为他们帮助转移所有权),还包括处于渠道起点和终点的生产者和最终消费者或用户。菲利普·科特勒认为,分销渠道是使商品或服务能被使用或消费而配合起来的一系列独立的组织或个人的集合。

从经济学的观点来看,分销渠道对产品从生产者转移到消费者所必须完成的工作加以组织,其目的在于消除产品(或服务)的生产者与使用者之间的分离。

企业选择的分销渠道不仅会影响"物畅其流",还会直接影响其他的市场营销策略,如产品策略、价格策略、促销策略等。企业建立一条有效的分销渠道,要花费大量的精力、时间和资金,一般很难改变或调整。因此,分销渠道的建设,应当兼顾短期和长期的销售环境和销售利益。有效的分销渠道必然会增强企业的竞争能力。

2)分销渠道的职能

分销渠道的主要职能有以下几种:

(1)研究　收集制订计划和进行交换所必需的信息。

(2)促销　进行关于所供应的商品的说服性沟通。

(3)接洽　寻找可能的购买者并与之进行沟通。

(4)配合　使所供应的商品符合购买者需要,包括分类、分等、装配、包装等活动。

(5)谈判　为了转移所供商品的所有权,而就其价格及有关条件达成最后协议。

(6)物流　从事商品的运输、储存。

(7)融资　为补偿渠道工作的成本费用而对资金的取得与支出。

(8)风险承担　承担与渠道工作有关的全部风险。

3)分销渠道的特点

(1)分销渠道反映商品价值实现的全过程　通道的两端连接着商品生产者和消费者,是完整的商品流通过程。在这个过程中,实现了商品所有权的转移和商品实体的转移。这两种转移既互相联系,又互相区别。商品实体的转移是以商品所有权的转移为前提的,也是所有权转移的保证,两者的起点和终点是一致的。

(2)分销渠道的主体是参与商品流通过程的市场营销中间机构　这些中间机构组成了分销渠道,主要包括商人中间商(批发商、零售商)、代理中间商(代理商、经纪人)和辅助商(储运商、银行、广告商等)。这些机构共同为解决商品生产与消费之间的矛盾而执行各自不同的功能,结成伙伴关系,同时他们又因为各自的经济利益会产生矛盾和冲突,需要管理和协调。

(3)商品所有权转移的次数决定了分销渠道的长短　在商品流通过程中,商品从生产者直接转移到消费者,所有权只发生了一次转移,分销渠道最短。但是,在一般情况下,商品流通需要经过一系列中间机构的转卖或代理转卖,才能完成商品从生产者到达消费者,商品的所有权发生了多次转移,分销渠道就比较长。分销渠道长短的选择,取决于企业获得的比较利益的大小。

(4)分销渠道是多种"流"的组合体　在分销渠道中,除了主要的商流和物流之外,还有一些辅助流通形式,即货币流、信息流、促销流,如图9.1所示。

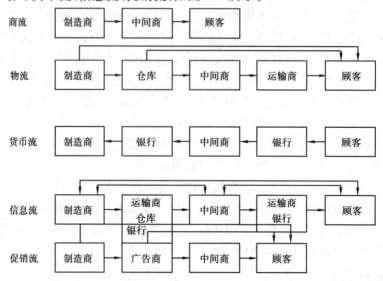

图9.1　分销渠道中5种不同的"流"

　　货币流是从后向前流动,与商流和物流的方向相反。消费者或用户获得商品价值和所有权时,才能支付货款。因此,生产者以及中间商都必须提前垫付资金,首先把商品生产出来,运送到消费者手中,才能实现自己的经济利益。这也正是检验生产者和中间商经济实力和竞争能力的重要标志。

　　信息流是双向或多向流动的,参与分销渠道的所有机构和个人都在传递和交流信息。正是这种信息的传递和交流,才促进了生产者和消费者以及中间商实现各自的价值,满足各自的愿望。

　　促销流是生产者和中间商向消费者传递商品和服务的信息,或者采取各种宣传促销手段,刺激或引导消费者购买本企业的商品。

　　这些"流"围绕商流相继发生,他们的功能发挥和协调效果也不尽相同。因此,分销渠道的效率,不仅取决于渠道的主导成员,也取决于相关的支持辅助成员,如商业服务机构(运输公司、仓库、银行、保险公司等)和销售服务机构(广告公司、销售调研公司、咨询公司等)。

9.1.2　分销渠道的类型

　　分销渠道可以按照不同的标准,从不同的角度进行划分。图9.2列出了几种分销渠道的类型。

1)直接渠道和间接渠道

　　(1)直接渠道　直接渠道是指没有中间商参与,商品由生产者直接销售给消费者(用户)的渠道类型,也称为零阶渠道或短渠道。主要形式包括生产者直接销售产品,派人员上门推销,邮寄销售,电视直销和网上销售。直接渠道是最短的分销渠道。

　　近年来,消费品直接渠道在世界范围内迅速发展,特别是计算机和互联网的普及,网上直销已经成为一种新兴的销售形式,越来越多的消费者已经习惯于网上购物,省时省钱,减少了购买假冒伪劣商品的几率。

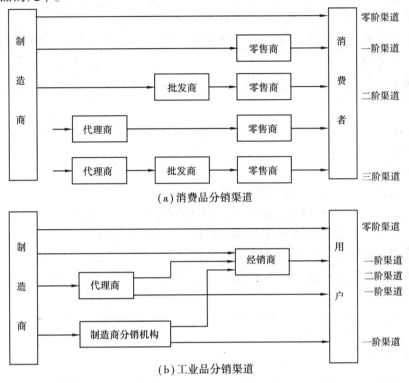

（a）消费品分销渠道

（b）工业品分销渠道

图9.2　分销渠道的基本类型

直接渠道是工业品销售的重要方式。大型设备、专用机具、技术复杂的专门服务,都采用直接渠道销售。

①直接渠道的优点:

a.生产者可以根据用户的需求组织生产,更好地满足需求。特别是用途单一、技术复杂的产品,直接销售能够使用户了解产品性能,及时购买。

b.生产者直接向消费者介绍和推销产品,便于消费者更好地掌握产品性能、特点和使用方法。

c.没有中间环节参与,可以减少产品耗损和变质导致的损失和流通费用,免去了中间环节层层加价获利的因素,使产品的价格大大降低,刺激消费者的购买决策。

d.消费者直接向生产者购买产品,杜绝了假冒伪劣商品,保护了消费者的利益。

②直接渠道的主要缺点:生产者要花费较大的精力、时间、资金销售产品,销售的范围和数量受到限制。

（2）间接渠道　间接渠道是指有一级或多级中间商参与商品的销售,商品经过一个或多个中间商的转卖,最后到达消费者的渠道类型,有一阶渠道、二阶渠道、三阶渠道,也称为长渠道。

①间接渠道的优点:

a.由于中间商的介入,使生产者减少了交易的次数,节约流通领域的人力、物力、资金和时间,可以集中精力搞好生产。

b.由于中间商专门从事商品流通,销售网络健全,覆盖面大,扩大了生产者的商品销售范围,增加销售量,占领更大的市场。

②间接渠道的主要缺点:生产者与消费者不能直接沟通信息,不易准确了解消费者的需求;由于中间环节增加,导致商品的流通费用增加,价格有可能增加,不利于消费者;生产者和消费者对中间环节难以控制和了解,可能发生假冒伪劣商品的出现,侵害生产者和消费者的利益。

2)宽渠道和窄渠道

分销渠道的宽度是指渠道的每个层次使用同种类型中间商数目的多少。它与企业的分销策略密切相关。

(1)宽渠道　宽渠道是指生产者在每一个渠道层次上通过两个或两个以上的中间商来销售自己的产品。

①宽渠道的优点:

a.通过多家中间商参与,分销的范围广泛,可以迅速把生产者的产品推入流通领域和广阔的市场,使消费者随时随地可以方便地购买需要的商品,增加销售量和企业的知名度。

b.促使中间商展开竞争,使生产者对中间商有一定的选择余地,提高产品的销售效率。

②宽渠道的主要缺陷:每个层次的中间商较多,各个中间商推销某种商品不专一,不愿意花较多的时间和精力推销某一种商品;生产者和中间商之间的关系比较松散,不利于调动中间商的积极性。

(2)窄渠道　窄渠道是指生产者在每一个渠道层次上只选择一个中间商来销售自己的产品。

①窄渠道的优点:

a.生产者与中间商关系密切,生产者可以指导和支持中间商开展销售业务。

b.销售、运输、结算手续简便,便于新产品上市、试销,迅速取得信息反馈。

②窄渠道的主要缺点:生产者对中间商的依赖性强,中间商可能垄断商品的销售,对生产者带来风险,一旦中间商放弃合作或销售不力,会使生产者失去市场或造成较大的损失。因此,窄渠道适用于专业技术性强、生产批量小的产品销售。

(3)渠道宽度的选择　根据宽渠道和窄渠道的优缺点,生产者对分销渠道宽度的选择有3种模式:

①密集分销:是指生产者尽可能地通过许多负责任的、优秀的批发商、零售商推销其产品。消费品中的便利品和产业用品中的供应品,通常采取密集分销,使广大消费者和用户能随时随地买到这些产品。

②选择分销:是指生产者在某一地区仅仅通过少数几个精心挑选的、最合适的中间商推销其产品。选择分销适用于所有产品。但相对而言,消费品中的选购品和特殊品最宜于采取选择分销。

③独家分销:是指生产者在某一地区仅选择一家中间商推销其产品,通常双方协商签订独家经销合同,规定经销商不得经营竞争者的产品,以便控制经销商的业务经营,调动其经营积极性,占领市场。

9.1.3　分销渠道系统的构成

按照渠道成员相互联系的紧密程度,分销渠道可以分为传统渠道系统和现代渠道系统。

1）传统渠道系统

传统渠道系统是指由独立的生产者、批发商、零售商和消费者组成的分销渠道。这种渠道系统中的每个成员都是独立的，他们各自为政，都是为追求自己的利益最大化而与其他成员合作，参与某种商品的分销。由于利益的冲突和激烈的竞争，成员之间为了自己的利益，可能会牺牲渠道系统的全面利益和长远利益，没有一个渠道成员能够控制其他成员。这种渠道系统是一种松散的、短期的系统，难以结成牢固的、长远的利益共同体。

随着科学技术的进步和社会经济的发展，特别是电子商务的兴起和发展，传统渠道系统面临严峻挑战，正处于逐渐萎缩的趋势。

2）现代渠道系统

20世纪80年代以后，分销渠道系统有了新的发展。渠道成员采取不同程度的联合经营或一体化经营，形成了现代分销渠道系统，主要包括垂直渠道系统、水平渠道系统、多渠道营销系统、网络营销系统等。

（1）垂直渠道系统　这是由生产者、批发商和零售商组成的统一系统。垂直分销渠道的特点是专业化管理、集中控制，销售系统中的各成员为共同的利益目标，都采用不同程度的一体化经营或联合经营。它主要有3种形式。

①公司式垂直系统：指一家公司统一管理若干工厂、批发机构和零售机构，控制分销渠道的若干层次，甚至整个分销渠道，综合经营生产、批发、零售业务。这种渠道系统又分为两类：

a. 工商一体化经营，由大型工业公司管理或控制；

b. 商工一体化经营，由大型零售商管理或控制。

②管理式垂直系统：指通过某个规模大、实力强、品牌知名度高的渠道成员，把不同所有权的生产者和中间商联合起来组成的渠道系统。渠道成员共同协商销售管理业务，其业务涉及销售促进、库存管理、定价、商品陈列、购销活动等。

③契约式垂直系统：指不同层次的独立的生产者和中间商为了获得单独经营达不到的经济利益，而以合同为基础建立的联营系统。这个系统又被称为"增值伙伴关系"，近年来发展迅速，十分引人注目。它主要分为3种形式：批发商倡办的自愿连锁店、零售商合作社、特许经营组织。

（2）水平渠道系统　是指由两家以上的公司联合起来的渠道系统。它们可实行暂时或永久的合作。这种系统可发挥群体作用，共担风险，获取最佳效益。

（3）多渠道营销系统　是指某个生产者对同一或不同的分市场采用多条渠道进入的营销系统。这种系统一般分为两种形式：

a. 生产者通过多种渠道销售同一商标的产品，这种形式易引起不同渠道间激烈的竞争；

b. 生产者通过多种渠道销售不同商标的产品。

（4）网络营销系统　这是一种新兴的分销渠道系统，也是对传统渠道系统的一次革命。生产者或经营者通过互联网发布商品信息和服务信息，接受消费者网上订货，然后由自己的配送中心直接向购买者送货或者由生产者直接通过邮寄送货。网络营销系统可以分为两种模式。

①"B-to-B"模式：这是一种企业之间的交易模式。它是将买卖双方以及中介机构（如银行）之间的信息交换和交易行为集合到一起的电子运作模式，这种模式交易的金额大，有严格的电子票据和凭证交换关系。

②"B-to-C"模式：这是一种企业与消费者之间的交易模式。消费者可以足不出户,在电脑上点击需要的商品,就可以买到世界上任何地方的商品,瞬间完成购物活动。

网络营销系统的交易过程彻底改变了传统的面对面交易和一手交钱一手交货的购物方式,缩短了产、供、销与消费者之间的距离,加快了资金、商品流动,是一种崭新的、高效的、保密性好、安全可靠的营销系统,具有旺盛的生命力。当然,网络营销系统的发展,需要建立发达的物流体系和完善的个人信用体系,同时计算机和网络的普及、网上交易立法等均需要解决。

9.2　中间商

中间商是商品从生产领域转移到消费领域的过程中,参与商品交易活动的专业化经营的组织和个人。中间商是社会分工和商品经济的产物。

9.2.1　中间商的作用和功能

1)中间商的作用

中间商的出现,对促进商品生产和流通的发展起着重要作用,中间商在分销渠道中发挥重要作用。体现在:促进生产者扩大生产和销售,协调生产与需求之间的矛盾,方便消费者购买商品。为了正确选择中间商,企业需要掌握各类中间商(主要是批发商和零售商)的特点与作用,了解现代商业形式的新发展。

2)中间商的功能

在商品的交易中,生产者直接销售给消费者的数量所占比例较小,大多数商品都是通过中间商销售给消费者的。中间商的功能具体表现在以下几个方面:

(1)减少交易次数,降低流通费用　生产者如果直接销售商品给消费者,那么面对不同地域、不同消费水平、不同购买时间的无数个消费者来说,生产者要完成交易,工作量是巨大的。中间商的参与,生产者只需要对中间商的销售,中间商利用分布在各地的店铺,把商品卖给消费者,这样,生产者的交易次数大大减少,从繁重的交易工作中解脱出来,安心生产。

按传统的观点,中间商在销售流通过程中会增加商品的流通费用,因此中间商应越少越好。但是,在商品的流通过程中,中间商具有其不可替代的作用。中间商真正像中间纽带一样,为各个不同的消费者提供来自于各个不同生产者的商品,消除了生产者与消费者之间存在的时间、空间、数量和品种等矛盾,极大地减少整个社会商品流通的费用支出。

(2)代替生产者完成营销功能　如果没有中间商的参与,生产者就要担负起市场调查、广告宣传、商品储存和运输以及为消费者服务等职能,这样就会分散生产者从事商品生产的精力,不能有效地完成生产任务。而中间商承担这部分功能,不仅可以降低成本,而且可以扩大商品流通,加速再生产进程。

(3)集中、平衡和扩散商品的功能　集中功能就是通过中间商的采购活动,把若干家生产者的商品集中起来,便于消费者挑选和购买。平衡功能就是将各种不同的商品根据不同的细分市场需要加以平衡分配,满足各种需求。扩散功能就是将集中采购的大量商品运往各地,从而满足不同地区消费者的需要,增加顾客让渡价值。

(4)沟通信息的功能　中间商作为专业的商业机构,它直接接触消费者,最了解市场,能够掌握市场最新动态和最有价值的信息,能及时地向生产者和消费者传递有关信息,既可以使生产者避免盲目生产,又能指导消费,为消费者提供各种良好的售前与售后的服务。

9.2.2　中间商的类型

中间商可以分为两个大类,即经销商和代理商、批发商和零售商。

1) 经销商和代理商

(1)经销商　经销商是指从事商品流通业务,并取得商品所有权的中间商。经销商从生产者那里购进商品,取得商品的所有权,然后再加成一定比例确定价格,再将商品转售出去。经销商可以从事批发和零售业务。

(2)代理商　代理商是指接受生产者的委托,从事商品交易业务,但不取得商品所有权的中间商。他们从事代购、代销或提供供销信息、咨询服务等,促成商品交易的实现,从而获得服务费或佣金。代理商有几种类型:

①企业代理商:指受生产商的委托签订销货协议,在一定区域内负责代销生产者的产品的中间商。商品售出后生产者按销售额的一定比例付给企业代理商佣金。生产者与代理商之间是委托代销关系。代理商不需要支付货款,也不必承担任何风险,实际上类似于生产者的推销员。生产者可以委托若干个企业代理商在不同地区推销产品。其优势是:代理商熟悉当地市场行情,又有专业知识和人际关系,而且费用较低。因此,生产者在产品消费对象少且分布面广,以及推销新产品、开拓新市场时,往往借助于企业代理商。

②销售代理商:是一种独立的中间商,受生产者的委托全权负责、独家代理生产者的全部产品。销售代理商不受区域限制,拥有一定的价格决定权。双方一经确定,生产者不能再进行直接的销售活动,而且同一时期生产者只能委托一个销售代理商,销售代理商也不能再代销其他企业的产品。销售代理商对生产者要承担较多的义务,在销售代理协议中,一般会规定一定时期内的推销数量,并为生产者提供市场调查的情报,负责进行商品宣传、促销活动。

③寄售商:是受生产者的委托,为生产者进行现货代销业务的中间商。生产者将产品交给寄售商,双方议定价格,产品售出,寄售商从货款中扣除一定比例的佣金和手续费后,把大部分货款交付给生产者。寄售商要自设仓库、经营场所,以便储存、陈列商品,使顾客能够及时购买。寄售商在发掘潜在购买者、开辟新市场、处理滞销商品等方面能够发挥积极作用。寄售的商品能否售出,寄售商不承担责任。

④经纪商(或称经纪人):是指在买卖双方交易洽谈过程中起着沟通和促成交易媒介作用的机构或个人。经纪商与任何买卖双方都没有固定的关系,做成一次就结算一次,只提取很小比例的佣金。

2) 批发商和零售商

(1)批发商　批发是指将商品或服务销售给为了转售、进一步加工或其他商业用途而进行购买的人的活动。批发商交易的主要对象是生产者和零售商,它向生产者购买商品,又向零售商批销商品,并且是按批发价格经营大宗商品。批发业务活动结束后,商品仍处于流通领域中。批发商一般不直接服务于最终消费者。

①批发商的功能:批发商是商品流通的大动脉,它是连接生产者和零售商的枢纽,是调节商品供求的蓄水池,是沟通产需的重要桥梁。它的一些独特功能是生产者和零售商无法替代的。这些功能主要包括:

a.批购批销。批发商一方面扮演购买者的角色,从生产者那里大量购进商品;另一方面,它又扮演销售者角色,把成批的商品卖给零售商或用户。对于需求量大的商品,通过批发商的购销业务,可以节约生产者和零售商、消费者的时间、精力和费用,方便购买。

b.分装搭配。生产者基于专业化大规模生产和运输经济性要求,往往愿意采用大包装或散件运输。批发商能够发挥重组商品的功能,它根据零售商和用户的要求和订货量,将散件进行包装,把大包装拆成小包装,把不同生产者的各类商品进行重新归类和搭配,集成销售和再运输。

c.储运服务。批发商通常有完善的储存和运输设施,可以为生产者、零售商和用户提供适时、适地、适量的商品储存和运输服务,使生产者、零售商、用户都省了储运费用,提高了经济效益。

d.信息咨询。批发商接触面广,熟悉市场行情,掌握大量的供求信息,能向生产者、零售商、用户提供商品竞争动态、技术变化、供求趋势、价格行情以及人员培训、改善经营管理等方面的咨询服务。

e.承担风险。批发商通过先购买取得商品的所有权,承担商品在运输、储存、销售环节的损耗、失窃、过时、毁损以及价格变化等各种风险。

f.资金融通。批发商可以采取信贷、赊销的方式向零售商、用户提供资金融通,也可以通过提前订货、预付货款、准时付款等方式向生产者提供资金帮助。

②批发商的类型:批发商有许多类型,不同类型的批发商,发挥的功能的形式和程度有一定的差别。批发商可以按不同的标准进行分类。按照经销的商品分类,可以分为一般批发商和专业批发商;按照服务的地域分类,可以分为地方性批发商、区域性批发商和全国性批发商。按照所有权关系和经营方式分类,可以分为商人批发商、中间经纪商、自营批发商、其他批发商。

(2)零售商　零售是指向最终消费者直接销售产品和服务的活动。任何从事这种销售活动的机构,不论是制造商、批发商还是零售商,也不论这些产品和服务是如何销售(经由个人、邮寄、电话或自动售货机)或者是在何处(在商店、在街上或在消费者家中)销售的,都属于零售的范畴。

零售商是指那些从事商品零售的企业或个人,直接联结最终消费者。零售商的类型繁多,新的类型不断出现,经营方式变化快。零售商对整个国民经济的发展起着重大的作用。零售商的类型主要有:百货商店、超级市场、便利店、仓储商店、专业商店、折扣商店、产品陈列室推销店、无店铺零售机构等。

9.3　分销渠道管理

生产者在熟悉、了解分销渠道的类型、功能之后,关键是要建立适合自己特点的、有效的分销渠道系统。有利的市场加上有利的渠道,才能使企业获得利润。因此,生产者必须科学地选择分销渠道,并对已经建立的分销渠道进行有效的管理。

9.3.1　分销渠道的特性

1) 顾客特性

渠道选择受顾客人数、地理分布、购买频率、平均购买数量以及对不同促销方式的敏感性等因素的影响。

顾客人数多,分布比较分散,生产者宜采用较长、较宽的渠道。相反,顾客人数少,分布集中,宜采用较窄、较短的渠道。

顾客购买量,购买频率高,宜采用较长、较宽的渠道,一般消费品都采用这类渠道。相反,顾客一次性购买量大,购买频率低,如集团购买,宜采用较短、较窄的渠道。

顾客对不同促销方式的敏感性也会影响渠道选择。例如,许多花卉零售商喜欢在鲜花拍卖行选购鲜花,从而使得这种渠道发展较快。

2) 产品特性

分销渠道的选择要依据产品特性来确定。

体积小、重量轻的产品,宜采用较长、较宽的渠道。相反,体积大、笨重的产品,应尽量减少中间环节,减少搬运次数和距离,宜采用直接渠道。

易腐烂的鲜货产品(如花卉、瓜果、鲜肉等),为了避免拖延时间及重复处理增加腐烂的风险,通常采用直接渠道。

非标准化产品(如专业设备、特殊用品等),通常由企业推销员直接销售,这主要是由于不易找到具有该类知识的中间商。需要安装、维修的产品经常由企业自己或授权独家专售的特许商来负责销售和保养。单位价值高的产品则应由企业推销人员销售,而不通过中间商销售。

3) 中间商特性

选择渠道时,还必须考虑执行不同任务的市场营销中间商的优缺点。例如,由制造商代表与顾客接触,花在每一位顾客身上的成本比较低,因为总成本由若干个顾客共同分摊。但制造商代表对顾客所付出的努力则不如中间商的推销员。一般来讲,中间商在执行运输、广告、储存及接纳顾客等职能方面,以及在信用条件、退货特权、人员训练和送货频率方面,都有不同的特点和要求。

4) 竞争特性

生产者的渠道选择,还受到竞争者所使用的渠道的影响,因为某些行业的生产者希望在与竞争者相同或相近的经销处与竞争者的产品抗衡。例如,食品生产者就希望自己的品牌和竞争者的品牌摆在一起销售。有时,竞争者所使用的分销渠道反倒成为生产者所避免使用的渠道。

5) 企业特性

企业特性在渠道选择中扮演着十分重要的角色,主要体现在:

(1) 总体规模　企业的总体规模决定了其市场范围、客户规模以及强制中间商合作的能力。

（2）财务能力　企业的财务能力决定了哪些市场营销职能可由自己执行，哪些应交给中间商执行。财务薄弱的企业，一般都采用"佣金制"的分销方法，尽力利用愿意并且能够吸收部分储存、运输以及融资等成本费用的中间商。

（3）产品组合　企业的产品组合也会影响其渠道类型。企业产品组合的宽度越大，则与顾客直接交易的能力越大；产品组合的深度越大，则使用独家专售或选择性代理商就越有利；产品组合的关联性越强，则越应使用性质相同或相似的市场营销渠道。

（4）渠道经验　企业过去的渠道经验也会影响渠道的选择。曾通过某种特定类型的中间商销售产品的企业，会逐渐形成渠道偏好。例如许多直接销售给零售食品店的老式厨房用具制造商，就曾拒绝将控制权交给批发商。

（5）营销政策　现行的市场营销政策也会影响渠道的选择。例如，对最后购买者提供快速交货服务的政策，会影响到生产者对中间商的选择。

6）环境特性

当经济萧条时，生产者希望使用较短的渠道，并免除那些会提高产品最终售价但并不必要的中间商服务。

政府有关立法及政策规定，如专卖制度、反垄断法、进出口规定、税法等，都会影响企业对分销渠道的选择，诸如烟酒实行专卖制度时，这些企业就应当依法选择分销渠道。

9.3.2　分销渠道选择过程

生产者在选择分销渠道时，需要在理想渠道与可用渠道之间进行抉择。选择分销渠道的过程包括确定渠道模式、明确渠道成员的权力和责任、评估各种可能的渠道方案等步骤。

1）确定渠道模式

渠道选择的中心环节，是确定商品到达目标市场的最佳途径。每一个生产者都必须在顾客、产品、中间商、竞争者、企业政策和环境等所形成的限制条件下，确定渠道模式。所谓渠道模式，是指渠道的长度和宽度。

确定渠道的长度，就是生产者根据各种影响因素，决定采取什么类型的分销渠道，采用直接渠道还是间接渠道。如果采用直接渠道（短渠道），生产者要考虑营销成本。近年来，直销模式和网上销售模式迅速发展，但是间接渠道（长渠道）仍然是商品销售的主渠道。

确定渠道宽度，就是在同一个渠道层次上，确定中间商的数目。渠道的宽窄程度主要取决于产品特点、市场容量的大小和需求面的宽窄。选择渠道的宽度，可以选择密集分销、独家分销和选择分销的模式。因此，生产者确定渠道模式是十分重要的决策。

2）明确渠道成员的权利和责任

生产者在确定了渠道的模式之后，下一步工作就是明确各主要渠道成员的权利和责任。包括产品质量保证、退货还货保证、价格政策和折扣条件、经销区域权、广告促销、提供市场信息和统计资料、售后服务等。明确渠道成员的权利和责任必须十分谨慎，如果权利和责任不明确，必然会影响双方的经济利益、供销积极性、合作关系的融洽性，不利于双方的发展。特别是在确定特许经营商和独家代理商时,更要把权利和责任规定得尽量具体、明确。

3) 评估渠道方案

每一渠道方案都是生产者把产品送达最后顾客的可能路线。生产者所要解决的问题,就是从可选方案中选择最能满足生产者长期目标的最佳方案。因此,生产者必须对各种可能的渠道方案进行评估。评估标准主要有3个,即经济性、可控性和适应性。其中,经济性标准最重要。

(1)经济性标准　　主要是比较每个渠道方案可能达到的销售额与可能支出的费用水平。比较由生产者的推销人员或销售网直接推销与使用渠道中间商,哪种方式销售额水平更高;比较由生产者的推销人员或销售网直接销售所支付的费用与使用渠道中间商所支付的费用,哪种方式支出的费用大。生产者对上述情况进行权衡,从中选择最佳渠道方案。生产者主要是追求利润最大化,在判别一个方案好坏的标准,不应该只着眼于较高的销售额或较低的成本费用,而更要考查每个渠道方案能否取得最大利润。

(2)控制性标准　　一般来说,采用中间商方式可控性小,生产者直接销售可控性大;分销渠道长,可控性难度大;分销渠道短,可控性较容易。中间商是独立的商业企业,它所关心的是自己如何取得最大利润,它可能只注重销路好的产品和那些购买力大、能够带来最高收益的顾客,而对其他产品或顾客不予重视。此外,中间商对产品的技术细节了解得不深,也很难有效地协助生产者开展促销活动。因此,生产者必须进行全面比较、权衡,选择最优方案。

(3)适应性标准　　在评估各个渠道方案时,还要考虑分销渠道能不能适应环境的变化。如果生产者同中间商之间的销售代理合同时间长,就会使渠道的灵活性降低。因为在合同期间,市场环境可能会发生变化,或者新的销售方式更有效,但生产者又不能随便解除合同,这样生产者选择分销渠道便缺乏灵活性和适应性。因此,生产者必须考虑渠道的灵活性,一个涉及长期(5年以上)的渠道方案,只有在经济性和可控性方面都很优越的条件下,才能予以考虑。

9.3.3　分销渠道的管理

1) 分销渠道的管理的意义

分销渠道的管理主要解决两方面的问题:一是分销的效率;二是为顾客服务的水平。

效率问题贯穿企业产品生产、销售和研发的各个环节。今天,企业分销成本(包括物流成本)在总成本中的比重越来越高,分销领域的竞争呈现愈演愈烈的趋势,这一切促使企业更加重视分销渠道的决策和管理。

为顾客服务,让顾客满意,是现代市场营销观念的核心,分销为顾客在时间和空间上提供获取产品或服务的便利,这在时间价值越来越高、顾客对服务的期望值也越来越高的今天更显得重要。

现在有一些生产者直接为最终消费者提供产品和服务,但绝大多数生产者仍然依靠中间商面对顾客,即使是以直销著称的戴尔公司,也离不开代理商和售后服务商。更何况,直销也是一种分销模式,也需要决策通过什么媒介直销,销售网点怎样布局,怎样管理,是否需要调整,物流怎样安排,等等。换言之,这些企业不过是在建立由自己直接投资、直接管理和控制的分销渠道,它们仍然需要就分销策略与分销管理作出决策。

生产者的渠道决策与管理面临的另一个巨大挑战是中间商日益强大。零售连锁企业沃尔玛曾连续3年位居世界500强之首，就是很好的证明。国内的国美、苏宁等大型专业店对家电企业的反制、大型连锁超市对中小供应商的压力也是很好的证明。这一变化给我们的启示是：今后，在分销渠道中处于领导地位的不一定是制造商，可能是中间商。换言之，在今后的市场上，生产者不仅需要考虑制造业的竞争对手，还需要考虑怎样获得渠道的控制权和适应渠道结构的变化。

渠道结构变换频繁，消费者需求同样变换频繁，加上影响生产者营销决策的其他环境因素的变化，使生产者的渠道决策与管理的难度大大增加。当然，从另一个角度看，生产者也有更多可供选择的渠道模式、渠道成员和管理工具。

2）分销渠道的管理内容

生产者在确定了渠道方案后，还必须对分销渠道进行科学的管理，其内容包括选择渠道成员、激励渠道成员、评价渠道成员、调整渠道成员。

（1）选择渠道成员　生产者在招募中间商时，常常遇到两种极端情况。

①生产者毫不费力地找到一定数量的中间商成为渠道成员，生产者所做的工作只是选择优秀的中间商而已。

②生产者费尽心思才能找到期望数量的中间商，此种情况，生产者必须研究中间商如何作购买决策，尤其是在他们制订决策时，对毛利、广告与销售促进、退货保证等因素的重视程度。另外，生产者还必须开发一些能使中间商赚大钱的产品。

不论生产者遇到上述哪一种情况，它都必须明确中间商的优劣特性。一般来讲，生产者要评估中间商经营时间的长短及其成长记录、清偿能力、合作态度、声望等。当中间商是销售代理商时，生产者还需评估其经销的其他产品大类的数量与性质、推销人员的素质与数量。当中间商打算授予某家百货公司独家分销时，生产者还需评估该百货商店的位置、未来发展潜力以及经常光顾的消费者类型。

（2）激励渠道成员

①理解中间商的愿望和需求。激励渠道成员的目的是使他们出色地完成销售任务。要激励渠道成员，必须首先了解中间商的需要与愿望。选择某些中间商进入生产者的渠道系统，已经对他们具有一定程度的激励。但是，生产者仍然需要不断地对他们进行指导与激励。激励中间商的工作不仅十分必要，而且非常复杂。在激励渠道成员时，必须从了解各个中间商的心理状态与行为特征入手。

②考虑中间商的利益。许多中间商经常受到这样的批评：不能重视某些特定品牌的销售，缺乏产品知识，不认真使用生产者的广告资料，忽略了某些顾客群，不能准确完整地保存销售信息资料。如果站在中间商的利益立场来看待这些批评，就很容易理解：首先，中间商是一个独立的商品营销机构，他希望自由制订政策而不受他人干涉；其二，中间商主要执行顾客购买代理商的职能，其次才是执行生产者销售代理商的职能，他卖得起劲的产品都是顾客愿意购买的产品，不一定是生产者叫他卖的产品；其三，中间商总是努力地将他所销售的所有商品进行搭配，然后卖给顾客，其销售目标是取得一整套商品搭配的订单，而不是单一商品的订单；其四，生产者若不给中间商特别奖励，中间商绝不会保存所销售的各种商品的信息资料，而那些有关产品开发、定价、包装和宣传的有用信息，常常是保留在中间商很不系统、很不标准、很不准确的记录中，有时甚至故意对生产者隐瞒不报。理解了这4点，生产商就应该明确，激励的首要步骤，就是站在

中间商的立场上了解情况,考虑中间商的利益,而不应仅从自己的观点和利益出发看问题。

③避免激励过度与激励不足。生产者在激励中间商时,必须尽量避免激励过度与激励不足两种情况。

激励过度是指生产者给予中间商的优惠条件过于充分,大大超过了他期望从中间商那里取得的回报标准,结果是中间商确实努力销售,产品的销售量提高了,利润额却下降了。

激励不足是指生产者给予中间商的条件过于苛刻,以致不能激励中间商努力销售产品,结果是销售量降低,利润额减少。

所以,生产者必须确定适当的激励标准,提供适度的优惠条件。激励过度和激励不足都是不可取的。如果发现对中间商激励过度,生产商可以逐渐消减优惠条件,但不能急于求成,而且还要根据产品的市场条件决定,属于紧俏商品,则可以消减得快些,反之则宜慢或不消减。如果发现对中间商激励不足,则生产者可采取两条措施:一是提高中间商可得的毛利率,放宽信用条件,或提供其他便利条件;二是采取人为的方法来鼓励中间商,如举办中间商销售竞赛活动、奖励优秀的中间商或销售人员,在中间商的店铺加强市场营销和广告宣传活动等。

④建立良好的合作关系。生产者在处理与中间商的关系时,常依不同的情况而采取 3 种方法:合作、合伙、分销规划。

a.合作。许多生产者认为激励的目的就是设法取得独立中间商的合作。常采用高利润、奖金、津贴、销售比赛、特殊优惠待遇等积极手段激励中间商。如果这些手段不能奏效,就采取一些消极的惩罚手段,例如,减少中间商的利润,消减优惠条件,甚至终止合作关系等。这些方法的根本问题,是生产者没有真正了解中间商的需要、困难及其优缺点,仅仅依靠简单的"刺激—反应"模式,把许多繁杂的激励手段拼凑起来而已,自然也就难以达到期望的效果。

b.合伙。一些有经验的生产商注意与中间商建立长期合伙关系。生产者能从中间商那里得到市场覆盖面、市场开发、寻找顾客、市场变化等信息;同时,也知道中间商希望从生产者那里获得产品可得性、广告宣传、技术指导、售后服务、销售折扣、奖励、优惠条件等信息。生产者制订激励政策,并根据中间商执行情况确定付酬办法,对中间商进行有效控制。例如,某生产商按照约定付给中间商 25% 的销售佣金,而是按下列标准支付:如保持适当的存货,付 5% ;如能达到销售配额,则再付给 5% ;如能有效地为顾客服务,则再付 5% ;如能及时报告最终顾客的购买水平和市场信息,则再付 5% ;如能对应收账款进行适当管理,则再付 5% 。

c.分销规划。这是一种先进的激励方式。所谓分销规划,是指建立一个有计划的、实行专业化管理的垂直市场营销系统,把生产者的需要与中间商的需要结合起来,使双方的关系更加密切。生产者在市场营销部门中设立一个分销关系规划处,专门负责研究中间商的需要,制订交易计划及其他各种方案,帮助中间商以最佳方式经营。该部门和中间商合作确定销售目标、存货水平、产品陈列方案、销售培训计划、广告与促销计划等,引导中间商认识到他们在销售渠道系统中的重要作用,协调双方的利益关系,促进中间商与生产者一起做好销售工作。

(3)评估渠道成员 生产者必须对中间商的工作绩效进行定期评估。评估的标准包括:销售指标完成情况、平均存货水平、市场覆盖面、服务水平、促销和培训计划执行情况、货款返回情况、销售信息反馈情况等。

为了方便评估,生产者与中间商应该签订有关绩效标准与奖惩条件的契约,就可避免种种不愉快。生产者可以在一定时期内列出各个中间商的销售业绩,排出先后名次,目的是刺激落后者进步,表扬领先者继续保持成绩。需要注意的是,在排列名次时,不仅要看各中间商销售水平的绝对值,而且要考虑到它们各自面临的各种不同的环境变化,考虑生产者的产品大类在各中间商的全部产品组合中的相对重要程度。

考核中间商的绩效,主要有两种方法可供使用:一是将每一个中间商的销售绩效与上期的绩效进行比较,并同其他中间商的业绩进行比较,如果绩效落后的中间商存在一些客观上可原谅因素,如当地经济衰退、某些顾客不可避免地失去、主力推销员的丧失或退休等,生产者就不应因这些因素而对中间商采取任何惩罚措施。二是根据每个中间商所处的市场环境及销售实力,分别定出可能达到的销售定额,再将实际销售业绩与销售定额进行比较。

正确评估渠道成员的目的在于及时了解情况,发现问题,保证营销活动顺利、有效地开展。

(4)调整渠道成员　分销渠道方案经过一段时间的运作后,需要进行修改和调整。因为外部环境的变化,如消费者购买方式的变化、市场扩大或缩小、新的分销渠道或分销方式的产生、产品生命周期的更替、渠道成本与销售量的比例关系的变化等,需要对分销渠道的结构和数量进行调整。

①增减渠道成员。生产者对现有渠道系统中的中间商数目进行增减,属于结构性调整。如果生产者认为,现有渠道系统中的中间商太多,互相产生矛盾或冲突,难以用其他方法进行解决,或者个别中间商懒惰、不忠诚造成生产者或其他中间商较大的损失,则应该去掉。如果生产者的市场领域扩大,或者开辟了新的市场,现有渠道成员难以有效地完成销售任务,则可以考虑增加新的渠道成员。生产者考虑增减渠道成员时,要分析增减渠道成员带来的利益和风险,要权衡利弊,谨慎从事。

②增减销售渠道。生产者对分销渠道数进行增减,属于功能性调整。如果生产者认为渠道数太多,导致重叠、效率低下,或者管理成本增加,可以考虑减少一条或几条分销渠道。如果生产者认为,生产规模扩大、市场范围扩大,现有渠道不能完全覆盖目标市场,可以考虑增加一条或几条分销渠道。增减分销渠道,要认真分析直接和间接反应。增后新的分销渠道,可能会带来销售量的增加,但同时也会增加分销费用,增加分销渠道管理的难度。撤销一条效率不高的渠道,也可能带来其他不利的后果。

③变更分销系统。生产者对现有渠道系统进行全面分析、全面调整,也属于功能性调整。这种调整不是在现有渠道基础上进行修补和完善,而是改变分销政策,例如将原来的间接销售改为直接销售,将店铺销售改为网上销售。这种变更的难度很大,不仅涉及销售方式方法的改变,而且还需要改变销售理念、指导思想和管理模式。

9.4　物流管理

市场营销不仅意味着发掘并刺激消费者或用户的需求和欲望,而且还意味着适时、适地、适量地把产品提供给消费者或用户,满足其需求和欲望,为此要进行商品的仓储、运输和配送,即进行物流管理。

9.4.1　物流管理的概念和作用

1）物流管理的概念

物流管理就是通过采购、仓储、运输、销售、配送等活动,解决商品供需之间存在的时间、空间、数量、品种、价格等方面的矛盾,以此衔接社会生产、消费的各环节,从而确保生产和消费的顺利进行。

物流管理是20世纪中期发展起来的一门新兴学科。它最早产生于第二次世界大战时期的美国,20世纪50年代中期,物流管理概念传入日本,并得到快速发展。当前,物流管理已成为企业管理中不可缺少的重要内容,在许多国家得到了广泛的研究与应用。

2）物流管理的作用

(1)物流管理是保证企业生产经营持续进行的必要条件　任何企业的生产经营活动,都表现为物质资料的流入、转化、流出等活动。如果某一环节不能及时获取所需物资,企业的生产经营活动就会中断。

(2)物流管理决定着企业的销售收入与市场份额　企业能以何种价格提供多少品种和数量的物质产品,决定了企业满足消费者需要的能力。这一能力正是决定企业销售收入和市场占有率的关键所在。

(3)物流管理水平将影响企业生产经营成本的高低　一方面,物资购销水平决定着企业原材料成本、采购成本、销售成本的高低;另一方面,运输、仓储、装卸等过程又直接影响着企业的运营费用。

在发达国家的经济发展过程中,最初企业把降低人工和材料成本作为提高利润的主要手段,因而它们被称为第一利润源泉。当人工和材料成本降低到一定程度时,企业又将注意力转到扩大产品销售上,这种途径被称为第二利润源泉。随着市场竞争的日益激烈,每个企业占有的市场份额终究有限,于是企业开始注意降低在成本中占据相当比例的物流费用,因此,物流管理被称为第三利润源泉。

企业制订正确的物流策略,对于降低成本费用,增强竞争实力,提供优质服务,促进和便利顾客购买,提高企业效益具有重要的意义。

9.4.2　物流系统的组成

1）物流系统的概念

由于生产者和消费者的分离,造成了生产与消费在时间上和空间上的背离,导致了社会生产与社会消费的矛盾。为解决这些矛盾,满足消费需求,必须在商品交换的同时,提供商品的时间效用和地点效用。于是,便出现了与商品交换密切相关的物流概念。

所谓物流,是指通过有效地安排商品的仓储、管理和转移,使商品在需要的时间到达需要的地点的经营活动。物流的任务,涉及原料及最终产品从起点到最终使用点或消费点的实体移动的规划与执行,并在取得一定利润的前提下,满足顾客的需求。物流的职能是将产品由其生产地转移到消费地,从而创造地点效用。物流作为市场营销的一部分,不仅包括产品的运输、保管、装卸、包装,而且还包括在开展这些活动的过程中所伴随的信息的传播。

2)物流过程

传统的物流以工厂为出发点,并通过有效措施,将产品送达消费者手中。而从市场营销观点来看,物流规划应先从市场开始考虑。

①生产者应考虑目标消费者的位置以及他们对购买产品便利性的要求;

②生产者还必须知道其竞争者所提供的服务水平,然后设法赶上并超过竞争者;

③生产者要制订一项综合策略,其中包括仓库及工厂位置的选择、存货水平、运送方式,利于向目标顾客提供服务。

3)物流的目标

我们以系统论中的投入、产出概念,阐述物流的目标。

(1)顾客服务产出与投入　物流的一项基本产出就是对顾客服务的水平。顾客服务水平是用来吸引潜在顾客的有力武器,其基本内容包括产品的可得性、订货及送货速度、存货或缺货的比率、送货频率、送货可靠性、安装调试及修理服务、运输工具及运输方式的选择、免费修理,等等。

企业一般根据竞争者的顾客服务水平来确定自己的顾客服务水平。因为,如果它所提供的服务水平低于目前普遍水平,往往有失去顾客的风险;如果它所提供的服务水平较高,则其他竞争者也会提高服务水平,这样每个企业都面临着成本提高的威胁。企业为了提供顾客服务,必须承担某些费用,如运送、存货费用。由于许多企业通常对物流不实行集权式管理,同时也缺乏账目的记载,以致很难了解真实的全部成本。为了评估物流的效率,企业应重视成本数据,并注意采取必要的审计手段。在维持现有服务水平下,如果没有任何投入因素的重新组合能进一步降低物流成本,则现有物流系统就是有效的物流系统。

不少企业往往认为自己的物流系统已达到高效率水平,因为存货、仓储和运输单位的决策中心的经营状况良好,并且都能降低各自的成本。然而,如果仅能降低个别单位的成本,而各部门间却不能互相协调,那么整个系统的物流成本还不一定能降低。

(2)各职能部门之间的冲突　在物流过程中,要涉及多个部门或独立机构的工作和成本计算。各个部门往往着眼于本部门降低成本,而忽视整个物流过程的综合成本和顾客服务水平,引起各个职能部门之间的冲突。例如,运输部门喜欢用铁路运送方式来代替空运方式,降低运输费用,但是,这样又使得运送速度缓慢,资金周转迟缓,延缓顾客的付款,并可能引起顾客购买其他竞争者的产品。包装部门常趋向于使用便宜的包装材料和包装用品,以降低包装成本,但是,又会提高运送过程中的物品损坏率,从而影响企业的信誉。存储部门比较喜欢减少存货,以降低存货成本,而这样做又往往引起缺货、订单延缓履行或装运成本提高等后果。由此可见,物流过程的各种活动具有高度的相关性,企业应从整个物流系统来考虑制订物流策略,而不应只着眼于各个职能部门的局部利益。

(3)物流目标　一般来讲,企业往往把物流目标确定为:对产品进行适时适地的传送,兼顾最佳顾客服务与最低配送成本。实际上,这个目标隐含着内在的矛盾。因为,最佳顾客服务要求最大的存货、足够的运力、充分的仓容,而这些都势必增加销售成本。最低的配送成本要求低廉的运费、少量的存货和仓容,而这又势必会降低服务水平。

合理的物流目标,必须通过合理的选择,兼顾最佳顾客服务与最低配送成本。具体要求是:

①将各项物流费用视为一个整体。在致力于提高顾客服务水平的同时,努力降低物流过程的总成本,而不只是个别项目成本费用的增减。

②将全部市场营销活动视为一个整体。在各项市场营销活动中,都必须考虑到物流目标,把全部活动联系起来,权衡利弊,避免因孤立地处理某一具体营销业务而导致物流费用不适当地增加。

③善于权衡各项物流费用及其效果。为维持或提高顾客服务水平而必须增加某些成本项目,使消费者能够较大地受益,从而促进产品更多地销售带来更大的利益,这是值得的。

9.4.3 物流的规划与管理

每一个特定的物流系统都包括仓库数目、区位、规模、运输政策以及存货政策等构成的一组决策,都隐含着一系列成本因素,可用数学公式表示如下:

$$D = T + FW + VW + S$$

式中 D——物流系统总成本;

　　　T——物流系统的总运输成本;

　　　FW——物流系统的总固定仓储费用;

　　　VM——物流系统的总变动仓储费用;

　　　S——因延迟分销所造成的销售损失的总机会成本。

在选择和设计物流系统时,要对系统中各个总成本加以核算,最后选择成本最小的物流系统。一般来讲,企业有以下几种选择:

1)单一工厂,单一市场

生产者是单一工厂的企业,并且仅在一个市场上进行经营活动。这个市场可能是一个小城市的小面包店、小印刷厂或小酒馆。这种情况下,厂址的选择会对产品的制造成本和物流成本产生直接的影响。一般来说,厂址选择有两种方案:靠近市场或靠近资源。将工厂设在靠近市场的地方,可以节约大量的运送、仓储等物流成本,但是工地、人力、能源、原材料等的成本费用就会增加,增加了产品的制造成本。将工厂设在离市场较远的偏远地方,工地、劳动力、能源和原料费用低,产品的制造成本降低,而物流成本又会增加。因此,生产者在选择厂址时,不仅应审慎地权衡目前各项成本的高低,更需要考虑到未来各项成本增减。

2)单一工厂,多个市场

当生产者在一个工厂生产的产品供应几个市场时,企业有几种物流战略可供选择。例如,生产者在广州设立一家工厂,在广州、深圳等地开展经营活动,现拟开拓西北市场,生产者有4种规划方案可供选择:从广州工厂将产品直接运送至西北地区各个市场;运用整车货运方式将产品运送至西北某地的仓库;将制成的零部件运送至西北某地的装配厂;在西北某地另建一家制造厂。

(1)直接运送到市场 任何一个物流系统都必须考虑服务水平与成本这两项重要因素。

通常,直接运送方案在提高服务水平和降低成本两个方面都处于不利地位。因为直接运送比由当地的仓库送达到顾客要慢;再者,顾客的订购量小,运送成本也较高。然而,在某些情况下,自远地的工厂运送可能比自附近的仓储再运送更经济合算,有时虽然零担运送导致制造成本和运送成本增加,但不一定高于当地存货的费用。因此,生产者在决定是否选择直接运送方案时,必须考虑下述因素:该产品的特性(如单价、易腐性和季节性);所需运送的里程与成本;顾客订货的多少与重量;地理位置与方向。

(2)整车运送到仓库　这种方案选择有几方面的情况需要考虑。

①仓库与直运比较。将产品大批运送到西北地区的仓库,再从那里根据订单把产品运送给顾客,要比直接从广州直接运送给顾客所需的费用少。这是因为整车运送比零担运送的费用低。除了节省运费,在西北设立仓库还能及时地向顾客提供送货服务,提高顾客的惠顾率。但是,建立地区仓库,必须考虑从仓库运送到顾客的费用及仓储本身的费用。一般来说,建立地区仓库的最佳准则很简单,即增加地区仓库所节约的运费和所增加的顾客惠顾利益如大于建立仓库所增加的成本,那么就应在这一地区增设仓库。

②租赁仓库与自建仓库比较。生产者面临的另一个决策问题,是租赁仓库还是自建仓库。租赁的弹性较大,风险较小,因此在多数情况下比较有利。只有在市场规模很大而且市场需求稳定时,自建仓库才有意义。

③广泛仓库系统问题。广泛的仓库系统(即范围广大的仓库系统)也引出不少问题:一是生产者如何确定最佳数目的仓储点;二是仓储点的最佳位置如何确定;三是不同地点应保持多少存货。这些问题可以通过计算机模拟技术或运筹学中的线性规划及非线性规划技术来解决。

(3)将零件运到装配厂　生产者可以在西北某地区成立一家装配厂。因为运送零部件,节约空间,降低运费,并且运送中物品的价值还不是很高(因为还没有加上装配的人工成本及其他相关费用)。一般来讲,成立装配厂要比直接运送或建立地区性仓储更有利。建立装配厂的好处是运费较低,同时可提高该地区推销员、经销商及社会公众对产品的信任,从而增加销售额。建立装配厂的不利之处是,要增加资金成本和固定的维持费用。所以,生产者在分析建立装配分厂方案时,必须考虑该地区未来销售量是否稳定以及数量是否会多到足以保证投入这些固定成本后仍有利可图。装配厂的投资不仅比仓库投资所需要的费用更大,而且所冒的风险也较大,这是由于装配厂比较专业化,难以开展有效的营销活动。

(4)建立地区性制造厂　建立一个地区性制造工厂是一般生产者用来开拓距离较远的市场,并取得较大竞争利益的最后途径。然而,建立一个制造厂需要有详细的当地资料以供分析,这时考虑的因素很多,如人力、能源、土地、运输等有关项目的成本,有关的法律与政治环境。其中最重要的因素之一,是该行业是否具有大规模生产的可能性。在需要大量投资的行业中,工厂规模必须足够大才能实现经济的生产成本。如果行业的单位生产成本能随着工厂规模的扩大而降低,则应设立一个足以供应整个地区销售所需要的工厂,其单位生产成本应最低。但是,不能只顾生产成本,还必须考虑分销成本,因为在产品产量提高的情况下,其分销成本也可能提高。

3)多个工厂,多个市场

生产者还可以通过由多个工厂和多个仓库组成的分销系统向多个市场提供产品,以达到节省生产成本和分销成本的目的。这种情况,生产者面临两个最佳化的任务:一是短期最佳化,即在既定工厂和仓库位置上,制订一系列由工厂到仓库的运输方案,使运输成本最低;二是长期最佳化,即从长远着眼决定新建工厂的数量与区位,使总分销成本最低。根据不少现代企业的管理经验,线性规划技术在短期最佳化方案的制订过程中,具有重要的应用价值。

9.4.4　物流现代化

物流现代化涵盖物流管理的多个环节,需要多种技术支撑。现代物流是包括原材料的流通、产品分配、运输、销售与库存控制、储存和用户服务等业务活动,它所展示的是一体化物流和供应链管理。

1)电子商务与物流现代化

电子商务与物流是一对天生的搭档,应该说,电子商务是发展的必然,电子商务离不开物流的发展,需要物流体系强有力的支持,同时电子商务又给物流的发展提供了难得的发展机遇,并为其指明了发展方向。电子商务这种新经济形态,是由网络经济和现代物流共同创造出来的,是两者一体化的产物。下面的等式可以表述电子商务的内涵:

电子商务 = 网上信息传递 + 网上交易 + 网上结算 + 物流配送

一个完整的商务活动,必须通过信息流、商流、货币流、物流4个流动过程有机构成。电子商务的特殊性就在于信息流、商流、货币流可以在互联网上实现,这就是人们概括的"鼠标";电子商务的另一半是不可能在网上实现(最多可以用网络来优化),就是人们概括的"车轮",即配送。所以,电子商务等于鼠标加车轮,这是对上述等式通俗的解释。

2)物流管理方法的合理化

实现物流现代化,应尽量采用现代科学技术,配置现代化的物流设施。但是先进的设备,如果不与现代科学管理方法相结合,则很难真正实现物流的现代化。因此,在物流设施现代化的同时,必须加强对物流的科学管理,实现物流管理方法的合理化。

(1)物流各分系统管理的合理化　就是要使构成物流活动的包装、运输、存储、装卸搬运、信息,以及流通加工等各个环节个别物流活动管理的合理化。例如,合理选择包装方法、包装类型、包装材料,选择经济、高效、快捷的运输方式,比较自建仓库还是租赁仓库的成本费用,制订合理的装卸搬运方式和路线,设计使用合理的信息传递媒介物以及如何处理信息,决定流通加工的对象和加工方法,等等。对于这些环节的管理,都应根据实际情况,在合理化方面作出努力。各职能部门致力于所承担工作任务的合理化,是提高成效的第一步。

(2)整个物流系统的合理化　物流的合理化,仅仅依靠各职能部门在合理化方面的单独努力,并不能实现整个物流系统的合理化。一个部门的合理化,与其他部门的合理化并没有必然联系,在它们之间往往会出现利害关系和矛盾冲突。所以在考虑合理化时,就不仅要着眼于一个部门,而且要同时考虑所采用的合理化方法,对其他部门的影响及其利害关系,即必须整体地考虑合理化。也就是说,谋求物流合理化要通过"整体思考"来完成。

物流整体合理化需要注意几点:

①不仅要注意物流系统内部各环节的协调发展,更要对外部环境进行分析,如外部社会的、经济的、政策的、科学技术的要素,其中主要受社会资源状况、商品需要状况、社会购买力状况等的影响。

②在进行物流整体合理化时,不仅要考虑当前利益也要考虑长远利益。如果物流合理化方案对当前和长远利益都属最优的,那么这个方案是理想方案。如对当前虽然不利,但对长远却非常有利,这样的方案从系统化的角度来说,也是可取的。

③建立物流系统,如能保证整体利益最大,而且能保证各子系统也有最大利益,这是人们所理想的。但是,事实上这又是很难做到的,因为各物流环节是互相影响、互相制约的。系统化的准则是整体利益最大,在这一前提下,尽管某一个分系统不能获得最大利益,此方案也是可取的。

3)物流过程的优化管理方法

对物流系统采用优化管理方法,可先在物流过程中的各个单项活动范围内进行,例如对运输环节作出最优运输计划;对库存管理确定其合理的库存定额;对配送作业作出最佳配送路线和配送比例,等等。最后可发展到对整个物流系统进行模拟,采用最有效的数量分析来组织物流系统,使之合理化。

(1)物流运输过程的优化

①利用线性规划编制运输计划。如一种商品的工厂生产数、用户数、商品生产成本、从工厂到消费地的单位运输费用和运输距离,以及各工厂的生产能力和消费地的需要量都已确定,则在满足各消费地需要的条件下,应由各工厂生产多少,从哪几个工厂向哪一个消费地运输多少商品才能达到总运输费用最小的目标,这便是所要解决的运输模型问题,可用线性规划来解决。

②利用非线性规划编制计划。当工厂数和生产量不确定时,应使用非线性规划来解决。又由于生产费用函数随工厂而异,故在边际生产费用和边际物流费用的平衡中,应以总生产费用与总物流费用之和最少为条件,来确定其生产量与物流量,即解决在一个工厂集中生产,远距离向多个消费地配送的物流方式,还是采用由几个工厂分散生产,就地解决供应的物流方式,可以用非线性规划的方法来解决。

(2)商品储存的优化　一种商品从生产到用户之间需要经过几个阶段,几乎在每个阶段都发生储存,因此,有一个确定库存量的问题,即在每个阶段库存量保持多少才为合理? 为了保证供给,需隔多长时间补充库存? 一次进货多少才能达到费用最省的目的? 在一些发达国家,各类库存管理数学模型得到了广泛的应用,已取得了明显的经济效益。

(3)物流系统的最优化　对物流系统中各子系统,如运输、储存、配送、装卸、包装等各环节所组成的物流整体活动,因其影响因素多而复杂,因此,需要运用物流系统的模拟技术。最著名的方法是克莱顿·希尔模拟模型。这个方法提出物流系统的3项目标:一是最高的物流服务水平;二是最小的物流费用;三是最快的信息反馈。在模拟过程中采用逐次逼近的方法来解决决策变量:物流中心的数目、对用户的服务水平、物流中心收发货时间的长短、库存分布、系统整体的优化。

实现物流管理现代化的根本途径是信息化、系统化。在物流管理活动中,信息收集起着关键的作用。进行物流管理时,需要大量准确的信息,如市场供应数量、供应价格、需求数量、需求价格以及库存数量、品种、质量、规格等。任何信息的遗漏和错误都将直接影响物流管理的效果,进而影响企业的经济效益。因此可以说:物流管理,信息先行。

局域网是实现物流管理现代化的有效途径。在实现物流管理信息化、系统化的过程中,局域网起着非常重要的作用。局域网是现代计算机技术发展的产物,它通过多台微型计算机和一定的通信协议实现内、外部信息的收集、保存与共享。企业内部引入局域网,可以实现物流管理的信息化、系统化。局域网内的信息，可以在用户之间共享，便于物流各部门、各环节协调运作。

9.4.5 零库存与配送中心

1）零库存

所谓零库存，是指物料（包括原材料、半成品和产成品等）在采购、生产、销售、配送等一个或几个环节中，不以仓库存储的形式存在，而均是处于周转的运动状态。

零库存（Zero Inventory）可以追溯到 20 世纪的六七十年代，当时日本丰田汽车实施准时制（JIT，Just-in-time）生产，在管理手段上采用广告牌管理、单元化生产等技术实行拉式生产（Pull Manufacturing），以实现在生产过程中基本上没有积压的原材料和半成品，这不仅大大降低了生产过程中的库存及资金的积压，而且在实施 JIT 的过程中，提高了相关生产活动的管理效率。

此后，零库存不仅应用在生产过程中，而且延伸到原材料供应、物流配送、产成品销售等各个环节，例如戴尔计算机公司运用直销模式实现产成品的零库存。

在网络经济如火如荼发展的时候，零库存又被很多"新经济"公司作为战胜传统企业的法宝，宣称通过网上在线订单、即时配送等手段做到降低库存量和节约库存成本（即所谓的"以信息代替库存"），从而取得战胜其他企业的竞争优势。

企业能够在不同的环节实施零库存管理，其效益是显而易见的。例如，库存占用资金的减少；优化应收和应付账款，加快资金周转；库存管理成本的降低；规避市场变化和产品升级换代而产生的降价、滞销的风险等。

企业零库存的实现，在取得效益和竞争优势的同时，也存在实施上的难点和管理成本增加。例如，丰田汽车装配厂的零库存，一方面来自先进有效的管理手段和方式；另一方面，它的上百家零配件供应商在它的周围建厂或设立仓库，零库存实际是零距离的供应。同样，戴尔计算机公司的产成品实现零库存，是因为大约一周的交货时间，基于非现货交易来实现的。网上商店在网上交易的商品，都是委托专业的第三方物流公司管理。

零库存是可以实现的，但需要综合考虑它带来的收益以及为此付出的代价。零库存的实施，必须要有一个能够准确、即时反应市场需求的系统（包括软件和管理），必须要有一个能根据市场信息进行迅速调节的采购和柔性生产系统，必须要有一个协同一致的物流配送系统。

在什么样的情况实施零库存，企业需要根据自身所处的行业、商业环境、管理水平、地理位置综合判断和决策。例如，如果在北京市中心开一家超市，必须做到零库存，货品则通过小批量、多频率的配送来实现，因为相对于高额的房租来说，配送费用低多了。但如果在北京郊区偏僻地域开杂货店，零库存就没有意义了，因为多频率、长距离的配送费用比库房租金高得多。

任何管理手段和技术都是需要成本和代价的。作为明智的企业，必须做到投入小于产出，因为企业总是要有盈利才能够生存。

2）配送中心

物流配送是现代流通业的一种经营方式。配送是指在经济合理的区域范围内，根据客户要求，对物品进行拣选、加工、分割、包装、组配，并按时送达指定地点的物流活动。配送实际就是物品实体的流动，为此人们常常把物流配送连在一起表述。

所谓配送中心,是指从供应商手中接受多种、大量货物,进行收货验货、储存保管、流通加工、信息处理等作业,并按各客户的需求配齐货物,以客户满意的服务,迅速、及时、准确、安全、低成本地进行配送的物流设施和机构。一般来说,物流配送中心的配送模式有以下几种:

(1)定时配送方式 定时配送方式是指在规定的时间间隔(例如每天或每两天配送一次)进行物品配送,每次配送的品种和数量均可按计划执行,也可按事先商定的联络方式下达配送通知,按用户要求的品种、数量和时间进行配送。对于交通条件相对较弱,开展定时配送难度较大的地方,可以运用电子商务平台实现多个配送中心或仓库的统一管理与调配,通过就近配送实现准时配送。

(2)定时定线配送方式 它是指在规定的线路上按规定时间表进行物品配送。采用这种配送方式有利于安排运输车辆,在配送用户较多的地区,配送工作组织相对容易。连锁商店配送活动可以用这种方式。

(3)加工配送方式 它是指对配送的货物进行部分加工后,再按用户要求进行的配送活动。这种配送活动可以将流通加工和配送集成一体,加工目的性明确、服务针对性很强。

(4)集中配送方式 它是由几个物流据点共同协作制订计划,共同组织车辆设备,对某一地区用户进行配送。具体执行配送作业计划时,可以共同使用配送车辆,提高车辆载量,提高配送经济效益与效率,有利于降低配送成本。

[案例思考]

全程电子商务培育温江花卉产业

近日,全国知名的花卉基地电子商务中心在天府之国的成都市温江区宣告成立。中心占地面积约 700 m²,功能齐全,服务大厅设有专家热线、会员服务、物流服务、交易服务、信息服务等,面向花木种植户、经纪人、企业、经销商、采购商、协会、杂志等主要参与主体,希望形成全国花木商圈,成为现代化花木的流通平台。这个承载着温江全区 3.2 万花卉从业者希望的平台,正在吸引着多方关注的目光。一个推动全区花卉产业标准化、规模化、科技化、集约化发展,打造花卉产业聚集区的蓝图也正在展开。

"花重锦官城",成都人自古喜欢种花。位于成都市境内的温江区花木种植历史悠久,集传统优势和现代网络特色于一体,已形成 13 万亩产业规模,占农用地面积的 76%,占四川省花卉种植总面积的三分之一,中国西部最大的花卉研发、生产和销售中心已在这里打造成型。2008年,虽受国际金融危机的影响,温江花卉年销售额仍然创造了 10.34 亿元,同比增幅超过 20%的不俗业绩。如今,温江区有 25 321 个花卉专业户,4 000 多个花卉中间商,还建成了 14 个镇级花卉流通渠道,330 个村级花卉流通渠道,一个由花卉流通渠道和中间商组成的营销流通网络逐步健全。

温江区还规划建成了花卉物流港,目前已有省内外 20 多家企业进入物流港,花卉产品主要销往云南、重庆、贵州、陕西、广东、广西、河南等地,省内则主要销往成都、南充、广元、绵阳、达州等地。物流港还将提供花卉临时仓储、花卉栽培、产品展示、电子商务、植物检疫等多种配套功能,形成链条完整、设施先进、功能齐全的花卉物流平台。

温江花卉产业全程电子商务平台是全国花卉行业首家全功能全程电子商务平台,将形成花卉行业网上交易集散地。平台以先进的信息技术和网络技术为基础,将传统的电子商务、企业管理、供应链协同融为一体,实现花卉行业各主体间交易活动、内部运营管理及供应链上下游商务伙伴间协同等所有业务过程数字化、电子化,是一种全新的商业活动模式。不仅能够满足 B2B、B2C、C2C 的全方位覆盖,实现完整的物流配送体系,将线上线下交易有机结合,还能够实现对内的信息化管理。

温江花卉全程电子商务平台引起省市领导和有关部门的关注。中心成立运营以来,很多专家前来中心调研、考察,对温江花卉第三方电子商务服务平台给予了高度的肯定。

计划用 3 年时间,建设好温江花卉电子商务龙头企业,打造出温江花卉电子商务品牌。力争实现网上销售占销售总额 60% 以上。实现 2.3 万户花农在网上展示产品进行网络交易,为温江花卉打造新的亮点。目前,该中心已在四川建成了 30 个花木信息采集站点。将建成西南、华南、华东、北方 4 个服务中心 25 个工作站和 200 多个信息采集站点,花卉营销管理团队将超过 1 000 人,花卉交易人员将超过 1 万人。

[问题解答]

1. 简述分销渠道的含义、类型、功能和特点。
2. 什么是消费品分销渠道的一阶渠道、二阶渠道、三阶渠道? 什么是宽渠道、窄渠道?
3. 什么是中间商? 简述中间商的类型、作用和功能。
4. 简述分销渠道的特性。分析分销渠道特性的意义是什么?
5. 企业如何实施分销渠道选择策略?
6. 简述物流现代化的内容。
7. 简述配送中心的配送方式。

[实践操作]

智胜园林工具生产公司生产的园林工具包括机动、电动、手动等几个系列,覆盖了园林绿化操作的各个方面。由于近年来需求旺盛,公司积极拓展市场,希望在全国各个大中城市建立销售渠道。

[目标] 了解销售渠道的含义、类型与功能,掌握分销渠道管理的方法,熟悉物流配送的规划与实践。

[任务] 为智胜公司设计分销渠道策略。

10 促销策略

【本章导读】

促销就是为了增加市场份额,多卖商品。本章介绍了促销的功能和促销组合的内容,阐述了人员推销的特点、策略和推销人员管理的方法,重点阐述了广告策略,帮助学习者理解广告的类型、广告媒体的选择、广告效果的测定方法,介绍了公共关系和营业推广的作用和方法,使学习者掌握广告促销的理论和方法。

【学习目标】

通过本章学习,要求学生了解促销、促销组合、促销策略的概念和基本思想,熟悉促销方式的特点、形式和适用性,掌握广告宣传的原理、方法。

成功的市场营销活动,不仅需要制订适当的价格、选择合适的分销渠道向市场提供令消费者满意的产品,而且需要采取适当的方式进行促销。促销策略是4大营销策略之一。正确制订并合理运用促销策略是企业在市场竞争中取得有利的营销条件、获取较大经济效益的必要保证。

10.1 促销与促销组合

10.1.1 促销的含义

促销是促进产品销售的简称。从市场营销的角度看,促销是通过人员推销和非人员推销的方式,传递商品信息,帮助消费者认识商品的功能,引发、刺激消费者的兴趣和消费欲望,使其产生购买行为的活动。促销具有以下几层含义:

1)促销工作的核心是沟通信息

生产者与消费者之间达成交易的基本条件是信息沟通。若生产者不能及时有效地将自己的产品信息传递给消费者,那么,消费者对此则一无所知,自然谈不上认识和购买。通过促销方式(人员推销、营业推广、公共关系、广告)把产品信息传递给消费者,才能引起消费者注意,并有可能产生购买欲望。同时,消费者认识和购买商品的过程,又把对商品的需求信息传递给生产者,促使生产者根据市场需求进行生产。因此,促销信息沟通是一种由卖方到买方和由买方到卖方的不断循环的双向沟通过程,如图10.1所示。

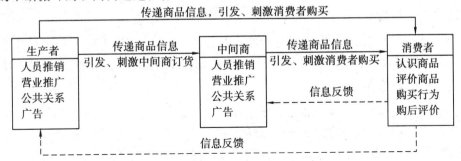

图10.1 促销信息沟通

2)促销的目的是引发、刺激消费者产生购买行为

在消费者具有可支配收入的条件下,是否产生购买行为主要取决于购买欲望,而消费者的购买欲望又与外界的刺激、诱导密不可分。促销正是针对这一特点,通过各种传播方式把商品信息传递给消费者,以激发其购买欲望,使其产生购买行为。

3)促销的方式有人员促销和非人员促销两大类

人员促销,亦称直接促销或人员推销,是生产者运用推销人员向消费者推销商品的一种促销活动,它主要适合于消费者数量少、比较集中的情况下进行。非人员促销,又称间接促销或非人员推销,是生产者通过一定的媒体传递产品信息,以促使消费者产生购买欲望、发生购买行为的一系列促销活动,包括广告、公共关系和营业推广,它适合于消费者数量多、比较分散的情况下进行。通常,企业在促销活动中将人员促销和非人员促销结合运用。

10.1.2 促销的功能

在现代市场营销活动中,促销已经远远超出了推销的内涵,它是企业营销活动中不可缺少的重要组成部分。促销具有以下功能:

1)传递信息,改进服务

销售产品是市场营销活动的中心任务,信息传递是产品顺利销售的保证。传统促销的信息传送是单向的,卖方发出信息,买方接收信息。现代促销的信息传递是双向的,买卖双方互通信息,双方都是信息的发出者和接受者。在促销过程中,一方面,卖方(生产者或中间商)向买方(中间商或消费者)介绍商品功能、特点、价格及服务方式等信息,引发和刺激消费者对商品产生需求欲望并采取购买行为;另一方面,买方向卖方反馈对产品价格、质量和服务内容、方式是否满意等有关信息,促使生产者、经营者改进产品设计和服务水平,更好地满足消费者的需求。

2)突出特点,刺激需求

在市场竞争剧烈的情况下,同类商品很多,并且有些商品差别微小,消费者往往不易分辨。企业通过促销活动,宣传、说明本企业产品与其他企业同类竞争产品的区别,便于消费者了解本企业产品的特点,使消费者知道、购买、消费本企业产品会产生更大的利益,消费者乐于认购本企业产品。生产者作为卖方向买方提供有关信息,特别是能够突出产品特点的信息,能激发消费者的需求欲望,变潜在需求为现实需求。

3)指导消费,扩大销售

在促销活动中,营销人员循循善诱地介绍产品知识,在一定程度上对消费者起到了教育指导作用,从而有利于激发消费者的需求欲望,变潜在需求为现实需求,实现扩大销售之功效。

4)形成偏爱,建立信誉

在激烈的市场竞争中,企业产品的市场地位常常不稳定,致使有些企业的产品销售此起彼伏、波动较大。企业运用适当的促销方式,开展促销活动,可使较多的消费者对本企业的产品滋生偏爱,同时良好的企业形象和服务水平,可以在消费者中建立较高的信誉,进而稳住已占领的市场,达到稳定销售的目的。对于消费者偏爱的品牌,即使该类商品需求下降,也可以通过一定形式的促销活动,促使对该品牌的需求得到一定程度的恢复和提高。

10.1.3　促销组合

1)促销组合策略

由于各种促销方式都存在着优点和缺点,在促销过程中,企业常常将多种促销方式同时并用。所谓促销组合,就是企业根据产品的特点和营销目标,综合考虑各种影响因素,对各种促销方式的选择、编配和运用。促销组合是促销策略的前提,在促销组合的基础上,才能制订相应的促销策略。因此,促销策略也称促销组合策略。促销策略从总的指导思想上可分为推式策略和拉式策略两类,如图10.2所示。

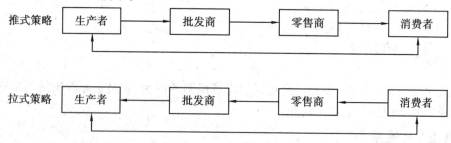

图10.2　推式策略与拉式策略

(1)推式策略　主要运用人员推销的方式,把商品推向市场,即从生产者推向中间商,再由中间商推给消费者,故也称人员推销策略。推式策略一般适合于单位价值较高、性能复杂、需要作示范的商品,根据用户需求特点设计的产品,流通环节较少、流通渠道较短、市场比较集中的产品。

(2)拉式策略　主要运用非人员推销方式,把顾客拉过来,使其对本企业的产品产生需求,以扩大销售,也称非人员推销策略。对单位价值较低的日常用品,流通环节较多、流通渠道较长的产品,市场范围较广、市场需求较大的产品,常采用拉式策略。

推式策略的重心是"推",强调生产者的主动性,表明消费者的需求是可以通过企业的积极促销而被激发和创造的。拉式策略的重心是"拉",强调消费者的主动性,表明消费者的需求是决定商品生产的基本原因,企业的广告宣传等促销活动,能够吸引潜在消费者。

2)促销组合策略的影响因素

促销组合策略的影响因素较多,企业在制订促销组合策略时,主要应考虑以下因素:

(1)促销目标 它是企业从事促销活动所要达到的目的。在企业营销的不同阶段和适应市场营销活动的不断变化,要求有不同的促销目标。无目标的促销活动收不到理想的效果。因此,促销组合和促销策略的制订,要符合企业的促销目标,根据不同的促销目标,采用不同的促销组合和促销策略。

(2)产品因素

①产品的性质。不同性质的产品,购买者的购买目的就不相同,因此,对不同性质的产品必须采用不同的促销组合和促销策略。一般说来,在消费者市场,因市场范围广而更多地采用拉式策略,尤其以广告和营业推广形式促销为多;在生产者市场,因购买者购买批量较大,市场相对集中,则以人员推销为主要形式。

②产品的生命周期。促销目标在产品生命周期的不同阶段是不同的,这决定了在产品生命周期各阶段要相应选配不同的促销组合,采用不同的促销策略。以消费品为例,在投入期主要是宣传介绍商品,以使顾客了解、认识商品,产生购买欲望。广告起到了向消费者、中间商宣传介绍商品的功效,因此,这一阶段以广告为主要促销形式,以营业推广和人员推销为辅助形式。在成长期,由于产品打开销路,销量上升,同时也出现了竞争者,这时仍需加强广告宣传,但要注重宣传企业产品特色,以增进顾客对本企业产品的购买兴趣,若能辅之以公关手段,会收到相得益彰之佳效。在成熟期,竞争者增多,促销活动以增进购买兴趣与偏爱为目标,广告的作用在于强调本产品与其他同类产品的细微差别,同时,要配合运用适当的营业推广方式。在衰退期,由于更新换代产品和新发明产品的出现,使原有产品的销量大幅度下降。为减少损失,促销费用不宜过大,促销活动直接针对老顾客,采用提示性广告,并辅之适当的营业推广和公关手段。

(3)市场条件 市场条件包括市场地理范围、市场类型、潜在顾客数量、竞争情况等。不同的市场条件,促销组合与促销策略也有所不同。一般来说,市场范围小或本地市场、潜在顾客数量小、生产者市场,应以人员推销为主;而对全国性甚至世界范围的广大市场和分散的消费者市场进行促销,则多采用广告形式。此外,在有竞争者的市场条件下,制订促销组合和促销策略还应考虑竞争者的促销形式和策略,要有针对性地不断变换自己的促销组合及促销策略。

(4)促销预算 开展促销活动,必然要支付一定的费用。促销费用都必须严格进行预算,常用的促销费用预算方法有:

①量力支出法,即根据企业本身的财务实力和促销能力,确定促销费用的预算额度。

②销售额比例法,即按照销售额的一定百分比,作为促销费用。

③竞争对等法,即参考竞争者的促销预算,确定本企业的促销费用。

④目标任务法,即根据目标任务的情况,确定促销费用。

总之,促销费用预算额度的大小,决定了促销方式的选择。预算额度大,可选用电视广告进行促销;反之,则选择经济适用的促销方式。

10.2　人员推销策略

10.2.1　人员推销的特点

人员推销是运用推销人员直接向顾客推销商品和劳务的一种促销方式。在人员推销活动中有 3 个基本要素:推销人员、推销对象和推销品。前两者是推销活动的主体,后者是推销活动的客体。人员推销是最古老、最普遍、最直接、最有效的促销方式。

1)人员推销的特点

人员推销的特点突出表现在以下几个方面:

(1)信息传递双向性　人员推销是一种典型的信息双向沟通传递形式。在人员推销过程中,推销人员能够准确地向顾客传递商品信息,如质量、功能、技术服务、价格以及同类产品竞争者的有关情况等,以此来达到招睐顾客、促进产品销售之目的。同时,推销人员通过与顾客交谈能及时了解顾客对本企业产品的评价;通过观察和有意识地调查研究,能掌握商品的市场情况。这样不断地收集信息、反馈信息,为企业制订合理的营销策略提供依据。

(2)推销目的双重性　一是指激发需求与市场调研相结合,二是指推销商品与提供服务相结合。一方面,推销人员施展各种推销技巧,目的是推销商品;另一方面,推销人员与顾客直接接触,向顾客提供各种服务,是为了帮助顾客解决问题,满足顾客的需求。双重目的相互联系、相辅相成。推销人员只有做好顾客的参谋,更好地实现满足顾客需求这一目的,才有利于诱发顾客的购买欲望,促成购买,使商品推销效果达到最大化。

(3)推销过程的灵活性　由于推销人员与顾客直接联系,当面洽谈,可以通过交谈与观察了解顾客,进而根据不同顾客的特点和反应,有针对性地调整自己的工作方法,以适应顾客,诱导顾客购买。而且,还可以及时发现、答复和解决顾客提出的问题,消除顾客的疑虑和不满意感。

(4)友谊协作的长期性　推销人员与顾客直接见面,长期接触,可以促使买卖双方建立友谊,密切企业与顾客之间的关系,易于使顾客对企业产品产生偏爱。如此,在长期保持友谊的基础上开展推销活动,有助于建立长期的买卖协作关系,稳定地销售产品。

(5)满足需求的多样性　人员推销满足的需求是多种多样的。

①通过推销人员有针对性的宣传、介绍,满足顾客对商品信息的需求;

②通过直接销售方式,满足顾客方便购买的需求;

③通过对顾客提供售前、售中、售后服务,满足顾客在技术服务方面的需求;

④通过推销人员礼貌、真诚、热情的服务,满足顾客心理上的需求。

最终,主要是满足了消费者对商品使用价值的需求。

2)人员推销的缺点

人员推销主要存在两个缺点:

①支出较大,成本较高。由于每个推销人员直接接触的顾客有限,销售面窄,特别是在市场范围较大的情况下,人员推销的开支较多,这就增大了产品销售成本,一定程度地减弱产品的竞

争力。

②对推销人员的要求较高。人员推销的效果直接决定于推销人员素质的高低,并且,随着科学技术的发展,新产品层出不穷,要求推销人员必须熟悉新产品的特点、功能、使用、保养和维修等知识与技术。企业要培养和选择出理想的推销人员比较困难,而且耗费也大。

10.2.2 人员推销的形式、对象和步骤

1) 人员推销的基本形式

人员推销有以下 3 种基本形式:

(1)上门推销 上门推销是最常见的人员推销形式。它是由推销人员携带样品、说明书和订单等走访顾客,推销产品。这是一种积极主动的推销形式,推销人员要寻找顾客,并针对顾客的需要或需求提供有效的服务,方便顾客认识商品和购买商品。因此,顾客和公众广泛认可和接受。

(2)柜台推销 柜台推销是指企业在适当地点设置固定的商店,由营业员接待进入商店的顾客,推销产品。商店的营业员是广义的推销人员。柜台推销是"等客上门"式的推销方式。由于商店里的商品种类齐全,能满足顾客多方面的购买要求,为顾客提供较多的购买方便,并且可以保证商品安全无损,故此,顾客比较乐于接受这种方式。柜台推销适合于零星小商品、贵重商品和容易损坏的商品。

(3)会议推销 它指的是利用各种会议向与会人员宣传和介绍产品,开展推销活动。例如,在订货会、交易会、展览会、物资交流会等会议上推销产品均属会议推销。这种推销形式接触面广,推销集中,可以同时向多个推销对象推销产品,成交额较大,推销效果较好。

2) 人员推销的推销对象

推销对象是人员推销活动中接受推销的主体,是推销人员说服的对象。推销对象有消费者、生产用户和中间商 3 类。

(1)向消费者推销 推销人员向消费者推销产品,必须对消费者有所了解。要了解消费者的年龄、性别、民族、职业、宗教信仰等基本情况,进而了解消费者的购买欲望、购买能力、购买特点和习惯等,并且还要注意消费者的心理反应,才能对不同的消费者,施以不同的推销技巧,促成交易的实现。

(2)向生产用户推销 向生产用户推销的必备条件是,熟悉生产用户的情况,包括生产规模、人员构成、经营管理水平、产品设计与制作过程以及资金情况等。在此前提下,推销人员还要准确、恰当地说明自己产品的优点,并能对生产用户使用该产品后所得到的效益作简要分析,以满足其需要,同时,推销人员还应帮助生产用户解决疑难问题,以取得用户信任。

(3)向中间商推销 向中间商推销产品时,首先要了解中间商的类型、业务特点、经营规模、经济实力以及他们在整个分销渠道中的地位;其次,应向中间商提供有关信息,给中间商提供帮助,建立友谊,扩大销售。中间商的购买行为属于理智型,这就需要推销人员具备较高的业务知识水平和推销技巧。

3) 人员推销的步骤

按照程序化推销理论,人员推销分为 7 个步骤,如图 10.3 所示。

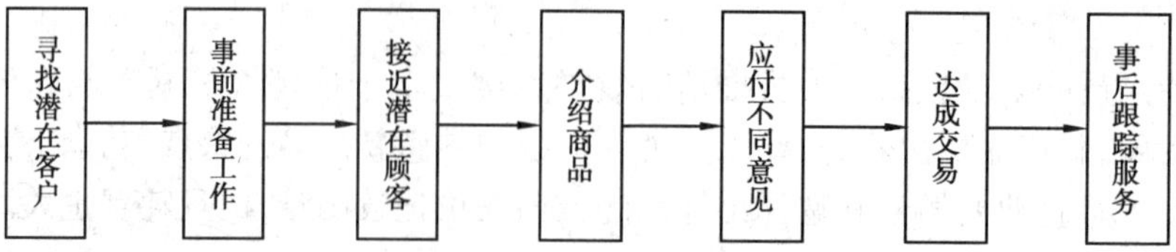

图10.3　人员推销的步骤

（1）寻找潜在顾客　推销人员首先要确定哪些人群是潜在顾客,这就要根据商品所服务的对象来确定。比如保健品推销,就应该面向中老年、有购买力的人群;花卉产品就应面向妇女、青年人。推销人员可以通过老顾客介绍,也可以查阅有关相关信息资料寻找潜在顾客。但是,有一个原则就是"到有鱼的河里去钓鱼"。就是说,要到有消费需求又有消费能力的人群中去寻找潜在顾客。

（2）事前准备工作　在实施推销之前,推销人员必须做好充分的准备工作。首先要具备商品知识,商品的特点、功能、用途以及操作技巧;其次,要研究推销对象的爱好、职业、生活习惯和教育状况;再就是要了解竞争者同类产品的优点和缺点。

（3）接近潜在顾客　选择适当的方式和时间接近顾客,例如用电话邀约,通过朋友或熟人介绍,或者直接接触。推销人员注意在接近顾客时,要给对方一个好印象,因此行为举止和衣着都要得体大方,要有礼貌,热情,但不要过分逢迎对方。

（4）介绍商品　介绍商品是推销的中心,语言要流畅、肯定,要悦耳、有感染力,要强调重点,言简意赅,切记啰唆和似是而非的表述。要注重视觉效果,因此,在介绍时最好有样品,或者商品介绍彩页。如果是无形商品,例如保险或其他服务产品,可以用一些图标、小册子加以说明。要着重说明该产品能给顾客带来的好处。

（5）应付不同意见　推销人员会经常遇到顾客提出的不同意见,或者对产品提出批评,或者对价格提出异议。一个有经验的推销人员应当具有与持不同意见的顾客洽谈的技巧,随时准备应付不同意见或反对意见的措辞和论据,要不急不躁,沉着温和地加以说明或回应。

（6）达成交易　这是推销的目的。许多推销人员认为,接近和成交是推销过程中两个最困难的步骤。在介绍商品和洽谈过程中,要随时给顾客决定购买的机会。有些顾客不需要全面介绍,一旦发现顾客有购买意愿,就要立即抓住成交的机会。要适时提供一些优惠条件,或赠送礼品,促成交易。

（7）事后跟踪服务　顾客购买商品以后,推销人员除了要认真执行订单或口头承诺的保证条款,要在适当机会给予跟踪访问,回答顾客的问题,收集顾客的意见,了解顾客的感受,要让顾客感觉到企业和推销人员的真诚,使他们受到尊重,有满意感。这样,他们就会成为商品的忠实用户,并且帮助企业宣传,其意义十分重要。

10.2.3　推销人员管理

人员推销是一个综合的复杂的过程。它既是信息沟通过程,也是商品交换过程,又是技术服务过程,人员推销成功的关键在于推销人员。因此,许多大公司十分重视推销人员队伍建设,特别是高新技术产品、保险业等。

1) 推销人员的素质

推销人员的素质决定了人员推销活动的成败。推销人员一般应具备以下素质：

(1)态度热忱，勇于进取　推销人员是企业的代表，既要为企业推销产品，又要为顾客的购买活动当好顾问和参谋。企业促销和顾客购买都离不开推销人员。因此，推销人员既要忠实于企业，又要热情周到地为顾客服务。要具有高度的责任心和使命感，热爱本职工作，不辞辛苦，任劳任怨，敢于探索，积极进取，耐心服务，同顾客建立友谊，这样才能使推销工作获得成功。

(2)求知欲强，知识广博　优秀的推销人员必须有旺盛的求知欲，善于学习各个方面的知识。广博的知识是推销人员做好推销工作的前提条件。一个推销员的知识结构应包括：

①企业知识：要熟悉企业的历史及现状，本企业的规模及在同行中的地位、企业的经营特点、经营方针、服务项目、定价方法、交货方式、付款条件和保管方法等，还要了解企业的发展方向。

②产品知识：要熟悉产品的性能、用途、价格、使用知识、保养方法以及竞争者的产品情况等。

③市场知识：要了解目标市场的供求状况及竞争者的有关情况，熟悉目标市场的环境，如国家的有关政策、条例等。

④心理学知识：了解并适时适地地运用心理学知识，来研究顾客心理变化和要求，以便采取相应的方法和技巧。

⑤其他知识：如语言学、经济学、人文学、社会学、历史地理等方面的知识。

当然，这些知识全部学通，成为专家，是困难的。但是，推销人员必须了解一些最基本的常识。一个良好的推销人员应该是一个"全才"，但不要求是一个"通才"。

(3)文明礼貌，善于表达　在人员推销活动中，推销人员推销产品的同时也是在推销自己。这就要求推销人员要注意推销礼仪，讲究文明礼貌，仪表端庄，热情待人，举止适度，谦恭有礼，谈吐文雅，口齿伶俐，在说明主题的前提下，语言要诙谐、幽默，给顾客留下良好的印象，为推销获得成功创造条件。

(4)富于应变，技巧娴熟　市场环境因素多样且复杂，市场状况很不平稳。为实现促销目标，推销人员必须对各种变化反应灵敏，并有娴熟的推销技巧，能对变化万千的市场环境采用恰当的推销技巧。推销人员要能准确地了解顾客的有关情况，能为顾客着想，尽可能地解答顾客的疑难问题，并能恰当地选定推销对象；要善于说服顾客（对不同的顾客采取不同的技巧）；要善于选择适当的洽谈时机，掌握良好的成交机会，并善于把握易被他人忽视或不易发现的推销机会。

2) 推销人员的甄选

甄选推销人员，不仅要对未从事推销工作的人员进行甄选，使其中品德端正、作风正派、工作责任心强、胜任推销工作的人员进入推销人员的行列，还要对在岗的推销人员进行甄选，淘汰那些不适合推销工作的推销人员。

推销人员的来源，一是从本企业内部选拔德才兼备、热爱推销工作的人员；二是从企业外部招聘，即企业从大专院校的应届毕业生、其他企业单位的人员中物色合格人选。无论哪种来源，都应经过严格的考核，择优录用。

甄选推销人员有多种方法，为准确地选出优秀的推销人才，应根据推销人员素质的要求，采用申报、笔试和面试相结合的方法。由报名者自己填写申请表格,借此掌握报名者的性别、年龄、受教育程度及工作经历等基本情况;通过笔试和面试可了解报名者的仪表风度、工作态度、知识广度和深度、语言表达能力、理解能力、分析能力、应变能力、个性和兴趣等。

3) 推销人员的培训

甄选的推销人员,还需经过培训才能上岗,使他们学习和掌握有关知识与技能。同时,对在岗推销人员,也要每隔一段时间进行培训,使其了解企业的新产品、新的经营计划和新的市场营销策略,进一步提高素质。培训内容通常包括企业知识、产品知识、市场知识、心理学知识和政策法规知识等内容。

培训推销人员的方法很多,常被采用的方法有 3 种:

(1)讲授培训　这是一种课堂教学培训方法。一般是通过举办短期培训班或进修等形式,由专家、教授和有丰富推销经验的优秀推销员来讲授基础理论和专业知识,介绍推销方法和技巧。

(2)模拟培训　它是受训人员亲自参与的有一定真实感的培训方法。具体做法是,由受训人员扮演推销人员向由专家教授或有经验的优秀推销员扮演的顾客进行推销,或由受训人员分析推销实例等。

(3)实践培训　实际上,这是一种岗位练兵。新的推销人员与有经验的推销人员一同上岗,建立师徒关系,通过传、帮、带,使受训人员逐渐熟悉业务,成为合格的推销人员。

4) 推销人员的考核与评价

为了加强对推销人员的管理,企业必须对推销人员的工作业绩进行科学而合理的考核与评价。推销人员业绩考评结果,既可以作为分配报酬的依据,又可以作为企业人事决策的重要参考指标。

(1)收集考评资料　收集推销人员的资料是考评的基础性工作。全面、准确地收集考评所需资料是做好考评工作的客观要求。考评资料主要从推销人员销售工作报告、企业销售记录、顾客及社会公众的评价以及企业内部员工的意见 4 个来源途径获得。

(2)建立考评标准　考评销售人员的绩效,科学而合理的标准是不可缺少的。绩效考评标准的确定,既要遵循基本标准的一致性,又要坚持推销人员在工作环境、区域拓展潜力等方面的差异性,不能一概而论。当然,绩效考核的总体标准应与销售增长、利润增加和企业发展目标相一致。

制订公平而富有激励作用的绩效考评标准,客观需要企业管理人员根据过去的经验,结合推销人员的个人行为综合制订,并需在实践中不断加以修整与完善。常用的推销人员绩效考核指标主要有:销售量、毛利润、访问率、访问成功率、平均订单数目、销售费用及费用率、新客户数目等。

(3)表扬先进,帮助后进　对于推销业绩突出的推销人员,要给予表扬和奖励,要公平、公正地对待每一个推销人员,不能存在个人偏见,要使表扬和奖励真正激发全体推销人员的积极性和创造性。对于推销绩效不理想的推销人员,要帮助他们分析原因和存在的问题,制订改进措施,如果是推销人员的推销技巧或知识水平欠缺,就应该再培训;如果是推销人员面临的市场环境变化,虽然努力,也没有完成任务,就应该采取强化措施,如增加人员,加强其他促销方式,等等。

10.2.4 人员推销策略

在人员推销活动中,一般采用以下 3 种基本策略:

1)试探性策略(或"刺激—反应"策略)

这种策略是在不了解顾客需求的情况下,推销人员运用刺激性手段引发顾客产生购买行为的策略。推销人员事先设计好能引起顾客兴趣、能刺激顾客购买欲望的推销语言,通过试探性交谈进行刺激,在交谈中观察顾客的反应,然后根据顾客的反应采取相应的对策,如重点描述产品的特色,进行演示操作,邀请顾客试用等,进一步激起顾客的关注,及时处理顾客的异议,排除障碍,促使顾客采取购买行动。

2)针对性策略(或"配方—成交"策略)

这种策略是指推销人员在基本了解顾客需求情况的前提下,有针对性地对顾客进行宣传、介绍,以引起顾客的兴趣和好感,从而达到成交的目的。推销人员在与顾客接触之前,要作好充分准备,收集大量有针对性的材料和信息,熟悉产品满足顾客要求的性能,设计好推销语言和措施。在与顾客交谈时,一定要替顾客着想,实事求是,言语诚恳,以理服人,让顾客感到推销人员确实是自己的好参谋,是真心为自己服务的,从而产生强烈的信任感,愉快成交。这与医生对患者诊断后开处方类似,故又称为"配方—成交"策略。

3)诱导性策略(或"诱发—满足"策略)

这种策略是指推销人员运用能激起顾客某种需求的说服方法,诱发、引导顾客产生购买行为。这种策略是一种创造性推销策略,它对推销人员要求较高,要求推销人员能因势利导,诱发、唤起顾客的需求,并能不失时机地宣传介绍和推荐所推销的产品,以满足顾客对产品的需求,实现成交。

10.3 广告策略

广告作为促销方式或促销手段,是一门带有浓郁商业性的综合艺术。虽说广告并不一定能使产品成为世界名牌,但若没有广告,产品肯定不会成为世界名牌。成功的广告可使默默无闻的企业和产品名声大振,家喻户晓,广为传播。

10.3.1 广告的类型与功能

1)广告的类型

广告是企业在促销中普遍重视且应用最广的促销方式。市场营销学中探讨的广告,是一种商业广告。商业广告是以促进商品销售为目的,通过特定的媒体传播商品信息,以广大消费者为广告对象的大众传播活动。企业要对使用的媒体支付一定的费用。广告有不同的种类。

（1）根据广告的内容和目的划分

①商品广告：是针对商品销售开展的大众传播活动。商品广告按其目的不同可分为3种类型：一是开拓性广告，亦称报道性广告。它是以激发顾客对产品的初始需求为目标，主要介绍刚刚进入投入期的产品的用途、性能、质量、价格等有关情况，以促使新产品进入目标市场。二是劝告性广告，又叫竞争性广告。是以激发顾客对产品产生兴趣，增进"选择性需求"为目标，对进入成长期和成熟前期的产品所做的各种传播活动。三是提醒性广告，也叫备忘性广告或提示性广告。是指对已进入成熟后期或衰退期的产品所进行的广告宣传，目的在于提醒顾客，使其产生"惯性"需求。

②企业广告：又称商誉广告。这类广告着重宣传、介绍企业名称、企业精神、企业概况（包括厂史、生产能力、服务项目等情况）等有关企业信息，其目的是提高企业的声望、名誉和形象。

③公益广告：是用来宣传公益事业或公共道德的广告。它的出现是广告观念的一次革命。公益广告能够实现企业自身目标与社会目标的融合，有利于树立并强化企业形象。公益广告有广阔的发展前景。

（2）根据广告传播的区域来划分

①全国性广告：是指采用信息传播能覆盖全国的媒体所做的广告，以此激发全国消费者对所广告的产品产生需求。在全国发行的报纸、杂志以及广播、电视等媒体上所做的广告，均属全国性广告。这种广告要求广告的产品是适合全国通用，并且广告费用高，也只适合生产规模大、服务范围广的大企业。

②地区性广告：是采用信息传播只能覆盖一定区域的媒体所做的广告，借以刺激某些特定地区消费者对产品的需求。在省、县报纸，杂志，广播，电视上所做的广告，均属此类。路牌、霓虹灯上的广告也属地区性广告。此类广告传播范围小，多适合于生产规模小、产品通用性差的企业和产品进行广告宣传。

此外，还有一些分类。例如，按广告的形式划分，可分为文字广告和图画广告；按广告的媒体不同，可分为报纸广告、杂志广告、广播广告、电视广告、因特网广告等。

2）广告的功能

一般来说，广告具有以下功能：

（1）显露功能　通过广告向消费者和社会大众介绍企业名称、商品品牌、性能、用途、质量、价格等信息，使消费者、中间商等能够方便地找到所需要购买的商品。由于广告的显露功能，使生产者、经营者、消费者都能获得好处。

（2）认知功能　广告覆盖面广，能够把商品信息传递到社会各个角落，深入到千家万户。消费者可以了解企业，认识商品，以及掌握购买地点、价格和服务项目等情况。

（3）激发功能　广告的表现力强，具有刺激购买的作用。企业可以通过真实、新颖、生动、形象、丰富多彩的广告语言和画面，吸引消费者的注意，激发他们的兴趣和购买欲望，从而激发需求，采取购买行动。

（4）引导功能　广告的引导功能体现在3个方面：

①广告能使新产品、新式样、新的消费意识迅速流行，形成消费时尚；

②广告可以使消费者在众多的商品中进行选择、比较，最后购买本企业的商品；

③广告可以引导消费者文明、健康地购物和消费。

（5）教育功能　内容真实健康的广告，可以教育消费者和社会大众培养文明、高尚的消费观念和消费行为,普及科学知识,丰富精神生活。

(6)美化功能 广告本身就是艺术作品,而且广告商越来越注重广告的艺术效果。因此,图片、动画广告可以美化环境,给予收看者视觉享受。

10.3.2 广告媒体

广告媒体,也称广告媒介,是广告宣传必不可少的物质条件。随着科学技术的发展和进步,广告媒体的种类越来越多。

1) 广告媒体的种类

广告媒体的种类很多,不同类型的媒体有不同的特性。目前比较常用的广告媒体有以下几种:

(1)报纸 报纸这种广告媒体,其优越性表现在:报纸发行量大,影响广泛,传播迅速,简便灵活,制作方便,费用较低,便于剪贴存查,信赖性强。不足的是:报纸登载内容庞杂,易分散对广告的注意力;印刷不精美,吸引力低;广告时效短,重复性差,只能维持当期的效果。

(2)杂志 杂志以登载各种专门知识为主,是各类专门产品的良好的广告媒体。它的优点有:广告宣传对象明确,针对性强,有的放矢;广告会同杂志有较长的保存期,读者可以反复查看;发行面广,可以扩大广告的宣传区域;杂志读者一般有较高的文化水平,比较容易接受新事物,有利于刊登开拓性广告;印刷精美,能够较好地反映产品的外观形象,易引起读者注意。缺点是:发行周期长,灵活性较差,传播不及时,读者较少,传播不广泛。

(3)广播 广播媒体的优越性有:传播迅速、及时,制作简单,费用较低,具有较高的灵活性;听众广泛,不论男女老幼、文化水平高低,都能受到广告的影响。广播媒体的局限性在于:时间短促,转瞬即逝,不便记忆;有声无形,印象不深;不便存查。

(4)电视 电视作为广告媒体虽然在20世纪40年代才出现,但因其有图文并茂之优势,发展很快,并力胜群芳,成为最重要的广告媒体。电视广告媒体的优点有:因电视有形、有色,听视结合,使广告形象、生动、逼真、感染力强;由于电视已成为人们文化生活的重要组成部分,收视率较高,使电视广告的宣传范围广,影响面大;宣传手法灵活多样,艺术性强。电视媒体的缺点是:时间性强,不易存查;制作复杂,费用较高;因播放节目繁多,易分散对广告的注意力。

(5)因特网 因特网具有速度快、容量大、范围广、可检索、可复制,以及交互性、导航性、丰富性等优点,发展极为迅速。已被人们将报刊、电台、电视台称为三大传统媒体,而将因特网称为"第四媒体"。

此外还有一些广告媒体,如广告牌、壁图、橱窗、霓虹灯等。

2) 广告媒体的选择

不同的广告媒体有不同的特性,正确地选择广告媒体,会使广告效果更佳。选择广告媒体时,一般要考虑以下影响因素:

(1)产品的性质 不同性质的产品,有不同的使用价值、使用范围和宣传要求。广告媒体只有适应产品的性质,才能取得良好的广告效果。通常,高技术产品进行广告宣传,面向专业人员,多选用专业性杂志;一般生活用品,则适合选用能直接传播到大众的广告媒体,如广播、电视等。

（2）消费者接触媒体的习惯　选择广告媒体，还要考虑目标市场上消费者接触广告媒体的习惯。一般认为，能使广告信息传到目标市场的媒体是最有效的媒体。例如，儿童用品的广告，选择电视媒体效果好；妇女用品的广告，选用妇女喜欢阅读的妇女杂志或电视媒体效果较好，也可以在妇女商店布置橱窗或展销。

（3）媒体的传播范围　媒体传播范围的大小直接影响广告信息传播区域的广窄。适合全国各地使用的产品，应以全国性发放的报纸、杂志、广播、电视等作广告媒体；属地方性销售的产品，可通过地方性报刊、电台、电视台、霓虹灯等传播信息。

（4）媒体的费用　各种广告媒体的收费标准不同，即使同一种媒体，也因传播的范围和播放的时间不同，费用标准也不同。考虑媒体费用时，不仅要注意费用总额，更应该注意相对费用。如果使用电视做广告需支付 2 万元，预计目标市场收视者 2 000 万人，则支付的广告费为每千人 1 元；若选用报纸作媒体，费用 1 万元，预计目标市场收阅者 500 万人，则广告费为每千人 2 元。相比较结果，应选用电视作为广告媒体。

总之，要根据广告目标的要求，结合各广告媒体的优缺点，综合考虑上述各种影响因素，尽可能选择使用效果好、费用低的广告媒体。

10.3.3　广告的设计原则

广告效果，不仅决定于广告媒体的选择，还取决于广告设计的质量。高质量的广告必须遵循下列设计原则。

1）真实性原则

广告的生命在于真实。虚伪、欺骗性的广告，必然会丧失企业的信誉。广告的真实性体现在两方面：一方面，广告的内容要真实，语言文字和画面要统一，艺术修饰要得当，以免使广告内容与实际情况不相符合；另一方面，广告所宣传的企业和商品也必须是真实的。企业必须依据真实性原则设计广告，这也是一种商业道德和社会责任。随着政府对广告管理不断加强，虚假广告坑害消费者的行为要受到法律、法规的惩处。

2）社会性原则

广告是一种信息传递方式。在传播经济信息的同时，也传播了一定的思想意识，必然会潜移默化地影响社会文化、社会风气。广告的社会性体现在：广告必须符合社会文化、思想道德的客观要求。广告要遵循党和国家的有关方针、政策，不违背国家的法律、法令和制度，有利于精神文明建设，有利于培养人民的高尚情操。严禁利用国旗、国徽、国歌作为广告内容和形式，杜绝损害中国民族尊严的广告内容，抵制淫秽、迷信、荒诞、暴力的广告内容等。

3）针对性原则

广告的内容和形式要富有针对性，即对不同的商品、不同的目标市场要有不同的内容，采取不同的表现手法。由于各个消费者群体都有自己的喜好、厌恶和风俗习惯，为适应不同消费者群的不同特点和要求，要根据不同的广告对象来决定广告的内容，采用与之相适应的形式。

4)艺术性原则

广告是一门科学,也是一门艺术。广告把真实性、思想性、针对性寓于艺术性之中。利用科学技术,吸收文学、戏剧、音乐、美术等各学科的艺术特点,把真实的、富有思想性、针对性的广告内容通过完善的艺术形式表现出来。只有这样,才能使广告像优美的诗歌,像美丽的图画,成为精美的艺术作品,给人以很高的艺术享受,使人受到感染,增强广告的效果。

10.3.4　广告效果的测定

广告的效果主要指广告的促销效果和广告本身的效果。

1)广告促销效果的测定

广告促销效果,也称广告的直接经济效果,它反映广告费用与商品销售量(额)之间的比例关系。广告促销效果的测定,是以商品销售量(额)增减幅度作为衡量标准的。测定方法很多,主要有以下几种:

(1)广告费用占销率法　广告费用在销售额中所占的比例。通过这种方法可以测定出计划期内广告费用对产品销售量(额)的影响。广告费用占销率越小,表明广告促销效果越好;反之则越差。其公式为:

$$广告费用占销率 = (广告费/销售额) \times 100\%$$

(2)广告费用增销率法　此法可以测定计划期内广告费用增减对广告商品销售量(额)的影响。广告费用增销率越大,表明广告促销效果越好;反之则越差。其公式为:

$$广告费用增销率 = (销售额增长率 / 广告费用增长率) \times 100\%$$

(3)单位费用促销法　这种方法可以测定单位广告费用促销商品的数量或金额。单位广告费用促销额越大,表明广告效果越好;反之则越差。其公式为:

$$单位广告费用促销额 = 销售额/广告费用$$

(4)单位费用增销法　此法可以测定单位广告费用对商品销售的增益程度。单位广告费用增销量(额)越大,表明广告效果越好;反之则越差,其计算公式为:

$$单位广告费用增销额 = (报告期销售额 - 基期销售额)/广告费用$$

(5)弹性系数测定法　即通过销售量(额)变动率与广告费用投入量变动率之比值来测定广告促销效果。其公式为:

$$E = (\Delta S/S)/(\Delta A/A)$$

式中　S——销售量(额);

　　　ΔS——增加广告费用后的销售增加量(额);

　　　A——广告费用原有支出额;

　　　ΔA——增加的广告费支出额;

　　　E——弹性系数,即广告效果,E值越大,表明广告的促销效果越好。

影响产品销售的因素很多,广告只是其中因素之一,单纯以销售量(额)的增减来衡量广告效果是不全面的。也就是说,上述测定方法只能作为衡量广告效果的参考。当广告促销效果不理想时,也不应轻易否定广告,而应从其他多方面来考虑分析。

2）广告本身效果的测定

广告本身效果不是以销售数量的大小作为衡量标准,而主要是以广告对目标市场消费者所引起心理效应的大小作为标准,包括对商品信息的注意、兴趣、情绪、记忆、理解、动机等。因此,对广告本身效果的测定,应主要测定知名度、注意度、理解度、记忆度、视听率、购买动机等项目。常用的测定方法有以下几种:

(1)价值序列法　这是一种事前测定法。其具体做法是:邀请若干专家、消费者对事先拟定的几则同一商品的广告进行评价,然后排序,依次排出第一位、第二位、第三位……排在首位的,表明其效果最佳,选其作为可传播的广告。

(2)配对法　这也是一种事前测定法。其做法是:将针对同一商品设计的不同的两则广告配对,请专家、消费者进行评定,选出其中一例。评定内容包括广告作品的标题、正文、插图、标语、布局等全部内容。

(3)评分法　此法既适合于事前测定,又适合事后测定。其做法是:将广告各要素列成表,请专家、消费者逐项评分。得分越高,表明广告自身效果越好。

(4)访查法　这是一种主要适合于事后测定广告效果的方法。其主要做法是通过电话、直接走访等方式征集广告接受者对广告的评价意见,借以评价广告优劣。

10.4　公共关系策略

公共关系,又称公众关系,是指企业在从事市场营销活动中正确处理企业与社会公众的关系,以树立企业的良好形象,从而促进产品销售的一种活动。

10.4.1　公共关系的特征

公共关系是一种社会关系,但又不同于一般社会关系,也不同于人际关系。企业公共关系的基本特征表现在以下几个方面:

1）公众性

公共关系是企业与其相关的社会公众之间的相互关系。这里包括3层含义:

①公共关系活动的主体是企业。

②公共关系活动的对象,既包括企业外部的顾客、竞争者、新闻界、金融界、政府各有关部门及其他社会公众,又包括企业内部职工、股东。这些对象构成了企业公共关系活动的客体。

③公共关系活动的媒介是各种信息沟通工具和大众传播渠道。

2）目标性

公共关系的目标是为企业在社会公众中创造良好的企业形象和社会声誉。一个企业的形象和声誉是无形的财富,良好的形象和声誉是企业富有生命力的表现,也是公共关系的真正目的。企业以公共关系为促销手段,是利用一切可能利用的方式和途径,让社会公众熟悉企业的经营宗旨,了解企业的产品种类、规格以及服务方式和内容等有关情况,使企业在社会上享有较高的声誉和较好的形象,促进产品销售的顺利进行。

3)互利性

公共关系的活动以真诚合作、平等互利、共同发展为基本原则。公共关系以一定的利益关系为基础,平等互利,并且要协调、兼顾企业利益和公众利益。这样,才能满足双方需求,以维护和发展良好的关系。否则,只顾企业利益而忽视公众利益,在交往中损人利己,不考虑企业信誉和形象,就不能构成良好的关系,也毫无公共关系可言。

4)沟通性

公共关系是一种信息沟通,是创造"人和"的艺术。公共关系是企业与其相关的社会公众之间的信息交流活动。企业从事公共关系活动,能沟通企业上下、内外的信息,建立相互间的理解、信任与支持,协调和改善企业的社会关系环境。公共关系追求的是企业内部和企业外部人际关系的和谐统一。

5)长期性

公共关系是一种长期活动。公共关系着手于平时努力,着眼于长远打算。公共关系的效果不是急功近利的短期行为所能达到的,需要连续的、有计划的努力。企业要树立良好的社会形象和信誉,不能拘泥于一时一地的得失,而要追求长期的稳定的战略性关系。

10.4.2　公共关系的作用

公共关系是一门"内求团结,外求发展"的经营管理艺术,是一项与企业生存发展休戚相关的事业。其作用主要表现在以下几个方面:

1)搜集信息,监测环境

信息是企业生存与发展必不可少的资源。运用各种公共关系手段可以采集各种有关信息,监测企业所处的环境。企业公共关系需要采集的信息包括:

(1)产品形象信息　它是指消费者对本企业产品的各种反应与评价,如对产品质量、性能、用途、价格、包装、售后服务等的反应评价。

(2)企业形象信息　企业要采集的形象信息包括:公众对企业组织机构的评价,组织机构是否健全,设置是否合理,上下左右是否协调,运转是否灵活,办事效率高不高等;公众对企业经营管理水平的评价,企业的经营方针是否正确,决策过程是否科学,决策目标是否合理、可行,生产计划是否完善,生产组织是否恰当,市场预测是否科学、准确,产品定价是否合理,促销是否有力,用人是否得当等;公众对企业人员素质的评价,决策层领导人和全体员工的文化水平、工作能力、业务水平、交际能力、应变能力、创新精神、开拓意识、工作态度、工作效率等;公众对企业服务质量、服务意识、服务态度等方面的评价。

(3)企业内部公众的信息　企业的职工作为社会公众的一部分,必然对企业产生不同的反应与评价。通过对企业内部职工意见的了解,能掌握职工对企业的期望,企业应树立什么样的形象,才能对职工产生向心力和凝聚力。企业内部公众的信息,可以通过意见书、各职能部门的计划、总结、工作报告以及企业内部的舆论工具等来获得。

(4)其他信息　投资者的投资意向、竞争者的动态、顾客的需求变化以及国内外政治、经济、文化、科技等方面的重大变化,都直接或间接地影响到企业的经营决策。公共关系作为社会经济趋势的监测者,应广泛地收集这些有关社会经济的信息。

2)咨询建议,决策参考

公共关系的这一职能是利用所搜集到的各种信息,进行综合分析,考查企业的决策和行为在公众中产生的效应及影响程度,预测企业决策和行为与公众可能意向之间的吻合程度,并及时、准确地向企业的决策者进行咨询,提出合理而可行的建议。

(1)公共关系参与决策目标的确立　确立决策目标是决策过程的最重要一环。公共关系是整体决策目标系统中的重要因素。它从全局和社会的角度来综合评价各职能部门的决策目标可能导致的社会效果,从而发现和揭示问题,提醒决策者按公众需求和社会效益制订决策目标。

(2)公共关系是获取决策信息的重要渠道　合理、正确的决策依赖于及时、准确、全面的信息,公关部门可以利用它与企业内部、外部的广泛交流,为决策开辟广泛的信息渠道。据此,能为决策者提供内部信息和外部信息,提供决策依据。

(3)公共关系是拟定决策方案不可缺少的参谋　公共关系作为决策参谋,能帮助决策者评价各方案的社会效果,提高决策方案的社会适应能力和应变能力。

(4)公共关系为决策方案实施效果提供反馈信息　信息的反馈,有助于修改、完善决策方案。这是公关职能之一。公关部门可以利用它与公众建立的关系网络和信息沟通渠道,对正在实施的决策方案进行追踪监测,并及时反馈对其评价的信息。

3)舆论宣传,创造气氛

公共关系作为企业的"喉舌",将企业的有关信息及时、准确、有效地传送给特定的公众对象,为企业树立良好形象创造良好的舆论气氛。如公关活动,能提高企业的知名度、美誉度,给公众留下良好形象;能持续不断、潜移默化地完善舆论气氛,因势利导,引导公众舆论朝着有利于企业的方向发展;还能适当地控制和纠正对企业不利的公众舆论,及时将改进措施公诸于众,避免扩大不良影响,从而收到化消极为积极、尽快恢复声誉的效果。

4)交往沟通,协调关系

企业是一个开放系统,不仅内部各要素需要相互联系、相互作用,而且需要与系统外部环境进行各种交往、沟通。交往沟通是公关的基础,任何公共关系的建立、维护与发展都依赖于主客体的交往沟通。只有交往,才能实现信息沟通,使企业的内部信息有效地输向外部,使外部有关信息及时地输入企业内部,从而使企业与外部各界达到相互协调。协调关系,不仅要协调企业与外界的关系,还要协调企业内部关系,包括企业与其成员之间的关系、企业内部不同部门成员之间的关系等,要使全体成员与企业之间达到理解和共鸣,增强凝聚力。

5)教育引导,社会服务

公共关系具有教育和服务的职能,是指通过广泛、细致、耐心的劝服性教育和优惠性、赞助性服务,来诱导公众对企业产生好感。对企业内部,公关部门代表社会公众,向企业内部成员输入公关意识,诱发企业内部各部门及全体成员都重视企业整体形象和声誉。对企业外部各界,公关部门代表企业,通过劝服性教育和实惠性社会服务,使社会公众对企业的行为、产品等产生认同和接受。

10.4.3 公共关系的活动方式和工作程序

公共关系在企业营销管理中占有重要地位。在企业内部,公关部门介于决策者与各职能部门之间或介于职能部门与基层人员之间,负责沟通和协调决策者与职能部门之间、各职能部门之间以及职能部门与成员之间的相互关系;在企业外部,公关部门介于企业与公众之间,对内代表公众,对外代表企业,沟通、协调企业与公众之间的相互关系。公共关系部门,无论是独立的职能部门,还是隶属于某一职能部门,它都具有相同的活动方式和工作程序。

1) 公共关系的活动方式

公共关系的活动方式,是指以一定的公关目标和任务为核心,将若干种公关媒介与方法有机地结合起来,形成一套具有特定公关职能的工作方法系统。按照公共关系的功能不同,公共关系的活动方式可分为 5 种:

(1) 宣传性公关 运用报纸、杂志、广播、电视等各种传播媒介,采用撰写新闻稿、演讲稿、报告等形式,向社会各界传播企业有关信息,以形成有利的社会舆论,创造良好气氛的活动。这种方式传播面广,推广企业形象效果较好。

(2) 征询性公关 通过开办各种咨询业务、制订调查问卷、进行民意测验、设立热线电话、聘请兼职信息人员、举办信息交流会等各种形式,连续不断地努力,逐步形成效果良好的信息网络,再将获取的信息进行分析研究,为经营管理决策提供依据,为社会公众服务。

(3) 交际性公关 通过语言、文字的沟通,为企业户结良缘,巩固传播效果。可采用宴会、座谈会、招待会、谈判、专访、慰问、电话、信函等形式。交际性公关具有直接、灵活、亲密、富有人情味等特点,能深化交往层次。

(4) 服务性公关 通过各种实惠性服务,以行动去获取公众的了解、信任和好评,以实现既有利于促销又有利于树立和维护企业形象与声誉的活动。企业可以以各种方式为公众提供服务,如消费指导、消费培训、免费修理等。事实上,只有把服务提到公关这一层面上来,才能真正做好服务工作,也才能真正把公关转化为企业全员行为。

(5) 社会性公关 通过赞助文化、教育、体育、卫生、慈善等事业,支持社区福利事业,参与国家、社区重大社会活动等形式来塑造企业的社会形象,提高企业的社会知名度和美誉度的活动。这种公关方式,公益性强,影响力大,但成本较高。

2) 公共关系的工作程序

公共关系活动的基本程序,包括调查、计划、实施、检测 4 个步骤:

(1) 公共关系调查 它是公共关系工作的一项重要内容,是开展公共关系工作的基础和起点。通过调查,能了解和掌握社会公众对企业决策与行为的意见。据此,可以基本确定企业的形象和地位,可以为企业监测环境提供判断条件,为企业制订合理决策提供科学依据等。公关调查内容广泛,主要包括企业基本状况、公众意见及社会环境 3 方面内容。

(2) 公共关系计划 公共关系是一项长期性工作,合理的计划是公关工作持续高效的重要保证。制订公关计划,要以公关调查为前提,依据一定的原则,来确定公关工作的目标,并制订科学、合理而可行的工作方案,如具体的公关项目、公关策略等。

（3）公共关系的实施　公关计划的实施是整个公关活动的"高潮"。为确保公共关系实施的效果最佳,正确地选择公共关系媒介和确定公共关系的活动方式是十分必要的。公关媒介应依据公共关系工作的目标、要求、对象和传播内容以及经济条件来选择;确定公关的活动方式,宜根据企业的自身特点、不同发展阶段、不同的公众对象以及不同的公关任务来选择最适合、最有效的活动方式。

（4）公共关系的检测　公关计划实施效果的检测,主要依据社会公众的评价。通过检测,能衡量和评估公关活动的效果,在肯定成绩的同时,发现新问题,为制订和不断调整企业的公关目标、公关策略提供重要依据,也为使企业的公共关系成为有计划的持续性工作提供必要的保证。

10.5　营业推广策略

营业推广,又称为销售促进,它是指企业运用各种短期诱因鼓励消费者和中间商购买、经销或代理企业产品或服务的促销活动。营业推广是与人员推销、广告、公共关系相并列的4种促销方式之一,是构成促销组合的一个重要方面。

10.5.1　营业推广的特点

营业推广是刺激需求、扩大销售的促销活动。概括说来,营业推广有以下特点:

1)激励性

以刺激和唤起顾客购买需求为基本功能。营业推广采取一些直接有效的方式,刺激顾客的需求欲望,激励顾客最终实现购买。

2)直观性

以直观的商品展示和使顾客获得实惠为基本途径。营业推广主要以展示真实商品作为促销手段,让顾客直接接触商品,感觉商品,甚至使用商品,让他们真正意识到这种商品就是他们需要的,购买这种商品能够带来实实在在的利益,他们就会产生购买行动。

3)效果性

以迅速取得促销的短期效果为优势。营业推广的促销效果显著,在开展营业推广活动中,选用多种合理的营业推广方式,就会很快地收到明显的增销效果,而不像广告和公共关系那样需要一个较长的时期才能见效。因此,营业推广适合于在一定时期、一定任务的短期性的促销活动中使用。

4)辅助性

营业推广是一种辅助性促销方式。人员推销、广告和公关都是常规性的促销方式,而多数营业推广方式则是非正规性和非经常性的。使用营业推广方式开展促销活动,虽能在短期内取得明显的效果,但它常常与其他促销方式配合使用,能够更好地发挥促销作用。

5）适度性

采用营业推广促销要适度使用。采用营业推广方式促销,似乎迫使顾客产生"机会难得、时不再来"之感,进而能打破消费者需求动机的衰变和购买行为的惰性。不过,营业推广的一些做法也常使顾客认为企业有急于抛售的意图。若频繁使用或使用不当,往往会引起顾客对产品质量、价格产生怀疑,可能对商品产生贬低的意思。因此,企业在开展营业推广活动时,要注意选择恰当的方式和时机。

10.5.2　营业推广的方式

营业推广的方式多种多样,每一个企业不可能全部使用。这就需要企业根据各种方式的特点、促销目标、目标市场的类型及市场环境等因素选择适合本企业的营业推广方式。

1）向消费者推广的方式

向消费者推广,是为了鼓励老顾客继续购买本企业产品,激发新顾客试用本企业产品。其方法主要有:

(1)赠送样品　向消费者赠送样品,可以获取消费者对产品的信任,鼓励消费者购买。样品赠送,可以有选择地赠送,例如在商品展销会上赠送,到目标顾客的代表人群中去赠送;也可在商店、闹市区或附在其他商品中无选择地赠送。赠送样品是介绍、推销新产品的一种促销方式,但费用较高,对高价值的商品不宜采用。

(2)赠送代价券　代价券作为对某种商品免付一部分价款的证明,持有者在购买本企业某些特定的产品时免付一部分货款。代价券可以邮寄,也可附在商品或广告之中赠送,还可以向购买商品达到一定的数量或数额的顾客赠送。这种形式可以刺激消费者购买某些老产品,也可以鼓励消费者认购新产品。

(3)数量奖励　为了鼓励消费者经常购买、重复购买或大量购买,许多企业大做宣传,希望消费者收集某种产品包装上的某个特殊标志符号或特殊附件,达到一定数量时就可以兑换一定数量的奖金或实物奖品。这种方式的有效运用,也体现了企业的绿色营销观念,有利于树立良好的企业形象。

(4)附带赠品　当顾客购买价格较高、或数量较多的商品时,可以附带赠送价格较低、数量少或体积小的商品,有利于刺激高价商品的销售。附带赠品是有效的营业推广方式,例如在推广化妆品时,附带赠送一小管的面膜或一个精美的小手袋等。

(5)商品展销　展销可以集中消费者的注意力和购买力。在展销期间,质量精良、价格优惠、服务周到的商品备受青睐。可以说,商品展销是很好的营业推广机会和有效的促销方式。

此外,还有有奖销售、降价销售等方式。

2）向中间商推广的方式

向中间商推广,其目的是为了促使中间商积极经销本企业产品。其方式主要有:

(1)购买折扣　为刺激、鼓励中间商购买或大批量地购买本企业产品,对第一次购买或购买数量较多的中间商给予一定的折扣优待,购买数量越大,折扣越多。折扣可以直接支付,也可以从付款金额中扣出,还可以赠送商品作为折扣。

（2）资助　生产者为了鼓励中间商展示、宣传和经销本企业的产品，给予中间商一定的经济资助。例如，生产者向中间商免费或低价提供陈列商品，向中间商资助一定比例的广告费用，向较远的中间商给予一定的运费补贴，向淡季购买、储存本企业产品的中间商提供仓储便利或费用补贴。

（3）经销奖励　对经销本企业产品有突出成绩的中间商给予奖励。这种方式能刺激业绩突出的经销商加倍努力，更加积极主动地经销本企业产品。同时，也有利于诱使其他中间商为多经销本企业产品而努力，从而促进产品销售。

10.5.3　营业推广的控制

营业推广是一种促销效果比较显著的促销方式，但倘若使用不当，不仅达不到促销的目的，反而会影响产品销售，甚至损害企业的形象。因此，企业在运用营业推广方式促销时，必须予以控制。

1）方式控制

采用营业推广，一定要选择合适的、有效的方式。营业推广的方式很多，而且各种方式都有独特的适用范围和对象。选择合适的营业推广方式是获得成功的关键。一般说来，应结合产品的性质、不同方式的特点以及目标市场的消费者接受习惯等因素，选择营业推广方式。

2）时间控制

时间控制分为 3 个方面的含义：一是营业推广活动的频数控制，也就是说要正确地确定营业推广的次数。一般来说，营业推广的次数太频繁，促销成本增加，营销人员太辛苦，顾客会厌烦或贬低产品，甚至质疑企业的真诚。二是在什么时候开展营业推广，一般应以消费者的平均购买周期或产品的淡季、旺季间隔为依据来决定。合理的营业推广时间，能够取得很好的效果。三是确定合理的期限，控制好营业推广的时间长短也是取得预期促销效果的重要一环。推广的期限，既不能过长，也不宜过短。时间过长会失去刺激消费者需求的作用，甚至会产生疑问或不信任感；时间过短会使部分顾客来不及接受营业推广的好处，收不到最佳的促销效果。

3）内容控制

营业推广的主要对象是潜在顾客，因此，在营业推广全过程中，一定要禁止虚假内容，杜绝徇私舞弊的行为发生。在市场竞争日益激烈的条件下，企业商业信誉是十分重要的竞争优势，企业没有理由自毁商誉。本来营业推广这种促销方式就有贬低商品之意，如果营业推广的内容不真实，行为不恰当，那将会产生失去企业长期利益的巨大风险。因此，弄虚作假是营业推广的最大禁忌。

4）全过程控制

许多企业在开展营业推广活动时，比较注重推广前期的宣传，这是必要的。需要提醒的是不应忽视中后期宣传，要注意营业推广的全过程控制。在营业推广活动的中后期，十分重要的内容是营业推广中的承诺兑现行为。这是消费者验证企业推广行为是否可信的重要信息源。所以，令消费者感到可信的企业兑现行为，一方面有利于唤起消费者的购买欲望，另一方面是可以换来社会公众对企业良好的口碑，增强企业良好形象。此外，还应注意确定合理的推广预算，科学测算营业推广活动的投入产出比。

[案例思考]

花卉寄养所

随着人们的生活水平越来越高,家庭养花也越来越普及。但是,花的主人经常会因为出差、旅游、探亲等离家时间较长,花卉就可能枯萎甚至死掉,给主人造成经济损失和心理伤痛。山东济南市出现首家花卉寄养所,深受市民欢迎。

花卉寄养所的主人是一个25岁的小姑娘曾芸。她曾经在一家花卉销售中心打工,负责护理花卉,学到了很多花卉种养及护理知识。2009年,在曾芸的生日晚会上,一位叫刘滔的小伙子深知她爱花,送了一盆名贵的"达摩兰"作为生日礼物。曾芸很高兴,利用自己所学的知识,把"达摩兰"侍弄得很好。一天,老板要曾芸去广州、云南考察花卉生产企业并建立供销关系。在济南,她没有亲戚,朋友们要上班,谁来照看她的"达摩兰"?临走前,费了很多工夫给"达摩兰"浇水、施肥等,并决定快去快回。出乎她意料的是,这次出差在外15天才完成任务。当她回家一看,"达摩兰"已经枯萎了,她掉下了心疼的眼泪。

2010年10月,曾芸决定自己创业,在一个商业区开了一家"达摩兰花卉店"。她既当老板又当员工,每天从早忙到晚,却赚钱不多。2011年12月,一位女顾客对曾芸说:"我就要去美国看望女儿,最担心家里那盆君子兰没有人照看。你能不能帮我呀?"这句话使她不禁想起自己那盆珍贵的"达摩兰",于是毫不犹豫地答应帮助照看。那人喜出望外,掏出300元钱。曾芸不好意思收钱,但顾客坚持要给,还说:"你不收钱,我还怕你不尽心照顾它呢!"

曾芸突然想到,马上就过元旦、春节,很多人要外出旅游或者回家探亲,家里的花卉肯定没人照看;如果自己开设"花卉寄养"的业务,可以收取寄养服务费,同时对自己的花店也是广告宣传呀!于是,她在店门口贴出了"花卉寄养"广告:"如果你外出,担心家里的花卉无人照看,请交给我们吧!"此后,就陆续有人把自家的花卉搬过来寄养。春节期间,她竟然收到了300多盆花卉,其中不乏价值上万元的名贵花卉。过完春节,她挣了5 000多元,比卖花的收入还高!因此,她决定把花卉寄养的业务做下去。

春节过完后,寄养花卉的业务少了。她有些灰心,也发愁。2012年3月的一天,一位顾客走进"达摩兰花卉店",看了看店门口那张已经发黄的"寄养广告",问:"你这里寄养花卉?唉!我早知道就好了!上次我外出了一个月,我的一盆蝴蝶兰因为没人照看枯死了,真是可惜……"这位顾客告诉曾芸,仅仅在店门口贴一张告示是不够的,要让更多的人知道才能把生意做大。

曾芸如梦初醒,终于找到了问题的关键,她要扩大宣传力度。于是,她为自己做了一张名片,名片的正中是"花卉寄养"几个醒目的字,下面分两行写着:代为看管、代为种养、价格合理、信誉至上。名片的右上角还印了一只可爱的兰花图像。曾芸和助手一起,在花店门前向路过的人递上名片,并对有兴趣的人耐心介绍自己的"花卉寄养"业务。同时,曾芸还经常去各大花店转转,见到购买名贵花卉的顾客便主动介绍花卉养护知识,把自己的"花卉寄养"名片递上。后来,她还在《济南时报》上介绍了自己的"花卉寄养"业务,在网上发布了自己开展"花卉寄养"的消息。

宣传面扩大后,来电话咨询的顾客就多了起来,渐渐地,她的花卉寄养业务经营得不错了。节假日总是花卉寄养生意最旺的时候。2012 年"十一"黄金周,附近很多人纷纷把自己的花卉送到花店寄养,竟然有 600 多盆,给她带来了 15 000 多元的收入! 平时,有很多出差的人把自己的花卉送到店里来寄养。她不断完善经营服务,花卉寄养业务几乎没有淡季旺季之分了。好多顾客来领取自己的花卉时,看到它们比先前更加娇艳和鲜活,都赞叹着说:"送到你这里来寄养,值啊!"顾客要把花卉搬回去时,曾芸还向顾客建议如何把花卉养得更好,令顾客更加感动。

不久,曾芸充分发挥自己熟悉花卉种养知识的专长,又在自己的花店挂上"植物医院"的招牌,她又当上了花卉"医生",附近居民在养花中遇到一般难题,她基本都能"手到病除",既给自己增加了一份"看病"的收入,无形中也给她的"花卉寄养"作了广告,又让大家见识了她的技术,从而使大家对她的"花卉寄养"业务更放心了。

现在,曾芸不再卖花了,而把精力全部放在"花卉寄养"上。花店有 4 名员工,业务越做越大,除去各项开支,她每月都有上万元的纯收入。

[问题解答]

1. 简述促销的含义和功能。
2. 影响促销组合策略的因素有哪些?
3. 简述人员推销的特点。
4. 推销人员应具备什么素质?
5. 简述广告的功能。
6. 企业如何选择广告媒体?
7. 简述广告的设计原则。
8. 名词解释

推式策略   拉式策略   广告媒体   广告费用占销率   广告费用增销率   单位广告费用促销额   单位广告费用增销额   公共关系   营业推广

9. 公共关系的作用是什么?
10. 简述营业推广的特点、方式、控制。

[实践操作]

雾林道培训中心被国家人力资源与社会保障部授予花卉园艺师职业技能培训机构。为了满足社会对花卉园艺师技能人才的需求,拟扩大培训规模和范围。

[目标]   了解促销组合、人员推销、广告促销、营业推广等促销方法。

[任务]   为雾林道培训中心制订促销计划。

11 服务市场营销

【本章导读】

服务也是商品。本章介绍了服务产品的特点、分类、营销要素,阐述了服务质量的重要性和提高服务质量的途径,强调了服务产品的营销组合策略,使学习者了解服务产品质量、展示的重要性,掌握服务营销组合策略的方法。

【学习目标】

了解服务营销的基本知识,熟悉服务营销的方法,掌握服务营销的策略。

人类走向知识经济时代,服务业在发达国家的经济中已占主导地位,服务消费占人均生活费支出的一半;在发展中国家的国民生产总值和人均生活费支出中,服务业的比重也不断上升。服务市场的竞争日趋剧烈,认识服务营销及其特点,研究如何制订有效的服务营销策略,是从事服务业者的取胜之道。

11.1 服务市场营销概述

11.1.1 服务的分类与特征

1) 服务的含义

菲利普·科特勒认为:"服务是一方能够向另一方提供的基本上是无形的任何活动或利益,并且不导致任何所有权的产生。它的生产可能与某种有形产品联系在一起,也可能无关联。"服务的含义可以理解为以下要点:

①服务提供的基本上是无形的产品,有时也与有形产品联系在一起。

②服务提供的是产品的使用权,并不涉及所有权的转移。

③服务产品对购买者的重要性与物质产品相提并论,但某些公益性、义务性的服务产品,消费者不需要直接付钱。

2) 服务的分类

物质产品的营销和服务营销不是两种能够清晰分开的营销类型,制造型公司已深深卷入到服务之中,而服务型公司往往也需要产品来实现其服务。对服务的分类目的在于概括出不同行业中服务的共同特征。服务可从以下5个方面进行分类:

(1)根据服务活动的本质分类   根据服务活动特征是有形的还是无形的以及服务对象是人还是物,可分成4类,如表11.1所示。

表11.1   服务的本质

服务特征	服 务 对 象	
	作用于人	作用于物
有形活动	医疗保健、美容、娱乐	货运、设备维修、洗衣、植物养护、兽医
无形活动	教育、广播、电影院、信息服务、博物馆	银行、保险、法律咨询、会计师事务所、文秘

①有形的服务活动作用于人。通过可见的服务活动(医疗、按摩、美容等)直接服务于人,使得接受服务的人享受到服务者提供的利益,例如病治好了,变漂亮了。

②有形的服务活动作用于物。通过可见的服务活动(搬运物品、修理设备、植物养护)使服务对象发生了变化,例如物品的位置移动,设备功能恢复,植物长势更好。

③无形的服务活动作用于人。通过不可见的服务活动(教育、信息)使接受服务的人获得利益,如教育使人增加了知识,信息服务使人明白了事理。

④无形的服务活动作用于物。通过不可见的服务活动(银行服务等)使服务对象发生了变化,例如银行把钱从某个账号转移到另一个账号。

(2)根据服务机构与顾客的关系分类   根据服务机构与顾客的关系是连续的还是间断的以及是正式的还是非正式的,也可将服务分成4类,如表11.2所示。

表11.2   服务按服务机构与顾客间关系分类

	正 式	非 正 式
连续性	保险公司、银行、俱乐部	广播电台、灯塔
间断性	月票、长途电话	邮政服务、租车

①连续正式关系。例如顾客与开户银行、投保的保险公司、俱乐部会员等。

②连续非正式关系。例如顾客与广播电台、灯塔等。

③间断正式关系。顾客与公交公司、长途电话公司等。

④间断非正式关系。顾客与邮局、出租车等。

(3)根据选择服务方式的自由度大小以及服务对顾客需求的满足程度分类   有些服务过程比较标准化,服务提供者和顾客对服务方式的选择余地都较小,如公交车路线及站台固定;有些服务虽能使每个顾客的需求得到充分满足,但服务提供者对服务方式的选择自由度却很小,如电话服务;有些服务提供者的选择余地虽然较大,但却难以满足单个顾客的需求,如教师讲课可尽情发挥,却很难照顾到每一个学生的接受程度和兴趣;还有一类服务,不仅单个顾客的需求能够得到充分的满足,服务提供者也有发挥的空间,如美容、建筑设计、律师服务等。

(4)根据服务供应与需求的关系分类   有些服务供应与需求的波动都较小,如银行、保险、法律服务;有的需求波动幅度大而供应基本能满足,如电力、电话等;有的需求波动大,有时会超出供应能力,如交通运输、宾馆、饭店等。

(5)根据服务推广的方法分类

①顾客在单一地点主动接触服务机构,如电影院、美容厅。

②服务机构在单一地点主动接触顾客,如直销、出租汽车服务。

③顾客与服务机构在单一地点远距离交易,如地方电视台、信用卡公司。

④顾客在多个地点主动接触服务机构,如公共汽车、连锁快餐店。

⑤服务机构在多个地点主动接触顾客,如邮寄服务、应急修理。

⑥顾客与服务机构在多个地点远距离接触,如电话公司、广播网等。

以上可见,由于研究的出发点不同,某一特定的服务可以被划归不同的类型。

3) 服务的特征

服务的特征较多,主要包括服务产品的无形性、同步性、异质性和易逝性,如图 11.1 所示。

(1)无形性 无形性也称不可触知性。顾客在购买之前,一般不能看到、听到、嗅到、尝到或感觉到。因此,广告宣传不宜过多介绍服务产品本身,而应集中介绍服务所能提供的利益,让无形的服务在消费者眼中变得有形。实际上,真正无形的服务极少,很多服务需借助有形的载体才可以产生。顾客可以通过有形的载体,感知服务产品的效用和质量。例如,航空服务,顾客可以依据航空公司的飞机型号、服务人员的仪表、提供的餐饮质量等感知服务水平的高低。图 11.2 列举了不同产品的有形

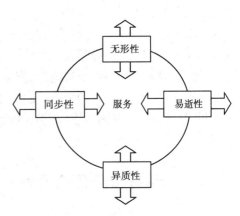

图 11.1　服务的主要特征

性和无形性对照。图 11.2 中的横线代表有形性和无形性的分界线。一些日常消费品,如盐,是有形性占主导地位;有些耐用的高档消费品,如电视机、计算机和房子,有形性是主要特征,但是服务也是消费者购买时考虑的重要因素;还有些产品,例如广告公司的广告服务,无形性体现在广告传达的信息,但是,广告是通过有形的媒体实现的,因此媒体也是要考虑的重要因素;还有一些服务产品,是无形性占主导地位,如教育,消费者的效用和利益是看不见的。

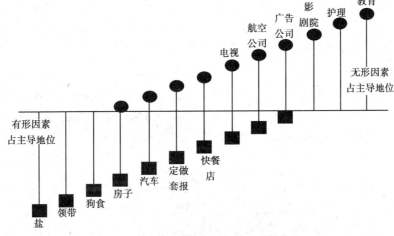

图 11.2　不同产品和服务的无形性比较

（2）同步性　同步性也称服务的直接性,服务的供应者往往是以其劳动直接为购买者提供使用价值,生产过程与消费过程同步发生,如照相、理发、饭馆等。这一特征表明,顾客只有而且必须加入到服务的生产过程中,才能享受到服务;而且一个出售服务的人,在同一时间只能身临其境在一个地点提供直接服务。因此,直接销售通常是服务产品唯一的分销途径。

（3）异质性　异质性主要指服务的构成成分及其质量水平经常变化,很难统一界定。服务是以人为中心的产业,由于人的修养、文化、技术水平以及服务的态度存在差异,同一服务产品,由不同的人操作,品质难以完全相同;同一人作同样服务,因时间、地点、环境与心态变化的不同,质量也难完全一致。因此,服务的产品设计需特别注意保持应有的品质,力求始终如一,维持高水准,建立顾客信心,树立优质服务形象,但也要顾及可能的差异性。

（4）易逝性　易逝性是指服务的无形性、同步性决定了服务产品不能在生产后贮存备用,消费者也无法购后贮存。很多服务的使用价值如不及时加以利用,就会"过期作废"。如车、船、飞机上的空座位,宾馆中的空房间,闲置的服务设施及人员,均为服务业不可补偿的损失。因此,服务业的规模、定价与推广,必须力求达到人力、物力的充分利用,在需求旺盛时,要千方百计解决供求不平衡的问题。

此外,服务的无形性与易逝性,使得购买者不能"实质性"地占有,因而不涉及所有权的转移,也不能申请专利。各类服务产品之间往往可以互相替代,如从北京到上海,可以选择多种运输服务方式,空运、铁路运输、汽车运输等。

11.1.2　服务市场营销要素

服务产品在本质上与物质产品一样,都是供消费者消费,为消费者提供某种利益。但服务产品毕竟是一类特殊的产品,给服务企业的营销实践带来了一些特殊问题,它要求服务营销人员采取特殊的营销对策。服务市场营销的要素主要是:

1）产品

服务产品必须考虑的是提供服务的范围、质量、品牌、保证以及售后服务等。服务产品包括核心服务、便利服务和辅助服务。核心服务体现了企业为顾客提供的最基本效用,如航空公司的运输服务、医院的诊疗服务等;便利服务是为配合、推广核心服务而提供的便利,如订票、送票、送站、接站等;辅助服务用以增加服务的价值或区别于竞争者的服务,有助于实施差异化营销战略,如航空公司为乘客提供高质量的餐饮,赠送纪念品等。

2）定价

由于服务质量水平难以统一界定,质量检验也难以采用统一标准,加上季节、时间因素的重要性,服务定价必须有较大的灵活性。在区别一项服务与另一项服务时,价格是一种重要的识别标志,顾客往往从价格感受到服务价值的高低。

3）分销

随着服务领域的扩展,服务销售除直销外,经由中介机构销售者日渐增多。中介机构主要有代理、代销、经纪、批发、零售等形态。如歌舞剧团演出、博览会展出、职业球队比赛等,往往由中介机构策划、推销门票。在分销因素中,选择服务地点至关重要。商店、电影院、餐厅等服务机构,如能坐落于人口密集、人均收入高、交通方便的地段,服务流通的范围较广泛,营业收入和利润也就较高。

4)促销

服务促销包括广告、人员推销、营业推广、宣传、公共关系等营销沟通方式。为增进消费者对服务产品的印象,企业在促销活动中要尽量使服务产品有形化,如美国著名的"旅游者"保险公司在促销时,用一个伞式符号作为象征,促销口号是:"你们在'旅游者'的安全伞下。"这样,无形的保险服务,具有了一种形象化的特征。

5)人员

服务业的操作人员,在顾客心目中实际上是产品的一个组成部分。如美发厅理发,不同级别的理发师,价格水平相差很大;同一首歌曲,由著名歌星演唱和一般歌星演唱,给消费者的心里感觉不同,价格也不同。服务企业的特色,往往体现在操作者的服务技能、服务表现和服务销售上。因此,企业必须重视服务人员的甄选、训练、激励和控制。另外,顾客与顾客间的关系也应受到重视,一位顾客对服务质量的认识,很可能是受到其他顾客的影响。

11.2 服务质量管理

11.2.1 服务质量的内涵和测定

1)服务质量的内涵

服务质量同顾客的感受关系很大,它取决于顾客对服务的预期质量同他实际感受的服务水平或体验质量的对比。整体感受质量不仅取决于预期质量与体验质量之比,也决定于技术质量和职能质量的水平。技术质量指服务过程的产出,即顾客从服务过程中所得到的东西,对此,顾客容易感知,也便于评价。职能质量则指服务推广的过程,即顾客同服务人员打交道的过程,服务人员的行为、态度、穿着等都直接影响顾客感知,提供服务和接受服务的过程会给顾客留下深刻的印象。

顾客对服务的预期质量,通常受到 4 个方面因素的影响,即市场营销沟通、顾客口碑、顾客需求和企业形象。由于接受服务的顾客通常能直接接触到企业的资源、组织结构和运作方式等,企业形象无可避免地影响顾客对服务质量的认知和体验。顾客心目中的企业形象较好,会谅解服务过程中的个别失误;如果形象不佳,则任何细微的失误也会造成很坏的影响。因此,企业形象被称为顾客感知服务质量的过滤器。服务质量的构成如图 11.3 所示。

2)服务质量的评价标准

一般认为,评价服务质量的标准,主要有以下 5 个方面:

(1)感知性标准 是指提供服务的有形部分,如各种设施、设备、服务人员的仪表等。顾客正是借助这些有形的、可见的部分来把握服务的实质。有形部分提供了有关服务质量本身的线索,同时也直接影响到顾客对服务质量的感知。

(2)可靠性标准 是指服务供应者准确无误地完成所承诺的服务内容。可靠性标准要求避免服务过程中的失误,顾客认可的可靠性是最重要的质量指标,它同核心服务密切相关。许多以优质服务著称的服务企业,正是通过强化可靠性来建立自己的声誉的。

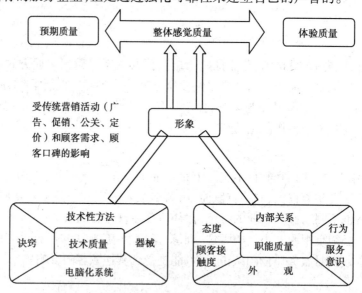

图 11.3　服务质量的构成模式图

(3)适应性标准　适应性标准主要指反应能力,即随时准备为顾客提供快捷、有效的服务,包括矫正失误和改正对顾客不便之处的能力。对顾客的各项要求,能否予以及时满足,表明企业的服务导向,能否把顾客利益放在第一位。

(4)保证性标准　保证性标准主要指服务人员的友好态度与胜任能力。服务人员较高的知识技能和良好的服务态度,能增强顾客对服务质量的可信度和安全感。在服务产品不断推陈出新的今天,顾客同知识渊博而又友好和善的服务人员打交道,无疑会产生信任感。

(5)移情性标准　移情性标准是指企业和服务人员能设身处地为顾客着想,努力满足顾客的要求。这就要求服务人员具有高度的敬业精神,想顾客之所想,急顾客之所需,了解顾客的实际需要,甚至特殊需要,千方百计予以满足,给予顾客充分的关心和体贴,使服务过程充满人情味,这便是移情性的体现。

按上述评价标准,企业可以通过问卷调查或其他方式对服务质量进行测量。调查应包括顾客的预期质量和体验质量两个方面,以便进行分析研究。

3)服务质量测量模式

服务质量差距分析模式可以方便地分析服务质量问题,如图 11.4 所示。模式表明,企业提供的服务可能存在 5 个方面的差距。

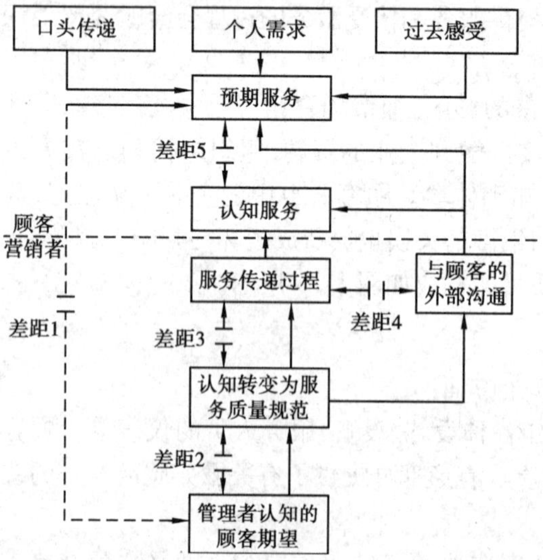

(1)差距 1　由于企业管理者没有正确认知顾客需求,或不了解顾客如何评价服务,使得顾客的预期服务与管理者认知的顾客预期之间存在差距。

(2)差距 2　管理者认知的顾客期望与管理

图 11.4　服务质量差距分析模式

者认知的服务质量规范之间的差距。

（3）差距3　管理者认知的服务质量规范与服务传递过程之间的差距。

（4）差距4　服务传递过程与顾客的外部沟通之间的差距。外部沟通提供的材料如超出实际提供的服务的水平，可能误导顾客，形成过高的服务预期，进而使体验质量与预期质量存在差距。

（5）差距5　顾客的认知服务与预期服务之间的差距。由于顾客衡量服务质量的标准存在差异，或是没有真实体验到提供的服务质量，这有可能导致顾客过高或过低评价服务质量。这一差距的后果，对企业形象可能带来积极的影响，也可能带来消极影响。

11.2.2　提高服务质量的途径

提高服务质量的途径很多，这里介绍两种常用的方法，即标准跟进法和蓝图技巧法。

1）标准跟进法

标准跟进法是指将产品、服务和市场营销过程同竞争对手尤其是最具优势的竞争对手进行对比，在比较、检验和学习的过程中逐步提高自身的服务标准和服务质量。标准跟进法最初主要运用于生产企业，服务企业在运用这一方法时可从策略、经营和业务管理方面着手。

（1）策略　将本企业的市场策略同竞争者的成功策略进行比较，寻找它们的相关因素。比如，竞争者主要集中在哪些细分市场，竞争者实施的是低成本策略还是价值附加策略，竞争者的投资水平以及资源如何分配于产品、设备和市场开发等方面。通过一系列的比较和分析，企业将会发现以往被忽视的成功的策略因素，从而制订出新的、符合市场和自身资源条件的策略。

（2）经营　主要集中于从降低营销成本和提高竞争差异化的角度了解竞争对手的做法，并制订自己的经营策略。

（3）管理　在业务管理方面，根据竞争对手的做法，重新评估某些职能部门对企业的作用。比如，在一些服务企业中，与顾客相脱离的后勤部门，缺乏适度的灵活性而无法同前台的质量管理相适应。学习竞争对手的经验后，使两者步调一致，协同动作，无疑会有利于提高服务质量。

2）蓝图技巧法

蓝图技巧法又称服务过程分析，指通过分解组织结构系统，鉴别顾客同服务人员的接触点，从这些接触点出发来提高服务质量。服务企业欲求提高服务质量和顾客满意度，必须理解影响顾客认知服务产品的各种因素，蓝图技巧法则为有效地分析和理解这些因素提供了便利。蓝图技巧法借助流程图分析服务传递过程的各个方面，包括从前台到后勤服务的全过程。主要步骤是：

①将服务的各项内容绘入服务作业流程图，使服务过程一目了然客观地展现出来；

②找出容易导致服务失误的接触点；

③建立体现企业服务质量水平的执行标准与规范；

④找出顾客能看得见的、作为企业与顾客的接触点的服务展示。

在每一个接触点，服务人员都要向顾客提供不同的职能质量和技术质量，而顾客对服务质量感知的好坏将影响企业形象。顾客常因担心服务质量难以符合期望水平而在购买时犹豫不

决。企业为化解顾客对质量风险的顾虑,可从以下几方面改进工作:

①突出质量第一。高层管理人员要真正重视质量管理活动,包括履行承诺保证,在资源配置上支持质量管理活动,建立以质量为核心的企业文化,倡导全体员工树立质量第一的服务观点,自觉地为提高服务质量贡献力量。顾客了解到企业内部的质量观及措施,会逐渐消除质量风险忧虑。

②重视人的因素。以人为中心的服务,质量决定于人的操作技巧和态度,必须重视员工培训,让员工掌握新的服务技巧,改善服务态度。同时,管理者要创造一种能够得到员工支持的对优良业绩给予奖励的环境,争取在员工满意的基础上让所有的顾客满意。

③广告要突出产品质量。针对顾客对质量的担心,在设计广告宣传时要形象地突出服务产品的质量特征与水平。例如,请老顾客"现身说法",介绍自己购买服务后的心理感受。善用顾客口碑,有时能收到比广告更好的效果。

11.2.3　服务质量与顾客期望

服务企业的行为按照是否与顾客直接接触,分为前台活动与后台活动。顾客服务的基本要求是尽量扩大前台活动的范围和比例,使顾客接触到更多的有责任心而又能独立操作的服务人员,这既可提高顾客的满意度,又便于企业进行追踪调查。因此,服务质量已成为服务经营中制胜的法宝,服务形式也日新月异,变化无穷。

1)顾客服务与顾客期望

顾客期望在顾客对服务的认知中起着关键性的作用。顾客正是将预期质量与体验质量进行比较,据以对服务质量进行评估,期望与体验是否一致已成为服务质量评估的决定性因素。期望作为比较评估的标准,既反映顾客相信会在服务中发生什么(预测),也反映顾客想要在服务中发生什么(愿望)。

2)顾客期望的管理

对顾客期望进行有效的管理,要做好以下几方面工作:

(1)确保承诺的实现性　明确的服务承诺(如广告和人员推销)和暗示的服务承诺(如服务设施外观、服务价格),都是企业可以控制的,对之进行管理是管理期望的直接的可靠的方法。企业应集中精力于基本服务项目,通过切实可行的努力和措施,确保对顾客所作的承诺能够反映真实的服务水平,保证承诺圆满兑现。过分的承诺难以兑现,将会失去顾客的信任,破坏顾客的容忍度,对企业是不利的。

(2)重视服务的可靠性　在顾客对服务质量进行评估的多项标准中,可靠性无疑是最为重要的。提高服务可靠性能带来较高的现有顾客保持率,增加积极的顾客口碑,减少招揽新顾客的压力和再次服务的开支。

(3)坚持沟通的经常性　经常与顾客进行沟通,理解他们的期望,对服务加以说明,或是对顾客光临表示感激,更多地获得顾客的谅解。通过与顾客经常对话,加强与顾客的联系,可以在问题发生时处于相对主动的地位。企业应该积极主动地与顾客沟通,对顾客发起的沟通要表示关切,这些都传达了和谐、合作的愿望,也是顾客经常希望而又很少得到的。有效的沟通有助于在出现服务失误时,减少或消除顾客的失望,从而树立顾客对企业的信心和理解。

3)超出顾客期望

管理顾客期望为超出顾客期望奠定了基础,企业可利用服务传送和服务重现所提供的机会来超出顾客期望。

(1)进行优质服务传送　在服务过程中,顾客亲身体验了企业提供的服务和服务人员的服务技能和服务态度,有利于保持更切合实际的期望和更多的理解。每一次与顾客的接触都是一次潜在的机会,可使顾客感到享受了超出期望的服务,而对顾客冷淡的员工则是浪费了机会。

(2)加强力量,组织服务重现　虽然对完美服务的追求是优质服务的特征,但在第一次服务出现失误时,一流服务的重现显得十分重要。服务重现是一个超出顾客期望的绝好机会,也为企业提供了重新赢得顾客信任的机会。企业必须加强力量组织好服务重现,使服务中的问题得到令人满意的解答。虽然在服务重现期间,顾客对过程和结果的期望都会比平时更高,但顾客将比往常更加注意服务的传递过程,以全身心投入来对待顾客的有效重现,能使顾客顺心惬意,并为精心组织的服务重现超出期望而感到惊喜。

11.3　服务的有形展示

11.3.1　有形展示的类型

物质产品可以自我展示,服务则不能,顾客看不到服务。但是,顾客可以看到服务工具、设备、员工、信息资料、其他顾客、价目表等,这些有形物都是了解无形服务的线索。由此,在服务营销管理中,一切可以传递服务特色与优点的有形组成部分,均可称作服务的有形展示。

有形展示可以从不同的角度加以分类。从构成要素的角度,有形展示可分为3种类型,即实体环境、信息沟通和价格,如图11.5所示。相交的圆环表明这3种类型是互相联系的。例如,通过多种信息沟通方式或价目表将价格信息从服务环境传进、传出。

图11.5　有形展示的类型

1)实体环境

实体环境包括3大因素:周围因素、设计因素和社会因素。

(1)周围因素　周围因素是指服务场所的整洁度、噪声、气氛、空气的质量等。这类要素通常被顾客视为构成服务产品内涵的必要组成部分。顾客对干净整齐、安静舒适的环境会格外地激动,但如果达不到顾客的期望,就会削弱顾客的信心。周围因素通常被认为是理所当然的,所以它们的影响是中性的或消极的。也就是说,顾客注意到周围因素,更多的是引发否定行。例如,餐厅理应保持清洁卫生,而如果环境污浊,会使顾客望而生畏。

(2)设计因素　设计因素是指建筑、结构、颜色、造型、风格等美学因素和陈设、标识等功能因素。这类要素被用以改善服务产品的包装,显示产品的功能,建立有形的、赏心悦目的产品形象。设计因素的主动刺激比周围环境更易引起顾客的积极情绪,鼓励其采取接近行为,有较强的竞争潜力。

（3）社会因素　社会因素是指服务场所内一切参与和影响服务产品生产的人,包括服务员工和其他出现于服务场所的人士,他们的人数、仪表、行为等,都有可能影响顾客对服务质量的期望与认知。

2)信息沟通

信息沟通就是通过多种途径传播与展示服务。企业可以举办各类赞扬性的讨论会,利用媒体广告,利用顾客口头传播,设计公司标志等,不同形式的信息沟通都传送了有关服务的线索。信息沟通所使用的方法有服务有形化和信息有形化。

（1）服务有形化　服务有形化是指在信息沟通过程中,强调与服务相联系的有形物,让服务显得实实在在。如麦当劳公司针对儿童顾客设计的快乐餐盒表面有游戏、迷宫等图案,把目标顾客的娱乐和饮食联系起来,效果很好。

（2）信息有形化　信息有形化是指通过鼓励积极的口头传播、服务保证和广告中应用容易被感知的展示,使信息更加有形化。很多顾客都特别容易接受其他顾客提供的口头信息,据以作出购买决定。如选择医生、律师或选修课教师时,一般都先征询他人的看法。

3)价格

服务价格是营销组合因素中决定收入的主要因素。顾客之所以关注价格,是因为价格可以提高或降低人们的期望。由于服务是无形的,价格是对服务水平和质量的可见性展示。价格能展示一般的服务,也能展示特殊的服务。它能表达对顾客的关心,也能使顾客产生"值得"的感觉。制订正确的价格能传递适当的信息,是一种对服务有效的有形展示。

11.3.2　有形展示的作用

有形展示的作用主要有以下几个方面:

1)帮助顾客感受到服务所能带来的利益

服务展示的一个潜在作用,就是能给顾客带来乐趣优势。有形展示可在顾客的消费经历中,注入新颖的、激动人心的、戏剧性的因素,消除顾客的厌倦情绪。采用有形展示的实质,是通过有形物体对顾客感官的刺激,让顾客感受到无形服务所能带给自己的好处和利益,进而影响其对服务的需求。

2)引导顾客对服务产生合理的期望

服务的无形性使顾客在使用前难以对该项服务作出正确的理解或描述。运用有形展示,可以让顾客在使用服务前能具体地把握服务的特征和功能,从而对服务产生合理的期望,避免因期望过高而难以满足所造成的负面影响。

3)影响顾客对服务产品的第一印象

有形展示作为部分服务内涵的载体,是顾客取得第一印象的物质因素。对于新顾客而言,在购买和享用某项服务之前,往往会根据第一印象对服务产品作出判断,有形展示会影响顾客的购买决策。

4)促使顾客对优质服务作出客观评价

服务质量高低由多种因素决定,可感知性是其中的一个重要特征,而有形展示正是可感知的服务组成部分。有形展示如同物质产品的包装,好的包装能使顾客对产品产生优质的感觉,完美的有形展示也可使顾客对服务产生优质的感觉。

5) 引导顾客识别企业服务形象的改善

有形展示能有形地、具体地传达最具挑战性的企业形象。服务企业或服务产品形象的无形性,增强了改善形象的难度。形象的改善不仅是在原来形象上加入新内容,而且要打破传统观念,利用新设计的有形产品作为新形象的中心载体,使形象改善的信息能够迅速传送给顾客。

6) 协助企业培训服务员工

在利用有形展示突出服务产品的特征及优点时,也可利用有形展示作为培训员工的手段。员工作为"内部顾客",通过有形展示,深刻、具体地理解了企业所提供的服务,会有助于保证他们所提供的服务符合企业所规定的标准。

11.3.3　服务环境的设计

服务环境指企业向顾客提供服务的场所,包括影响服务过程的各种设施,以及许多无形的要素。顾客在接受服务之前,最先感受的是来自服务环境的影响。对于一些先入为主的顾客来说,环境因素的影响尤为重要。

1) 环境的特点

服务环境设计关系着各个局部和整体所表达出的整体印象。从环境设计的角度看,环境主要有以下特点:

①环境是与服务营销有潜在关系的所有外在力量和实体体系,个人只能是环境的参与者。
②环境往往是多重模式的,环境对于各种感觉形成的影响并非只有一种方式。
③环境所能透露的信息,总是比实际过程反映的更多,其中有若干信息可能互相冲突。
④环境隐含有针对种种不同的角色的目的和行动。
⑤环境隐含有美学、社会学和系统学的特征。

2) 理想环境的创造

有形展示并不限于环境设计,更不局限于室内设计,它包括了环境、气氛因素和设计因素,还有社交因素。社交因素涉及服务员工的外观、行为、态度、谈吐及处理顾客要求的反应等,这些对服务质量、企业形象乃至整个市场营销过程的影响不容忽视。调查表明,社交因素对顾客评估服务质量的影响比其他因素更为显著,通过对社交因素的观察,顾客可直接判断服务的热忱和能力如何,从而影响顾客购买的决策与信心。

11.4　服务定价、分销与促销

11.4.1　服务定价

有关物质产品定价的概念和方法,基本上都适用于服务产品。由于服务的差异性和无形性

等特征,其定价的策略性、灵活性要大得多。服务定价方法有以下几种:

1) 客观定价法

不论顾客种类,先设定服务单价,如每小时服务价格是多少,每一次服务的价格是多少。这种定价法的前提条件是,该项服务可以被分割,通常根据经验或市场状况确定价格水平。其优点是适应固定方式的服务,易于计费,顾客心中有底。缺点是不能反映顾客对价格的感受,固定的价格有时对某些顾客过于昂贵,对另一些顾客又被当成档次过低的服务,从而降低竞争力。

2) 主观定价法

根据顾客对服务的感觉价值和接受程度,结合主观因素制订服务价格。这些主观因素包括:服务效率的估价、企业的经验和能力、企业的知名度、服务工作的类型和难度、服务的便利性、特殊费用及加班费、市场价格水平等。对于趋近于艺术化的服务来说,服务对象和服务状况多种多样,根据具体情况灵活制订价格的主观定价法,更具有适应性。

3) 利润导向定价法

利润最大化是服务企业的定价目标之一。利润最大化决定了定价必须高于总成本,成本应是定价的最低限。当价格在成本基础上逐渐增加时,利润水平将得到提高,直到出现很大的市场阻力时为止。市场或顾客能否接受,应是定价的上限。价格过高,顾客会寻找替代品,导致服务需求和盈利水平下降。当然,服务定价过低,会影响顾客低估服务质量。服务定价除考虑成本、利润因素外,也不可忽视服务形象的重要性。

4) 成本导向定价法

依据服务成本决定价格,主要优点是简单明了,适应需求状况,保持合理利润水平。当需求旺盛时,价格显得较为公道;当需求平淡时,价格可合理降低。总成本是固定成本、变动成本和准变动成本在一定产出水平上的总和。固定成本指不随产品的增减而变化的成本,如建筑物、服务设施、维修费用、管理人员工资等;变动成本指随服务产出的变化而变化的成本,如临时雇员工资、水电费、邮寄费等;准变动成本既同顾客人数有关,也同服务产品数量有关,如清洁服务场所费用、员工加班费等。服务的类型、顾客人数和对额外设施的需求程度,对不同产品成本的影响差异性较大。属于政府管制的价格,一般按照总成本加合理利润制订服务价格。在竞争剧烈的买方市场,也可以变动成本为基础,实行边际贡献定价法,争取在价格中有一定的边际贡献(价格减变动成本后的余额)即可。

5) 竞争导向定价法

根据市场竞争状况制订价格,包括通行价格定价和主动竞争型定价两种方法。通行价格定价法指以该种服务的市场通行价格作为定价的基础,避免价格战,通行的价格容易为顾客所接受,企业也可获得适度利润。主动竞争型定价法则是为了维持或增加市场占有率而采取进攻性定价,如果企业企图保持现有的市场占有率,或者出于扩展市场份额的目的,往往采取降价或低价策略,吸引顾客。

6) 需求导向定价法

以质量和成本为基础,着眼于消费者的态度和行为,依据顾客的需求状况合理定价或适度调整价格。

11.4.2 服务分销

分销决策主要考虑应在什么地点提供服务和如何将服务提供给顾客。

1) 位置

位置指企业在什么地点经营或员工在何处为顾客提供服务,包括地域、地区和地点的选择。服务提供者和顾客相互作用的方式不外 3 种:顾客主动找服务提供者,服务提供者主动找顾客,顾客与服务提供者在双方可达到的范围内交易。在顾客主动找服务提供者的情况下,服务地点坐落的位置特别重要,企业在选址时首先要考虑所能到达地域内潜在顾客及竞争对手的数量和分布。

2) 渠道

渠道的参与者包括服务的提供者、中间商和顾客。渠道的类型主要有以下几种,如图 11.6 所示。

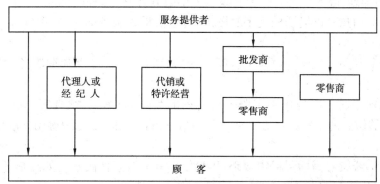

图 11.6 服务分销渠道类型

(1)直销 从服务提供者直接到顾客,实行面对面的服务。这可以是经过选择而采用的方式,也可能是因服务和服务提供者不可分离。如会计、管理与法律咨询、美容美发等。

(2)经由中介机构销售 中介机构的形式较多,常见的有:代理人或经纪人、代销或特许经营、批发商与零售商、零售商。如保险代理人接受保险公司的委托,代表保险公司依据保险合同的规定招揽业务,代收保险费,接受投保人的投保单,从保险公司获得保险代理手续费。如电影明星聘请经纪人,通过他们去选择剧本、导演、演出场地和商定出场费,经纪人代理费用可由任一方或双方支付。批发商主要是从事批发业务的中介机构,如旅行社、旅游公司,其业务是将航空公司或其他交通运输企业的产品与旅游目的地旅游企业的地面服务,组合成整体性的旅游产品再推向旅游者。零售商面向广大顾客从事服务产品的供应,如旅游零售商,他们熟悉多种旅游产品的情况,也了解旅游者的支付能力和消费需求的情况,可帮助旅游者挑选适宜于其要求的旅游产品。演出单位和博览会主办单位选择能接触目标顾客的机构和人员代为销售门票。特许者将自己所拥有的服务商标、商号、产品、专利和专有技术、经营模式等以特许经营合同的形式授予被特许者使用,被特许者按合同规定,在特许者统一的业务模式下从事经营活动,并向特许者支付相应的费用。

11.4.3　服务促销

服务促销指为了和目标顾客及相关公众沟通信息,使他们了解企业及所提供的服务,刺激消费需求而设计和开展的营销活动。促销的对象,并不完全限于顾客,有时也可以用来激励雇员和中间商。服务的无形性使顾客对服务有一种不确定的心理。促销信息必须侧重宣传本企业服务的特点,创造深刻而富有特色的企业形象。促销的主要目标是将企业所提供的服务与竞争对手所提供的服务区别开来。具体目标有:传递信息,告知潜在顾客本企业的服务项目和服务能力,说服顾客作出购买决策,向顾客提示和描述本企业的服务所具有的特征和各种利益。

服务促销的手段主要有广告、人员推销和公共关系。要根据企业的营销目标、资源状况、购买者特点、本企业服务的特点和其他营销组合因素、竞争对手的情况等,确定在促销组合中以何种方式占主导地位。

1)广告

基于服务的特点,服务广告要努力实现将无形服务有形化,消除顾客的不确定心理。

(1)传递服务信息　以简明的文字和图形,传达所提供服务的领域、深度、质量和水准等明确的信息。

(2)强调服务利益　在充分了解顾客需求的基础上,广告重点强调服务给顾客带来的利益,争取广告的最佳效果。

(3)承诺必须兑现　广告中关于服务可获得的利益的承诺必须真实,既是顾客所想得到的,也是企业能够做到的。在某些方面要制订最低一致性标准,如能做得比标准更好,顾客会更加高兴。

(4)提供有形线索　为增强促销效果,尽量使用有形线索作提示。如经常把知名人物和物体(知名建筑物)用来对服务作有形展示。

(5)消除购后顾虑　有针对性地强调购买选择的合理性,鼓励顾客将服务与使用后享受到的利益转告他人,消除购后的不和谐感。

2)人员推销

人员推销是为了帮助和说服顾客购买某项服务而进行的人与人之间的交往过程。帮助是向顾客传达信息,说服是试图影响潜在顾客采取购买行动。开展人员推销要求:

(1)推销人员素质好　推销人员必须是业务能力强,服务态度好,能使顾客感到好感和信任感。

(2)发展与顾客的个人关系　由于顾客需求的差异性,对不同的问题有不同的感受,通常希望能被单独接待。往往并非服务本身,而是人与人之间的关系使顾客满意或不满意。

(3)采取专业化导向　在顾客心目中,销售人员必须是一个真正的行家里手,服务提供者的外表、动作、行为和态度要符合顾客心目中一个专业人员应有的标准。

(4)推销多项服务　在推销核心服务时,提供一系列有关的辅助性服务,这既可为顾客提供方便,也可为企业带来利益。

3)公共关系

公共关系是为了树立和维护服务企业良好形象,提高企业的知名度而采用的各种交际技巧。主要手段有：

(1)媒介宣传　利用报刊、广播、电视发布消息,具有较高的可信度,易为公众接受。

(2)企业宣传资料　公司的出版物和宣传品,向顾客传达企业的目标和策略,表彰服务人员的业绩,报道企业信息,激励销售并改善与顾客的关系。

(3)欢迎顾客参观　实行开放日、参观日或庆祝某一纪念日等,随时接待顾客,向顾客展示新的服务项目和服务设施,使顾客有机会更多地了解企业。

(4)密切社团关系　服务企业需要取得地方和社区的大力支持,与社团建立良好的关系,有利于维持稳定的顾客群和得到政府机构的支持。

[案例思考]

2012 中国(上海)花卉园艺及园林景观博览会
9th China ShangHai Flower Garden and Langscape Fair

2012 中国(上海)花卉园艺及园林景观博览会于 2012 年 12 月 2—4 日在上海光大国际会展中心举办,参展商主要来自国内外房地产投资商、开发商、大型花卉园艺市场、各地区苗木代理商和经销商、物业管理部门、园林工程公司、市政园林局、设计院、旅游景区、大型酒店、度假别墅等旅游建筑单位、进出口贸易公司、代理商、批发商及各地区主管部门、专业媒体等。88% 的参展商表示,本次展会无论在媒体关注程度、参展企业质量、国际买家数量与质量,还是展会组织和服务工作等各方面都很好,整体效果令人满意。

此次展出的产品有:

①鲜切花、盆花、草花;观叶植物、盆景;种子、种苗、种球;草坪、观赏苗木。

②生物组培、栽培技术及设备;花肥、介质、病虫害防治。

③温室设备、灌溉设备、园林机械、园艺工具。

④花盆、花瓶、包装材料、插花布置、干花、人造花、装饰植物。

⑤园林绿化工程、养护材料及配套技术、屋顶绿化、垂直绿化、园林小品、水景喷泉、园林灯具、花园家具、防腐木制品。

通过此次展会,参展商可获得的预期收益有:

①与海内外的花卉园艺行业采购商、生产商面对面地交流。

②树立公司品牌形象,开拓国内外花卉园艺市场。

③维护、加强参展商的销售网络及新老客户。

④零距离了解和探讨花卉园艺培育技术,并互相交流及未来的发展趋势。

⑤直面终端消费者,了解新品上市前的市场反馈信息,最快地获取市场动态。

展会期间,还将开展学术报告会和论坛,如中国花卉产业论坛、中国花卉产业发展流行趋势分析、中国园林景观设计论坛等,其目的是企业、研究机构及政府相关部门共商花卉、园艺、景观等领域的发展方向。

[问题解答]

1. 简述服务的分类和特征。
2. 简述服务市场的要素。
3. 服务质量的评价标准包括哪些内容?
4. 服务产品的定价方法有哪些?
5. 简述服务分销和促销。

[实践操作]

京鑫园林工程与设备公司拟举办一次产品展销展览会,向社会展示公司两大主要业务的成绩,即园林绿化工程设计与施工、园林机械设备和工具。

[目标]　了解服务市场营销的特点,熟悉服务产品的定价、分销和促销理论和方法。

[任务]　制订展销展览会方案,包括公司产品展览展示、主办与承办单位、招商与广告、成本费用等。

12 网络营销

【本章导读】

　　网络营销是现代营销的重要手段,具有巨大的发展潜力。本章介绍了网络营销的意义、主要工具及其应用,介绍了网上信息发布、网上市场调查的方法、网络营销策略和方法。

【学习目标】

　　了解网络营销的基本概念,掌握网络环境下开展网络营销的策略和方法。

12.1　网络营销概述

12.1.1　网络营销的概念

　　随着计算机、通信技术的日益发展和融合,以及因特网的普及应用和发展,以因特网为基础的网上虚拟市场已经开始形成,这是一个具有全球性、数字化、跨时空等特点的飞速增长和潜力巨大的新兴市场。面对这个不断变化的全新的网络虚拟市场,传统商业社会的竞争规则、经济增长方式乃至人们的生活方式都发生了巨大的变化,传统的市场营销模式也随着网络经济的发展而发生了深刻的变化,传统营销理论体系面临着严峻挑战,网络营销应运而生。

1) 网络营销的产生和发展

　　网络营销是以现代电子技术和通信技术的应用与发展为基础,与市场的变革、竞争以及营销观念的转变密切相关的一门新学科,是网络经济形态下的一种新的营销方式。它为企业提供了适应全球网络技术发展与信息网络社会变革的新的技术和手段。其产生是科技发展、消费者价值观的变化、市场竞争日益激烈环境下企业经营的需要等多种因素综合作用的结果。

　　(1)网络营销产生的技术基础　计算机、通讯、网络技术是网络营销产生的技术基础。因特网的出现和发展实现了网络用户对网上资源和网络信息的共享。早期的因特网主要用于军事,随着万维网技术的应用,推动了因特网的商业化进程。自 20 世纪 90 年代以来,因特网快速发展。

　　(2)消费者消费价值观的变化　随着市场经济的充分发展,消费品市场已经从卖方市场向买方市场转变。在网络市场上,消费者面对繁多的商品和品牌,完全能够从个人的意愿出发来挑选商品和服务。同时,网络使用的便捷性也给消费者提供了更多的途径去获取与商品有关的信息并进行分析比较。此外,消费者还可以通过企业网站实现产品或服务的定制,消费者的主动性大大加强,所有这些都使网络营销成为一种以消费者为主导,强调个性化的营销方式。

（3）市场竞争日益激烈环境下企业经营的需要 随着经济全球化的扩展,市场竞争日益激烈。传统营销已经不能使企业取得竞争上的优势,企业必须寻求营销的创新,在更深层次上对传统企业进行改造,降低营销成本,提高营销效率。网络营销的产生给企业带来了新的机会,企业开展网络营销可以减少店面租金和库存资金,在经营上可以突破时间和地域的限制,并且可以通过网络方便地采集客户信息。网络营销从根本上增强了企业的竞争优势。

2）网络营销的概念

网络营销又称为网上营销、在线营销,它是企业整体营销战略的一个组成部分,是借助于网络、计算机通信和数字交互式媒体来满足客户需求,实现企业市场营销目的的一系列市场行为。网络营销贯穿于网络经营的全过程,从信息发布、市场调查、客户关系管理,到产品开发、网络营销策略的制订、网上采购、销售及售后服务都属于网络营销的范畴。

3）网络营销的主要内容

网络营销的实质是利用电子化手段来开展各种营销活动,实现营销目标。其内容主要包括:

（1）网上信息发布 通过网络发布产品和企业信息,了解顾客需求,向顾客提供信息咨询服务,与顾客保持良好的双向沟通。

（2）网上市场调查 通过电子邮件、讨论组、聊天室或在线调查表等调查手段进行市场调查。

（3）网上销售 通过网上销售平台、网上商城或网上商店销售商品。

（4）网上客户服务 通过网络能向用户提供快速、便捷、周到的服务内容,如回答顾客查询、提供搜索和比较能力、为顾客提供技术支持、允许顾客跟踪订单状况以及在线定购等,能有效地提高客户满意度。

（5）网上促销 在互联网上可以开展以网络广告、站点促销为主的各种促销活动。

4）网络营销的特点

（1）全球性 因特网的全球性特点使企业的网络营销活动拓展到最大的市场范围。现代企业的经营活动向规模化、全球化发展,能否在全球范围内利用资源,提高应变能力和获得竞争优势,尽快地开发和组织能满足消费者需要的产品和服务是企业成败的关键。

（2）交互性 网络营销具有很强的交互性,能为企业提供快速的应变能力。网络营销使企业能够与消费者建立起快速的、充分的、交互的信息反馈通道,使企业能够及时广泛地听取消费者的意见和建议,从而及时地改变产品设计,组织货源,大大提高企业对市场变化的应变反应能力。

（3）广泛性 网络营销面对广泛的顾客群体,使大规模的订单购买得以实现。企业可以借助网络技术,大规模地接收和处理消费者的定单信息,并根据信息向消费者提供定制的产品和服务。

（4）互联性 网络营销的互联性可以加强企业间的协作关系。企业内部各部门的联网和合作企业之间的联网可以使各企业在内部信息安全的基础上共享相关数据信息,协调管理项目,增加协同开发新产品的机会和联合提供优质服务的能力。

(5)平等性　网络营销的平等性营造了相对公平的市场营销竞争环境。在传统营销环境中,由于地理环境、设施设备、店面大小、市场规模、交通状况等因素,其营销效果和经营状况差别巨大。这种不平等的竞争环境影响了企业的竞争力。采用网络营销,个人或厂商可以自由地在网上开设虚拟商店,其商品展示是全方位的,不管这种商品来自何方,展示的机会是均等的,不受时空限制。

(6)节约性　网络营销可以减少经营成本。通过网络营销可以节约两方面的费用,一是商场场地费,二是付给中间商的费用。首先,企业可以建立一个虚拟商店,将所要推销商品的外形、性能、用途、价格、售后服务等信息都储存在网络服务器内。传统的店铺租金相当昂贵,特别是在黄金地段,而购置一台联网服务器的费用要低得多。其次,在虚拟的店铺中摆放多少商品都不受空间限制,而且经营方式灵活,可批发零售兼做。由于没有实物库存,节约仓储开支。同时,由于网络营销实际上是一种直销方式,减少了中间环节的费用,从而可以降低经营成本。

(7)多样性　网络营销的商品多样性程度较传统营销更高,只要网络服务器有足够容量,送货等售后服务能跟上,商品种类可以包罗万象。一家网上虚拟商场往往可以提供几十万、上百万种商品,还有各种各样的服务项目也可以在网上经营。

12.1.2　网络营销与传统营销

1)网络营销与传统营销的关系

(1)网络营销是对传统营销的发展　网络营销是在传统营销的基础上发展起来的,与传统营销有着千丝万缕的联系。在很多情况下,网络营销理论是传统营销理论在网络环境下的应用和发展,满足需求和顾客满意仍然是网络营销必须遵循的核心原则。

(2)网络营销不能取代传统营销　尽管网络营销有着许多优势,但是网络营销不可能完全取代传统营销,消费者需求的多样化、需求的可变性使网络不可能成为消费者唯一的生活内容,它可以满足人们的某些需求,但不能满足所有的需求。网络营销和传统营销将互相影响、融合,最后实现营销的整合。

在一个较长的时期内,网络营销和传统营销是相互促进和互为补充的关系,企业进行网络营销应充分地规划,真正做到利用网络营销整合企业经营业务,实现以最低的成本达到最佳的营销目标。

2)网络营销对传统营销的冲击

网络营销作为一种新的营销理念和营销方法,与传统营销相比有很多特点和优势,这使网络营销在消费者需求研究、市场调研、产品定价、销售等方面的营销活动都有别于传统营销,网络营销对传统营销的冲击是多方面的。

(1)对传统产品策略的冲击

①是对传统标准化产品的冲击。作为一种新型媒体,互联网可以在全球范围内进行市场调研。企业通过网络可以迅速获得关于概念产品和广告效果测试的反馈信息,可以容易地对消费

者的行为方式和偏好进行跟踪。因此,企业可以针对消费者需求的不同推出差异性的产品,更好地满足消费者的个性化需求,大规模生产条件下的标准化产品将受到冲击,因为它忽视了需求的个性化。

②是对传统产品品牌策略的冲击。与现实企业的单一品牌和多品牌的决策相同,对开展网络营销的企业来说,实行统一品牌策略还是实行区域品牌策略,以及如何加强区域管理,是企业开展网络营销面临的现实问题。当企业有多个品牌分别以不同的格式、价格、信息和内容进行沟通时,虽然给消费者带来了某种程度的便利,但也会引起他们的困惑。如果采取统一品牌,虽然可以利用知名品牌的信用带动相关产品的销售,但也有可能由于某种品牌的失利导致全局受损。

(2)对传统定价策略的冲击　网络的信息查询功能使消费者方便、快捷地从网络上获得产品的价格信息,并进行比较,如果某种产品的价格标准不统一或经常改变,消费者会通过互联网认识到这种价格差异,并可能因此而产生不满。所以互联网先进的网络浏览和查询功能会使变化不定的价格水平趋于一致,这将对分布在各地的分销商采取不同价格策略产生巨大的冲击。

(3)对营销渠道的冲击　通过因特网,生产商可以与最终用户直接联系,中间商的地位有所降低。这种情况会造成两种后果:一是由跨国公司建立的传统的国际分销渠道对于其他小竞争者或新的进入者造成的进入障碍将明显降低;二是对于目前直接通过因特网进行产品销售的生产商来说,其售后服务工作是由分销商承担,但随着他们代理利润的消失,分销商将很有可能不再承担这些工作。所以在不破坏现存渠道的情况下,如何提供这些服务将是生产商不得不面对的又一个问题。

(4)对传统促销策略的冲击　传统广告是一项主要的促销策略,企业开展网络营销主要通过互联网发布网络广告,进行网上销售,网络广告将消除传统广告的障碍。首先,对于传统媒体来说,由于网络空间具有无限扩展性,因此在网络上做广告可以较少地受到空间篇幅的限制,尽可能地将必要的信息一一罗列。其次,网络广告的高效率也为企业创造了便利的条件。

12.1.3　网络营销的主要工具

因特网上不仅拥有极为丰富的资源,作为一种未来的商业工具,它还能为访问者提供各种服务,以下是几种最常用的因特网服务方式:

1)电子邮件

电子邮件(Electronic Mail)简称 E-mail,它是用户或用户组之间通过计算机网络收发信息的服务。目前电子邮件已成为网络用户之间快速、简便、可靠且低成本的现代通信手段,也是因特网上使用最广泛、最受欢迎的服务之一。电子邮件使网络用户能够发送或接收文字、图像和语音等多种形式的信息。目前因特网上 60% 以上的活动都与电子邮件有关。电子邮件的快速便捷、省钱、方便的特点使之成为人们生活中重要的沟通交流方式之一,同时通过电子邮件能够实现一对多的信息传递。

2)网络论坛

网络论坛又称电子公告板,网络用户可以通过互联网,在不同专题下发表自己的想法,也可以读取全世界四面八方传来的新知识,新感觉。

3) 搜索引擎

开展网络营销,无论是营销的经营者还是消费者,都需要在因特网上进行信息搜索,有效搜索的最强有力的工具是搜索引擎。用户在使用搜索引擎前,必须知道搜索引擎的网址,然后打开搜索引擎站点的主页进行信息查询。使用搜索引擎,用户只需要知道自己要查找什么或要查找的信息属于哪一类,而不必记忆大量的网址以及该网站服务器所存储信息的类别。当用户将查找信息的关键字告诉搜索引擎后,搜索引擎会返回给用户包含该关键字信息的网站地址,并提供通向该网站的链接,用户通过链接便可以获取所需要的信息。

4) WWW 服务

WWW 的含义是环球信息网(World Wide Web),它是一个基于超级文本(Hypertext)方式的信息查询工具,WWW 将位于全世界因特网上不同网址的相关数据信息有机地编织在一起,通过浏览器 (Browser)提供一种友好的查询界面:用户仅需要提出查询要求,而不必关心到什么地方去查询及如何查询,这些均由 WWW 自动完成。WWW 为用户带来的是世界范围的超级文本服务,只要操作鼠标,就可以通过因特网调来希望得到的文本、图像和声音等信息。另外,WWW 仍可提供传统的因特网服务:Telnet,FTP,Gopher,News,E-Mail 等。通过使用浏览器,一个不熟悉网络使用的人可以很快成为使用因特网的行家。

5) 网上交谈

与日常生活中使用的电话相似,网上交谈在因特网上为用户提供一种以计算机网络为媒介的实时对话服务。通过网上开辟的聊天室或通过聊天软件,在线用户可以交流思想,交换意见。在营销活动中聊天软件被用于即时在线交易洽谈、在线客户服务等方面,如阿里巴巴网站的贸易通,淘宝网的淘宝旺旺。

12.2　网络营销的基本应用

12.2.1　网上信息发布

在网络营销活动中,信息的发布是企业一切营销活动开展的基础和前提,企业可以在互联网上发布企业的各种信息让用户了解自己,了解产品。网上发布信息的方法主要有以下几种:

1) 通过公司网站发布信息

网站是企业发布信息的重要平台,一般情况下,一个公司网站包括以下几个方面的内容:

(1)主页　主页是企业网站的首页,一般包括企业名称、标志、对站点内容进行有效导航的菜单或图标、产品简介、重要新闻、公司的联系地址和方式等,如图12.1所示是北京中种草业有限公司网站的主页。

(2)新闻稿档案　包括服务及产品清单、要闻快讯、活动日程等内容。

(3)产品页面及新产品发布　主要包括产品简介及其价格清单、单个产品页面等内容。

(4)市场调研页面　企业通过制作市场调研页面收集客户信息以及客户对产品、服务的评价、意见等信息,由此建立企业市场信息数据库。

图12.1　北京中种草业有限公司网站首页

（5）留言簿、论坛及其他内容　企业通过留言簿及时、快速地获取顾客的意见和建议，了解顾客需求。论坛为访问者提供公开讨论的空间，通过论坛企业可以了解访问者的关心点，对访问者提出的问题进行解答。

企业可以通过以上的各个内容模块以及公司论坛发布公司信息、产品信息、网上营销活动信息、产品服务信息等重要信息。

2）通过网络广告发布信息

通过企业网站或其他网站发布广告来进行信息宣传。

3）通过电子邮件发布信息

企业可以通过电子邮件向客户发布最新的产品信息、网上营销信息等内容，让客户了解企业的经营情况，和客户保持一种长久联系。电子邮件的另一种形式——邮件列表为企业的电子邮件沟通提供了方便，利用它可以实现邮件批量发送，同时向许多拥有电子邮件地址的人发送预备好的邮件，邮件内可以携带您需要发布的各种信息。邮件列表在网络上是一种很好的信息发布工具。通过邮件列表，可以发行电子刊物，可以更新网站通知，对于企业来说，可以运用邮件列表进行新产品发布宣传，向客户提供更好的技术支持，并及时得到客户的意见反馈。

12.2.2　网上市场调查

市场调查是企业进行市场营销活动和市场预测的前提和基础，互联网为企业提供了一种崭新的调查方式，利用网上市场调查可以在网络上发现和了解消费者需要、市场机会、竞争对手、行业发展等方面的情况。网上市场调查具有快捷、便宜、可靠的特点。网上市场调查的方法大致可分为两种，即直接调查法和间接调查法。

1) 网上直接调查法

网上直接调查法是调查者在互联网上直接向被调查者收集被调查者自己信息的过程,其最常用的方法是网上问卷调查法,这种方法是由调查者设计调查问卷,并选择适当的途径发布来获取所需信息。开展网上问卷调查的方式有以下几种:

(1)利用自己的网站进行问卷调查　当自己的网站拥有固定的访问者的时候,企业可以在自己网站上张贴调查问卷。假如某一园林设计公司想要了解客户对公司服务的评价,它可以在自己网站上通过调查问卷来获得答案。图12.2所示是浙江园林网市场调查的实例。

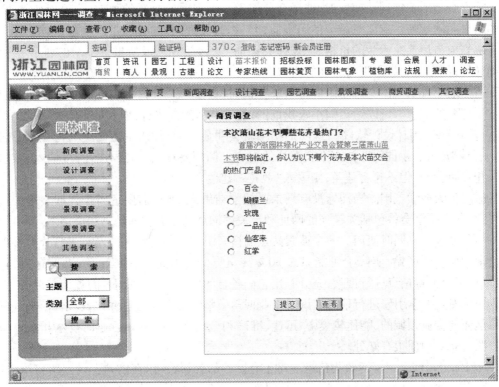

图12.2　浙江园林网调查页面

(2)利用别人的网站　如果企业还没有自己的网站,可以利用别人的网站进行调查,这种方式通常要支付一定的费用。需要注意的是,要选择和公司经营相关性强的网站去作调查,比如花卉销售公司可以到中国花卉网张贴问卷进行调查。

(3)利用讨论组进行调查　讨论组是具有共同兴趣爱好的上网者的聚集地,在这里大家可以就共同感兴趣的内容进行讨论,所以在讨论组作调查具有更强的针对性。首先要搜索讨论组的话题和内容列表来找到目标市场,然后在论坛中有目的地张贴问卷。

(4)利用电子邮件进行调查　直接向潜在客户发送调查问卷,此方法简单直接,但顾客的反馈率一般不高,采取此方式时如果能以提供奖品作为奖励,会提高其反馈率。

2) 网上间接调查法

网上间接调查法是利用互联网收集与企业相关的各种信息。其收集信息的方法和手段有很多种,如通过搜索引擎、电子邮件、论坛、新闻组、留言簿等。

(1)利用搜索引擎收集信息　搜索引擎是进行信息有效搜索的最强有力的工具,它可以通过对某个主题、某个关键词或其他参数搜索来加快搜索的速度。用户只需要将查找信息的关键字告诉搜索引擎,就会获得包含该关键字信息的网站地址,并提供通向该网站的链接,用户便可以获取所需要的信息。国内主要的搜索引擎有百度,雅虎,搜狐等。网络经营者使用搜索引擎可以搜索企业潜在客户信息、竞争对手信息、企业所属行业信息、与企业有业务往来的企业或组织的信息。消费者使用搜索引擎可以查询所需购买的商品目前的技术水平、价位、所需购买商品的主要网上商店,并且可以对不同网上商店提供产品的性能、质量、价格、服务以及退换货与维修的承诺进行查询比较。在使用搜索引擎搜索信息时可使用以下几种搜索技巧:

①选择合适的关键词。搜索时,选择充分体现搜索主题的合适的关键词,可以使搜索引擎返回的结果明确清晰。应注意避免使用普通词汇作为关键词,并且尽量添加限定词。比如,当你想了解当前市场上龙舌兰的价格时,选择关键词"龙舌兰 5 月最新报价"要比"龙舌兰价格"更准确详尽,所搜得的结果更符合你的要求。

②适当缩小查找范围。在使用搜索引擎查询时,由于与关键词相关的网页很多,往往反馈回大量不需要的信息。可以适当缩小查找范围,缩小范围的方法有:输入带有修饰词的关键词,如"设计软件"和"园林设计软件",返回的结果就会明显不同;加入一定的逻辑符号,关键词前使用" + "或"&",表示同时匹配多个关键词的内容。例如要查找兰花的图片,可输入:"兰花 + 图片",想查询兰花,但不包含建兰,则输入"兰花 - 建兰"。

③适当扩大搜索范围。当搜索没有结果或搜索结果太少时,需要适当扩大搜索范围,进行模糊搜索,搜索引擎会将包括关键词的网址和与关键词意义相近的网址一起反馈。

④多种搜索工具同时使用。一个搜索站点的搜索引擎只能对有限的网页进行分类整理,不可能检索到所有的网站,实际上可能只有 30% 甚至更低。因此,当搜索的结果没有达到要求时,可以在多个搜索站点进行搜索,充分利用它们各自的优点,以得到满意的查询结果。

⑤使用专业搜索引擎进行信息查询。专业搜索引擎针对专业进行优化,检索得来的信息基本上都是面向专业领域的,能比较集中、迅速、准确和全面地反映某一行业的技术和发展情况,对于资源的有效利用很有好处。

(2)利用公司网站留言簿收集信息　对于有网站的公司,可以在网站上设立留言簿供访问者发表意见或建议,以此来收集访问者对公司产品、服务以及其他方面的信息。

(3)利用论坛或新闻组收集信息　选择加入论坛或新闻组的相关主题,通过发表问题供成员进行讨论来获取所需信息。

(4)利用电子邮件收集信息　通过订阅与所搜集信息相关的电子刊物,通过电子邮件定期地获取电子刊物发行商发送的信息。如国内著名的网易公司(netease. com)是国内最大的E-mail电子刊物发行商,它的 E-mail 电子刊物包括 IT、财经、生活等各方面信息,由于是免费的,网上订户很多。一些传统的媒体企业,为保持与用户的沟通,也定期给公司用户发送E-mail,发布公司的最新动态和有关产品服务信息。因此,通过 E-mail 收集信息是最快捷有效的渠道,收集资料时只需要到有关网站进行注册,以后等着接收 E-mail 就可以了,不需要时可以取消订阅。

12.2.3　网上销售

常见的网上销售类型有 3 种:网上直销、虚拟零售店销售和网上拍卖销售。

1）网上直销

生产企业绕过批发商或零售商,通过互联网直接将产品销售给最终用户,目前常见的做法有两种:一种是企业在互联网上建立自己的网站,通过销售页面详细介绍产品进行在线销售,比如海尔、联想等公司在自己的网站上都有网上销售页面进行产品销售,如图 12.3 所示上海莘辛园艺在自己网站上进行订货销售;另一种是买卖双方通过第三方提供的虚拟网络平台发布供求信息,并利用有关信息与客户联系,直接分销产品,这种方式通常是企业和企业之间的交易类型。如图 12.4 所示的阿里巴巴网站供求信息发布平台,企业注册成为阿里巴巴网站的会员后,就可以在平台上发布供求信息,或者通过该网站平台搜寻交易对象,并可以在阿里巴巴网站通过贸易通即时沟通软件进行交易洽谈。对于那些没有足够的资金和技术实力建立自己网站实现网上直销的大多数中小企业,可以借助这样的交易平台实现。

图 12.3　上海莘辛园艺在线订货页面

2）虚拟零售店销售（网上商店）

中间商直接在网上设立网站进行商品零售,他们直接从生产商处进货,然后折扣销售给消费者,通常这些虚拟零售店是专业性的,定位于某类产品或几类产品供消费者选择购买。如图12.5 所示的莎啦啦网站的网上零售。

3）网上拍卖

通过网上拍卖平台注册为会员,建立网上商店发布商品信息,一般不确定商品价格,商品价格通过拍卖竞价形式由会员在网上相互叫价确定,出价高者可以购买该商品,也有以固定价格成交的,也即一口价成交,买方接受卖方的价格,双方才能达成交易。国内中文拍卖网站淘宝网、易趣网,成交的商品小到书籍、日用品,大到汽车、房产,甚至包括酒店、企业,如今多数商品都能在网上拍卖。

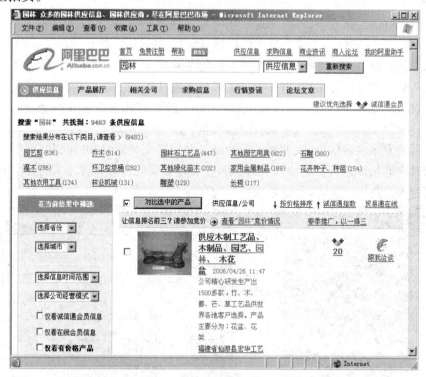

图 12.4   阿里巴巴网站供求信息发布平台

图 12.5   莎啦啦网站的网上零售页面

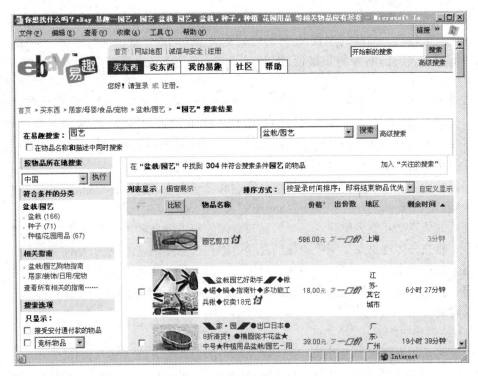

图 12.6　易趣网的网上拍卖

12.3　网络营销的基本策略

12.3.1　网站策略

企业开展网络营销的初期可能没有自己的网站,这时可以开展一些基本的网络营销活动,可以在因特网上的相关免费网站的相关类别中免费发布供求信息,利用因特网上的信息寻求潜在客户,有针对性地向潜在客户发送信息,加入专业经贸信息网和行业信息网等,但这还不是真正意义上的网络营销,只有当企业建立了自己的网站,通过自己网站进行营销活动的时候,才可以认为进入了真正意义上的网络营销阶段。

1)网站创建策略

(1)企业网站建设标准　企业要实行网站促销,首先必须建立出色的网站。企业网站是由众多的 web 页面组成的,这些页面设计的好坏,直接影响到这个网站能否得到用户的欢迎。判断一个主页设计得好坏,要从多方面综合考虑,不能仅仅看它设计得是否生动漂亮,还应该看这个网站能否最大限度地替用户考虑。要想制作一个有吸引力的网站,至少应该符合以下一些基本标准:

①以产品为核心。顾客在访问企业的网站时,关心的是企业能够提供什么样的产品、产品的优势是什么。所以,以产品为核心是企业网站成功的首要前提。产品信息一般包括产品名称、产品规格、产品用途、产品特性(指本产品与其他产品的区别或优势所在)、产品认证情况及

产品图片等内容。

②访问安全快速。简洁的主页,足够的带宽是快速访问的保证。同时能安全、稳定、连续工作的服务器也是保持访问者的积极性,提升网站和企业的形象,提高网站访问率的一个重要条件。

③信息更新要及时。如果企业主页从不改变,用户很快会厌倦。网站信息必须经常更新,这样才能长期吸引住浏览者。企业经营的信息变化,如价格调整、优惠安排,或者营销战略的实施可以在决策的同时,实时地在网页上反映出来。为保持新鲜感,应时刻确保主页提供的是最新信息。每次更新的网页内容要尽量在主页中提示给浏览者。

④完善的检索能力。在网页上设计信息索引和目录索引,能使访问者很快地找到感兴趣的那部分信息。

⑤网站的信息交互能力要强。一个网站只有能够很方便地和信息发布者交流信息时,该网站的魅力才能充分体现出来。网上论坛的设立可以在产品使用者之间、产品使用者与产品开发经理之间展开对产品的各种讨论。在线营销人员还可以借此收集市场信息,制订有效的营销计划。而网站将消费者的反馈信息直接在网上公布,能够吸引消费者回访该网站,并由此可形成与顾客的固定关系。

（2）网站创建的步骤

①确定网站的主题和营销目标。一个网站不可能包含所有的信息,面面俱到不可能设计出好的网站来,因此在建站初期就应有明确的指导方针,确定网站的发展方向,设计几个拳头性的服务项目。每个网站都要有其目的性,或是侧重于销售产品,或是侧重于宣传企业和产品,或是提供相关的服务与咨询。企业在引入网络营销的时候可根据自身的特点,设定相应的营销目标。

②信息的收集、整理。信息可以来自企业内部,包括企业的历史、经营理念、发展目标、产品特色、价格政策、售后服务政策等。信息也可以来自企业外部,包括行业政策、竞争情况、法规政策等。

③对网络网站进行整体设计。总体设计在网站的建设中是非常重要的。在前期准备工作完成后,如何把信息以恰当的形式表现出来,就成为网站建设中工作的重点。易于人们查找的信息和网站的结构,好的页面设计以及有意义的新的内容是引起用户兴趣并鼓励其反复访问页面的关键。

④设计支持上述主题、营销目标的网页内容。网站的总体结构设计出来后,下一步就是对各个页面内容的详细设计。主页页面应尽量做到简洁,在文字、图像的安排方面,应多考虑普通用户的使用方便。其指导思想是以文字信息为主,声像为辅。因为声像可以活跃和丰富页面,表达文字传送所不能表达的信息,但影响网页的下载速度。最后,将这些文档上传到网站上。

2）商业网站推广策略

网站推广就是企业运用各种网上和非网上的方法和手段使更多的网民知道企业网站,以提高企业网站的知名度,尽最大可能提高网站的访问量,吸引和创造商业机会。网站推广的方法可分为两大类:传统媒体推广和因特网推广。

（1）传统媒体推广策略　对于传统媒体渠道主要是借助电视、广播、杂志、报纸、户外广告、企业的印刷品等传统媒体来推广网址,如现在一些著名企业在发布广告时加注了企业的网址,不再仅仅是传统的电话、地址等内容。

（2）因特网推广策略　利用因特网进行推广常用的方法有以下几种：

①将企业网址在著名的搜索引擎站点登记注册。这是宣传自己网站的最有效的途径,注册的搜索引擎越多,企业网站被访问的机会就越多。网民们在因特网上查找信息最常用的方法就是通过搜索引擎搜索,因此设法使企业的网址列在搜索结果的前列。

②建立交换链接,向同行或相关网站推广自己的网站。交换链接也称为友情链接、互惠链接、互换链接等,是具有一定资源互补优势的网站之间的简单合作形式,即分别在自己的网站上放置对方网站的图标或网站名称,并设置对方网站的超级链接,使得用户可以从合作网站中发现自己的网站,达到互相推广的目的。因此常作为一种网站推广手段。选择具有一定访问量、与自己网站有相关性或互补性的网站建立交换链接,相关性或互补性越强,越容易吸引访问者的注意,交换链接的效果就越好。

③通过电子邮件推广。利用电子邮件进行网站宣传,效果很大程度上在于 E-mail 地址的收集与管理。收集电子邮件的途径主要有:直接查阅原有客户的电子邮件地址;在网站上建立留言簿供访问者签名,留下他们的电子邮件地址;在网站上建立相关讨论,以吸引客户参加并留下他们的电子邮件地址;从互联网上寻找下载免费的邮件列表,或购买邮件列表;通过专门软件收集邮件地址。

④利用新闻组、论坛、聊天室推广。通过在线或离线的方式参与各种问题的讨论,达到使人们对所谈话题感兴趣以致受到影响的目的。

⑤网络广告宣传推广。利用网络广告推销站点是一种比较有效的方式。比较廉价的做法是加入广告交换组织,广告交换组织通过不同站点的加盟后,在不同站点交换显示广告,起到相互促进作用。另外一种方式是在适当的站点上购买广告栏发布网络广告。

12.3.2　网络广告策略

网络广告是指利用互联网这种载体,通过图文或多媒体方式发布的赢利性商业广告。它与其他传统广告的最大区别就是,它的媒体是互联网这个全球最大的信息平台。与传统广告相比,网络广告最根本的特性在于它的互动性。因此,网络广告的重心应在于互动信息的传递,而不是传统广告的印象创建与说服,其主要作用应能根据顾客的需要提供有用的信息,这是由网络本身的起源——信息共享的特点所决定的。

1）网络广告的特点

①网络广告不是强势推向型,而是顺势拉进型。在网络广告中,一般是顾客而不是企业扮演交互中的主动角色,顾客因寻找某种特定信息而需要浏览企业的广告,需要和企业进行对话。在某种程度上,网络广告有点类似于报纸上分类广告的性质,它可以让受众自由查询,遇到基本符合自身需求的内容可以进一步详细地了解,并向企业的有关部门提出要求,让他们提供更多所需要的信息。

②网络广告具有低成本高效率的特点,传播范围广,不受空间和时间的限制。

③网络广告内容详实,灵活多样,更多地是基于信息的理性诉求,靠逻辑、理性的说服。网络上提供信息的方式主要是多媒体,它不需要像传统的线性结构文本一样需要翻页,而是可以直接在相互链接的页面之间跳转。使网络广告的发布空间得到了极大的拓展,可以把信息组织

成为一个逐层详细的结构,便于不同消费者根据自己的需求在相应的层次上了解信息,为浏览者深入了解某种信息提供了极大的方便,这对较复杂的技术产品尤为适用。网络广告可充分地利用这个特点,尽可能地为消费者提供详尽的信息,最终促进理性的消费决策。

④网络广告作为一种即时互动的广告,受众数量是可统计的。通过互动和特定的软件,企业可以很容易地统计浏览网络营销广告的用户数,以及这些用户的时间分布、地理分布等。虽然依然很难统计其中有多少用户是因为网络广告的作用促成购买决策的,但这毕竟有了很大的进步。这些统计结果有助于广告商和企业评价广告的营销效果,进而评价广告策略的有效性,提出改进的建议等。

2)网络广告的优势

(1)互动性　互联网具有良好的互动性,这也是网络广告所具有的最重要的特点。网络广告的内容由受众控制,浏览者可以选择自己感兴趣的广告,消费者在这个信息交流过程中占据主导的位置。如果浏览者认为还有什么问题需要进一步了解,可以通过电子邮件向厂家咨询。信息发送者和接受者之间实现了即时的双向沟通,受众可以根据广告即时作出反应,广告主则能随时更新广告信息并根据受众的要求灵活调整,形成“一对一”的营销关系。

(2)广泛性　网络广告的广泛性体现在两个方面:

①互联网覆盖范围广泛,通过它来发布的网络广告不受时空、地域的限制;

②网络营销广告信息量大。

(3)灵活性　网络广告是多维广告,其灵活性体现在表现形式多种多样,网络广告具有文字、图像、表格、声音、动画、三维空间、虚拟视觉等多种功能,可根据创意需要进行任意组合,直至实现完美的视听效果。网络广告内容能够方便地修改、更新,适应随时变化的市场环境和顾客要求。

(4)针对性　网络广告可以专门针对具体观众,可以按照不同的标准向不同的网址提供不同的广告,使信息具有很强的针对性。网络广告的针对性表现在两个方面:

①广告主可以有针对性地选择投放广告的目标市场;

②通常消费者只有在真正感兴趣时才会点击广告,所以网络广告会考虑迎合目标受众的兴趣,故其在受众方面针对性也较强。

(5)经济性　相对而言,网络广告的发布费用较传统广告形式要低,获得同等的广告效应,网络广告的有效千人成本远远低于传统广告媒体。

(6)形式的多样性　从尺寸上来讲,有旗帜广告、巨型广告之分,从技术上来讲有动画广告、Flash 广告、游戏等,形式上有在线收听、收看、试玩、调查等形式。

(7)易于统计性　网络广告可以跟踪和衡量广告的效果。刊登广告者能通过互联网立即衡量广告的成功度。他们只需监视用户点击该广告的频率,就可以弄清多少人看到了广告,这样,他们就能比任何其他广告媒体都更好地跟踪观众的反应。

3)常用的网络广告专业术语

(1)点击数(Hits)　通常某个页面上的一个文件被访问一次被视为一次点击,点击数是点击次数之和。因此用点击数来计数站点的访问人数,有时是不准确的,因为可能存在恶意点击的现象。

(2)页面浏览数(Page views)、访问次数(Visits)　衡量网站受欢迎程度的一个较好的统计量是访问次数(也叫页面印象,页面浏览)。一次访问是指在某一个连续的时间阶段中一位浏览者对网站的访问,他可能浏览主页及其他页面,他也可能在浏览其他页面时返回主页,但仍计为一次。这个量能表示每天(或单位时间内)进入网站的浏览者的总数。如果一位浏览者完成一次访问,退出站点后,隔了一段时间,又返回原先访问的站点,此时访问次数要再累计一次。访问次数不像点击数那样重复累加,它是一个较为客观地反映网站受欢迎程度的统计量。

(3)印象(Impression) 浏览者看了网页上某一广告,就建立了一个印象,印象对创建品牌意识和品牌辨识具有很大的价值,但这种印象不一定都起到作用,如果浏览者对网页上的广告不感兴趣,就不会沿着广告提供的链接去深入地了解有关信息。在这种情况下,就非常类似于传统的广告,企业或广告主不仅不能达到最终目的,还要为之投入费用。

(4)回应单击(Click) 回应单击是指访问者单击广告上的某个链接或按钮以进一步地了解广告的有关信息的操作,一个广告有了回应单击就说明这则广告已经对这位访问者产生了一定的作用。

(5)定向(Targeting) 指对受众的筛选与过滤,也就是说网络营销广告的出现是根据广告主对浏览者提出的要求来决定的。可以根据浏览者所处的不同地区选择不同的广告,或根据浏览者显示器的分辨率或操作系统选择不同的广告。

(6)点击率(Click-through Rate) 指网络营销广告被点击的次数与被下载的次数之比。

通常广告商收取费用的标准或者以印象数为标准,或者以回应单击数为标准。以印象数为基础的收费标准显然应该低于以回应单击数为基础的收费标准。

4)网络广告的形式

网络广告采用先进的多媒体技术,拥有灵活多样的广告投放形式。当前,网络广告主要有以下几种投放形式:

(1)横幅式广告 又名"旗帜广告""页眉广告",是全球最广泛使用的广告投放方式。通常以 Flash,GIF,JPG 等格式定位在网页中,同时还可使用 Java 等语言使其产生交互性,用 Shockwave 等插件工具增强表现力。与其他网上广告相比,横幅式广告是最为有效的直销工具。

(2)按钮式广告 又叫"图标广告",属于纯标志型广告,一般由企业的一个标志性图案或文字组成,以按钮形式定位在网页中,比横幅式广告尺寸要小,表现手法也较简单。按钮广告的不足在于其被动性和有限性,它要求浏览者主动点击,才能了解到有关企业或产品的更为详细的信息。

(3)邮件列表广告 又名"直邮广告",利用网站电子刊物服务中的电子邮件列表,将广告加在每天读者所订阅的电子刊物中。

(4)电子邮件式广告 以电子邮件的方式免费发送给用户,一般在拥有免费电子邮件服务的网站上使用。

(5)赞助式广告 一些企业在网站赞助与其相关的页面或栏目,赞助的方式有内容赞助、节目赞助等许多种。赞助商可以利用这种方式展示品牌,进行市场调查,获得广告收益;还能够用各种谈得来的方式与访问者进行交流。这种广告放置时间较长,且无须与其他广告轮流滚动。

(6)插页式广告 又名"弹跳广告""蹦出广告",广告主选择自己喜欢的网站或栏目,在该网站或栏目出现之前插入一个新窗口显示广告。此种广告是众多网络广告中最讨人嫌的广告形式。当浏览者打开一个网站的首页,同时会自动跳出另一个幅面较小的页面,只要你点击就可以出现相应的链接页面。倘若你不理睬它,它就一直待在那儿,甚至跟着光标移动,直至将它关闭。

(7)互动游戏式广告　在一段页面游戏开始、中间、结束的时候,广告都可能随时出现。并且可以根据广告主的产品要求为之量身定做一个属于自己产品的互动游戏广告。

(8)BBS 广告　参与者可通过 BBS 进行网上聊天、发表文章、阅读信息、讨论问题等。BBS 成员可以阅读到大量公告,也可发表自己的公告,或回复他人的公告。BBS 有不同的类型和网站,企业可以选择适合自己的 BBS 发表自己的公告。

5)网络广告的发布

网络广告的发布有以下几种形式:

(1)在其他 WWW 站点发布广告　这是目前最有效的方式之一,借助其他站点发布广告的具体方法有:设置旗帜或按钮广告,建立文本文字链接,合办或协办网站,对某个栏目进行赞助等。选择站点时应选择浏览量大、受欢迎的网站,吸引该网站的访问者到自己企业的网站上。

(2)利用公司的 WWW 站点发布广告　在自己公司的网站上发布广告不受任何约束,可以完全根据公司的网络广告计划来发布。

(3)利用电子邮件发布广告　电子邮件不仅能传送文本文件,而且可以传送图像、订单和其他文件。企业可以用邮件列表和购买他人的邮件组来发送广告。

(4)利用新闻组发布广告　利用新闻组发布广告主要有 3 种方式:其一,企业组建新闻组以一个话题吸引其他受众对象参与;其二,选择某一个组参加到相关话题的讨论,将自己的广告信息巧妙地插入其中;其三,建立专门发布广告的新闻组在其上粘贴广告。

[案例思考]

花卉网络营销方案如何制订

企业的生存竞争空间正逐步从传统市场转向网络空间市场。以因特网为核心支撑的市场网络营销正在发展成为现代市场营销的主流。花卉的营销方式也正在从传统的市场营销转向网络营销。

市场网络营销的新起,意味着花卉在战略思想、管理理念、运行方式、组织结构等各个方面的革命性变革。正是从这个意义上,我们说市场网络经济对现代花卉的生存与发展,既是一种机遇,也是一种挑战。许多花卉经营企业由于长期从事传统型的市场营销,对于新兴的市场网络营销认识不够,或者不知如何开展,仓促上马,效果并不理想。

我国花卉市场网络营销现状及存在的问题。如果将花卉市场网络营销简单地分解为“市场网络销售”和“市场网络经营”两个功能模块的话,那么前者在今天的国内市场上显然占据着主流地位。中国的市场经济刚刚起步,消费者还保留着相当浓厚的传统消费心态,普遍处在“持有型消费”阶段,信用消费和在线结算还离中国老百姓的现实有差距。

开展花卉市场网络营销活动,需要具备一定的条件,包括信息传播观念,市场网络市场观念和市场网络消费观念。

花卉市场网络营销的网站建设是一项长期的工作。它不仅包括网站创意和网站的开通,更包括网站的维护,如网上及时更新产品目录、价格等试销性较强的信息,以便更好地把握市场行情。而且,较之传统印刷资料,网络信息更为方便、快捷,成本低廉。网站的维护也能集中反映花卉的营销个性和策略,最终都表现为顾客提供更满意的服务。

市场网络的逐渐发展,使消费者与厂商的直接对话成为了可能,消费个性化受到厂商的重视,这使市场网络营销中产品呈现出众多新特色,花卉企业在制订产品策略时,应从市场网络营销环境出发,满足网上顾客需求:

①可以通过分析网上的消费者总体特征来确定最适合在网上销售的产品。

②要明确花卉产品在市场网络上销售的费用要远远低于其他渠道的销售费用。

③产品的市场涵盖面要广,且目标国的电信业、信息技术要有一定的水平。

花卉企业应利用市场网络上与顾客直接交流的机会为顾客提供定制化产品服务,同时应及时了解消费者对花卉产品的评价,以便改进和加快新产品研究与开发。

花卉市场网络营销作为一种全新的营销方式,与传统营销方式相比具有传播范围广、速度快、无时间地域限制、内容详尽、形象生动、双向交流、反馈迅速、无店面租金成本等特点。花卉市场网络营销更为花卉企业架起了一座通向国际市场的绿色通道。在网上,任何花卉企业都不受自身规模的绝对限制,都能平等地获取世界各地的信息及平等地展示自己,为中小花卉企业创造了一个良好的发展空间。花卉市场网络营销同时能使消费者获得比传统营销更大的选择自由,有利于节省消费者的交易时间与交易成本。

花卉市场网络营销是适应市场网络技术发展与信息市场网络年代社会变革的新生事物,随着信息时代的到来,人类的生产方式与生活方式将以开放型和市场网络型为导向,这是社会发展的必然结果。21世纪,将是一个全新的、市场网络化的市场时代,市场网络蕴藏的市场无限,孕育的商机无限,花卉市场网络营销将是每一个商家的必然选择。

［问题解答］

1. 简述网络消费者需求的特征。
2. 详细阐述网络市场调查的内容。
3. 详细阐述网络营销渠道的概念及与传统营销渠道的区别。
4. 请详细阐述运用电子邮件促销应注意的要素。
5. 网络营销的发展对企业传统营销管理会形成哪些冲击?
6. 在网络交易中,目前常用的交易手段有哪些?
7. 简述网络销售定价的基础和定价的特点。
8. 网络市场调研有哪些特点?
9. 与传统媒体广告相比,网络广告有什么特点?
10. 企业对网络站点进行推广时可以采用哪些方法?

［实践操作］

花样年华网络公司开展网上花店已经有3年。刚开始,消费者感到新奇,在网上买花较多。

今年,买花的人逐渐减少。经过调查发现,消费者对单调的网页开始不喜欢,对公司经营的产品不满意,支付过程也比较麻烦。

　　[**目标**]　了解网络营销的基本原理和方法,掌握网络促销和网上信息发布的技巧,熟悉网页创建的基本步骤。

　　[**任务**]　为花样年华网络公司网上花店促销提出建议方案。

13 国际市场营销

【本章导读】

　　国际市场营销是现代企业营销的重要内容。本章介绍了国际贸易的基本常识、国际市场营销的基本概念,叙述了开展国际市场营销的基本知识和方法,使学习者认识国际市场营销的重要性,掌握国际市场营销的理论和方法。

【学习目标】

　　了解国际市场营销的环境和营销策略,熟悉国际贸易的基本知识,掌握国际市场营销的理论和方法,有效地开展国际市场营销,占领国际市场。

　　随着世界经济的迅速发展,各国在商品、劳动力、资本、科学技术等方面的交流日益频繁,经济全球化步伐日益加快,越来越多的企业都要面向国际市场,在一个更大更有竞争力的市场中提供自己的产品和服务。国际市场是由各个国家具有不同特色的市场所组成的,这个市场比国内市场要复杂得多,竞争也更为激烈。国际市场营销是跨国界的企业市场营销活动,在营销环境分析、目标市场选择、进入国际市场的方式以及营销组织结构、市场营销策略等方面,都有自身的特点。把握国际市场营销的特点,积极开展国际市场营销,对开拓国际市场、扩大规模经济具有重要作用。

13.1　国际贸易与国际市场营销

13.1.1　国际贸易

1)国际贸易的概念

　　国际贸易是指世界各国或地区之间的商品及服务、技术的交换活动,是各国之间分工的表现形式。国际贸易包括出口和进口两个方面,从一个国家的角度看,这种交换活动称为该国的对外贸易。从国际范围看,世界各国或地区对外贸易的总和构成了国际贸易,亦称世界贸易。

国际贸易有狭义和广义之分。狭义的国际贸易指各种商品的进出口,即一切有形商品的交换。广义的国际贸易指国家或地区的所有对外经济活动,包括货物与服务的交换。

2) 国际贸易分类

(1)直接贸易　指货物生产国与货物消费国直接买卖货物的行为。货物从生产国直接卖给消费国,对生产国而言,是直接出口;对消费国而言,是直接进口。

(2)间接贸易　指货物生产国与货物消费国通过第三国进行买卖货物的行为,称为间接贸易。其中生产国是间接出口,消费国是间接进口;第三国是转口。

3) 贸易术语的国际惯例

国际货物贸易涉及很多方面,交货、运输、检验、保险、关税、杂项等,都要逐项磋商,费时费力,于是就出现了贸易术语的使用。贸易术语也称贸易条件、价格条件,是进出口商品价格的一个重要组成部分,用一个简短的概念(术语)来说明交货地点,商品价格,买卖双方的责任、义务、风险和费用负担。

19 世纪初期,贸易术语开始使用,但是没有统一的解释,往往产生矛盾和分歧。国际商会、国际法协会、美国著名商业团体分别制订了贸易术语解释规则,被广泛采用,逐步形成了贸易术语的国际惯例。

目前,在国际上使用最广泛的是《2010 年国际贸易术语解释通则》,由国际商会于 1936 年开始制订,经过 1953,1967,1976,1980,1990,1999 年 6 次修改,于 2000 年 1 月 1 日生效,定名为《2000 年通则》。《2010 年通则》是在《2000 年通则》的基础上进一步修订完善,于 2010 年 9 月 27 日颁布,2011 年 1 月 1 日实施。《2010 年通则》根据卖方的义务,把 11 个贸易术语分为 4 组,如表 13.1 所示。最常用的贸易术语是 FOB,CFR,CIF,FCA,CPT,CIP。

表 13.1　《2010 通则》国际贸易术语分类表

组别	术语性质	国际代码	含义		交货地点	运输方式
			英文	中文		
E 组	启运组	EXW	Ex Works	工厂交货	产地、工厂	任何
F 组	主运费未付组	FCA	Free Carrier	货交承运人	出口国指定地点	任何
		FAS	Free Alongside Ship	船边交货	指定装运港	水运
		FOB	Free on Board	船上交货	指定装运港	水运
C 组	主运费已付组	CFR	Cost and Freight	成本加运费	指定装运港	水运
		CIF	Cost Insurance and Freight	成本保险加运费	指定装运港	水运
		CPT	Carriage Paid to	运费付至	出口国指定地点	任何
		CIP	Carriage and Insurance Paid to	运费、保险费付至	出口国指定地点	任何
D 组	到达组	DDP	Delivered Duty Paid	完税后交货	进口国指定地点	任何
		DAT	Delivered at Terminal	目的地交货	进口国指定地点	任何
		DAP	Delivered at Place	目的地交货	进口国指定地点	任何

　　贸易术语可以简化交易磋商的内容,缩短成交过程,节省业务费用,提高贸易效率,有利于买卖双方洽谈交易和订立合同,有利于买卖双方核算价格和成本,有利于买卖双方解决履约中的争议。

13.1.2　国际市场营销

1) 国际市场营销的概念

　　国际市场营销是指企业通过满足国际市场的需要,以实现自己的战略目标而进行的多国性市场营销活动。

　　国际市场营销是跨国界的市场营销活动,其目的在于将企业的产品或服务成功地销售到国外市场,为企业带来利润。国际市场营销的任务与国内市场营销一样,也要在分析市场环境、调查市场需求的基础上,选择本企业能够为之服务的最好的目标市场,并制订与之相适应的市场营销策略,在顾客的满足中获利。但是,由于国际市场营销的"跨国"性质,又使其具有区别于国内市场营销的特征。如果企业照搬在国内市场上的营销战略和策略,是难以打开国际市场的。

　　此外,国际市场营销环境的复杂性不仅决定着企业营销策略的差异性,还要求在营销管理中进行统一规划、控制和协调,实施全球性营销战略。可见,国际市场营销面临许多新的挑战,这就要求国际营销人员具备更为广泛的知识技能,运用基本营销理论和方法,解决国际营销中的特殊问题。

2) 国际市场营销的发展

　　国际市场营销的发展可以划分为4个阶段:被动的国际市场营销、偶然的国际市场营销、固定的国际市场营销、完全的国际市场营销。由于企业的营销目标、经营实力和经验不同,开展国际市场营销的程度也不同,它们进入国际市场的阶段也不同。

　　(1)被动的国际市场营销　在这个阶段,企业的目标市场在国内,没有专门的出口机构,也不主动面向国际市场,只是外国企业或本国的外贸企业求购产品时,产品才进入国际市场。因此,它属于最低层次的国际市场营销。

　　(2)偶然的国际市场营销　在这个阶段,企业的目标市场仍然在国内,一般也不设专门的出口机构。但是,在某些特殊情况下却主动面向国际市场,例如国内市场疲软、竞争激烈或其他原因,企业会把产品销往国外。当国内市场需求提升或竞争趋于缓和,它们又转向国内市场。这种情况属于初级国际市场营销阶段。

　　(3)固定的国际市场营销　在这个阶段,企业的目标市场既是国内市场也是国际市场。企业在满足国内市场需求的前提下,成立专门的对外贸易机构,甚至在国外成立分销机构,专门开发国外消费者所需的产品,针对国际市场营销环境制订国际市场营销战略,参与国际竞争,企图在国际市场上建立持久的市场地位。这是国际市场营销比较发达的形式。

　　(4)完全的国际市场营销　在这个阶段,企业把国际市场作为目标市场,甚至把国内市场视为国际市场的一个组成部分。企业一般在国内设立公司总部,在世界各地进行股权运作,建立子公司、分公司,从事生产经营活动,产品、资源在国际市场流通,在国际市场上获取利润。这是国际市场营销的最高阶段。

13.1.3　国际贸易与国际市场营销的关系

国际贸易与国际市场营销是紧密相连的。没有贸易洽谈,不可能有商品营销;企业生产的产品不寻找市场,也就没有贸易洽谈。国际贸易是买与卖的关系,国际市场营销是企业在国际市场上推销自己产品或服务的市场过程。但从整体上看,都属于国际贸易的范畴。

尽管两者都是同国际市场打交道,国际贸易与国际市场营销存在明显的区别。

(1)角度不同　国际贸易是从跨国界交易活动的总体上研究国家之间的贸易关系,如对外贸易理论与政策、国际贸易惯例与法规、国际贸易实务等。国际市场营销是站在企业的角度,从微观上研究企业跨国界的商品销售问题,如营销环境分析、目标市场、制订营销组合策略等。

(2)范围不同　国际贸易涉及的范围是国际间的商品流通或商品交易的问题。国际市场营销涉及的是商品跨国界交易的具体策略和方法,如市场预测、产品开发、产品销售、售后服务等问题。

(3)流向不同　国际贸易涉及商品交易的两个相反流向,即本国产品销往国外市场(出口)和外国产品进入本国市场(进口)。国际市场营销一般只是本国企业的产品如何销往国际市场,是单一流向的交易。

(4)对象不同　国际贸易的对象是外国企业或政府组织,一般不涉及最终消费者。国际市场营销的对象是外国的最终消费者。

从国际市场营销与国际贸易的差别可见,对于从没有开展过国际市场营销的企业来说,了解国际市场营销知识有非常重要的指导意义。

13.2　大市场营销

20 世纪 50 年代后,市场营销组合在指导企业开展市场营销实践的过程中起到很大的作用。但 20 世纪 80 年代中期以后,市场营销环境复杂多变,国际、国内市场的竞争加剧,而营销策略在某种程度上已不能帮助企业解决在市场营销环境中遇到的一些特殊问题,这些问题必须用大市场营销策略加以解决。大市场营销的研究主要包括大市场营销的概念、市场营销与大市场营销的比较以及大市场营销策略的实施等。

13.2.1　大市场营销的概念

美国著名的市场营销学家菲利普·科特勒指出:所谓大市场营销是指“为了成功地进入特定市场并在那里从事业务经营,在策略上协调使用经济的、心理的、政治的和公共关系等手段,以博得外国或地方各有关方面的合作与支持”。这里所指的特定市场,是指那些封闭性的或受保护的市场。他还说:“在这种市场上,已经存在的参与者与批准者设置了种种障碍,使得那些能够提供类似产品,甚至能够提供更好产品和服务的企业难以进入,无法从事业务经营。阻止他们进入的壁垒包括歧视性的法律规定、政治上的偏见、不友好的分销渠道以及拒绝合作的态度。"这些"壁垒"造成了种种困难,成为大市场营销理论解决的主要问题。由此看来,大市场营销就是企业为了进入某些特定的受保护的封闭市场而采取的一些有别于一般市场营销的策略。

菲利普·科特勒提出:"市场营销最重要的部分不是销售!销售仅仅是市场营销冰山的顶端,销售仅仅是市场营销几个职能中的一个,而且往往不是最重要的一个。因为,如果营销人员做好识别消费者需要的工作,发展适销对路的产品,并且搞好定价,实行分销和有效的促销,这些货物会很容易地被销售出去。"可见,市场营销就是从顾客的需要出发,把满足顾客需要的商品和服务进入市场、顾客之中,从而实现企业的经营目标。但随着生产力的发展和市场竞争的日益激烈,市场营销的理论又有了新的发展。企业的营销人员不是单纯地顺从、适应环境,而是能够创造、改变和影响企业所处的营销环境,这种新的思想即是菲利普·科特勒提出的"大市场营销"观念。大市场营销除了包括一般市场营销组合"4P"(产品、定价、渠道、促销)外,还包括另外两个"P",即政治力量(Political Power)和公共关系(Public Relations)。

当然,企业并非对所有的外部环境都需要进行控制和施加影响,事实上,也没有必要这样做。菲利普·科特勒认为,在封闭型市场上,主要有两方面因素在不同的重要程度上影响着企业的经营活动。

一是政治力量。政治力量主要包括政府立法机构、市场管理部门、商品检验等机构以及其他能够对企业经营活动实施控制与影响的组织和集团。这些政府机构与工商管理部门完全有条件通过政策措施设置的障碍阻止企业进入一个有潜力的市场。如国家与国家、地区与地区之间各种贸易保护主义措施,都属于政治力量的范畴。政治力量是形成封闭型市场的重要因素。

二是公共关系。公共关系是使一个组织与社会保持联系的手段。在现代经济生活中,公共关系已经成为一种新型的社会力量。良好的社会舆论是企业成功的基础。

然而,在20世纪80年代后,世界上许多国家或地区加强了对经济的干预,实行贸易保护主义,采取征收反倾销税、提高关税、增加出口补贴、采用非关税壁垒等手段,设置种种障碍,阻止外国竞争者的商品进入本国市场,以保护本国企业的利益。这些迹象表明,在国际市场营销中,企业所面临的是一种更加复杂的封闭型或受保护的市场环境。

鉴于这种情况,菲利普·科特勒提出了大市场营销思想。他说:"目前,我正在研究一种新的观念,我称之为'大市场营销',第四次浪潮。我想,我们科学的导向已经从分配演变到销售,继而演变到市场营销,现在又演变到大市场营销。"下面举一个大市场营销成功的例子。

美国百事可乐公司为了争夺可口可乐公司长期占据的印度软饮料市场,运用大市场营销理论及其战略手段,千方百计赢得印度政府的支持。百事可乐公司向印度提供技术援助,帮助印度出口农产品,结果是印度政府和印度的软饮料行业向百事公司开"绿灯",而对忽略运用大市场营销、未给予印度政府官方及行业优惠的可口可乐公司采取各种措施加以限制。最后,百事可乐公司终于击败了竞争对手,进入印度这个拥有7.3亿人口的巨大消费市场。

13.2.2　大市场营销与一般的市场营销比较

1)营销目标不同

一般的市场营销的目标是千方百计发展和满足目标顾客的需要;而大市场营销的目标不仅

是为了满足目标顾客的需要,而且还努力改变目标顾客的需要。

2)进入方法不同

在一般的市场营销环境中,对于某些产品而言,市场已经存在。如鲜花是人人都喜欢的,一个鲜切花生产基地,如能了解目标市场的消费者对花的品种、价格等方面的需求有偏好,基地就可根据顾客的需要生产出适销对路的产品,然后选择好的中间商经营(如花店)和制订有效的产品生产和营销计划,企业的市场营销就能够成功。

然而,在一个封闭的或受保护的市场上,大市场营销面临的首要任务是如何打开被封锁的市场"大门",才能进入封闭的市场。企业要打开市场"大门",首先要找到"守门人"。因此,实施大市场营销,通过施加影响和运用权力、控制等手段,改变"守门人"的态度,让他积极主动地帮助企业进入目标市场开展营销活动。

3)社会关系不同

一般的市场营销活动所涉及的主要有顾客、供应商、批发商、代理商、零售商、市场调研公司、广告公司等专业的市场营销机构。在大市场营销环境下,除了上述机构之外,还需要与立法机构、政府机构、政党、公众利益团体、宗教机构等打交道,并达到协商和解决问题的目标,因为,各方面都有自身的利益,企业必须想方设法赢得各方面的合作与支持,所以要想办法解决好权力和公共关系的问题,尽可能减少阻止企业进入市场和开展营销活动的各方面阻力。可见,大市场营销比起一般的市场营销所涉及的有关方面要复杂得多。

4)营销手段不同

大市场营销所运用的市场营销手段除一般市场营销的"4P"外,还有两个新的手段:权力和公共关系。大市场营销理论认为,所谓权力就是 A 方促使 B 方去做它原来不想做的事情的能力,B 方完成这件事的可能性,取决于 A 方能力的大小。

大市场营销理论还认为,权力是一种"推动"的策略,公共关系则是一种"拉引"的策略。众所周知,人们对产品的"观念"认识要在一个较长时期舆论的"催化"下才能形成,而人们对产品的"信任"要在使用产品后通过质量、服务的比较才能形成。这些"观念""信任"一旦形成,就能够帮助企业占领市场。

如靠权力或公共关系策略,虽然有可能使企业能占领市场,但并不能保证企业一定能长久地占领市场。如企业质量有问题、服务工作做不好,可使一个企业一夜之间名声落地。想想,一个靠权力、公共关系而产品得不到社会认可的企业,它还能在市场上经营多久?

5)说服方式不同

在一般的营销环境下,营销管理者使用积极的说服方式,让有关方面给予支持和合作,一般只从官方的立场进行交涉。大市场营销理论认为:仅采用一般的说服的方式还不够,当对方提出不合理的要求或者根本不接受任何积极的说服时,必须采用非官方办法或消极的说服方式,加快市场的准进入。但从长远来看,应避免采用,因为容易让对方产生一些敌对的情绪,对企业的市场营销不利。

6)实施时间不同

在一般市场营销环境下,多数产品进入一个新的市场时只需 1~2 年甚至更短的时间就能完成。大市场营销策略的实施多数需要较长的时间去打开各方面的"大门"。如果产品对顾客来说是一种新的产品,还必须对目标市场进行宣传说服工作。

7) 营销服务费不同

大市场营销的开拓需要较长时间去疏通各种关系,这些都需要大量的资金支持。所以,投入的成本比一般营销要高得多。

8) 参加人员不同

常规的营销活动一般由企业的营销部门来管理,具体依靠广告员、市场调研人员及其他专业人员来开展工作。大市场营销无论是企业内部还是外部,都需要一些新的专业技术人员加入,包括企业最高层的管理决策者、公司的律师、处理公共关系的管理者等才能解决问题。

以上主要区别归纳如表 13.2 所示。

表 13.2　大市场营销与市场营销的比较

项目＼类型	大市场营销	市场营销
营销目标	寻找进入封锁性市场的途径,满足顾客需求,或创造开发新的需求	满足消费者需求
进入方法	要找到"开门的钥匙",才能将产品销售到客户手中	根据顾客需要,生产适销产品,通过中间商销售到顾客手里
社会关系	除一般的营销机构外,还有立法者、政府、工会、其他相关团体等	最终顾客、供应商、经销商、市场营销公司、广告公司、银行等机构
营销手段	除一般的手段外,还要运用权力和公共关系	市场营销调研、产品开发、定价、分销计划、广告促销等
说服方式	积极的诱导(包括官方和非官方的)和消极诱导(威胁)	积极的诱导和官方的诱导方式
实施时间	很长	短
营销服务费	高或很高	低
参加人员	除一般营销人员外,还有企业最高层的管理决策者、公司的律师、公共关系和公共事务的管理者	一般营销人员

13.2.3　实施大市场营销策略

实施大市场营销策略,进入封闭型市场,需要从以下 3 方面实施:

1) 调查清楚阻碍进入市场的原因

先调查了解什么组织或成员在阻止企业进入一个有利的市场,搞清阻碍进入市场的原因,明确工作的对象,才能有针对性地采用不同的策略。企业在进入国际市场前,先要了解目标地区的权力分布情况,确认哪些权力机构及其相关的管理人员能够最有效地帮助企业打开市场的"壁垒",以疏通进入市场的"通道",然后就可以对这些机构实施策略,达到进入市场的目的。

2)确定采取的策略

了解清楚封闭市场的权力结构以及哪些是企业进入市场的支持者、反对者、同盟者和中立者,这是打开市场大门的关键,为达到这个目标,可采用以下策略:

①向反对者提供补偿,弥补他们的损失,使其转变为中立的态度。福利经济学理论认为:如果一个行动计划能够使各方面都有利可图,将会得到普遍支持。因此,企业欲进入封闭型市场,如果可以补偿受害者的损失,该行动就会得到普遍的支持。在制订大市场营销策略时,应把补偿受害者的损失包括在总成本内。

②将支持的人或社会团体联合起来,组成联合体,可以壮大支持的力量,从而降低或消弱反对者的力量。

③把中立者转变为支持者。当企业进入一个地区后,对当地大多数企业或机构来说,不会受到多大的影响,因此,他们都保持中立的态度。企业可以有计划地实施一定的方案策略,将这些企业或机构转变为自己的支持者。

④建立公司之间网络式联系。目前全球越来越多的跨国企业正在通过组织战略联盟打入封闭型市场。实践证明,各公司之间网络式联系,为打开封闭型市场大门提供了有力的手段。

⑤利用政府的力量去打开另一个国家的市场。促使政府同某国签订贸易协议,便于打开该国的市场。如日本政府通过各种方式支持日本公司进入印度市场,并从印度购进更多农产品和劳务作为交换条件。美国摩托罗拉公司也曾通过美国政府对日本施加压力,目的是向日本市场出口电讯器材。

3)制订实施方案

企业制订了战略计划之后,还要制订一个明确的实施方案,确保整个计划有效地实施。实施方案要规定出谁做什么? 在什么时候、什么地点、以什么方式来完成所承担的任务。这种实施方案按照先后顺序可以分为两种方式排列,即直线式和复合式。

直线式是指产品要进入一个国家,先要得到该国政府相关部门的同意,然后与批发商、零售商建立联系,再和宣传媒体建立联系,对消费者进行宣传,最终打开产品的销路。

复合式是指产品要进入一个国家,企业在申请政府相关部门同意之时,也加紧与当地的批发商、零售商、宣传媒体建立联系,对消费者进行宣传,以最短的时间打入该国销售市场。

13.2.4　大市场营销的优势

大市场营销是市场营销理论的新发展和改进。大市场营销的发展,开阔了市场营销的理念,为国际市场的开拓提供了理论根据。

1)扩大了市场的范围

在一般的市场营销中,市场营销的任务是研究目标市场,了解顾客的需求和欲望,制订适合市场营销组合来满足顾客的需要。由于政府、银行、工会和其他利益团体的介入,给企业进入目标市场设置了"障碍"。大市场营销理论的出现,为市场营销人员提供了打开封闭性市场的钥匙。企业必须对来自不同方面的阻力加以分析,制订相应的战略,排除目标市场道路的所有"障碍"。大市场营销的任务是解决、协调好企业产品进入目标市场过程中企业与政府、银行、工会及各利益团体的关系。

2) 改变了市场营销的环境

一般的市场营销都是把企业外部的环境因素看着是不可控制的,要取得市场营销的成功,只能按程序进行。而大市场营销却改变了这种认识,提出了企业产品要进入某国市场,可以采用政治权力、公共关系手段,通过和这个国家的政府官员进行协商、法律诉讼、谈判、宣传、提供优惠条件,对环境进行控制或施加影响,使市场营销环境朝着有利于企业的方向发展,实现打开国际市场大门的目的。

3) 加大了市场的交流

各个国家或地区市场因为受到各方面的制约,或得到政府的封锁和保护,与外界交流少,其他国家或地区的产品难以进入这些市场。大市场营销的出现,要求市场营销人员必须学会同各种"守门员"打交道,同他们建立稳固的关系,学会在复杂多变的环境中把握主流,开拓市场,从而促进了各国各地区市场的交流,使得消费者得到更多的消费选择,获得更多的消费利益。同时,也有利于各国各地区的企业互相学习交流,共同提高产品质量和服务质量,更好地满足消费者的需求。

13.3　国际市场营销环境

13.3.1　国际市场营销环境的特性

企业的市场营销环境是指与企业市场营销有关的,影响产品的供给与需求的各种外界条件和因素的综合。由于国际市场营销面对的市场范围更广大,环境更复杂,竞争更激烈,反映出国际市场营销与一般市场营销有许多不同的地方。

1) 营销的客观性

国际市场营销环境不是以营销人员意志为转移而客观存在,它有自己的运行规律和发展趋势。企业的营销活动只能主动适应和利用,但不能改变或违背客观环境。想当然去判断营销环境和发展的趋势,必定会导致营销决策的失误,最后以失败而告终。

2) 营销的相关性与相对性

国际市场营销环境的因素不是孤立存在的,而是相互联系、相互渗透、相互作用。一个国家的体制、政策与法令影响本国的科技、经济的发展;反之,科技、经济的发展,又会引起政治、经济体制的相应变革。这种相关性,给企业营销带来了困难。但在某一时期,社会环境的某些因素又彼此相互影响。例如在政局稳定的和平年代,经济、科技、自然因素对企业营销影响的作用很大;在战争时期,政治因素、政府权力、军事行动对企业营销的影响强烈。此外,不同的环境因素对不同的营销活动内容影响的重点不同。营销环境因素的关系为企业分清主次环境提供了参考。

3) 营销的不可控性与企业的能动性

国际市场营销环境作为一个复杂多变的整体,单个企业对于市场营销环境中的绝大多数因素,是不可能控制的,而只能在基本适应中施加一些影响。然而,企业通过本身能动性的发挥,如调整营销策略、进行科学预测或联合多个企业等,可以冲破环境的制约或改变某些环境因素,取得成功。

4) 营销的艰难性

因国际市场营销是一种跨越国境的营销活动,其市场、产品、销售、管理等都具有了国际性。产品进入别国,必定受到该国海关的检查或有关经济政策的限制,同时还要受到国际局势变化的影响。再加之国际市场营销环境的复杂型和不可控性,这就决定了国际市场营销比一般的国内市场营销具有更大的艰难性。

5) 市场的异国性

国际市场营销是在不同的国家进行营销活动,不同国家的经济、政治体制不同,消费需求、文化教育、生活方式、营销运作的方式不同,这就是异国性。因此,在参与国际市场之前,必须要先了解市场的异国性,然后根据自己的情况确定目标市场,制订营销策略,进入国际市场。

6) 竞争的多国性

因各国资源分布不同,产品必有差异,这就为开展国际营销活动提供了可能。各国的企业为了把产品打入国际市场,必须要进行激烈的竞争,才有可能在国际市场上站住脚。

7) 市场的风险性

因国际环境风云多变,什么事情都有可能发生,如信用、税收、外汇、商业、价格、政治风险等,所以,在从事国际市场营销前,要多了解行情,尽可能减少行情等因素变化的风险损失。

8) 营销手段的多样性

国际市场营销中,常用产品、价格、分销、促销的因素外,还要依靠政治力量、公共关系等手段开展营销活动,开拓国际市场。

13.3.2　国际营销环境的构成

1) 经济环境

在开展国际营销之时,我们必须先了解国际经济环境,才有可能把握好国际市场的变化和有效地开展营销活动。经济环境主要受消费者收入、储蓄、信贷、消费者支出模式等经济因素的影响。由于世界各国的经济环境不同,它们对产品的种类、数量、价格以及服务等都会有不同的要求。因此在进行经济环境分析时,要着重分析以下主要因素:

(1) 经济结构　经济结构是指国民生产总值的高低、产业结构等组合成各种不同的结构。企业在进入目标市场所在国之前,必须弄清要进入的目标市场所在国的经济发展所处阶段。一个国家(地区)所处经济发展阶段不同,进出口商品的结构、档次、数量等都会有所不同。世界银行曾将 188 个国家(地区)按人均收入分为 4 种类型,各种类型的经济结构为企业提供不同的市场机会。

①发达型经济。人均月收入在 3 250~7 589 美元。这种经济类型的国家已经实现现代化，他们拥有先进的生产技术和大规模的生产能力。因此，这类国家的农业制成品出口量相当大，进口能力也很强。这类国家是引人注目的庞大市场，他们几乎进口各种各样的商品，社会购买力强。

②发展型经济。人均月收入在 760~3 249 美元。这种经济类型国家的国民生产总值增长较快，其产品的加工能力越来越强，被称为新兴发展型国家。这些国家对先进的机械设备等方面的需求较大，对制成品的需求相对减少，由于人均收入水平的提高和出口的扩大，这类国家市场潜力比较大。

③输出型经济。人均月收入在 330~759 美元。这种经济类型国家拥有某些丰富的天然资源，而生产力发展水平不高，他们的大部分收入依靠资源出口。这些国家的进口能力较强，为了使本国经济向多样化发展，他们大量进口机器、设备、运输工具等，同时对制成品、高档生活用品需求也较大。

④自给型经济。人均月收入低于 330 美元。属于自给型经济的国家，国民生产总值一般较低，自给为主，进出口能力都很小。因此，这类国家的社会购买力弱，市场吸引力小。

(2) 收入消费变化   收入消费变化是指随着经济的发展，人们的收入提高了，在购买力、储蓄等方面的观念变化，使得消费需求和消费习惯发生变化。

消费者收入主要包括消费者个人工资、红利、租金、退休金、馈赠等收入。在分析消费者收入变化时，要区别个人收入、可支配个人收入以及可任意支配个人收入 3 个概念。另外，还要注意分析消费者实际收入的变化。实际收入是指所获得的货币量能购买商品的实际数量。

随着收入的变化，消费者的消费需求和消费习惯也相应变化，也就影响国家或地区的消费结构。

(3) 市场规模   市场规模是指一个国家人口的多少和消费能力的大小。市场规模的大小主要取决于人口数量和收入水平的因素。世界各国的人口差异悬殊，各国的人均收入水平不同，这些因素的存在，决定了世界各国人们的购买力，影响了人们的消费模式。

(4) 经济基础结构   经济基础结构指一个国家的交通运输条件、通讯设施、能源供应、金融机构、商业基础设施等。一般来说，基础结构好的，营销活动好开展，效率可大大提高；反之，营销活动会因通讯、交通不畅、分销渠道不足等受到限制。

(5) 世界经济   世界经济主要是指国际贸易体系（包括贸易方向、商品结构、国际收支、贸易政策、区域性经济等因素）和国际金融体系（包括汇率、国际金融机构、国际支付制度和储备体系等因素）。无论是国际贸易体系还是国际金融体系，都要给企业的国际营销决策带来影响。因为国际营销是跨国界的经营和销售活动，必然伴随着商品和货币的国际转移，因而也必然受到国际贸易体系和国际金融体系的制约。

2) 政治法律环境

政治法律环境主要指影响和制约企业营销活动的政府机构、法律法规。政治法律是维持商品交易活动秩序的主要手段，当企业在外国市场上从事营销活动时，既会受到当地政治法律保护，也会受到当地政治法律的各种限制，若不小心一旦触犯，会带来很大的经济损失。因此，企业每进入一个国家，都要熟悉该国的有关政治、法律，必要时可以聘请有关专家或访问咨询机构。

每个国家的政治法律环境不同，企业在决定是否到某个国家做生意时，需要弄清 4 个问题：

（1）了解目标市场　　了解目标市场所在国的社会性质、政治体制及其方针政策，估计进入该市场的可能性和前景。

（2）政局稳定性　　企业每进入一个国家的市场之前，要分析目标市场所在国的政治稳定性及其发展方向。

（3）对进出口的控制程度　　各国政府对进出口商品都会采取各种直接或间接限制。

①会不会被国有化。国有化是指政府将外国人投资的企业收归国有或给予若干补偿。当然，这种补偿同被征用的公司财产相比，往往差距较大，甚至只是象征性的。

②会不会提高关税，以阻止或限制外国产品进口，削弱外国企业的竞争能力。

③会不会加强非关税壁垒措施。如规定进口许可证、进口配额，复杂的海关手续和苛刻的卫生、安全、技术质量标准，以及特定的包装条例等。

④会不会对外汇买卖、国际结算和外汇汇率实行管制。当地国政府实行外汇管制的目的是促进本国国际收支平衡，防止资金外逃，加强外汇储备，维持货币信用的稳定。由于各国情况不同，对待外汇的态度也不同。发达国家的趋势是逐步放宽，而发展中国家则还没有出现放松的趋势，对外汇管制时松时紧。

⑤经济立法是否完备。如商标法、广告法、投资法、专利法、竞争法、海关法、反倾销法、商品检验法、商标法、保险法、产品责任法、包装法、合同法、环境保护法以及保护消费者权力法等。

还有，政府人事变动、发生武装冲突等，都会引起国家政策变动，可能使企业遭受意外损失，以防可能出现的风险。

3）社会文化环境

由于各国文化基础不同，反映在风俗习惯、语言文字、教育程度、宗教信仰、价值观念、艺术审美等方面都有较大的差异。因此，在国际营销中，必须对产品设计、营销方式、信息传递采取因地制宜的措施，以适应不同国家和人民的消费习惯、消费心理和消费行为。对国际营销活动影响较大的社会文化环境主要有以下几个方面：

（1）语言　　语言是一个国家社会文化的集中体现，是人们相互交流的主要工具。因此，企业同任何外国市场打交道，都必须学会使用对方能够听懂并正确理解其含义的语言。无论是洽谈生意、广告宣传，还是设计产品的商标和说明，都要考虑周到。反之，就会导致营销活动的失败。例如，美国通用汽车公司生产的"Nova"牌汽车在美国很畅销，但在拉美地区无人问津。因为许多拉美国家过去曾是西班牙的殖民地，在西班牙语中，"Nova"意为"不走"，当然没有人买了。

（2）宗教信仰　　世界上很多国家和地区都有自己的宗教信仰，主要有伊斯兰教、佛教、基督教和印度教等，这些宗教各有不同的信仰、教规和活动方式。开拓不同的外国市场时，必须了解当地居民信仰情况，了解进口国家人民的生活观念、需求特征和购买习惯等。如宗教节假日往往是最好的销售季节，在普遍信仰基督教的西方国家，每逢圣诞节人们都会大量采购节日用的商品。在设计产品造型、商标、包装、说明等内容时，必须注意各种宗教禁忌，如信仰伊斯兰教的国家禁食猪肉，也不准采用猪或类似形象的商标或包装图案等。可见，要成功地进入国外市场，调查和注意其信仰宗教情况是十分必要的。

（3）教育水平　　受教育的水平影响人们的消费行为、需求特征、使用复杂产品的能力、对广告的接收能力等。世界各国的教育水平相差十分悬殊，企业在设计产品和产品说明、制作广告，以及其他营销活动时，都应当考虑进口国家的教育水平。在识字率很低的国家，要多用图示说明,以使多数人能够看懂,减少障碍。

(4)审美观念和价值观念　处于不同国家、不同民族和不同宗教背景下的人,在审美观和价值观念上往往有很大差异。所以,注意分析各国人民在审美观和价值观方面的差异。在设计产品、包装和广告时,都要注意进口国对图案、颜色、造型等方面的喜好,要特别注意那些有特定意义的色彩和图案。如果注意适应进口国家的审美观,就会收到很好的营销效果。

(5)社会团体　社会团体可以形成一种社会政治力量,从而对企业的国际营销活动产生不同程度的影响,如消费者协会、环境保护组织等。这些组织的目的主要是维护消费者的利益,保护自然资源,监督各类企业的行为,谴责那些损害消费者利益、造成环境污染和能源浪费的企业。例如,将环保产品推销到环境保护主义者众多的国家,就会很受欢迎。因此,对于从事国际营销活动的企业,了解进口国家的这两大社会政治动向是十分必要的。

(6)国际商务习惯环境　来自不同国家和民族的经销商,都有不同的经商习俗,他们在谈生意的方式、礼节、效率、程序和决策等方面都有一定差异。市场营销人员在与外国商人谈判之前,必须了解这些情况,才可能在洽谈生意时准确掌握对方意向,采取有效的商谈策略,促进双方的理解和交流,使商谈取得成功。

在国际营销中,减少因社会文化背景不同而产生风险的共同经验有:

①尊重和配合当地国的施政目标,明确企业处于客人地位,同当地政府建立和发展和谐的交往关系;

②价格适中,买卖公平,薄利多销;

③入境随俗,提高当地语言交流能力,尊重当地风俗习惯;

④加强公共关系,增进相互了解,树立企业形象;

⑤人才本土化,多雇用有专长、有实际工作能力的当地人。

4)自然环境

对进行国际市场的营销人员来说,应该注意自然环境发展变化的趋势,并从中发现给企业进行国际营销带来的商机和威胁。自然环境的威胁主要体现在自然资源短缺、环境污染以及政府对资源和污染的监控力度等方面。

(1)自然资源短缺　地球上的自然资源可分为两类:一类为可再生资源,如森林、农产品及其他农业经济作物等,这类资源是有限的,然而可以被再次生产出来,但必须防止过量采伐森林和侵占耕地;另一类资源是不可再生资源,如石油、煤炭及各种矿产品,这类资源蕴藏量有限,随着人类的开采,其储量日益减少。自然资源短缺,很多企业面临原材料价格上涨、生产成本大幅度上升的威胁,迫使企业研究更合理地利用资源的方法和开发新的资源或代用品,这些又为企业提供了营销机会。

(2)环境污染严重　随着工业化、城镇化的发展,环境污染日趋严重,许多地区水源、空气、土壤的化学污染已经严重影响到自然生态的平衡。人们要求治理环境污染的呼声越来越高,政府的干预措施也在逐步加强,这对企业的发展是一种压力和约束,但同时也为企业提供了新的营销机会。一方面迫使企业搞好环境保护,优化生态环境,生产健康的产品;另一方面,为那些生产环境保护和治理环境污染设备的企业提供了广阔的市场机会。

(3)政府干预加强　自然资源的短缺和环境污染的加重,政府加强了环境保护工作,并制定了一系列有关环保的法律法规,这将制约一些企业的营销活动。企业必须遵守相关法规,自觉保护环境,节约能源。否则,将会受到政府的处罚,甚至勒令关闭。

5)人口环境

国际市场的人口环境包括人口数量、人口分布、年龄结构、家庭状况等要素。人口环境对市场的影响具有整体性和长远性的特点,这种影响直接反映到消费需求的变化上。

(1)人口数量　一般来说,人口越多,市场规模越大,市场潜在需求也就越大。但人口数量的多少与市场购买力水平的高低并没有必然的联系。一个人口众多的发展中国家的总体购买力可能比一个人口少得多的发达国家的总体购买力还要低。人口的不断增长,对企业营销活动产生两方面的影响:一方面,如果增长的人口具有充分的购买力就意味着市场需求的增加,将给企业带来更多的市场机会;另一方面,如果人口的增长对粮食、能源、交通、住房等各种资源的供应形成过大的压力,势必引起企业成本提高及物价上涨,企业利润下降,并有可能进一步恶化企业的营销环境。

(2)人口分布　居住在不同地区的人们由于地理位置、气候条件、传统文化、生活习惯的不同,而表现出消费习惯和购买行为的差异,这些都是企业在选择目标市场时应当考虑的问题。此外,人口流动的区域性转移也将引起各地区市场消费数量及结构的变化,一方面会引起市场需求量的增加和需求结构的变化,另一方面加剧了一些行业的竞争。

(3)年龄结构　由于不同年龄层次的消费者有着不同的需求,所以企业应分析消费者的年龄构成。随着人们生活水平的提高和医疗保健条件的改善,死亡率逐步下降、人均寿命显著延长。人口老龄化,一方面给生产老年商品的企业提供机会,如保健食品、营养品、药品,适合老年人的公寓、保健器械、娱乐用品等消费需求增加;另一方面,也给某些企业带来威胁,如一些人口老龄化较明显的国家,对摩托车等剧烈运动用品的需求就会减少。中国由于计划生育政策的实施,一个庞大的特殊的"独生子女市场"已逐渐形成,满足和引导这种市场需求,无疑会为许多企业提供发展的机遇。

(4)家庭状况　家庭单位的数量和家庭平均人口的多少都会引起市场需求量及购买习惯的变化。近年来,中国家庭状况的发展呈现出家庭单位增加、家庭规模小型化的趋势。青年人结婚后一般都脱离老人独立生活;由于实行独生子女政策,三口之家非常普遍;离婚率逐年上升,单亲家庭正在增加。生产生活资料商品的企业应注意研究家庭状况的变化,调整生产和经营,在产品的数量、规格、型号上适应现代家庭的需求状况,为消费者提供满意的产品和服务。

6)科学技术环境

科学技术是社会生产力中最活跃的因素,它影响着人类社会的历史发展和社会生活,对企业营销活动的影响更明显,主要表现在以下方面:

(1)科技发展改变经济结构　每一种新技术的出现都会给一些企业带来新的市场机会,新的行业或新的企业产生,同时给一些现有行业或企业造成威胁。例如,电脑的运用代替了传统的打字机,复印机的发明排挤了复写纸,激光盘的出现夺走了磁带、录像带的市场,光盘播放机的出现使录音机、录像机逐渐消失,数码相机、数码摄像机的出现给传统的相机、摄像机带来了压力,无土栽培、水培、水晶泥的花卉栽培给传统用土栽培的花卉企业带来新的威胁。据美国《设计新闻》报道,随着未来新技术的大量运用,将出现许多新行业,面对新技术的迅猛发展对企业的冲击,企业应密切注视科技发展的动向,预测科技发展对企业营销活动的影响,随时作好应变的准备。

(2)科技发展影响人们购买习惯　随着多媒体和网络技术的发展,出现了"电视购物""网上购物"等新型购物形式。人们不用到商店去,在家打开电脑,各种商品信息便会在电脑荧屏上显示出来,人们可通过电话或网络订购,通过网上银行付款,订购的商品很快就送到家中。企业也可以利用这种系统进行广告宣传、市场营销研究和推销商品。

（3）科技发展影响市场营销策略

①对产品策略的影响。科技的发展,新产品出现,产品的生命周期缩短。为适应市场需求,企业要不断开发新产品,采用新技术、新材料、新工艺,加速产品的更新换代。

②对价格策略的影响。科技的应用,降低了产品成本,产品价格也随之下降。同时,信息技术的应用,使企业全面地掌握各种价格信息,运用定价技巧,做好价格的制订与调整工作。

③对分销策略的影响。科技的发展,促进了流通领域的现代化。企业将更多地采用顾客自我服务和各种直销方式。在商品实体分配上更加重视采用集装箱运输及自动库房等。

④对促销策略的影响。科技发展使广告媒体多样化,信息传播的速度更快、范围更广,促销方式更加灵活。

（4）科技发展促进营销管理现代化　科技发展一方面为企业营销管理的现代化提供了必要的装备,如电脑、传真机、电子扫描装置、光纤通讯等设备的广泛应用,对改善企业经营管理、提高经营效益起了很大作用;另一方面对企业的领导结构及人员素质提出了更高要求,促使其更新观念,掌握现代化的管理理论和方法,不断提高营销管理水平。

13.3.3　开发国际市场的方式

企业分析国际市场营销环境后,要想进入国际市场,就要想办法寻找进入国际市场的程序和方法。

1）选择目标市场

企业发现国外市场比国内市场有更高的利润和更大的发展空间,决定去国外发展,那么,先要选好到哪个国家做生意,选好后,要分析投资酬率和风险程度。

2）进入国际市场的方式

进入国际市场的方式很多,主要有出口贸易、国际合作、跨国经营、战略联盟等。

（1）出口贸易　出口贸易是企业进入国际市场最基本的方式,也是进入国际市场的初级阶段。出口贸易可以采取间接出口、直接出口、许可证贸易3种形式。

①间接出口。这是中小企业的产品进入国际市场最常用的方法,主要是通过中间商将产品销入国际市场。中间商的形式有专业进出口公司、进出口代理商等。间接出口方式的好处是中间商了解国际市场情况,懂业务,风险小,投资少。

②直接出口。直接出口企业的规模一般比较大,在国际上有一定的声望,他们通过国外中介机构或自己经营全部出口业务的方式,将产品销往国外市场。这种方式的好处是企业的利润大,能够控制国外商业合作伙伴,有利于长期合作,但缺点是投资大、风险大。目前直接出口方式有企业自己的国际销售机构(企业内部的出口部、国外销售分公司或子公司)、流动销售代表(企业在一定时间向国外派遣销售代表,收集信息,推销产品)、国外分销商或代理商。

③许可证贸易。许可证贸易是指企业(许可人)把自己的无形资产(专利、制造工序、专有

技术、贸易机密、商标、公司名称等有价值的项目)转让给国外的公司(被许可人),企业从中获取提成费、专利权使用费或其他形式支付的报酬。优点是方式简单,易于操作,可以较快地占领国际市场,获得丰厚的利润。缺点是难以控制被许可人,培养了自己的竞争对手,合同期满后,被许可人可能掌握了许可人的技术或秘密,就可以自己经营。

(2)国际合作　本国企业与国外企业或个人共同投资,兴办合资企业,共同享有所有权和管理权,利益共享,风险共担。优点:当地合作者与政府打交道容易。缺点:两者易产生分歧,阻止跨国公司在全世界实现某些特殊的生产经营。

(3)跨国经营　跨国经营是指企业在若干个国家直接投资兴办子公司、分公司或直接收购国外的公司,企业拥有设在国外公司的全部所有权和管理权。这个阶段的企业已经发展到完全的跨国公司,这是国际市场营销的高级阶段。跨国公司经营的优点:公司利用所在国廉价的劳动力或原料、政府给投资者鼓励措施、低廉的运费等,确保较低的成本;创造就业机会,公司在所在国为自己树立了较好的形象;因与当地政府、消费者、供应商、分销商建立了良好的关系,公司可不断改进产品,以适应当地的营销环境;公司可安全控制投资,可制订符合长期国际营销目标的生产和营销政策。跨国公司经营的缺点:投资大,风险大;难以适应当地的消费习惯和文化传统;需要较长的时间了解熟悉当地的法律和政策。

(4)战略联盟　战略联盟是企业与海外公司在销售渠道、技术转让、生产等方面建立互惠互利的合作关系。优点:双方共享股份、共同管理。缺点:易产生分歧,造成不欢而散。

以上几种进入国际市场的方式各有特点,企业要根据自己的条件、产品、结合国际市场的情况,选择有效的最佳的方式进入国际市场。

13.4　国际市场营销策略

一个企业要进入国际市场,要明确向海外销售什么产品、确定合适的价格,选择分销渠道及开展促销活动等,也就是要采用什么样的策略才能进入国际市场。

13.4.1　产品策略

产品是国际市场营销中最重要的因素,在众多策略中产品策略是关键。任何企业的营销活动总是先从确定向目标市场提供什么产品开始的,然后才会有定价、促销、分销等方面的决策。所以产品策略是市场营销策略的基础。

1)出口产品开发

出口产品开发是指企业根据国际市场的特定环境,确定出口的产品和服务水平。出口产品开发有3种策略。

(1)现有产品　如能向外国市场推出现有的产品,既省钱,又能快速开拓国外市场。企业采用这种策略,主要看产品是否在国外市场有销路。这些产品可以分为两类:一是风格独特的产品,采用独特的生产条件、原材料和技术,并且有独特用途的产品,在国际市场上常受欢迎,如中国的清凉油、101毛发再生剂等。二是通用产品,这些产品的用途、使用方法和技术规格在各国基本相同,如汽车、家用电器、胶卷等。

(2)改变现有产品　因各国市场环境不同,消费对象、使用条件等都有所不同,销往国外市场时要进行改进,如改变产品的成分、加工方法、性能、造型、规格、包装、商标、说明书、服务等。

(3)专门设计、生产的产品　根据国际市场需求开发新产品,扩大出口产品的范围。当今世界市场,商品更新换代快,新产品层出不穷,中国企业要提高竞争实力,开拓广阔的市场,必须不断开发新产品。

2)产品生命周期策略

产品的生命周期的理论在前面已经详细介绍,国际市场营销的产品生命周期策略与国内市场营销的原理是一致的。

3)商标策略

商标是企业和商品的标志,对于外销产品的成功有很大的影响。设计一个理想的商标,对于从事国际营销活动的企业来说是十分重要的。设计商标的方法有:

(1)中文商标直译成外文商标　选用与中文商标意义相同或近似的外文词汇组成外文商标,如将"长城"牌直译成"Greatwall"。但是在很多情况下效果不佳,例如将"白象"牌译成"White Elephant",在英文中有累赘之意,可能会影响产品的形象。

(2)中文商标音译成外文商标　将中文商标译成发音相似的外文,使用这种方法同样受到语言差别的限制。有时,发音相似的外文正好含义吉祥、有趣。如"乐凯"牌音译成"Lucky",英文意为"幸运"的,效果甚佳。但是,在很多情况下,发音相似的外文可能根本不适于作商标。

(3)中文商标的汉语拼音作外文商标　这种方法简单方便,但是有时外国消费者读不出、看不懂,有时甚至会得出一个令人反感的外文商标,最典型的是将"芳芳"牌的汉语拼音"Fang Fang"作外文商标,英文意为"毒蛇的毒牙"之意,势必会妨碍产品的销售。

(4)设计专用外文商标　可以直接选用简短易读、含义深远的外文词汇作商标。这种方法安全可靠,适应目标市场的语言文化环境,收到预期的促销效果。

(5)创造不带含义的新词汇组成商标　如"柯达 Koda""卡西欧 Casio"等,也可以用企业名称的英文词汇编写,如通用电器公司"General Electric"使用的商标为其公司名称缩写"GE"。这类商标往往简短、易懂、易记,不容易被他人抄袭,也不容易与其他商标雷同,容易在各国注册并得到保护。这种方法在外国企业中使用比较普遍。

总之,开发国际市场的商标应该是简短易懂,易于辨认和记忆,强烈感人,避免词意乏味或令人反感。作为出口产品的外文商标要适应目标市场的语言文化的要求,能给人留下深刻印象,反映企业及其产品的特色,符合进口国家商标法的有关规定等。一个制作成功的商标将有力地促进产品的外销。

13.4.2　国际市场价格策略

产品在国际市场的定价是国际市场营销中的一个重要策略。出口商品的价格直接关系到开拓国际市场的成败、市场占有率的大小、赢得外汇的多少、企业的利润水平等。国际市场定价是实现营销目标的重要手段,任何企业都要明确订价的目标、选择订价方法和策略,并适应国际市场环境变化及时调整价格。

在国际市场营销中,买卖双方协定的定价方式有 3 种。

1)固定定价

买卖双方在交易合同中明确规定成交价格,在合同有效期内价格不变。但是买卖双方都可能因市场行情变动而遭受损失,所以合同期较长的不宜采用。

2)非固定定价

买卖双方明确今后的定价标准和条件,减少市场行情变动造成的风险。非固定定价包括:临时成交价格,在货款兑现时再根据实际情况进行必要调整;风险定价,在合同中买卖双方规定定价的时间和方法,届时再制订成交价格。

3)混合定价

在合同中规定一部分商品固定价格,另一部分不固定价格。对于直接交货和近期交货的商品采用固定定价,便于做成生意、签订合同。对于远期交货的商品采用非固定定价,以避免市场行情变化给买方或卖方带来的损失。

无论采用何种定价方式,在制订国际市场价格时,企业要注意以下问题:

一是随时掌握国际市场行情,参照国际市场价格水平订价,充分估计可能遇到的机会和风险,以免使自己损失收益或在竞争中处于不利地位。

二是要尽量控制商品在外国市场上的最终价格。企业要尽量降低成本费用,减少中间环节等控制最终售价水平,以扩大产品的销路。

13.4.3　国际市场分销渠道策略

国际市场分销渠道是指企业的商品到达国外最终用户手中的通路。国际市场分销渠道主要有 4 种形式:

①企业产品—最终用户。

②企业产品—外国批发、零售商—最终用户。

③企业产品—外国进口商—外国批发、零售商—最终用户。

④企业产品—本国出口商—外国进口商批发、零售商—最终用户。

第一种企业产品直接销给外国消费者或用户,企业能有效控制商品最终售价和提供各种服务,并及时了解市场信息。但因为国际市场结构复杂、范围广大,不利于企业开拓市场,大多数产品都要经过层层中间环节,从国内到国外,从中间商到最终用户。

企业在开拓国际市场过程中,要在国外的目标市场上寻找和选择合适的经销商,与其建立合作关系并给予一定支持,通过他们为用户提供便利购买的条件和各种服务,以扩大产品的销路。

13.4.4　国际市场促销策略

国际市场竞争激烈,企业必须向国外的出口、批发、零售商和最终用户传递企业及其产品的

信息,开展有效的促销活动吸引购买者。国际促销的内容包括以下几个方面:

1)广告

在国际促销活动中,广告是常用的促销手段,它对于广泛传播促销信息、提高企业和产品的知名度、刺激经销商和消费者的购买兴趣都十分有效。

(1)广告的制作　根据各国的社会文化、经济、政治等环境出发,制作相应的广告内容。当企业进入一个以上外国市场时,要考虑差别性广告策略,使广告适应不同的外国市场。由于各国常用语言文字、消费水平和消费习惯等不同,同一种广告难以在不同的国家收到理想的促销效果。广告语言和图案、色彩等更要适应目标市场环境,适应各国不同的广告法规。如有些国家禁止在广告中使用过分夸张的词汇,有些国家禁止聘用儿童做广告等。世界各国的语言文字差别很大,有的只采用一种语言文字,有的采用几种语言文字,如法国人特别钟爱法语,广告只能用法语;加拿大人流行英语和法语,在中国香港、澳门地区流行英语和广东活,这些地区都可以用英语做广告。广告内容还要适应目标市场的教育水平、风俗习惯等。

(2)选择广告媒体　在国际市场开展广告,可以选用各种各样的广告媒体,包括报纸、杂志、商业指南、广播、电视、邮寄广告、招贴广告、商店陈列广告、包装纸和购物袋广告、空中广告等。不同的媒体所需要的费用、适用的产品、传播范围和效果是不同的,而且同一种媒体的费用及效果在不同国度也是有差别的。因此,选择国际广告媒体,应当综合考虑各种因素,包括企业的促销目标、产品的特征、广告费用水平等。其中最主要的是考虑目标市场的特征,包括用户或消费者接收促销信息的习惯。如看报、听广播的习惯等,各种媒体的有效性和可用性。在经济发达国家报纸发行量大、电视拥有率高,这两种媒体的有效性和可用性都比较强,而在一些经济落后国家情况就不同。

(3)选择广告商　中国的国际营销企业既可以自己做国际广告,也可以委托外国的广告代理商承办。在后一种情况下,就要认真调查和选择广告代理商。一般要调查广告代理商所提供的广告服务项目、服务水平,广告代理商的信誉、影响力、竞争实力和拥有客户情况等。在此基础上,企业要根据自己的广告目标、费用和时间等选择理想的代理商,并与之建立良好的合作关系。

2)人员推销

人员推销在国际促销中具有举足轻重的作用,特别是在广告受限制的国家及价值高、技术复杂的商品,人员推销是主要的促销方式。目前,人员推销倍受大型跨国公司的重视。推销员要直接向外国客商、用户介绍商品,耐心解答询问,提供各种服务,并与客户保持联系等。因此,人员推销方式的成败与推销员素质有直接关系。他们应当具有多方面的知识和技能,包括外语、外贸、营销、产品、法律、国际金融等方面的知识,以及具有推销的能力、社交能力、独立解决问题的能力等。因此企业要定期对推销员进行培训,不断地更新他们的知识,随时掌握国际市场行情和企业促销意图,提高推销水平。

3)国际公共关系

开展国际公共关系,消除企业与外国市场在语言、消费模式、风俗习惯等方面的隔阂,使企业赢得外国经销商和用户的理解与信任,从而促进商品销售。目前,各国企业在国际营销中,普遍开展国际公共关系工作,期望在国际市场上扩大其影响,树立良好的形象。

开展国际公共关系活动的目的,是使外国公众了解和信任中国的企业及其产品,是为了在企业与买方之间建立良好的关系。为此,在公共关系工作中应注意以下要求:第一,国际公关工作应当持续、连贯、有计划地进行,不可能靠一两次新闻报道就树立良好的形象,因此,要得到一个外国市场的好评,要进行周密的工作;第二,国际公共关系要有明确的针对性和适应性,企业要根据目标市场的特点,有针对性地精心制作有关企业和产品的信息,通过不同方式开展公关活动,例如赞助体育活动、环境保护运动等;第三,要选用适当的传播工具,注意采用外国公众经常接触的新闻媒介,要注意与国际传播面广、影响力大的新闻机构建立联系,以争取良好的宣传效果。当然,塑造良好的企业形象要以企业良好的表现为基础,过分自夸反而会失信于公众。

4)营业推广

在国际促销中,除广告、人员推销和国际公共关系外,各国企业还创造了很多非经常性、非常规的促销方法,被统称为营业推广。营业推广方法灵活多样,包括举办商品展览、使用示范、有奖销售、价格优惠、为客商培训销售和维修人员、给经销商批量折扣等,这些方法各有适用对象和特点,在短期内效果显著。

在国际促销中选用各种营业推广方法,首先要注意各种方法在外国市场上的促销效果,这种效果往往因国别而不同。例如,在人均收入水平较低的国家,赠送样品和小礼品以及价格折扣等就很有吸引力。同时,还要注意不能在目标市场上反复使用营业推广方法,这不仅会降低效力、增加费用,有时还会降低产品在目标市场上的威望。此外,还要注意各国有关法律规定,送样品在一些国家是有数量、金额限制的,采取优惠价格在有些国家会被视为倾销而受制裁等。

5)政府的促销援助

政府的促销援助是国际促销所特有的。在国际促销活动中,借助政府的力量是十分重要的,世界各国政府几乎都以不同方式支持本国企业的促销活动,这种支持对于企业来说是必不可少的。国际上许多大宗商品交易,往往是在政府的参与下成交的。

政府的促销援助有多种方式。一些政府机构直接为本国企业宣传商品,联系参加国外的各种展览,组织与外商洽谈等。政府驻外使馆也可以为促进本国企业在当地销售产品提供服务,包括与当地经销商联系,安排本国企业与进口商洽谈,组织本国企业举办展览等。政府部门组织派出的贸易代表团,也常常为企业促成大宗的交易。

政府机构举办或组织参加的国际贸易博览会,是对企业国际促销的主要援助形式。近年来,中国国际贸易促进博览会,使中国企业和产品有机会开展广泛的促销活动,向更多的外国进口商和用户介绍产品,扩大市场范围。中国出口商品交易会(广交会)更是中国企业开展促销活动的重要机会。

政府的支持在企业国际促销活动中发挥着重要作用,其中有些事情是单个企业无法办到的。因此,国际营销企业要充分利用这种有利条件,主动争取有关部门的支持与协作,开展更为有效的促销活动,成功地进入国际市场。

[案例思考]

中国花卉市场的话语权被世界花卉强国控制

中国最大的花卉拍卖市场云南省昆明市斗南花卉拍卖市场年交易量平均达到1.5亿枝,每年中国花卉的消费总量超过 20 亿枝。然而,中国庞大的花卉消费市场的话语权却长期掌握在欧美花卉强国手中,中国人的花卉消费,不知何时才能自己说了算。

目前,在中国唱主角的名贵鲜花仍然是 10 多年来风靡大江南北的蝴蝶兰、大花蕙兰、凤梨、红掌等来自境外的洋花,常见的鲜花则有玫瑰、康乃馨、百合、非洲菊等。由于中国有自主知识产权的花卉新品种非常少,因而长期以来中国花卉消费市场的话语权一直掌握在以荷兰为代表的欧美花卉强国手中。

截至 2012 年底,中国花卉生产面积已超过 1 200 万亩,花农近 150 万户,成为世界上最大的花卉生产国,然而这些花卉绝大多数的品种都是从国外进口的,中国没有自主知识产权。由于花卉品种受制于人,人均花卉消费量低,消费层次也非常低,欧美花卉强国出口给中国的花卉很多都是国外育种商已经使用多年的品种,有的在国外已属于淘汰的品种。

据统计,中国每年花卉的消费总量虽然超过 20 多亿枝,但是人均年消费量还不到 2 枝,而发达国家的年人均花卉消费量要高得多,日本为 300 枝,以色列为 300 枝,法国为 100 枝,荷兰为 80 枝,美国为 40 枝。目前,欧盟、美国、日本是世界花卉的三大消费中心,年消费占世界花卉消费总额 2 000 多亿美元的 95% 以上。国外育种商主要向这三大消费中心提供更新、更多的花卉品种,中国人的花卉消费只能是三大消费中心淘汰下来的"二手货"。

欧美花卉强国目前只向中国出口过期的花卉品种,一方面固然是由于中国消费层次低,但是最主要的原因是想千方百计地赚取中国人口袋里的钱。欧美花卉强国一点一点地向中国出口花卉品种,就可以源源不断地向中国花商、花农收取专利费和种苗费。据斗南花卉拍卖市场的交易商介绍,现在每卖一枝国外普通品种的康乃馨需要交纳 6 分钱的专利费,一枝玫瑰需要交纳 1 毛钱的专利费,斗南花卉市场每天的花卉交易量为 400 万 ~ 600 万枝,国外育种商每天可获取高额的收入。

相对专利费来说,种苗费就更多了。广东一位花农介绍,一株从荷兰引进的百合花品种,种苗的费用是 3 元,辛辛苦苦大半年,百合花长出后市场价才卖到 7 元,扣除其他费用,自己所得有限,大头都让国外育种商拿走了。如果要向国外育种商买断某一个花卉品种,花的钱就更多了。在目前的种苗市场上,国外一个使用多年的普通花卉品种的售价就高达 10 万元以上。如果是三大消费中心刚淘汰下来的"二手货",售价还要高得多。至于国外刚研发出来的花卉新品种还暂时不向中国销售,得等到三大消费中心消费一段时间成为"二手货"后,才有可能向中国出口。

由于中国缺乏自主知识产权的花卉品种,欧美花卉强国通过向中国销售"二手货"就能得到中国消费者的青睐,让中国人心甘情愿地掏钱,从而轻松地赚取大量利润,所以他们对中国花卉品种的更新就不会加快,这也就是蝴蝶兰、大花蕙兰等洋花能够 10 多年来仍风靡全国的原因。这种情况在三大消费中心是不可能存在的,它们的花卉更新换代非常快,一种花卉想独领风骚一两年都很难。

世界花卉市场现在已是成熟的全球化市场,特别类同于世界时装市场。在世界时装市场上,中国是很好的原材料供应地、加工贸易伴伙和中低端市场,"巴黎 T 型台"决定了世界时装的流行色,引领了高端市场。在花卉市场上,以荷兰为代表的欧美花卉强国扮演了"巴黎 T 型台"的角色,中国仍被牢牢压在了中低端市场上。

中国花卉必须建立起自己的"巴黎 T 型台",没有自主知识产权的中国在国际花卉市场上是始终没有发言权的。这已成为国内所有花商、花农的共识。

目前,以云南为代表的国内很多省份已开始加大了对花卉自主知识产权的研发投入。昆明市政府目前已制订了雄心勃勃的规划,提出要针对国际市场流行的新品种,进行引进、选育与创新工程,加快开发培育具有自主知识产权的花卉。根据规划,到2015年,昆明市花卉产业使用自主知识产权品种的利用率要占生产中使用品种总量的15%以上。

随着研发出更多的自主知识产权花卉,我们在国际花卉市场上拥有的话语权才会越来越多,才能逼得欧美花卉强国加快在中国花卉市场的更新换代。到那时,中国人的花卉消费,中国人自己才能说上话。

[问题解答]

1. 简述国际贸易术语的使用。
2. 什么是大市场营销? 大市场营销与一般的市场营销的区别是什么?
3. 简述国际市场营销环境的特性。
4. 企业如何实施国际市场营销策略?

[实践操作]

中国花卉走向国际市场的喜与忧

中国花卉业正在以惊人的速度发展壮大,2017年花卉生产面积上千万亩,居世界第一位,总产值达到100多亿欧元,占全球花卉总产值的14.29%。花卉出口保持平稳增长趋势。云南、浙江、福建、广东4个省花卉出口额占到全国的76.88%。其中,云南的鲜切花、福建的盆栽植物、浙江的苗木和鲜切枝/叶、广东的盆景和观叶植物,都是最有代表性的花卉出口产品。中国花卉出口到100个国家和地区,日本、韩国、泰国、缅甸、新加坡、荷兰、德国、意大利、比利时、美国、加拿大等。

但是,中国花卉企业面临不少问题制约着花卉出口,例如资源约束、品种权限制、营销困难、检疫烦琐、恶性竞争等。中国花卉种植缺乏规划性和规范性,品种研发滞后,出口产品多为低端产品,技术含量和产品附加值低,竞争以低层次的价格竞争为主;新市场拓展不力,各类花卉产品的宣传促销跟不上;个别企业不惜掺杂使假,产品质量鱼目混杂;缺乏统一的标准和技术指标来衡量花卉产品质量,对企业无资质管理,有产品就可进入国内市场。

在国际市场上,由于缺乏全球化经营主体与龙头企业,难以影响花卉业全球化和产业化发展的进程;在技术上,物流冷链建设严重不足,缺乏高效的保鲜技术以满足中长距离运输要求。日本、美国、欧盟等国家和地区推行贸易保护主义,设置严苛的贸易壁垒,尤其是品种权的知识产权壁垒,也严重制约了中国花卉出口。

在市场营销环节上,由于缺乏国际花卉营销人才,对国际市场不了解,对进口国的消费爱好、价格、检疫要求、法律和物流体系等信息掌握不足,在储运、检疫等方面,经常遭遇损失。有的出口企业遭遇外贸公司欺诈,有的检疫出现问题,有的因交货延期全部报废,有的甚至收不到货款。

应对这些问题,首先要掌握国际市场信息,培养花卉进出口业务人才,组织参加各类国际花展,以团体形式开展国际营销,保护花卉出口企业的利益。企业也要注重自身的成长,提升应对国际贸易的能力。

讨论:

1.中国花卉走向国际市场的优势与前景。

2.中国花卉开拓国际市场面临的问题及其原因。

3.应对措施。

参考文献

[1] 曲学军,刘喜敏.网络营销[M].大连:大连理工大学出版社,2003.

[2] 冯英健.网络营销基础与实践[M].北京:清华大学出版社,2002.

[3] 安淑芝,赵乃真,詹青龙.电子商务应用基础与实训[M].北京:清华大学出版社,2003.

[4] 袁建新,彭光辉.网络营销学[M].重庆:重庆大学出版社,2002.

[5] 吴健安.市场营销学[M].北京:高等教育出版社,2000.

[6] 吴勇.市场营销[M].北京:高等教育出版社,2001.

[7] 吕一林.现代市场营销学[M].北京:清华大学出版社,2000.

[8] 谢声.现代市场营销教程[M].广州:暨南大学出版社,2005.

[9] 吕一林.营销渠道决策与管理[M].北京:中国人民大学出版社,2005.

[10] 纪宝成.市场营销学教程[M].北京:中国人民出版社,1989.

[11] 张珩.市场营销实务[M].北京:东方出版中心,1997.

[12] 宋刚,王寅.如何做营销主管[M].北京:首都经贸大学出版社,1998.

[13] 欧庚生,彭石普.市场营销学[M].长沙:湖南教育出版社,1999.

[14] 耿伍群.企业市场策划[M].石家庄:河北大学出版社,1997.

[15] 郑必清.市场营销学[M].长沙:中南工业大学出版社,1996.

[16] 郭国庆.市场营销学[M].武汉:武汉大学出版社,2000.

[17] 李倩兰,王政.市场营销[M].北京:中国农业出版社,2005.

[18] 张景智.试论现代市场学的性质和新发现[J].国外商业,1986(2).

[19] 张景智.大市场营销[J].国外商业,1986(3).

[20] 吴晓云.市场营销管理[M].天津:天津大学出版社,2001.

[21] 王秀村.市场营销管理[M].北京:北京理工大学出版社,1995.

[22] 王方华,黄沛.市场营销管理[M].上海:上海交通大学出版社,2003.

[23] 刘李胜.市场营销管理学[M].北京:企业管理出版社,1996.

[24] 龚振,李晓平.市场营销管理——理论与应用[M].北京:科学出版社,1995.

[25] 方光罗.市场营销学[M].大连:东北财经大学出版社,2004.

[26] 梅清豪.市场战略与规划[M].上海:上海人民出版社,2002.

[27] 张亚芬.国际贸易实务与案例[M].北京:高等教育出版社,2002.

[28] 陈大军.园林企业市场营销[M].重庆:重庆大学出版社,2006.